Generallegende Physische Karten

Orte

- ▣ über 5 000 000 Einwohner
- ■ 1 000 000 - 5 000 000 Einwohner
- ◉ 500 000 - 1 000 000 Einwohner
- ● 100 000 - 500 000 Einwohner
- ○ unter 100 000 Einwohner

 dicht bebaute Siedlungsfläche
Ortsteil

AF273228

Sehenswürdigkeiten

- ♜ Burg, Schloss
- ♜ Burgruine, Schlossruine
- ♜ Kirche, Kloster
- ♜ Kirchenruine, Klosterruine
- ∴ Ruinenstätte

- ∩ Höhle
- ⚱ Denkmal
- ★ sonstige Sehenswürdigkeit
- △ historische Stätte

Verkehrswege

- ≈≈ schiffbarer Fluss über 600 t Tragfähigkeit
- ∼∼∼ wichtiger schiffbarer Kanal über 600 t Tragfähigkeit
- ∼∼ Schifffahrtskanal
- ∼∼▸ Staustufe, Schleuse
- ∼∼✦ Stausee, Staudamm
- ∼∼ Kanal zur Bewässerung oder Entwässerung

- ▭ Fährverbindung
- ── Eisenbahn, Hauptstrecke
- ── Eisenbahn, Nebenstrecke
- ━━ Autobahn, Autobahn im Bau
- ══ Hauptverkehrsstraße
- ✕ Pass, Tunnel
- ✈ Flughafen

Grenzen

- ── Staatsgrenze
- ---- umstrittene Grenze, Waffenstillstandslinie

- ── Grenze eines Bundesstaates, Verwaltungsgrenze

- **TOGO** Staat
- <u>Lomé</u> Hauptstadt ist unterstrichen
- **Färöer** abhängiges Gebiet mit Selbstverwaltung

- Franz.-Guayana Bundesstaat bzw. Verwaltungsgebiet
- <u>Cayenne</u> Hauptstadt ist gerissen unterstrichen

Küsten, Flüsse, Seen

- ▦ Korallenriff
- ▦ Sandbank, Watt, Küstendüne
- ∼ Fluss
- ∼ Wasserfall, Stromschnelle
- ∼∼ periodisch Wasser führender Fluss
- ∼∼ trockenes Flussbett (Wadi)

- 874 Seehöhe über dem Meeresspiegel (in m)
- ▱ schwankende oder historische Uferlinie

Landhöhen

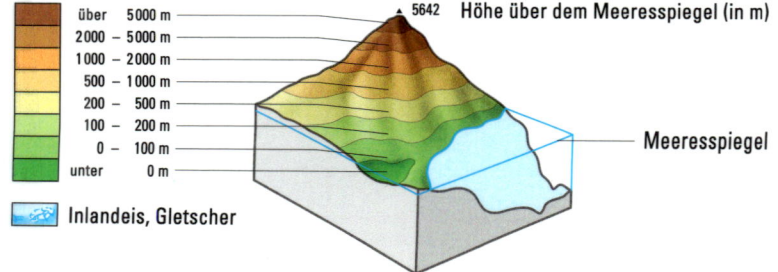

- über 5000 m
- 2000 – 5000 m
- 1000 – 2000 m
- 500 – 1000 m
- 200 – 500 m
- 100 – 200 m
- 0 – 100 m
- unter 0 m

Inlandeis, Gletscher

5642 Höhe über dem Meeresspiegel (in m)

Meeresspiegel

Haack Weltatlas **Differenzierende Ausgabe** für Brandenburg

Haack Weltatlas Differenzierende Ausgabe - Online

Haack Weltatlas-Online ist eine Online-Ergänzung zu den Atlasthemen. Über den Haack Weltatlas-Code gelangt man direkt zu passenden Informationen und Materialien.

Folgende Lernmedien werden angeboten: Atlaskarten auf virtuellem Globus, Infoblätter, Lernen im Netz mit Einheiten zum interaktiven Selbstlernen, Lernfilme, interaktive Grafiken, interaktive Ebenenkarten, Lernspiele und Linktipps.

Empfohlene Online-Inhalte sind am oberen Seitenrand ausgewiesen. Die kräftig gedruckte Schrift kennzeichnet den Typ und die normale Schrift das Thema des Materials.

Zur Nutzung von

Haack Weltatlas-Online einfach die Internetseite www.klett.de öffnen und in das Suchfeld den Code der gewählten Atlasseite eingeben.

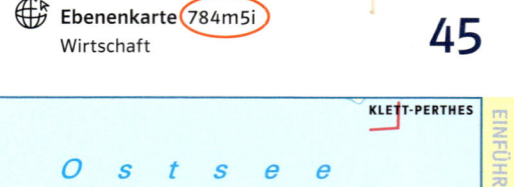

44 Deutschland Wirtschaft · Verkehr

45

1. Auflage

1 9 8 7 6 5 | 2026 25 24 23 22

Alle Drucke dieser Auflage können im Unterricht nebeneinander verwendet werden.
Die letzte Zahl bezeichnet das Jahr des Druckes.

Beratung zur Konzeption: Peter Kraus, Wäschenbeuren; Jürgen Leicht, Mutlangen; Barbara Steinhoff-Haverland, Soest
Assistenz bei der Kartenredaktion: Conrad Franke, Berlin; Katharina Schmidt, Erfurt; Willi Stegner, Gotha

Hergestellt in der Klett-Perthes Kartographie:
Leitung: Volker Streibel
Konzeption: Stefan Wagner
Redaktion und Bearbeitung: Silvia Einsporn, Stephan Frisch, Piotr Giza, Andreas Hempel, Dr. Ulrich Hengelhaupt, Peer Janson, Markus Koch, Gabriele Löffel, Lars Pennig, Dr. Manfred Reckziegel, Ralf Ruge, Nicole Schramm, Dr. Henry Waldenburger, Christian Weih

Illustrationen: Steffen Butz, Karlsruhe; Wolfgang Schaar, Stuttgart
Druck: Firmengruppe APPL, aprinta druck, Wemding
Bindung: Firmengruppe APPL, m. appl, Wemding

Printed in Germany
ISBN 978-3-12-828378-4

MIX
Papier aus verantwortungsvollen Quellen
FSC® C004592

9 783128 283784

Haack Weltatlas

Differenzierende Ausgabe

Ernst Klett Verlag

Stuttgart • Gotha

Suchhilfen

Einführung

Brandenburg

Lernpyramide

Deutschland

Lernpyramide △ ▲ ▲

Europa

Lernpyramide △ ▲ ▲

Left margin tabs (top to bottom): EINFÜHRUNG · DEUTSCHLAND · EUROPA · ASIEN · AFRIKA und ORIENT · AUSTRALIEN und POLE · AMERIKA · WELT · REGISTER

1 Haack – Schritt für Schritt   Die Kartentypen   *Die Funktion und die Anforderung einer Karte richtig einordnen.*

Im Atlas gibt es unterschiedliche Kartentypen.

An der Markierung kann man sie erkennen.

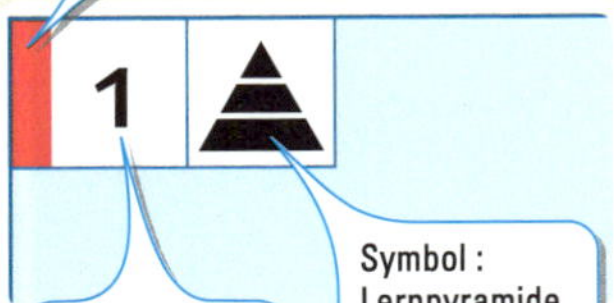

Farbe : Funktion der Karte oder Grafik

1 ▲

Zahl : Kartennummer

Symbol : Lernpyramide für drei Wissensstufen

An der Farbe erkennst du die Funktion.

Rot : Topographische Orientierung auf der Erdoberfläche

1 Berlin · Potsdam · Magdeburg · Halle · Leipzig · Cottbus

Stadt – Land – Fluss kennen.

Zum Beispiel in Mitteleuropa auf S. 68/69.

Dunkel-Violett : Thematische Orientierung in einer Atlasregion

1 VENEZUELA · GUYANA · SURINAME · Franz.-Guayana · KOLUMBIEN · ECUADOR · PERU · BRASILIEN · BOLIVIEN · OZEA · PAZIFISCHER

Die Bedeutung und Verteilung einzelner thematischer Objekte und Aussagen in Deutschland, Europa, den Kontinenten oder der Welt erkennen.

Zum Beispiel die Bevölkerungsdichte in Südamerika auf S. 148.

2 Haack – Schritt für Schritt   Das Inhaltsverzeichnis   *Räume und Themen verknüpfen.*

KLETT-PERTHES

Du willst dir einen Überblick verschaffen und wissen, wo einzelne Karten zu finden sind?

Nutze das Inhaltsverzeichnis auf Seite 2–5 .

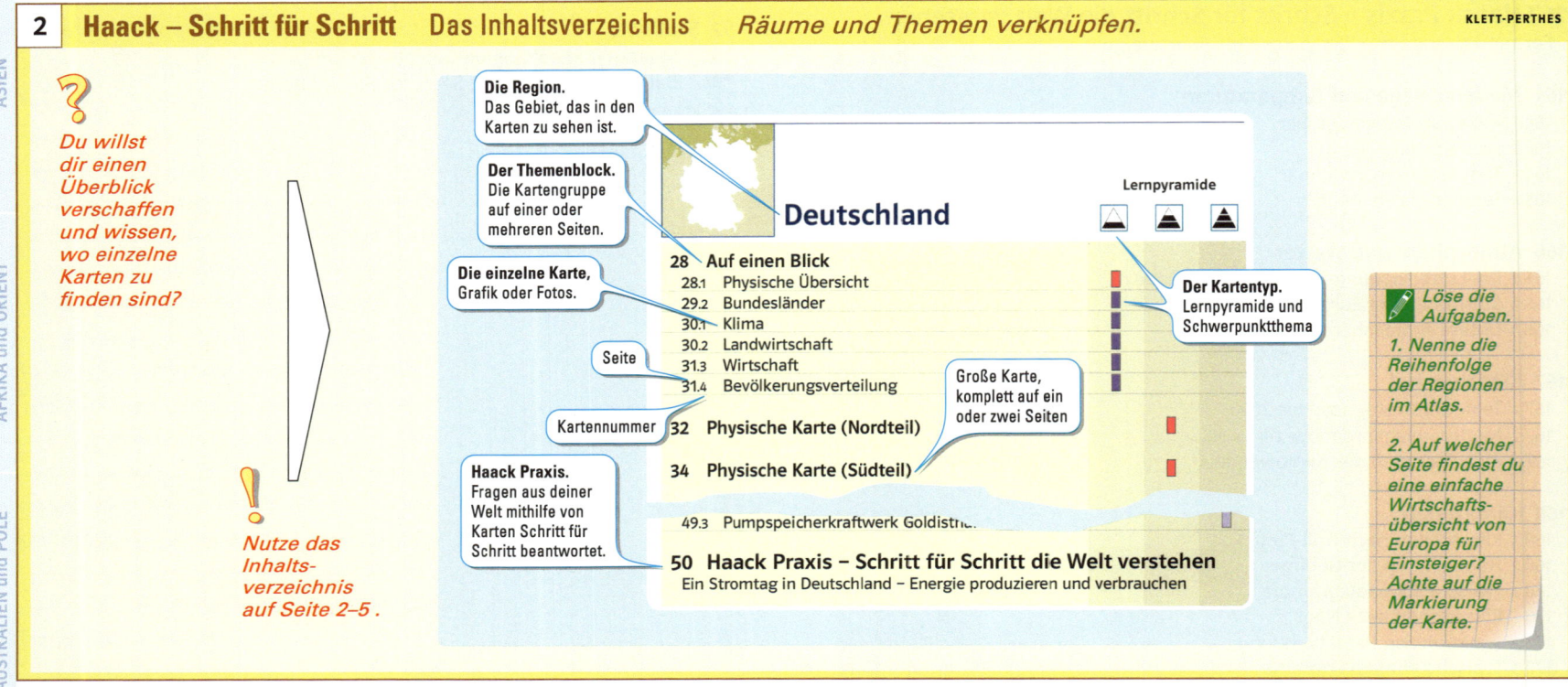

Die Region. Das Gebiet, das in den Karten zu sehen ist.

Der Themenblock. Die Kartengruppe auf einer oder mehreren Seiten.

Die einzelne Karte, Grafik oder Fotos.

Seite

Kartennummer

Haack Praxis. Fragen aus deiner Welt mithilfe von Karten Schritt für Schritt beantwortet.

Lernpyramide

Deutschland

28 Auf einen Blick
28.1 Physische Übersicht
29.2 Bundesländer
30.1 Klima
30.2 Landwirtschaft
31.3 Wirtschaft
31.4 Bevölkerungsverteilung
32 Physische Karte (Nordteil)
34 Physische Karte (Südteil)

49.3 Pumpspeicherkraftwerk Goldistn...

50 Haack Praxis – Schritt für Schritt die Welt verstehen
Ein Stromtag in Deutschland – Energie produzieren und verbrauchen

Der Kartentyp. Lernpyramide und Schwerpunktthema

Große Karte, komplett auf ein oder zwei Seiten

Löse die Aufgaben.

1. Nenne die Reihenfolge der Regionen im Atlas.

2. Auf welcher Seite findest du eine einfache Wirtschaftsübersicht von Europa für Einsteiger? Achte auf die Markierung der Karte.

3 Haack – Schritt für Schritt   Die Blattschnitte   *Karten zu einem bestimmten Gebiet finden.*

KLETT-PERTHES

Du suchst Informationen zum Beispiel zu einem Kontinent?

Du willst Kontinente vergleichen?

Im vorderen Einband findest du die Lage der Atlaskarten und das Gebiet, das sie abdecken.

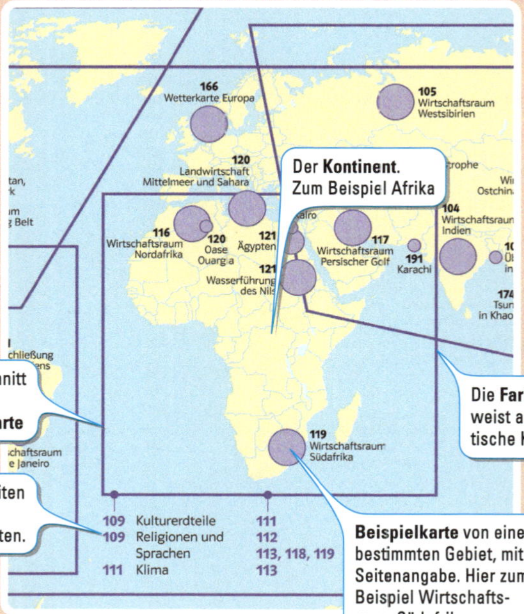

166 Wetterkarte Europa
105 Wirtschaftsraum Westsibirien
120 Landwirtschaft Mittelmeer und Sahara
104 Wirtschaftsraum Indien
116 Wirtschaftsraum Nordafrika
120 Oase Ouarg a
121 Ägypten
121 Wasserführung des Nils
117 Wirtschaftsraum Persischer Golf
191 Karachi
174 Tsu ... in Khao ...
119 Wirtschaftsraum Südafrika

Der **Kontinent**. Zum Beispiel Afrika

Kartenausschnitt von einer **Übersichtskarte**

Auf diesen Seiten findest du die Übersichtskarten.

Die **Farbe** Violett weist auf thematische Karten hin.

109 Kulturerdteile   111
109 Religionen und Sprachen   112
111 Klima   113, 118, 119   113

Beispielkarte von einem bestimmten Gebiet, mit Seitenangabe. Hier zum Beispiel Wirtschaftsraum Südafrika.

Löse die Aufgaben.

3. Vergleiche die Wirtschaft von Afrika und Südamerika. Wähle Karten aus.

4. Du sollst die Topographie Italiens beschreiben. Nenne die geeignete Karte.

KLETT-PERTHES

Hell-Violett:
Thematische Vertiefung unter der Lupe

Hier erkennst du die Besonderheiten anhand eines interessanten Beispiels.

Zum Beispiel die Stadtentwicklung Limas in Südamerika auf S. 150.

Mit jedem Schuljahr lernst du Schritt für Schritt. Deshalb gibt es im Atlas leichte und schwere Karten.

Pyramide für Einstiegswissen

Leichte Karten für deinen Einstieg und wichtige Grundlagen. Zum Beispiel die Bundesländer auf S. 29.

Pyramide für Vertiefungswissen

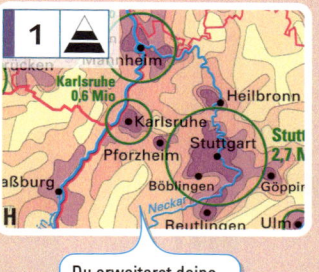

Du erweiterst deine Kenntnisse und erschließt neue Themen. Zum Beispiel Bevölkerungsdichte und Verdichtungsräume auf S. 56.

Pyramide für Abschlusswissen

Du bearbeitest anspruchsvolle Themen und kannst Karten sehr gut lesen. Zum Beispiel Umlandverflechtung Berlin-Brandenburg auf S. 52.

---

4 Haack – Schritt für Schritt   Das Namenregister *Orte und Landschaften suchen und finden.*   KLETT-PERTHES

? Du willst wissen, wo die Känguru-Insel liegt? Nutze hierzu das Namenregister ab Seite 206.

A Sortierung von A bis Z

Aachen 32/33 B5
Aachquelle 34/35 D5
Aalen 34/35 F4
Aarau 34/35 D5
Aare 68/69 J6
Aasiaat (Egedesminde) 140/141
Aba 114/115 D5
Abadan 114/115 H2
Abakan 98/99 K4
Abasa 98/99 JK4

Name

Kangeaninseln 100/101 G7
Kangirsuk 140/141 L3/4
Känguru-Insel 128 C5
Kanin, Halbinsel 66/67 H2
Kankan 114/1 C4
Kano

Atlasseite   Suchgitter-koordinate

Im Register suchen.

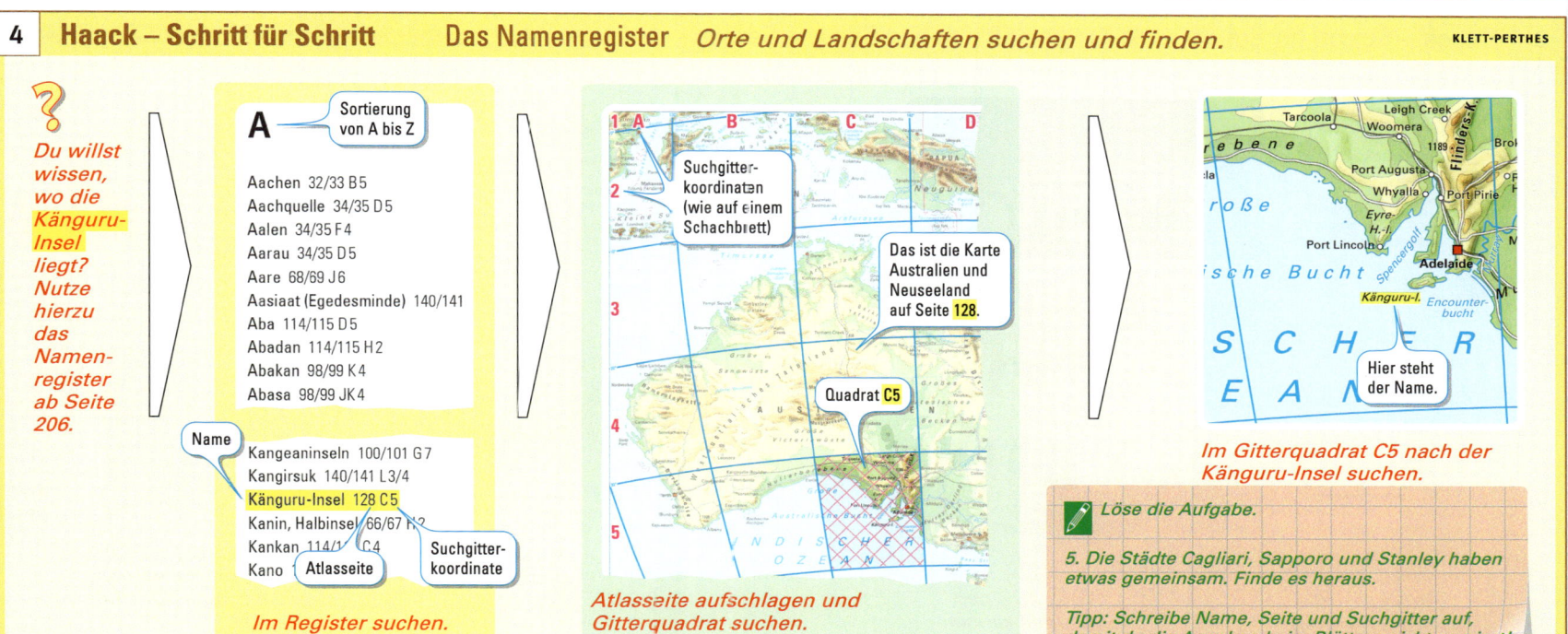

Suchgitterkoordinaten (wie auf einem Schachbrett)

Das ist die Karte Australien und Neuseeland auf Seite 128.

Quadrat C5

Atlasseite aufschlagen und Gitterquadrat suchen.

Känguru-I.

Hier steht der Name.

Im Gitterquadrat C5 nach der Känguru-Insel suchen.

✏ Löse die Aufgabe.

5. Die Städte Cagliari, Sapporo und Stanley haben etwas gemeinsam. Finde es heraus.

Tipp: Schreibe Name, Seite und Suchgitter auf, damit du die Angaben beim Blättern nicht vergisst!

---

5 Haack – Schritt für Schritt   Das Sachregister *Die passenden Karten zu einem Thema finden.*   KLETT-PERTHES

? Du hörst oder liest einen Fachbegriff und möchtest die passenden Karten finden?

Fachbegriff: Sortierung von A bis Z

! Das Sachregister auf den Seiten 196–201 erleichtert dir die Suche.

Sachwort	Deutschland	Europa	Asien	Afrika und Orient	Amerika Australien Pole	Welt
Abendländische Kultur		88				153.3
Abholzung						176.1, 176.3
Ablagerung	36, 37.2-3					
Abraumhalden	47.5					
Abschmelzendes Eis	37.2				130	
Abwanderungsgebiete	56.3					
Ackerbau	30.2			120.1		180.1
Agglomeration	46, 52.2, 56.1			121.7	149.2, 150.1-2	188.2
Agrarprodukte	30.2	58, 64.2	90, 96.2	108.1, 111.3, 120.1	123.1, 132.1, 133.2, 138.2	180-183
AIDS (HIV)						191.3
Alternative Energien	49.2					
Altersaufbau	56.2	86.2				188.1
Alterspyramide	56.2					188.1

Region, in der das Thema behandelt wird.

Seite und Kartennummer

✏ Löse die Aufgaben.

6. Finde heraus, wo sich eine Karte zum Fischfang befindet.

7. Nach welchem Begriff musst du suchen, wenn du wissen willst, wo Kartoffeln angebaut werden?

EINFÜHRUNG · DEUTSCHLAND · EUROPA · ASIEN · AFRIKA und ORIENT · AUSTRALIEN und POLE · AMERIKA · WELT · REGISTER

EINFÜHRUNG
DEUTSCHLAND
EUROPA
ASIEN
AFRIKA und ORIENT
AUSTRALIEN und POLE
AMERIKA
WELT
REGISTER

1 Haack – Schritt für Schritt   Vom Bild zur Karte   *Die Karte als Abbild der Wirklichkeit erkennen.*

Hier bist du gestartet.

Hier vorne wirken die Häuser größer, weil sie näher sind.

Du unternimmst einen Rundflug über Berlin in einem Hubschrauber und startest am Brandenburger Tor.

*Der Hubschrauber steigt höher und du fotografierst schräg über die Stadt. Du erhältst ein **Schrägluftbild**.*

*Nach 5 Minuten ist dein Hubschrauber hoch über der Stadt. Von den Häusern siehst du nur die Dächer und nicht mehr die Seite. Jetzt hast du ein **Senkrechtluftbild** aufgenommen.*

Kannst du alle Wege erkennen? Vergleiche mit der Karte rechts.

2 Haack – Schritt für Schritt   Kartenmaßstab und Generalisierung   *Größenverhältnisse und Vereinfachungen einschätzen.*

Das Brandenburger Tor ist in Wirklichkeit 60 m groß.

60 m

Das Brandenburger Tor ist hier 4 mm groß.

Maßstabszahl

1:15 000   0   100   200 m

Eine Karte ist kleiner als die Wirklichkeit. Die Maßstabszahl zeigt Dir, dass diese Karte 15 000 mal kleiner ist.

Mit dieser Karte lernst du einen Stadtteil kennen.

Wir verkleinern.

1:250 000   0 1 2 3 km

Hier ist der Ausschnitt der vorigen Karte.

Was hat sich geändert?

Mit dieser Karte überblickst du die Stadt. Straßennamen und Brandenburger Tor sind verschwunden.

Wir verkleinern.

3 Haack – Schritt für Schritt   Die topographischen Signaturen   *Topographische Kartenzeichen richtig interpretieren.*

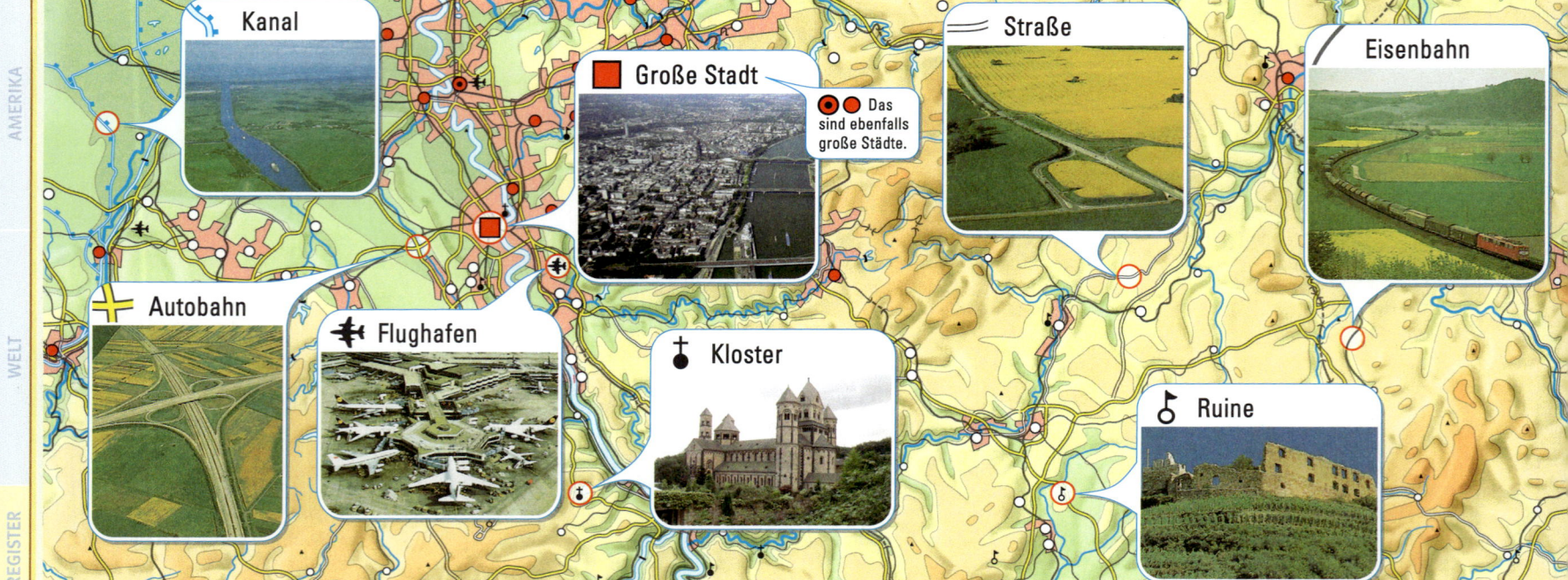

Kanal

Große Stadt

Das sind ebenfalls große Städte.

Straße

Eisenbahn

Autobahn

Flughafen

Kloster

Ruine

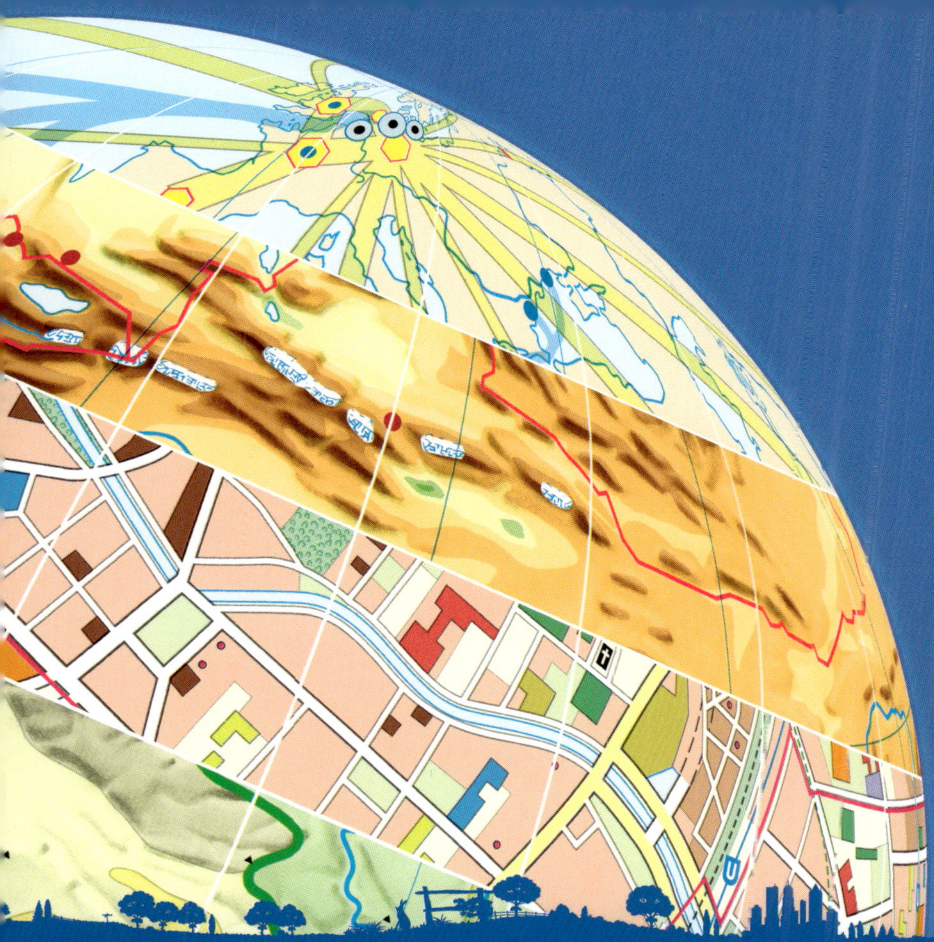

Haack Weltatlas

Differenzierende Ausgabe

Arbeitsheft Kartenlesen
mit Atlasführerschein

Vorname: **Name:**

Inhalt

Bildnachweis: Aerowest, Dortmund: 2.3, 3.1, 6.1; Bildagentur Huber, Garmisch-Partenkirchen: 7.1; Bildagentur-online: 11.1; Bittokleit, Leipzig: 2.1; Corbis, Düsseldorf: 9.1, 13.1 (Tom Van Sant), 15.5 (Kaehler); Deutsche Luftbild, Hamburg: 2.2; Hahn, Stuttgart: 12.1; iStockphotos, Calgary (johnwoodcock): Titelbild Mitte; Ivars Silis, Qaqortog: 15.2; Kinderhilfe, Duisburg: 14.2; Kroß, Bochum: 6.2, 10.1., 15.1; Maresch, Rutesheim: 15.4; Nasa: 15.3; Palmen, Alsdorf: 14.1; Rother, Schwäbisch Gmünd: 14.4; Thinkstock/iStockphoto, München: 14.3; ullstein bild (Schwartz), Berlin: 17.1

Trotz intensiver Recherchen ist es dem Verlag nicht gelungen, für einige Abbildungen dieses Werkes die Rechteinhaber zu ermitteln. Der Verlag bittet um Nachsicht und ggf. um Geltendmachung der Rechte im Nachhinein.

1. Auflage

1 17 16 15 14 13 | 26 25 24 23 22

Alle Drucke dieser Auflage sind unverändert und können im Unterricht nebeneinander verwendet werden.
Die letzte Zahl bezeichnet das Jahr des Druckes.

Herausgeber: Eberhard Kroß
Autorinnen und Autoren: Karin Braun, Pedro Braun, Hardi Gruner, Eberhard Kroß und Mario Rathmann

Redaktion: Stefan Wagner
Herstellung: Nicole Schramm

Zeichnungen: Steffen Butz, Karlsruhe; Wolfgang Schaar, Stuttgart
Druck: Plump Druck Medien GmbH, Rheinbreitbach

Printed in Germany
ISBN 978-3-12-828383-8

Haack Weltatlas
Differenzierende Ausgabe

Atlasführerschein

1

Was ist das für ein Bild? Kreuze an:

Bild 1 ist ein
☐ Schrägluftbild
☐ Senkrechtbild

Bild 2 ist ein
☐ Schrägluftbild
☐ Senkrechtbild

___ / 2

2

Kennst du diese Kartenzeichen noch? Ja, das sind Signaturen für:

☐ _____   ⊞ _____

✈ _____   ♪ _____

___ / 2

3

Berlin ist auf drei Atlaskarten jedes Mal anders dargestellt. Kreuze die Karte an,
die am **stärksten verkleinert** ist.

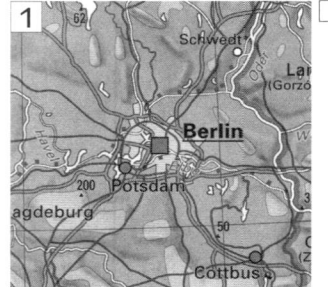 ☐

 ☐

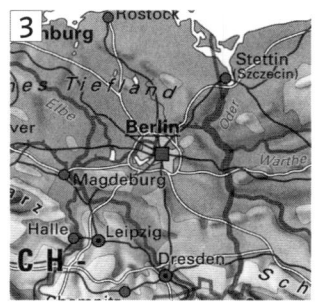 ☐

___ / 2

4

Hermann hatte auf dem Navigationsgerät im Ballon abgelesen: 60° westliche Länge und
30° nördliche Breite. Warum hat er die Lage im Gradnetz, aber kein Gradnetzfeld angegeben?
Kreuze die **zwei** richtigen Antworten an:

☐ Weil man sich überall auf der Welt auf ein einheitliches Gradnetz geeinigt hat.
☐ Weil Gradnetzfelder auf jeder Atlaskarte unterschiedlich sein können.
☐ Weil er die Position seines Ballons im Atlas nicht so schnell finden konnte.

___ / 2

5

Wie findest du am schnellsten einen Ort im Atlas? Kreuze die **beste** Lösung an:

☐ Ich blättere im Atlas und suche.
☐ Ich suche im Inhaltsverzeichnis.
☐ Ich schaue zuerst im Namenregister nach.
☐ Ich schlage die Seite 8 im Atlas auf und orientiere mich.

___ / 2

6

Schlage die Atlaskarte Seite 28 auf und bestimme Entfernungen. In den Klammern steht immer das Gradnetzfeld der Orte. Kreuze die richtige Entfernung an:

a) Hamburg (CD2) – Bremen (C2) ☐ 70 km ☐ 80 km ☐ 90 km ☐ 100 km
  Bremen (C2) – Hannover (C2) ☐ 80 km ☐ 90 km ☐ 100 km ☐ 110 km

___ / 2

b) 1 cm auf dieser Atlaskarte stellen in der Natur 35 km dar. Die Strecke von München (D4) nach Nürnberg (D4) misst aber 5 cm. Wie viele Kilometer sind das in der Natur?
  Kreuze an: ☐ 165 km ☐ 175 km ☐ 185 km ☐ 195 km

___ / 2

7

Bestimme auf der Atlaskarte Seite 28 die Höhe von vier Städten. Kreuze die richtige Höhe an:

	0–100 m	100–200 m	200–500 m	500–1000 m	1000–2000 m
Bremen (C2)	☐	☐	☐	☐	☐
Dresden (E3)	☐	☐	☐	☐	☐
Stuttgart (C4)	☐	☐	☐	☐	☐
München (D4)	☐	☐	☐	☐	☐

___ / 4

8

Schlage die Seite 156/157 im Atlas auf. Suche die folgenden Längen- und Breitenkreise und zeichne sie in die Weltkarte unten ein:

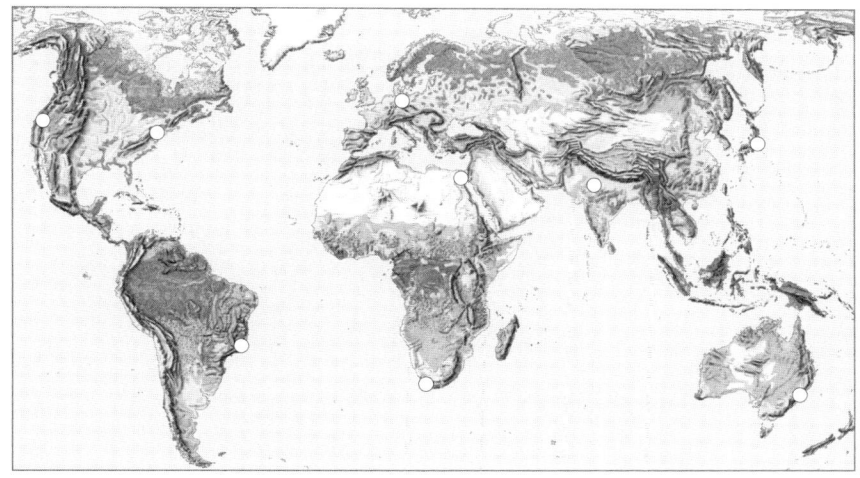

a) den Äquator,

b) den Nullmeridian, der durch Greenwich in London geht,

c) den Längenkreis 60° östlicher Länge,

d) den Breitenkreis 30° südlicher Breite.

___ / 4

9

Suche die folgenden fünf Städte auf der Atlaskarte Seite 156/157 und trage sie mit ihrem ersten Buchstaben in die Weltkarte oben ein:
Berlin (M3), **T**okyo (V4), **S**ydney (W9), **K**apstadt (N9), **R**io de Janeiro (J8)

___ / 5

10

In welchen Himmelsrichtungen liegen die anderen Kontinente von Europa aus?
Schreibe an die Himmelsrichtungen die richtigen Abkürzungen: Nordamerika (NA), Südamerika (SA), Afrika (AF), Australien (AU) und Asien (AS).

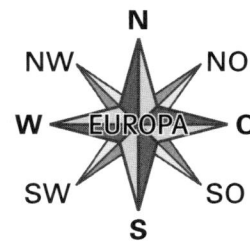

___ / 5

Urkunde

_____

Name der Schülerin / des Schülers

hat in der Prüfung zum Atlasführerschein folgendes Ergebnis erzielt:

☐ **30 Punkte und mehr**   Ausgezeichnet, du kennst dich wirklich prima aus.

☐ **20 – 29 Punkte**   Sehr gut, du kannst also schon allein mit dem Atlas arbeiten.

☐ **10 – 19 Punkte**   Gut, aber noch mit Lücken. Mit etwas mehr Übung bist du fit.

☐ **9 Punkte und weniger**   Schade, du musst noch viel üben. Frage deine Lehrerin oder deinen Lehrer, was du am besten machen kannst.

Der Ernst Klett Verlag gratuliert zum Atlasführerschein und wünscht weiterhin viel Spaß mit dem Haack Weltatlas Differenzierende Ausgabe.

_____
für den Verlag

_____
Unterschrift der Lehrerin / des Lehrers

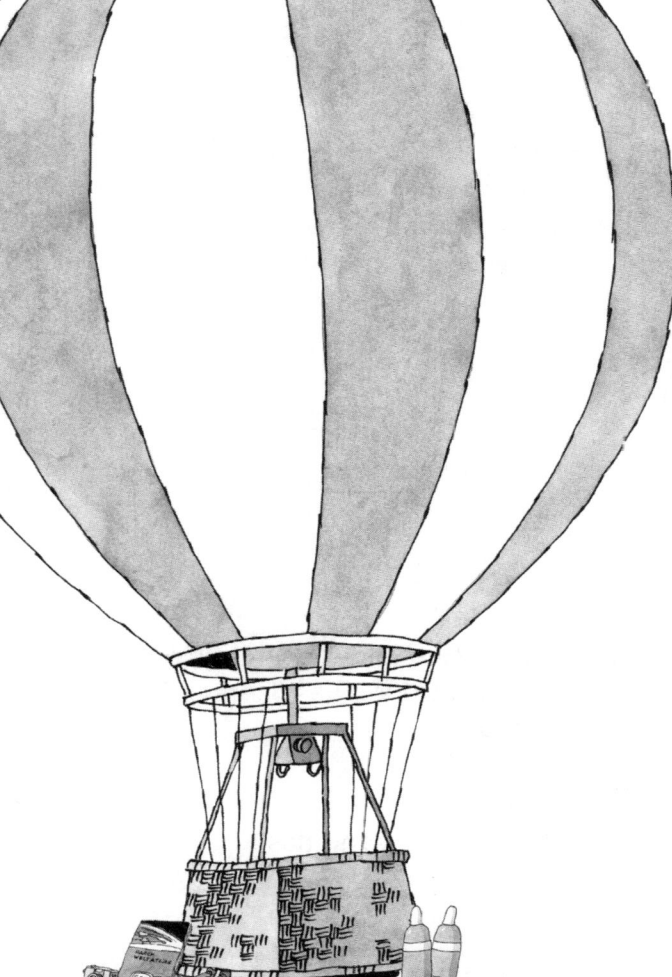

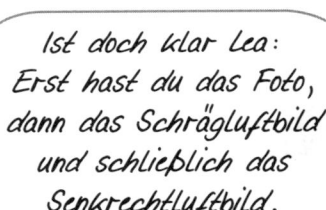

1

Leas Bilder sind leider beim Entwickeln durcheinander geraten.
Wo ist das Foto? Wo das Schrägluftbild und wo das Senkrechtluftbild?

   a) ist das

   b) ist das

   c) ist das

_____   _____   _____

2

Auf welchem von Bild 1 bis 3 kann man die Säulen vor dem Reichstag
nicht mehr sehen, dafür aber den Boden in den beiden Innenhöfen?
Auf dem Bild Nr. _____ , denn es ist ein _____ .

Jetzt kannst du normale Fotos von Schrägluftbildern und Senkrechtluftbildern unterscheiden.

1

Zeichne Leas Weg in die Kartenskizze rechts ein.

2

Zeichne in diese Kartenskizze das Brandenburger Tor ein.

3

Wieso sind auf dem Luftbild die Schiffe da, aber nicht auf der Karte im Atlas?

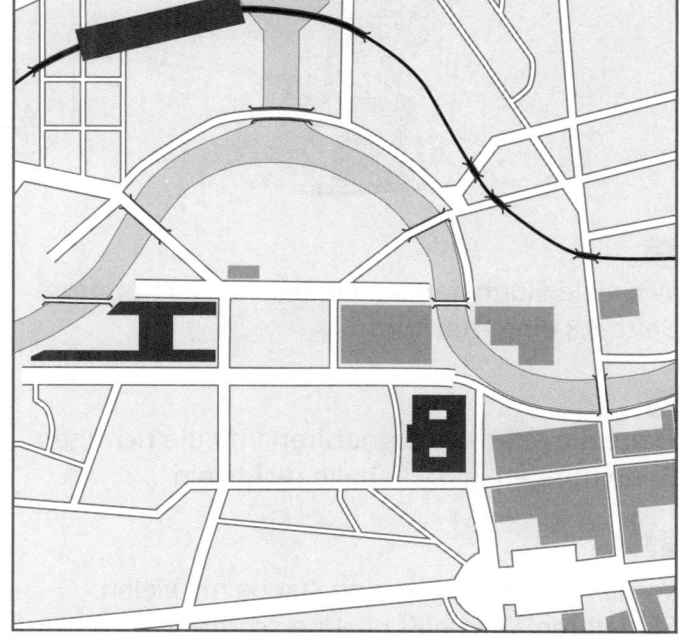

 Du kannst jetzt Luftbild und Karte miteinander vergleichen.

Was sind denn das für Zeichen?

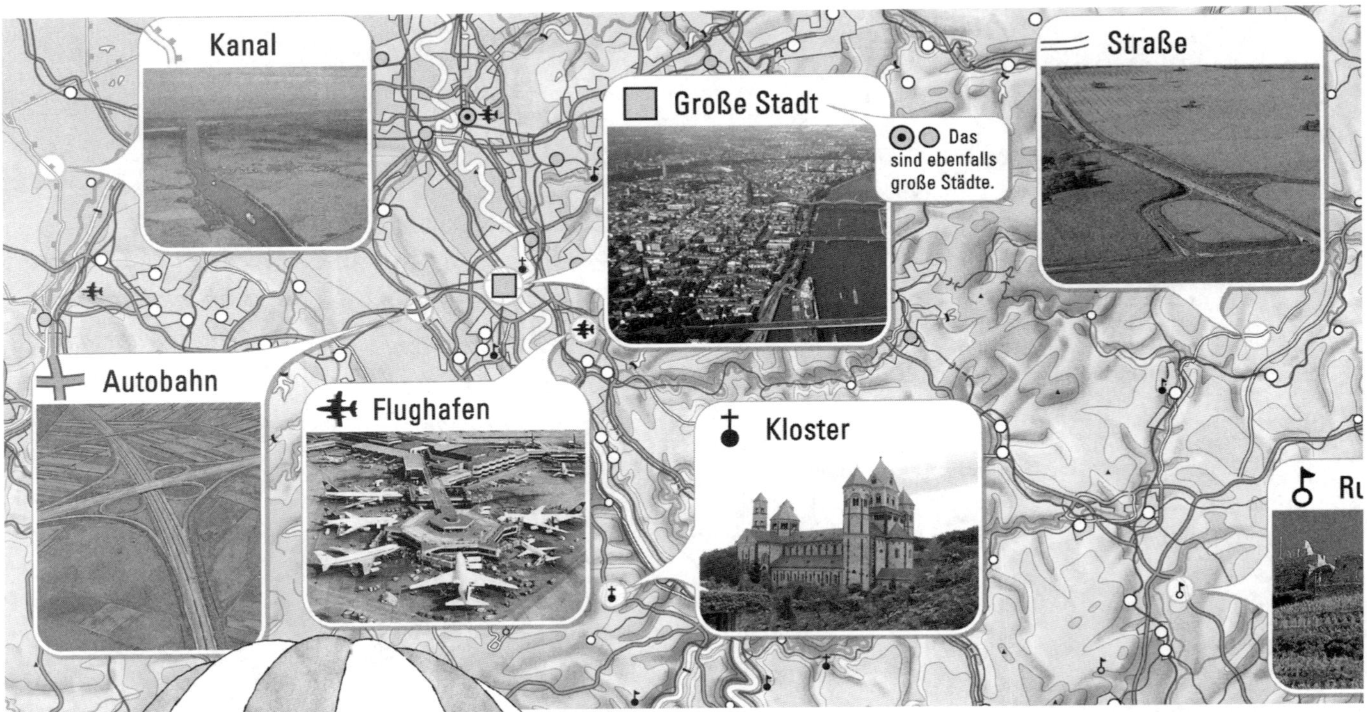

Kanal
Große Stadt
Das sind ebenfalls große Städte.
Straße
Autobahn
Flughafen
Kloster
Ru

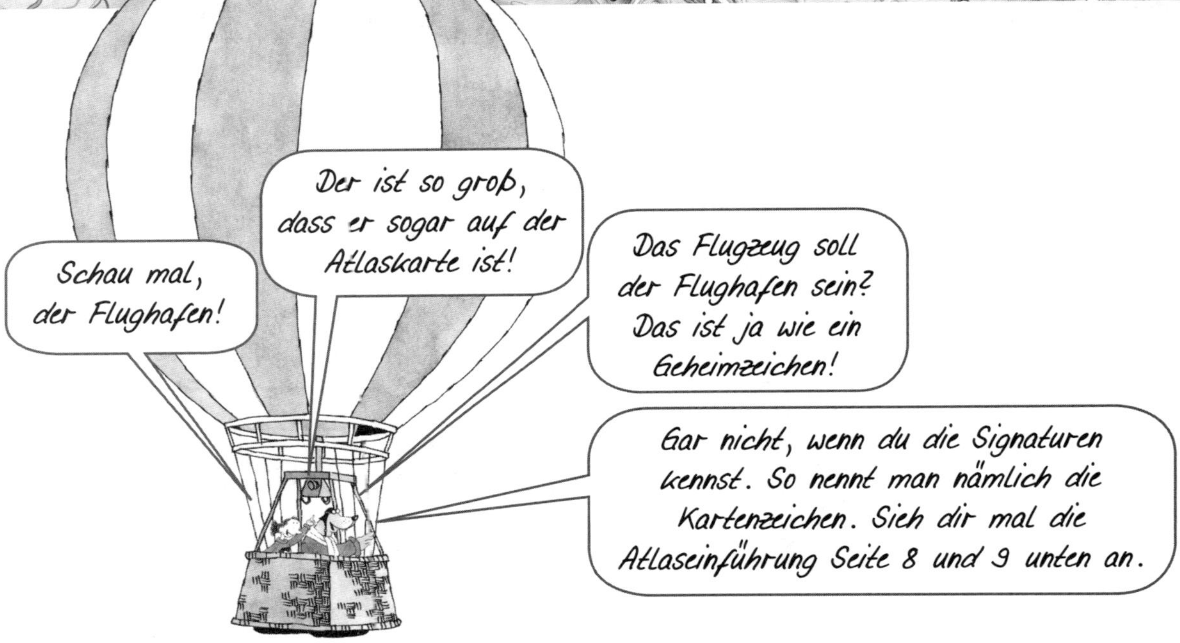

Schau mal, der Flughafen!
Der ist so groß, dass er sogar auf der Atlaskarte ist!
Das Flugzeug soll der Flughafen sein? Das ist ja wie ein Geheimzeichen!
Gar nicht, wenn du die Signaturen kennst. So nennt man nämlich die Kartenzeichen. Sieh dir mal die Atlaseinführung Seite 8 und 9 unten an.

1
Wie viele Flughäfen sind in der Atlaseinführung Seite 8.3 eingezeichnet? ____________

2
Trage die richtigen Signaturen und die richtigen Bedeutungen in die Tabelle rechts ein.

3
Vorne im Atlas gibt es eine Klappe mit vielen Signaturen. Wie heißt die Überschrift?

____

Bedeutung	Signatur
Flughafen	✈
	■
Schloss, Burg	
	╪
Kanal	
Straße	

Du kennst nun das Aussehen und die Bedeutung von Signaturen im Atlas.

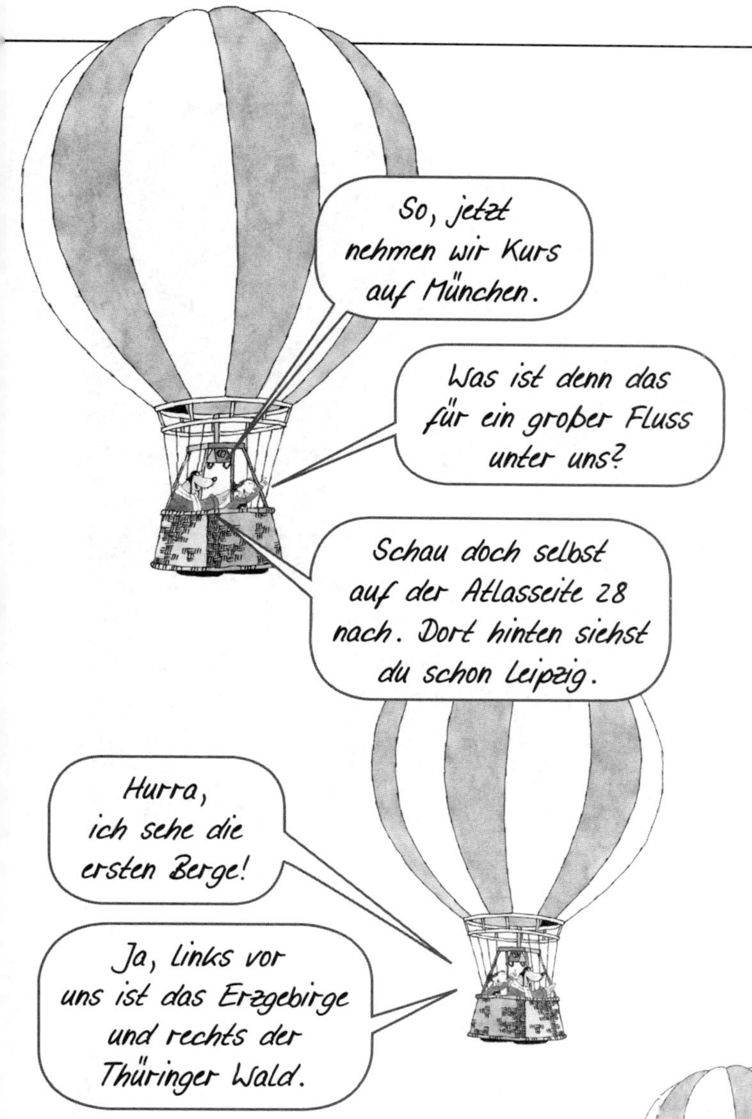

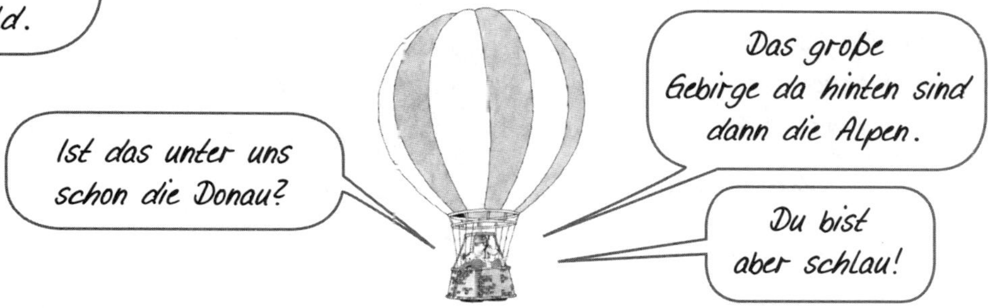

So, jetzt nehmen wir Kurs auf München.

Was ist denn das für ein großer Fluss unter uns?

Schau doch selbst auf der Atlasseite 28 nach. Dort hinten siehst du schon Leipzig.

Hurra, ich sehe die ersten Berge!

Ja, links vor uns ist das Erzgebirge und rechts der Thüringer Wald.

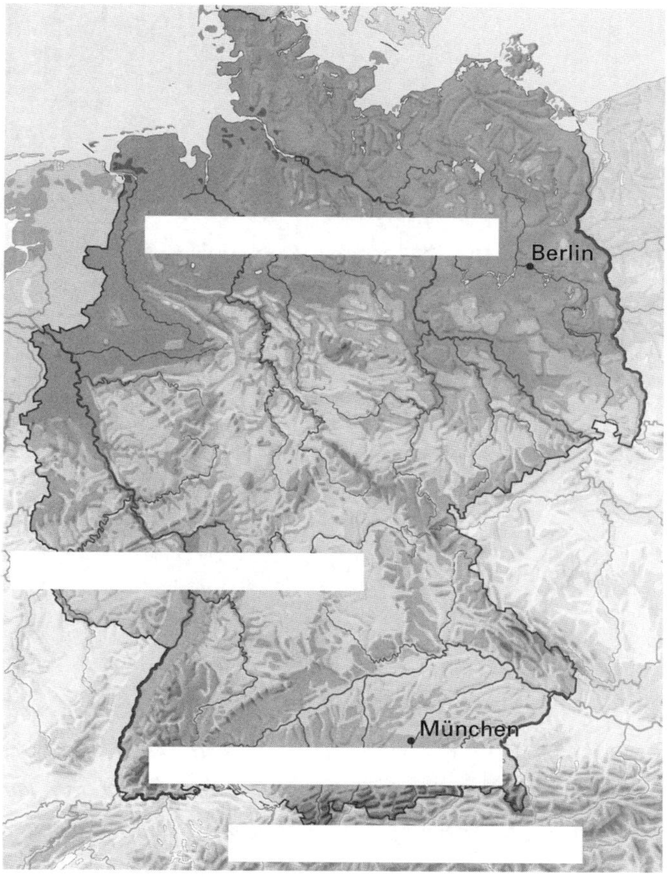

Ist das unter uns schon die Donau?

Das große Gebirge da hinten sind dann die Alpen.

Du bist aber schlau!

Berlin

München

Schau dir jetzt die Seite 28 im Atlas genau an:

1
Wie heißt der große Fluss zwischen Berlin und Leipzig? _____

2
Der Ballon fährt zwischen Erzgebirge und Thüringer Wald hindurch. Welche anderen Gebirge überquert er dabei? _____
und _____

3
Trage die Fahrtroute in die Karte oben ein.

Nun schau dir die Seite 28 unten im Atlas an:

4
Bei der Fahrt hat sich die Landschaft sehr verändert. Wie heißen die vier Großlandschaften Deutschlands? Trage sie in die Karte oben ein.

5
Trage die Grenzen zwischen den Großlandschaften in die Karte oben ein.

 Du kennst jetzt die vier Großlandschaften Deutschlands und weißt, wo sie liegen.

6 Zwischenlandung in München

Lea, halt dich fest, wir landen gleich vor dem Schloss Nymphenburg. Tim wartet dort sicher schon.
Die riesige Stadt ist München? Toll, jetzt wird alles wieder größer. Ich kann schon die Autos erkennen, aber ohne Räder!
Das da unten muss Tim sein!
Lea, Lea, hierher. Hier müsst ihr landen!

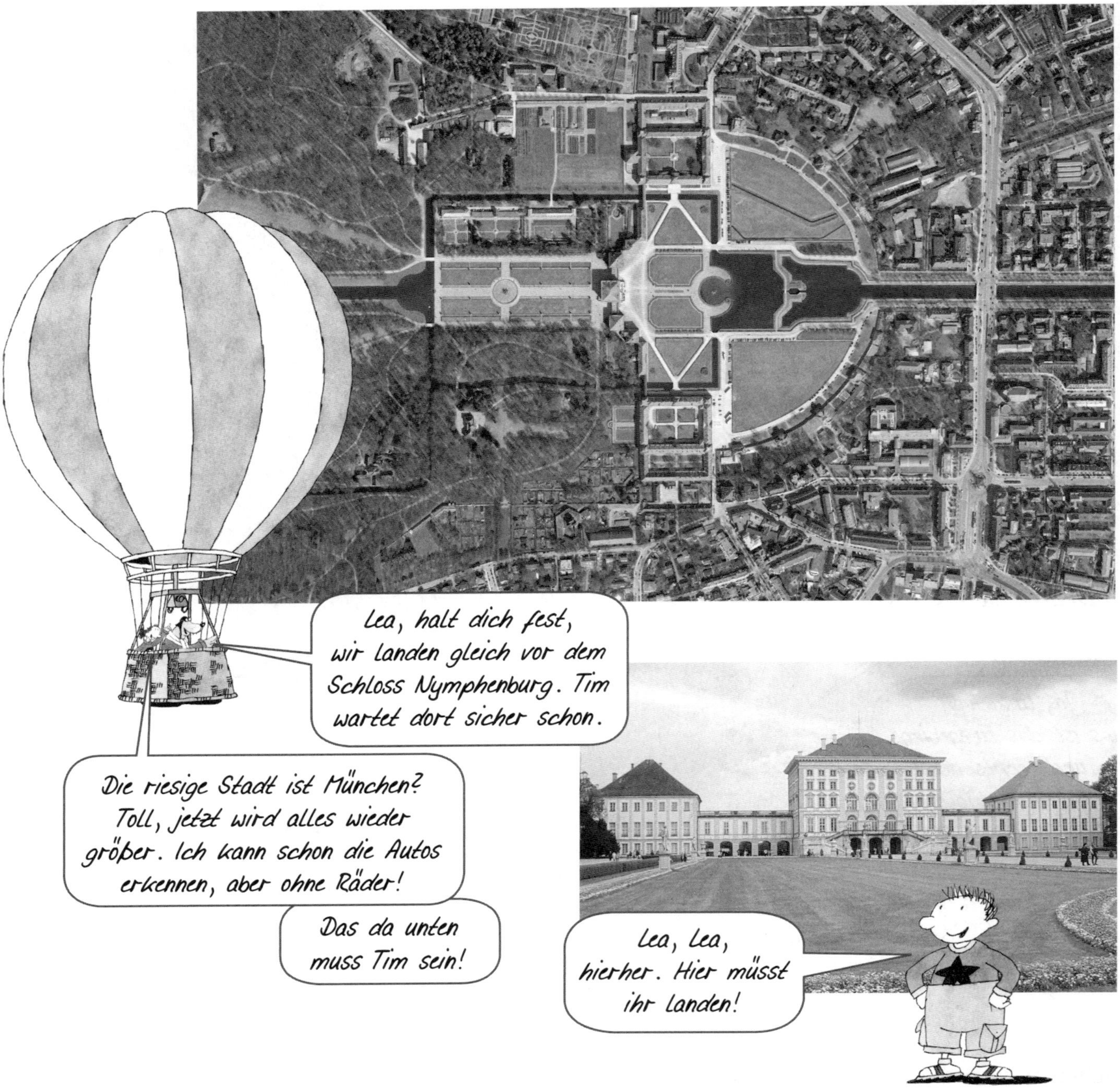

1

München ist auf der Seite 35 im Atlas verkleinert dargestellt. Male die Stadt als Signatur bunt an.

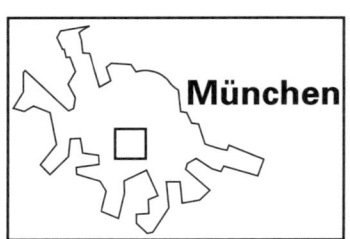

München

2

Was für eine Signatur hat das Schloss auf dieser Atlasseite? Zeichne es.

3

Warum konnte Lea bei den Autos keine Räder sehen?

____

____

____

Du weißt jetzt, dass Karten die Welt verkleinert abbilden.

1

In der Atlaseinführung Seite 8 und 9 findest du in der Mitte verschiedene Maßstabsleisten.
Miss jeweils 1 cm ab und bestimme die Entfernung in der Natur:

Bei 1: 15 000 entspricht 1 cm auf der Karte _____ m in der Natur.
Bei 1: 250 000 entspricht 1 cm auf der Karte _____ km in der Natur.
Bei 1: 1 500 000 entspricht 1 cm auf der Karte _____ km in der Natur.
Bei 1: 5 000 000 entspricht 1 cm auf der Karte _____ km in der Natur.

2

Welche Städte sind auf der Atlaskarte Seite 28 **weniger als 100 km** von München entfernt?
Kreuze sie an: ☐ Augsburg ☐ Ulm ☐ Ingolstadt ☐ Regensburg

3

Welche von diesen Städten sind auf der Atlasseite 35 **weiter als 50 km** von München entfernt?
Kreuze sie an: ☐ Augsburg ☐ Dachau ☐ Ingolstadt ☐ Fürstenfeldbruck
☐ Freising ☐ Erding ☐ Rosenheim ☐ Starnberg

4

Wie weit ist es nun von München bis zu den Alpen? ☐ 30 km ☐ 70 km

Wenn ihr ein Foto macht, bekommt ihr ein Bild, das viel kleiner ist als die Wirklichkeit. Auf Karten passiert das Gleiche, sonst würde die Natur gar nicht auf die Atlasseite passen. Es ist ganz wichtig, dass man sagt, um wie viel kleiner das Kartenbild als das Naturbild ist. Dafür gibt es den Maßstab. Ich gebe euch ein Beispiel: Der Maßstab 1 : 5 000 000 – also „eins zu fünf Millionen" – bedeutet, dass die Kartenstrecke 1 cm lang ist und die Naturstrecke 50 km. Streicht bei der Umrechnung einfach die letzten fünf Nullen weg.

Du kannst jetzt Entfernungen auf der Karte bestimmen.

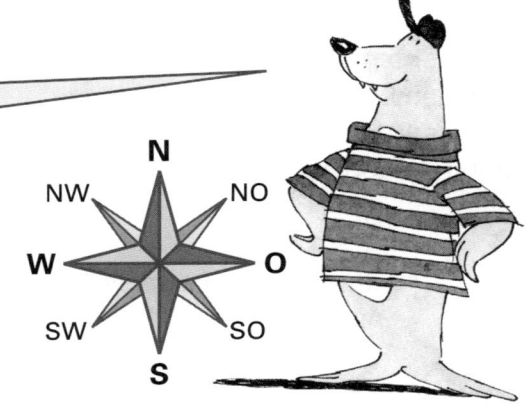

Arbeite mit den Atlaskarten S. 60 – 63.

1

Die Ballonfahrt geht von München aus zuerst nach Süden, dann nach Westen.
Welche Nachbarländer werden dabei überflogen? _____

_____

2

Außer Frankreich hat Deutschland noch drei weitere Nachbarländer im Westen:
Es sind _____ , _____ und die _____ .

3

Welches Land grenzt im Norden an Deutschland? _____

4

Polen und die Tschechische Republik sind unsere Nachbarn im _____ .

 Jetzt kennst du die Himmelsrichtungen und die Nachbarländer Deutschlands.

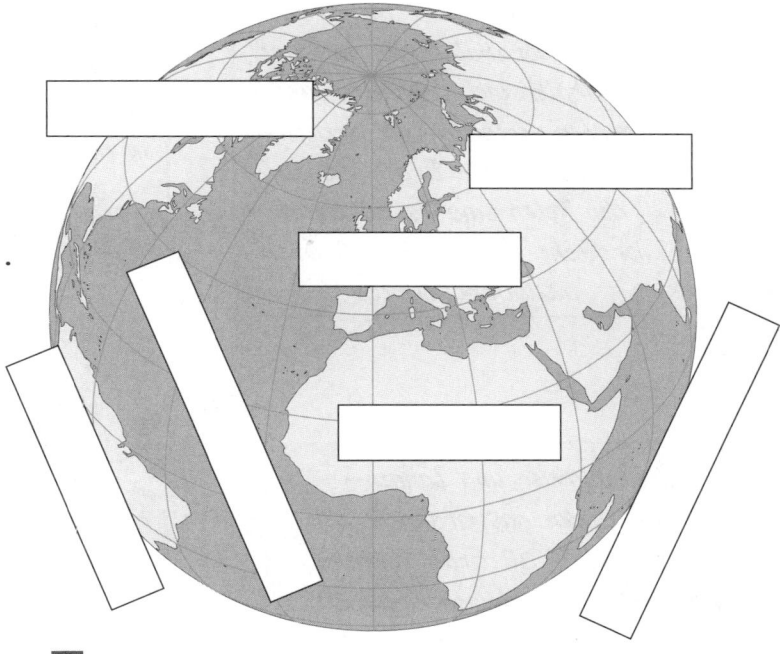

Schau dir im Atlas Seite 152 oben die Übersicht der Erde genauer an.

1

Amerika besteht aus zwei Kontinenten:
_____ und _____ .

2

Im Osten von Europa liegt der größte Kontinent: _____ .

3

Der Ozean östlich von Afrika ist der

_____ .

4

Er wird im Osten begrenzt von dem kleinsten Kontinent: _____ .

5

Im Westen von Amerika und im Osten von Asien liegt der größte Ozean, der _____ .

6

Der Kontinent am Südpol ist die

_____ .

7

Fülle die Kästen auf der Erdkugel aus.

Die Kontinente und Ozeane kennst du jetzt mit dem Namen und ihrer Lage.

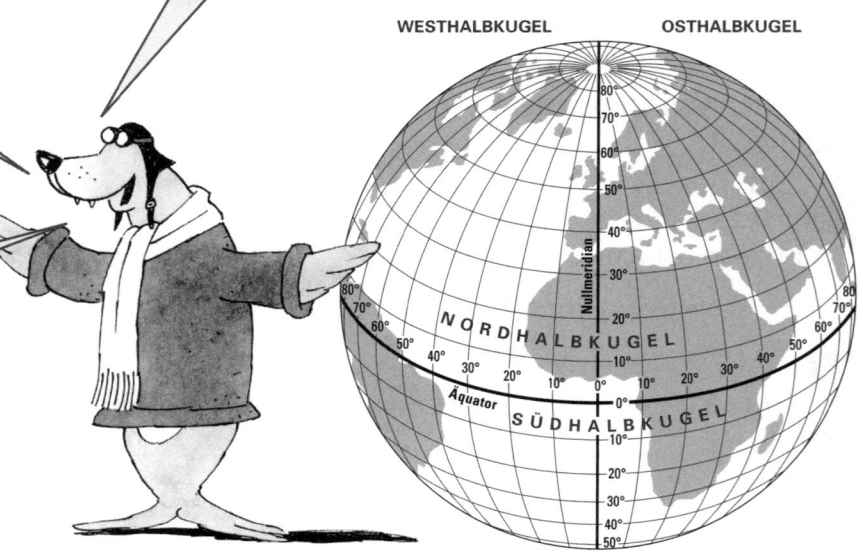

1

Markiere mit einem Kreuz die Position des Ballons bei 60° westlicher Länge und 30° nördlicher Breite.

Nun kennst du das Gradnetz der Erde und weißt, wofür es wichtig ist.

Arbeite mit der Atlaskarte auf Seite 156/157.

1
Wie heißen die Inseln, die Lea vor sich sieht? _____

2
Welche amerikanische Stadt liegt bei 90° westlicher Länge und 30° nördlicher Breite?
Kreuze an: ☐ San Antonio   ☐ Houston   ☐ New Orleans

3
Durch welche Kontinente verläuft der Äquator? Unterstreiche die richtigen Kontinente:
Europa, Asien, Australien, Afrika, Nordamerika, Südamerika, Antarktis

4
Liegt Australien westlich oder östlich des Nullmeridians? Australien liegt _____ .

Nun kannst du Orte mit Hilfe des Gradnetzes bestimmen.

Wenn mit dem Ballon alles in Ordnung ist, können wir ja jetzt über San Francisco nach Hawaii fahren.

Was ist denn dort los?

Ihr wolltet doch unbedingt beim großen Treffen der Ballonfahrer dabei sein.

Aber wie kommen wir erst mal nach San Francisco?

Schau einfach wieder im Atlas nach.

Und wo dort? Soll ich etwa den ganzen Atlas durchblättern?

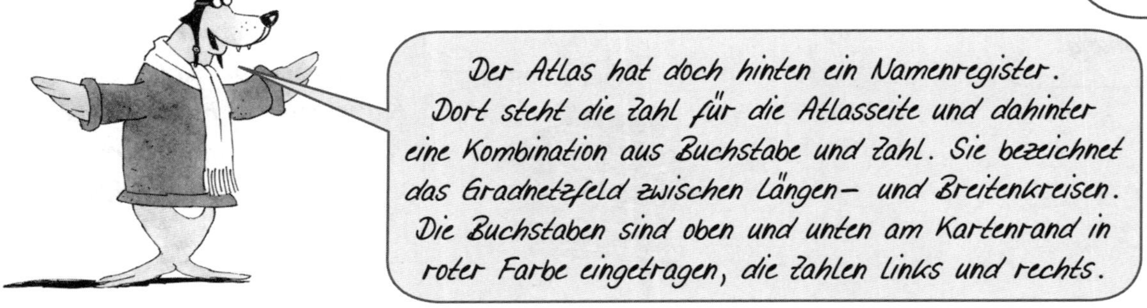

Der Atlas hat doch hinten ein Namenregister. Dort steht die Zahl für die Atlasseite und dahinter eine Kombination aus Buchstabe und Zahl. Sie bezeichnet das Gradnetzfeld zwischen Längen- und Breitenkreisen. Die Buchstaben sind oben und unten am Kartenrand in roter Farbe eingetragen, die Zahlen links und rechts.

1

Suche den Namen „San Francisco" im Namenregister und schreibe Seitenzahl und Gradnetzfeld heraus:

	Seitenzahl	Gradnetzfeld
San Fernando de Apure	142/143	F 4
San Francisco	_____	_____

2

Wie heißt die Atlaskarte, die du gefunden hast? _____

3

Wo liegt nun San Francisco genau? Kreuze alles an, was richtig ist:
☐ Am Pazifischen Ozean ☐ In den Vereinigten Staaten ☐ Nördlich von Los Angeles

4

In welchem Gradnetzfeld liegt San Francisco aber auf der Atlaskarte Seite 156/157? _____

 Du weißt nun, wofür ein Namenregister gut ist und wie es funktioniert.

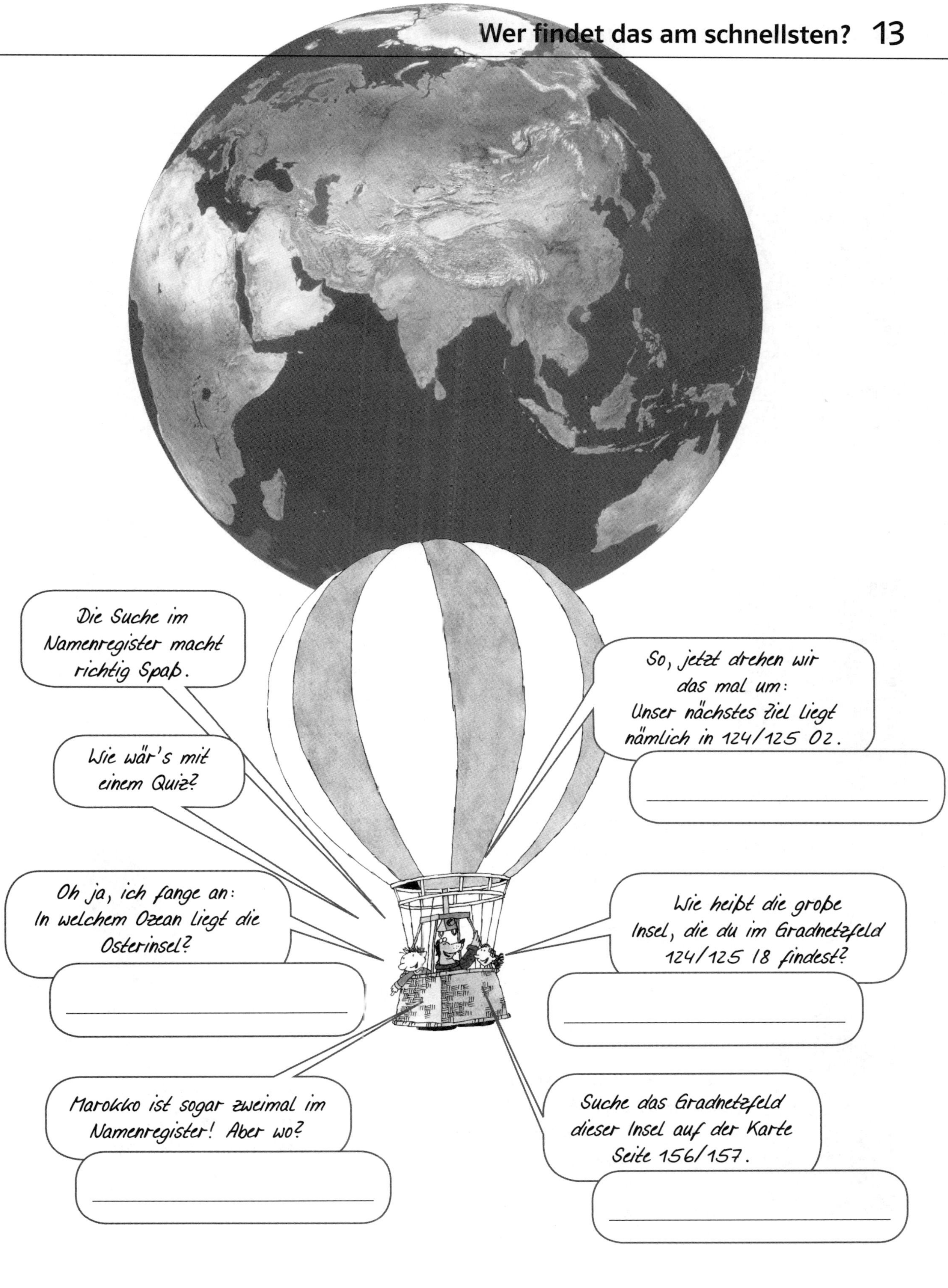

Die Suche im Namenregister macht richtig Spaß.

Wie wär's mit einem Quiz?

So, jetzt drehen wir das mal um: Unser nächstes Ziel liegt nämlich in 124/125 O2.

_____

Oh ja, ich fange an: In welchem Ozean liegt die Osterinsel?

_____

Wie heißt die große Insel, die du im Gradnetzfeld 124/125 I8 findest?

_____

Marokko ist sogar zweimal im Namenregister! Aber wo?

_____

Suche das Gradnetzfeld dieser Insel auf der Karte Seite 156/157.

_____

 Nun bist du auch fit im Umgang mit dem Namenregister.

Haack Weltatlas Differenzierende Ausgabe – Arbeitsheft Kartenlesen mit Atlasführerschein

Tim und Lea schaut mal, dort vor uns sind die Hawaii-Inseln.

Ich bin schon gespannt, wen wir alles treffen werden. Da drüben kommen noch andere Ballons.

Wir lernen bestimmt viele Freunde kennen.

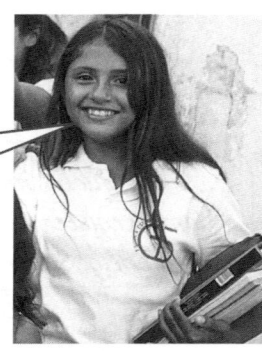

Bom dia! Ich bin Maria aus Brasilien. Mein Land liegt in Südamerika auf der Südhalbkugel. Bei uns gibt es den größten Fluss der Welt, und?
(Seinen Namen findest du leicht auf der Seite 135 im Atlas.)

_____

Hi! Ich bin Nyla von einer großen Insel im Atlantik nicht weit vom Nordpol. Bei uns ist nur die Küste bewohnt, im Innern der Insel ist ewiges Eis. Ich wette, du weißt wo ich wohne. Also? (Schau ruhig auf der Seite 134 im Atlas nach.)

_____

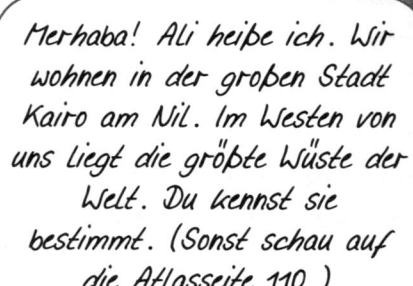

Merhaba! Ali heiße ich. Wir wohnen in der großen Stadt Kairo am Nil. Im Westen von uns liegt die größte Wüste der Welt. Du kennst sie bestimmt. (Sonst schau auf die Atlasseite 110.)

_____

Hello! Meine Eltern und mein Bruder nennen mich einfach Joe. Wir wohnen auf einer großen Schaffarm mitten im kleinsten Kontinent. Du weißt doch schon wo, oder? (Du brauchst nur auf die Atlasseite 124 zu schauen.)

_____

Du kennst jetzt die physischen Übersichten der Kontinente im Atlas.

Haack Weltatlas Differenzierende Ausgabe – Arbeitsheft Kartenlesen mit Atlasführerschein

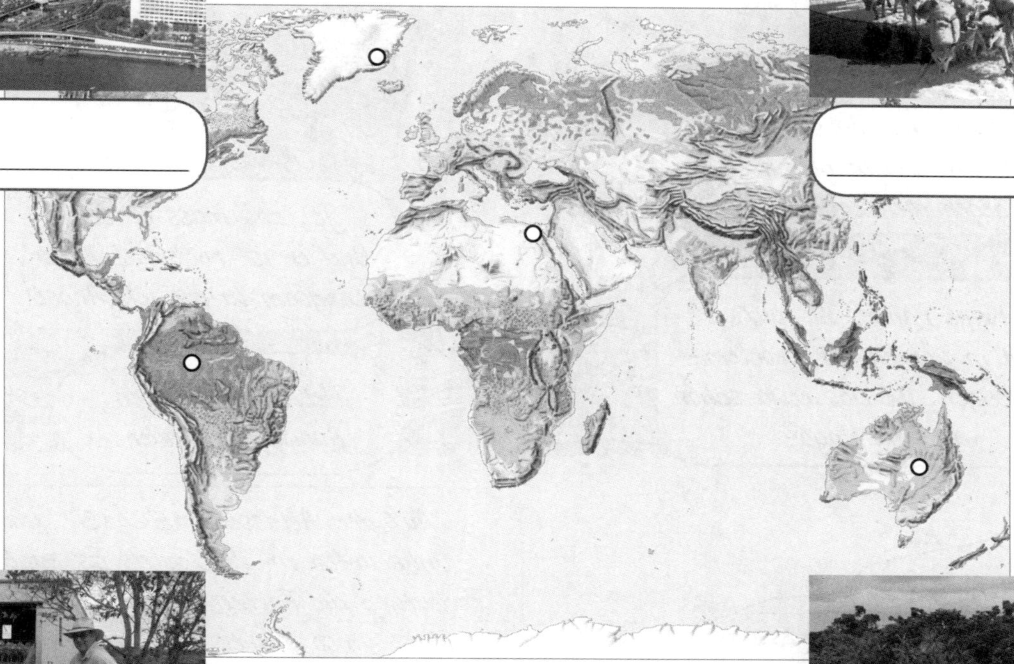

[Weltkarte mit Fotos und Eingabefeldern]

1

Unter den Fotos oben ist ein Kästchen. Schreibe den Namen des Kindes hinein, das dort wohnt.

2

Zeichne vom Foto aus einen Pfeil zu dem Ort auf der Karte.

3

Im Atlas auf Seite 178/179 gibt es eine Karte mit dem Vegetationsbild der Erde.
a) An welcher Farbe kann man darauf die Sahara erkennen? _____

b) Wie ist der Tropische Regenwald am Amazonas dargestellt? _____
   _____

c) Woran kannst du erkennen, dass auf Grönland der Lebensraum der Menschen sehr klein und
   sehr kalt ist? _____

d) An welcher Farbe kann man das Hochland von Tibet und den Himalaya erkennen?
   _____

 Jetzt kannst du dich schon prima auf der Erde orientieren.

(Bildszene mit Heißluftballon vor Gebirgspanorama und Sprechblasen)

Hermann, pass auf, wir stoßen gleich gegen die Berge!

Keine Panik! Bis auf 5 000 m können wir problemlos steigen. Ist das etwa schon der Himalaya?

Ja, das muss er sein. Und er ist noch viel höher. Langsam kriege ich Angst!

Helft lieber, einen Ausweg zu finden.

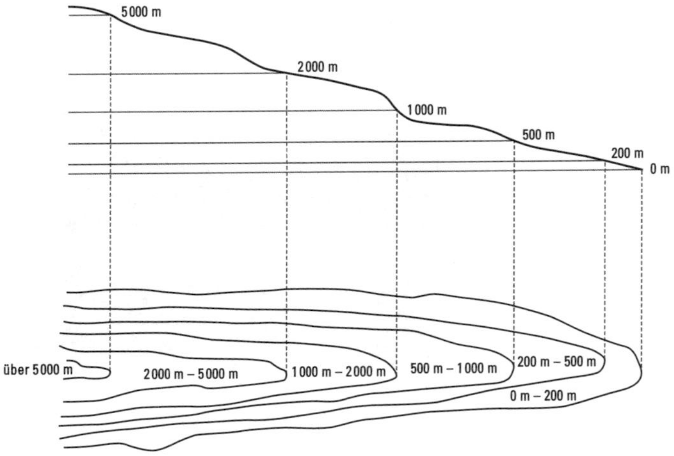

Auf der Atlasseite 156/157 findet ihr links unten ein Blockbild. Es zeigt, welche Bedeutung die Farben auf der Karte haben: Das Land ist umso grüner, je tiefer es ist, und umso brauner, je höher es ist. Und je blauer das Wasser ist, desto tiefer ist es. Sieh dir hierzu auch die Atlaseinführung Seite 10/11 oben an.

(Höhenprofil-Grafik mit Beschriftungen:)

5 000 m
2 000 m
1 000 m
500 m
200 m
0 m

über 5 000 m | 2 000 m – 5 000 m | 1 000 m – 2 000 m | 500 m – 1 000 m | 200 m – 500 m | 200 m – 500 m | 0 m – 200 m

1

Übertrage die Farben des Blockbildes aus dem Atlas in die Zeichnung.

2

Der Mount Everest ist der höchste Berg der Erde. Du findest ihn im Gradnetzfeld R 5.
Er ist _____ m hoch.

3

In welchem Gradnetzfeld liegt der Mt. Everest auf der Atlaskarte Seite 92/93? _____

4

Viele Berge auf dieser Karte haben keine braune, sondern eine weiße Farbe.
Was kann das bedeuten? Kreuze die richtige Antwort an:
☐ Sie sind in Wolken verborgen.   ☐ Sie sind mit Eis bedeckt.   ☐ Man weiß nicht, wie es dort aussieht.

5

Welche Route können Hermann, Lea und Tim vom Gangestiefland (92/93 J7) aus wählen, um sicher nach Deutschland zu kommen? Nenne Städte als Zwischenziele. _____
_____

Nun kannst du die Höhenlage von Orten und Gebieten im Atlas ablesen.

1

Wie sieht es bei dir aus? Was hat dir am meisten Spaß gemacht? Was kannst du nun gut? Worin brauchst du noch etwas Übung? Kreuze an:

Diese Themen	haben Spaß gemacht		kann ich	muss ich
	ja	nein	gut	noch üben
Vom Foto zum Senkrechtluftbild	☐	☐	☐	☐
Vom Luftbild zur Karte	☐	☐	☐	☐
Naturräume Deutschlands	☐	☐	☐	☐
Signaturen als Kartenzeichen	☐	☐	☐	☐
Verkleinerung bei Karten	☐	☐	☐	☐
Unterschiedliche Maßstäbe	☐	☐	☐	☐
Entfernungen messen	☐	☐	☐	☐
Nachbarländer Deutschlands	☐	☐	☐	☐
Himmelsrichtungen	☐	☐	☐	☐
Kontinente und Ozeane	☐	☐	☐	☐
Gradnetz der Erde	☐	☐	☐	☐
Ortssuche mit dem Namenregister	☐	☐	☐	☐
Orientierung mit Weltkarten und Erdteilkarten	☐	☐	☐	☐
Höhenlage von Orten	☐	☐	☐	☐

2

Die Themen, die du weniger gut kannst, solltest du mit deinen Freundinnen und Freunden weiter üben. Du willst ja den Atlasführerschein machen.

Du bist jetzt fit für den Atlasführerschein.

ISBN 978-3-12-**828383**-8

KLETT-PERTHES

EINFÜHRUNG
DEUTSCHLAND
EUROPA
ASIEN
AFRIKA und ORIENT
AUSTRALIEN und POLE
AMERIKA
WELT
REGISTER

Wenn du wissen willst, wie dieser Fluss heißt, musst du in die Karte schauen.

Hier bist du gestartet.

Alle Häuser sind gleich groß, weil sie gleich weit entfernt sind.

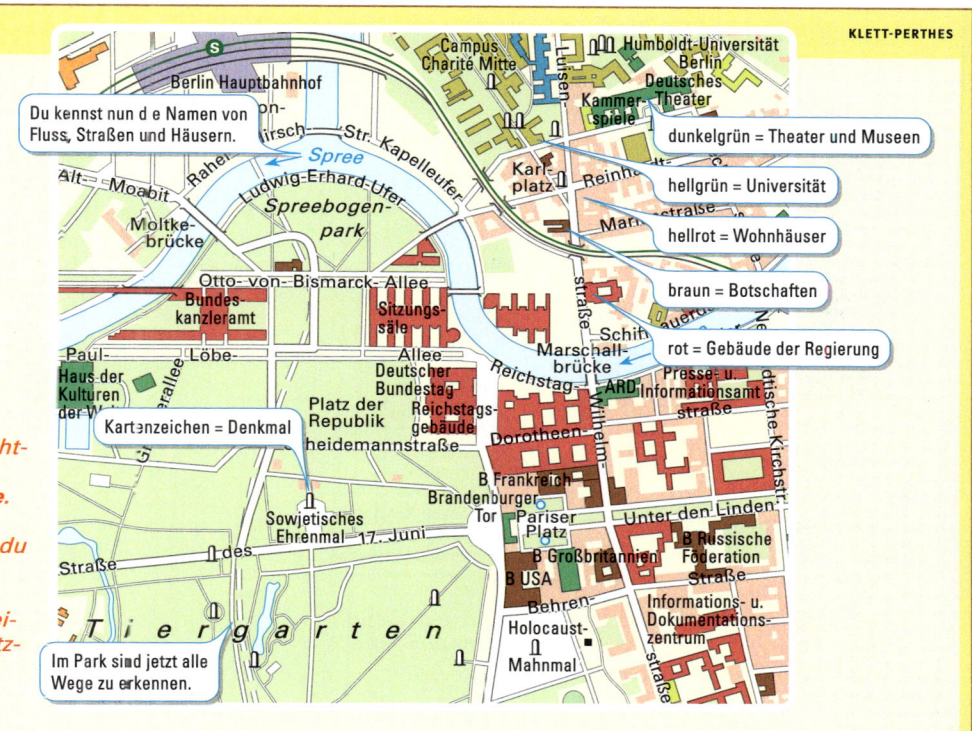

Du kennst nun die Namen von Fluss, Straßen und Häusern.

dunkelgrün = Theater und Museen

hellgrün = Universität

hellrot = Wohnhäuser

braun = Botschaften

rot = Gebäude der Regierung

Kartenzeichen = Denkmal

Im Park sind jetzt alle Wege zu erkennen.

Aus diesem Senkrecht-luftbild zeichnet der Kartograph die Karte. Sie ist einfacher als die Wirklichkeit und du kannst viele Dinge leichter erkennen. Farben und Kartenzei-chen geben dir zusätz-liche Informationen.

KLETT-PERTHES

Hier ist der Ausschnitt der vorigen Karte.

1:1 500 000   0 10 20 km

Achte auf Maß-stabszahl und Maßstabsleiste

Mit dieser Karte lernst du die Umgebung der Stadt kennen. Die Stadtteilnamen kannst du nun nicht mehr erkennen.

Wir verklei-nern.

Hier ist die vorige Karte nur verkleinert worden. Kannst du noch etwas erkennen?

Hier ist der Ausschnitt der vorigen Karte.

Bei jeder Verkleinerung müssen Inhalte entfallen. Das nennt man **Generalisierung.**

1:5 000 000   0 50 100 km

Mit dieser Karte erkennst du die Lage der Stadt in Deutschland. Die kleinen Orte und der Flughafen sind nun nicht mehr zu erkennen.

KLETT-PERTHES

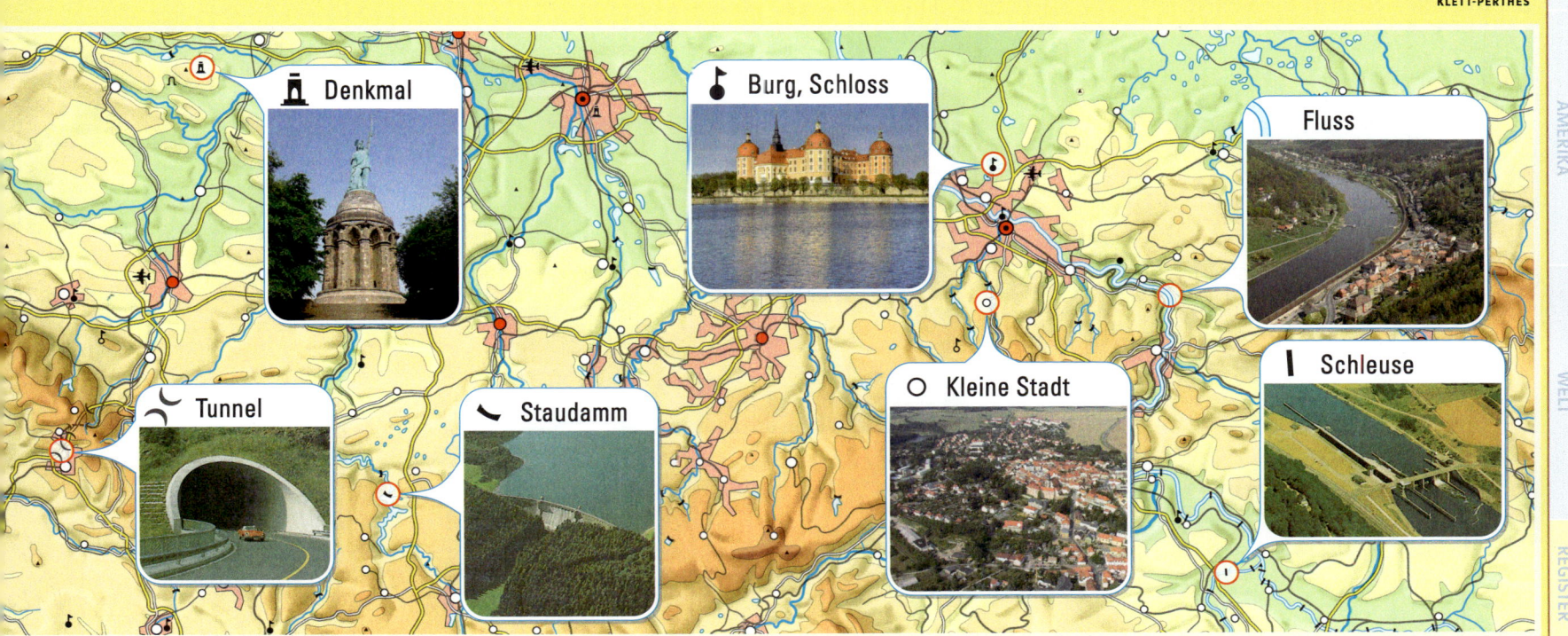

Denkmal

Burg, Schloss

Fluss

Tunnel

Staudamm

Kleine Stadt

Schleuse

1 Haack – Schritt für Schritt Höhenschichten *Die Farben in der Physischen Karte deuten.*

Diesen Ausschnitt sehen wir uns im nächsten Bild genauer an.

Auf dieser Karte siehst du Orte, Straßen, Flüsse und Seen. Du weißt nicht, wie die Landschaft aussieht. Gibt es Berge und Täler, oder nur flaches Land?

Wir vergrößern.

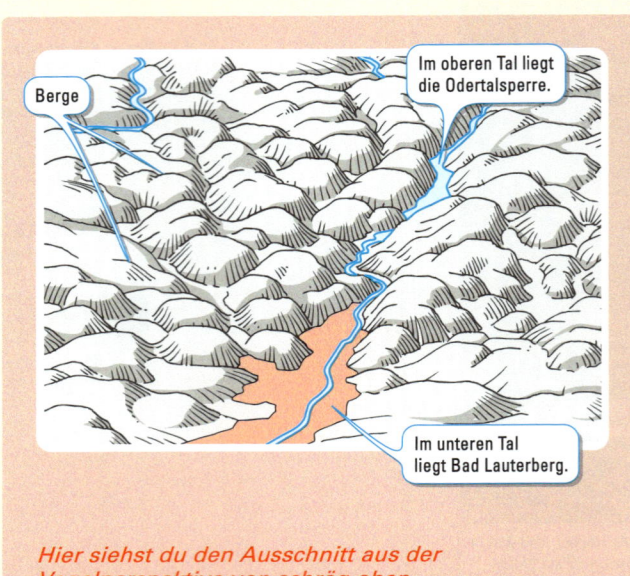

Berge

Im oberen Tal liegt die Odertalsperre.

Im unteren Tal liegt Bad Lauterberg.

Hier siehst du den Ausschnitt aus der Vogelperspektive von schräg oben. Dadurch kannst du Berge und Täler erkennen.

Mittelbraun: 500–700 m hoch

▲ Großer Knollen

Gelb: 200–300 m hoch

Damit du Berge und Täler besser unterscheiden kannst, färben die

2 Haack – Schritt für Schritt Gradnetz und Himmelsrichtungen *Mithilfe von Koordinaten Orte lokalisieren.*

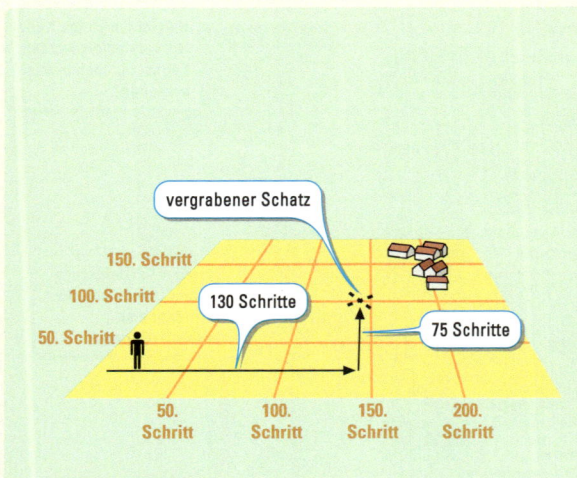

vergrabener Schatz

150. Schritt
100. Schritt
50. Schritt
130 Schritte
75 Schritte

50. Schritt / 100. Schritt / 150. Schritt / 200. Schritt

*Um den Schatz zu finden, musst du Schritte geradeaus und nach links abzählen. Du bist in einem **Koordinatensystem** und kannst jeden Punkt mit zwei Zahlen genau bestimmen.*

In der Fläche ist es einfach. Aber wie funktioniert ein Koordinatensystem auf der Erdkugel?

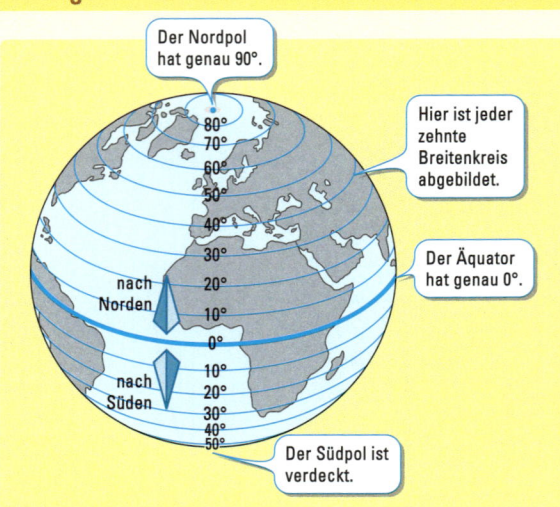

Der Nordpol hat genau 90°.

Hier ist jeder zehnte Breitenkreis abgebildet.

nach Norden

Der Äquator hat genau 0°.

nach Süden

Der Südpol ist verdeckt.

*Linien liegen wie Gürtel um die Erde. Sie heißen **Breitenkreise**. Der längste ist der **Äquator**. Sie werden mit Grad (°) bezeichnet. 90° bis zum Nordpol und 90° bis zum Südpol.*

180°

Ein Meridian reicht nur vom Nordpol bis zum Südpol.

Sternwarte Greenwich (London)

nach Westen   nach Osten

Nullmeridian

*Jetzt brauchst du eine zweite Linie. Diese Linie nennt man **Meridian**. Man zählt ab dem **Nullmeridian**, den die Menschen 1884 festgelegt haben.*

3 Haack – Schritt für Schritt Die Kartenprojektion *Die Karte als Verebnung der Kugeloberfläche erkennen.*

WELTATLAS

Wenn du die Erde sehen willst, genau so, wie sie in Wirklichkeit ist, müsstest du viele Erdkugeln (Globen) in deinem Atlas haben. Das ist natürlich nicht möglich!

Wie aber kommt die runde Kugeloberfläche auf die flache Karte?

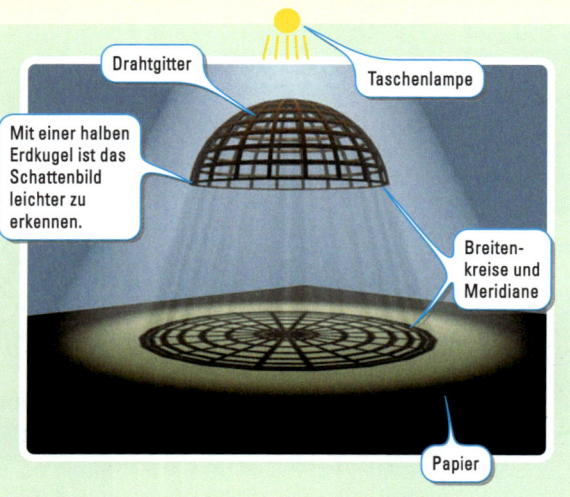

Drahtgitter

Taschenlampe

Mit einer halben Erdkugel ist das Schattenbild leichter zu erkennen.

Breitenkreise und Meridiane

Papier

*Stelle dir vor, die Erde ist durchsichtig und du leuchtest mit einer Taschenlampe hindurch. Das Schattenbild ist das Gradnetz auf dem Papier. Man nennt dieses Abbild **Kartenprojektion**.*

Papier

Das Papier kann auch an einen anderen Punkt des Globus angelegt werden, zum Beispiel hier für Südamerika auf der Atlasseite 151.

Hier siehst du zwei Möglichkeiten, wie man die

EINFÜHRUNG
DEUTSCHLAND
EUROPA
ASIEN
AFRIKA und ORIENT
AUSTRALIEN und POLE
AMERIKA
WELT
REGISTER

Entlang dieser Linie ist es immer 500 m hoch. Man nennt sie **Höhenlinie**.

Kartenmacher das Bild ein. Jede Farbe bedeutet eine bestimmte Landhöhe.

Hellbraun: 300—500 m hoch.

Wir verkleinern.

Du betrachtest die Landschaft wieder senkrecht von oben. Die Farben wurden auf die ganze Karte übertragen. Jetzt kannst du Berge und Täler erkennen.

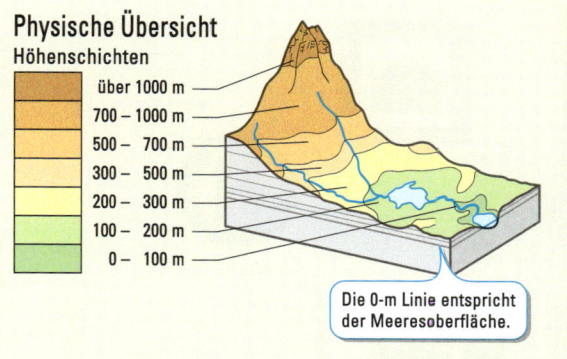

Physische Übersicht
Höhenschichten

	über 1000 m
	700 – 1000 m
	500 – 700 m
	300 – 500 m
	200 – 300 m
	100 – 200 m
	0 – 100 m

Die 0-m Linie entspricht der Meeresoberfläche.

In jeder physischen Karte sind die Höhenschichten mithilfe der Blocklegende gut dargestellt. So kannst du dir die Höhenschichten gut vorstellen.

Alle Meridiane, ob nach Osten oder Westen, treffen sich bei 180° auf der gegenüberliegenden Seite.

Hier ist jeder zehnte Meridian abgebildet.

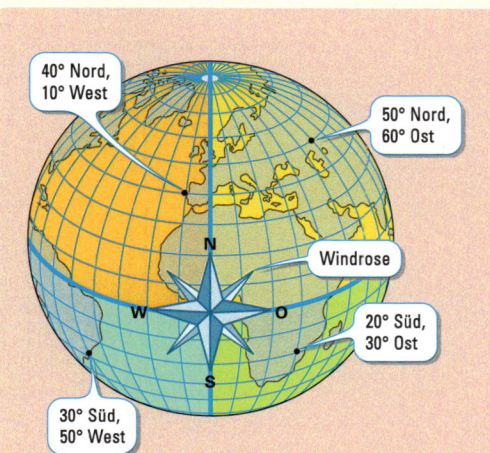

40° Nord, 10° West

50° Nord, 60° Ost

Windrose

20° Süd, 30° Ost

30° Süd, 50° West

Kombinierst du beide Linien, erhältst du das Welt-Koordinatennetz und kannst jeden Punkt auf der Erde benennen. Achte immer auf den Zusatz **Nord** oder **Süd** bei den Breitenkreisen, bzw. **Ost** oder **West** bei den Meridianen.

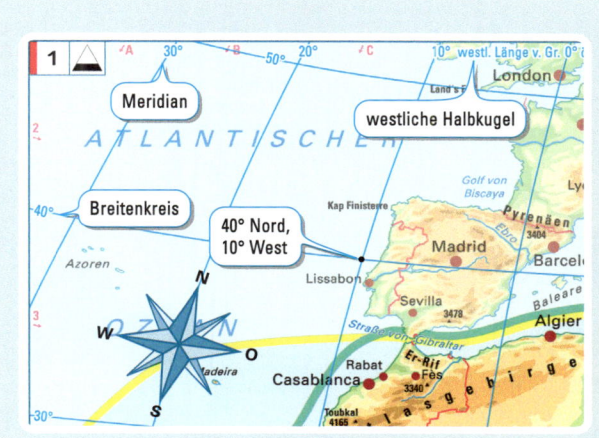

Meridian

westliche Halbkugel

Breitenkreis

40° Nord, 10° West

In jeder physischen Karte findest du ein beschriftetes Koordinatennetz. Man nennt es **Gradnetz**. Die Windrose richtet sich am Gradnetz aus.

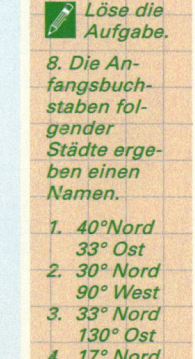

Löse die Aufgabe.

8. Die Anfangsbuchstaben folgender Städte ergeben einen Namen.

1. 40°Nord 33° Ost
2. 30° Nord 90° West
3. 33° Nord 130° Ost
4. 17° Nord 100° West

Tipp: Suche zuerst nach dem Kontinent in der Weltkarte, nutze dann die passende Karte.

Das ist eine **Azimutalprojektion**. Hier liegt das Papier gerade ausgebreitet auf dem Globus. Man nennt sie **polständig**, weil das Papier auf dem Pol liegt.

Das ist eine **Kegelprojektion**. Der Papier-Kegel wird abgewickelt und ausgebreitet.

Zu welchen Projektionen gehören die Lampen?

Erdoberfläche auf dem Papier abbilden kann.

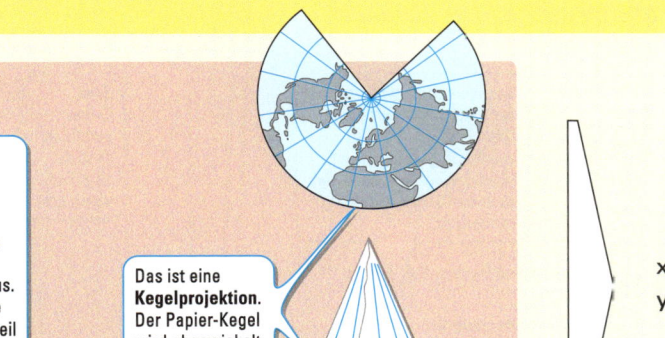

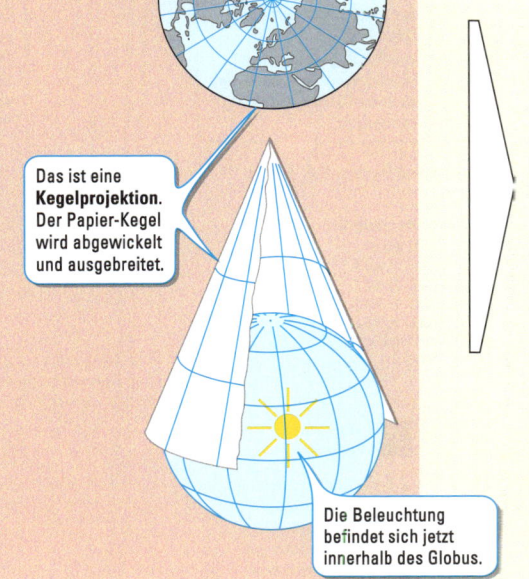

Die Beleuchtung befindet sich jetzt innerhalb des Globus.

$$x = R \cdot \cos \varphi \cdot \cos \lambda$$
$$y = R \cdot \cos \varphi \cdot \sin \lambda$$

Natürlich arbeiten die Kartenmacher nicht mit einer Taschenlampe. Sie verwenden mathematische Formeln, mit denen das Kartennetz berechnet wird.

Auf dem Globus schneiden sich alle Breitenkreise und Meridiane im rechten Winkel, in dieser Karte aber nicht. Das bedeutet: Eine Projektion bildet die Erdoberfläche immer mit **Verzerrungen** ab.

Mithilfe solcher Formeln sind auch die Weltkarten im Haack Weltatlas Differenzierende Ausgabe entstanden. Die Formeln wurden vom Mathematiker Oswald Winkel erfunden. Deshalb heißt die Projektion **Winkels Entwurf**.

12 **Atlaseinführung** *Formen • Farben • Diagramme*

EINFÜHRUNG
DEUTSCHLAND
EUROPA
ASIEN
AFRIKA und ORIENT
AUSTRALIEN und POLE
AMERIKA
WELT
REGISTER

1 Haack – Schritt für Schritt — Sprechende Signaturen in thematischen Karten — *Kartenzeichen richtig deuten.*

Straßentunnel

Haltestelle

Fluchtweg

Täglich siehst du viele Schilder mit Zeichen. Sie symbolisieren einen Gegenstand oder eine Einrichtung.

In thematischen Karten gibt es Kartenzeichen mit Symbolen. Wenn du die Bedeutung erkannt hast, kannst du dir die Zeichen leicht merken.

Wattwanderung (S. 42)

Barfuß im Schlick

Golfplatz (S. 42)

Flaggenstock am Loch

Seehafen (S. 45)

Schiffsanker

Maisanbau (S. 64)

Maiskolben

Höhlenmalerei (S. 76)

Chemische Industrie (S. 47)

Freizeitpark (S. 40)

     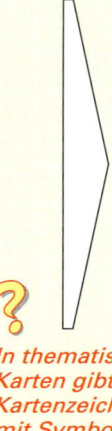  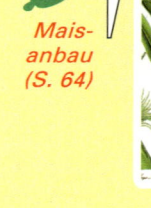 

2 Haack – Schritt für Schritt — Das Klimadiagramm — *Mithilfe des Klimadiagramms das Klima beschreiben.*

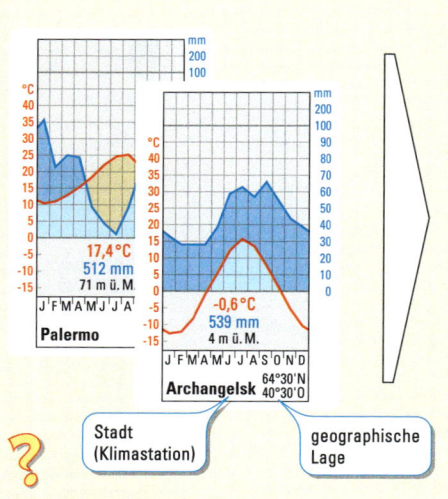

Palermo — 17,4 °C — 512 mm — 71 m ü. M.

Archangelsk — -0,6 °C — 539 mm — 4 m ü. M. — 64°30'N 40°30'O

Stadt (Klimastation)

geographische Lage

Klimadiagramme findest du überall im Atlas. Es sind Klimadiagramme nach H. Walter. Welche Informationen kannst du ihnen entnehmen?

Die rote Schrift ist die Temperaturskala. So kannst du Temperaturen beschreiben.

Die blaue Schrift ist die Skala der Niederschläge. So kannst du die Regen- oder Schneemengen beschreiben.

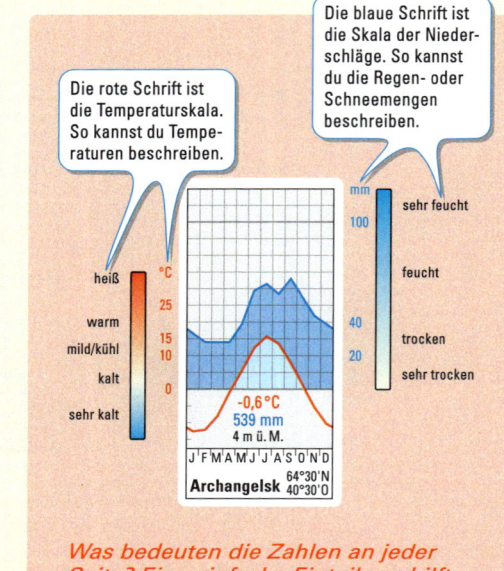

heiß / warm / mild/kühl / kalt / sehr kalt

sehr feucht / feucht / trocken / sehr trocken

Archangelsk — -0,6 °C — 539 mm — 4 m ü. M. — 64°30'N 40°30'O

Was bedeuten die Zahlen an jeder Seite? Eine einfache Einteilung hilft dir, die Werte zu verstehen.

Das sind die Monate im Winter.

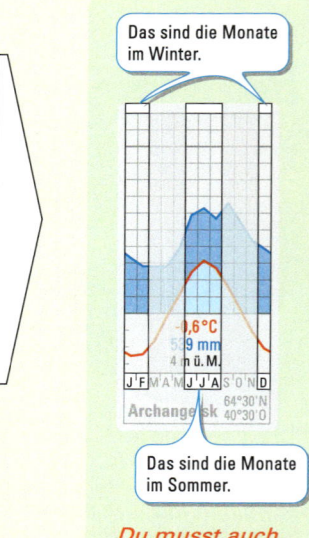

Das sind die Monate im Sommer.

Du musst auch die Jahreszeiten unterscheiden.

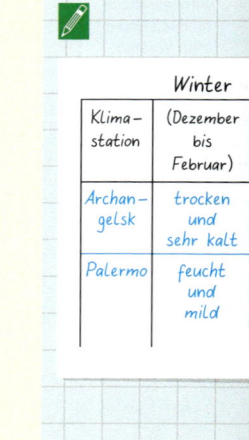

	Winter (Dezember bis Februar)
Klimastation	
Archangelsk	trocken und sehr kalt
Palermo	feucht und mild

Jetzt kannst du das

3 Haack – Schritt für Schritt — Farbflächen und Diagramme — *Werte aus der Karte ablesen.*

Kartenbeispiel: siehe S. 188/189

*Im Atlas gibt es **thematische Karten** mit farbigen Flächen und Formen.*

Wie liest man diese Karten richtig?

Diese Farbe bedeutet, dass in diesem Gebiet der Wert 25 000 – 30 000 € erreicht wird.

Das Wort „pro" heißt, dass der Gesamtwert auf alle Einwohner des Gebiets gleichmäßig aufgeteilt ist. Für das Wort „pro" kann man auch den Schrägstrich (/) verwenden.

In der Legende werden die Farben erklärt.

Wohlstand in den Regionen der EU
Bruttoinlandsprodukt (BIP) pro Einw.
- über 35 000 €
- 30 000 – 35 000 €
- 25 000 – 30 000 €
- 20 000 – 25 000 €
- 15 000 – 20 000 €
- unter 15 000 €

Kartenbeispiel: siehe S. 82

*Die Farbflächen zeigen einen **relativen** Wert. Du kannst nicht die gesamte Menge erkennen. Aber die Gebiete, ob groß oder klein, sind vergleichbar.*

Löse die Aufgabe.
21. Finde heraus, was die Länder Lettland, Litauen und Rumänien gemeinsam haben?

Zwei Farben bedeuten, dass es zwei Teilwerte gibt.

Gästeübernachtun...
Touristen aus ...
Touristen aus ...

 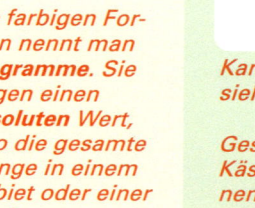 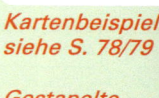

Kanarische Inseln
Balearen
Festland

SPANIEN

*Die farbigen Formen nennt man **Diagramme**. Sie zeigen einen **absoluten** Wert, also die gesamte Menge in einem Gebiet oder einer Stadt.*

Kartenbeispiel: siehe S. 78/79

*Gestapelte Kästchen nennt man **Zählkästen**.*

 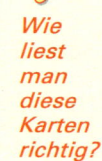

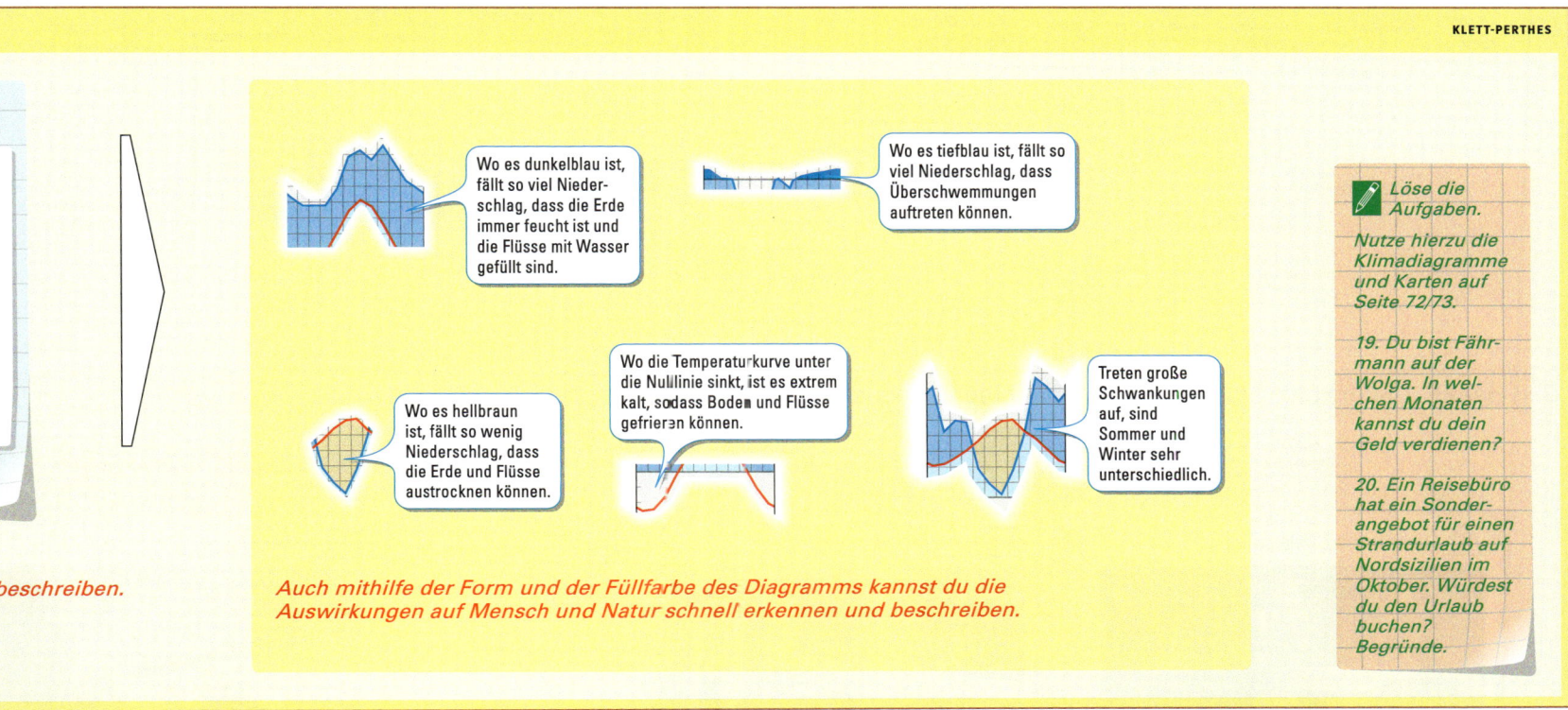

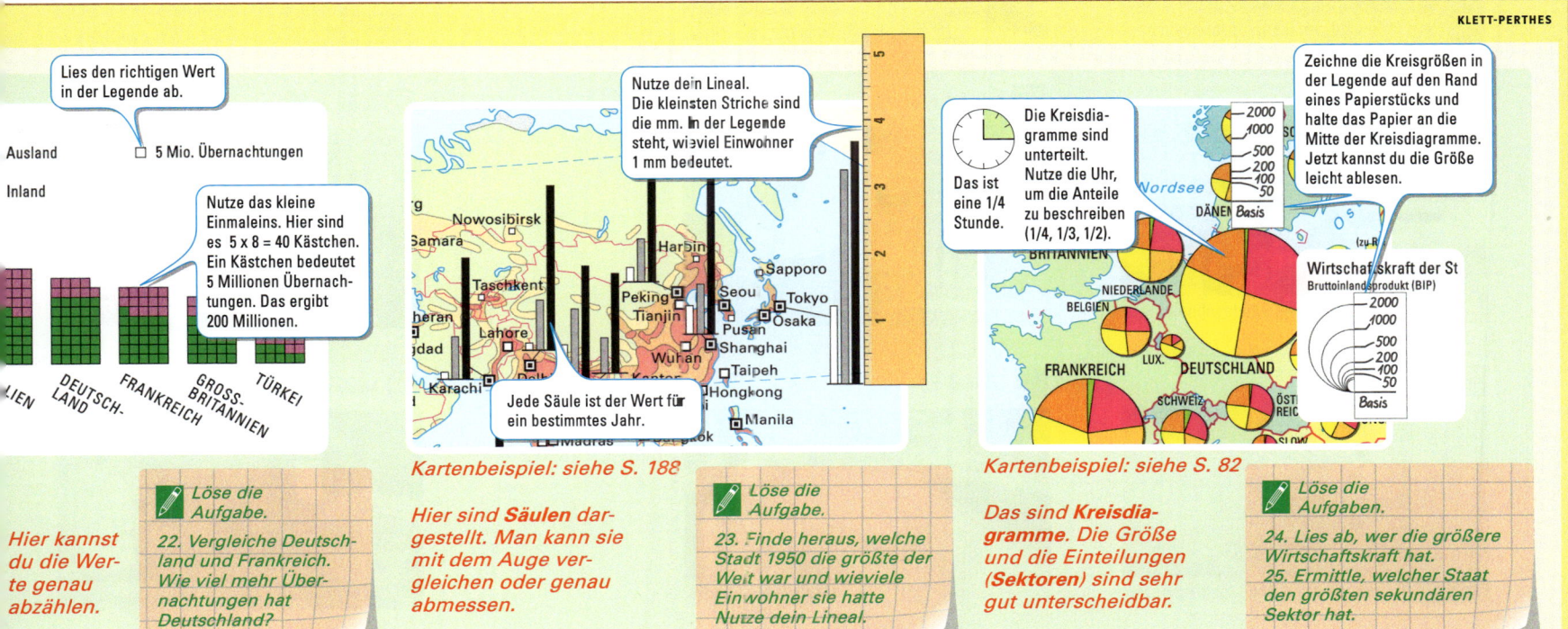

EINFÜHRUNG

DEUTSCHLAND · EUROPA · ASIEN · AFRIKA und ORIENT · AUSTRALIEN und POLE · AMERIKA · WELT · REGISTER

1 Haack – Schritt für Schritt   Die Wirtschaftskarten   *Signaturensysteme erkennen*

Kartenbeispiel: siehe S. 102/103

Im Atlas findest du viele Karten zur Wirtschaft in den Städten und Ballungsräumen.

Kartenbeispiel: siehe S. 47.4

? Was sagen die verschiedenen Karten aus?

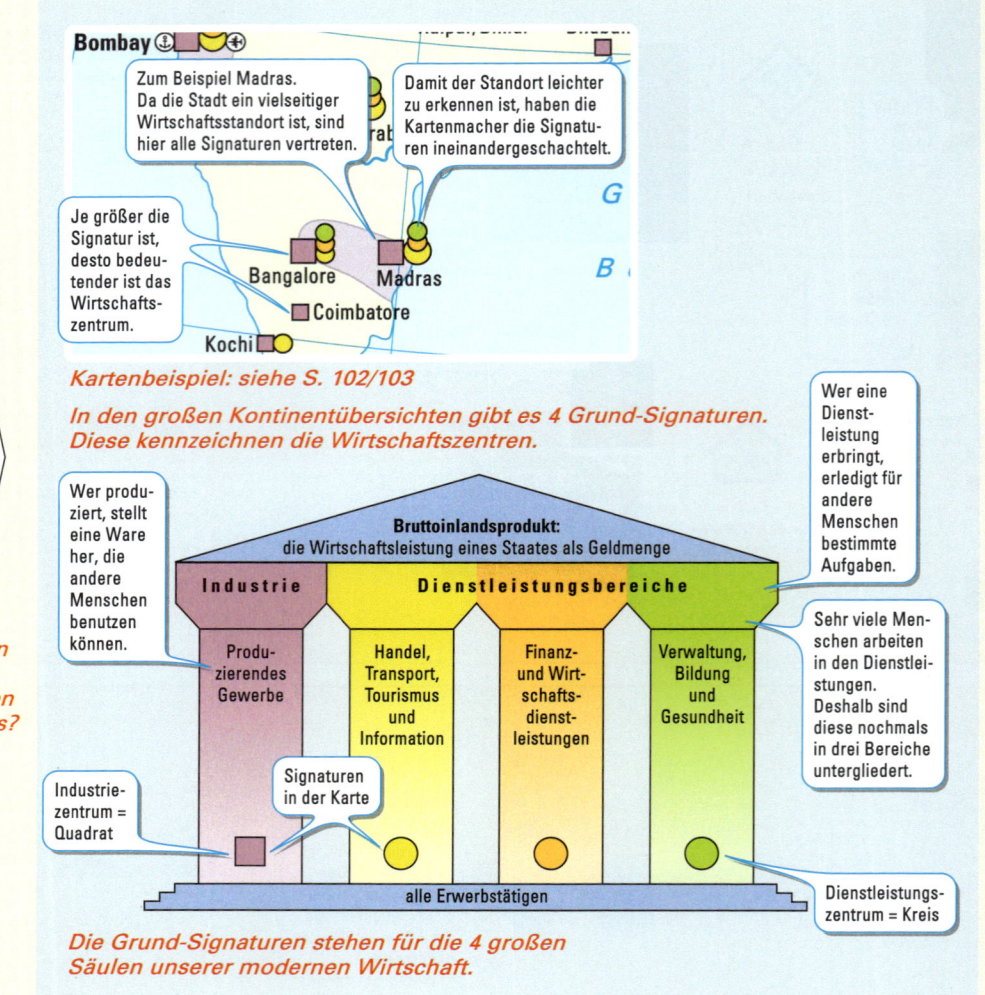

Zum Beispiel Madras. Da die Stadt ein vielseitiger Wirtschaftsstandort ist, sind hier alle Signaturen vertreten.

Damit der Standort leichter zu erkennen ist, haben die Kartenmacher die Signaturen ineinandergeschachtelt.

Je größer die Signatur ist, desto bedeutender ist das Wirtschaftszentrum.

Kartenbeispiel: siehe S. 102/103

In den großen Kontinentübersichten gibt es 4 Grund-Signaturen. Diese kennzeichnen die Wirtschaftszentren.

Wer eine Dienstleistung erbringt, erledigt für andere Menschen bestimmte Aufgaben.

Wer produziert, stellt eine Ware her, die andere Menschen benutzen können.

Bruttoinlandsprodukt: die Wirtschaftsleistung eines Staates als Geldmenge

Industrie · **Dienstleistungsbereiche**

Produzierendes Gewerbe

Handel, Transport, Tourismus und Information

Finanz- und Wirtschaftsdienstleistungen

Verwaltung, Bildung und Gesundheit

Sehr viele Menschen arbeiten in den Dienstleistungen. Deshalb sind diese nochmals in drei Bereiche untergliedert.

Industriezentrum = Quadrat

Signaturen in der Karte

alle Erwerbstätigen

Dienstleistungszentrum = Kreis

Die Grund-Signaturen stehen für die 4 großen Säulen unserer modernen Wirtschaft.

2 Haack – Schritt für Schritt   Arbeitsfelder in Industrie und Dienstleistungen   *Typische Berufe zuordnen*

Produzierendes Gewerbe

- Eisenverhüttung, Stahlerzeugung
  - Verfahrensmechaniker/in Hüttenindustrie
- Elektronik, Optik, Feinmechanik
  - Elektroanlagenmonteur/in
- Textilien, Bekleidung
  - Modeschneider/in
- Papier, Druckereien
  - Drucker/in
- Baugewerbe
  - Fliesen-, Platten- und Mosaikleger/in
- Lebensmittel
  - Milchtechnologe/in

Handel, Transport, Tourismus und Information

- Verkehr, Lagerei
  - Fachkraft für Lagerlogistik
- Hotels, Gaststätten
  - Koch/Köchin
- Medien, Verlage
  - Kameramann/frau

Den Wirtschaftsstandort Madras kannst du jetzt noch genauer bewerten.

Kartenbeispiel: siehe S. 104.2

In den Karten der Wirtschaftsräume der Kontinente und in der Deutschland-übersicht kann man die Industrie in Produktionsgruppen unterscheiden.

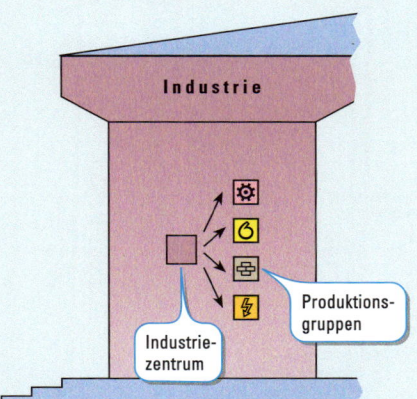

Die komplette Einteilung kannst du der Generallegende auf der hinteren Klappe entnehmen.

Für Deutschland gibt es die genauesten Karten.

Die Wirtschaftsstruktur der Stadt Stuttgart ist hier ganz genau aufgegliedert.

Die Dienstleistungsbereiche sind in Branchen unterteilt.

Die Industrie ist nun in Produktionszweige unterteilt.

Kartenbeispiel: siehe S. 47.4

In der Wirtschaftskarte deines Bundeslandes und den Wirtschaftsräumen im Deutschland-teil des Atlas sind Industrie und Dienstleistungen am stärksten aufgefächert.

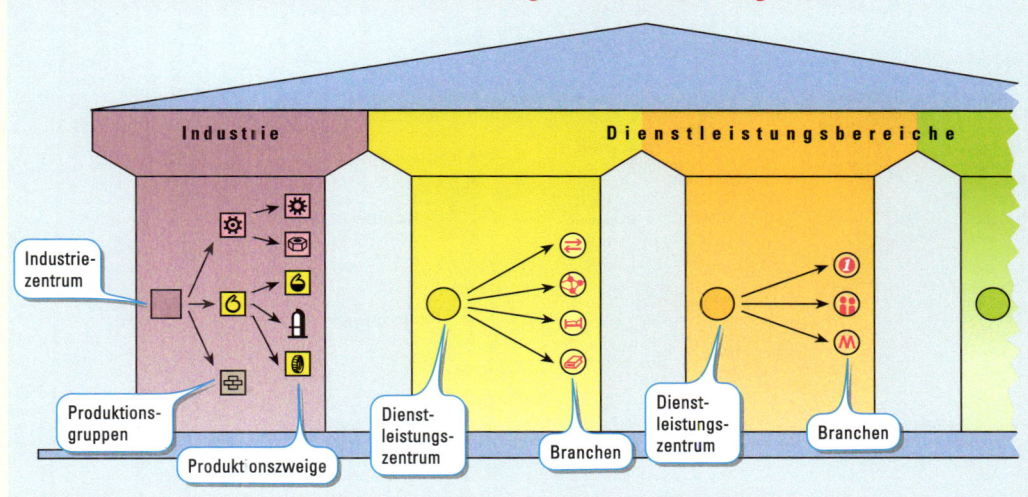

Das gesamte System der Signaturen kannst du der Generallegende auf der hinteren Klappe entnehmen.

Finanz- und Wirtschaftsdienstleistungen

Banken, Versicherungen

Bankkaufmann/frau

Beratung, Ingenieurbüros, Werbung

Technische/r Produktionsdesigner/in

Messen, Kongresse

Veranstaltungskaufmann/frau

Verwaltung, Bildung und Gesundheit

Öffentliche Verwaltung, Behörden

Verwaltungsfachangestellte/r

Schulen, Universitäten

Erzieher/in

Krankenhäuser, Heime

Altenpfleger/in

Löse die Aufgaben. Ordne den richtigen Beruf der Wirtschaftssignatur zu. Es gibt jeweils nur eine richtige Antwort.

26.
a: Mechatroniker/in
b: Fachkraft für Abwassertechnik
c: Gerüstbauer/in

27.
a: Chemie-laborant/in
b: Hörgeräte-akustiker/in
c: Spielzeug-hersteller/in

28.
a: Fotolaborant/in
b: Dachdecker
c: Steuerfach-angestellte/r

29.
a: Bühnenmaler/in
b: Luftverkehrs-kaufmann/frau
c: Verkäufer/in

30.
a: Notarfach-angestellte/r
b: Augenoptiker/in
c: Frisör/in

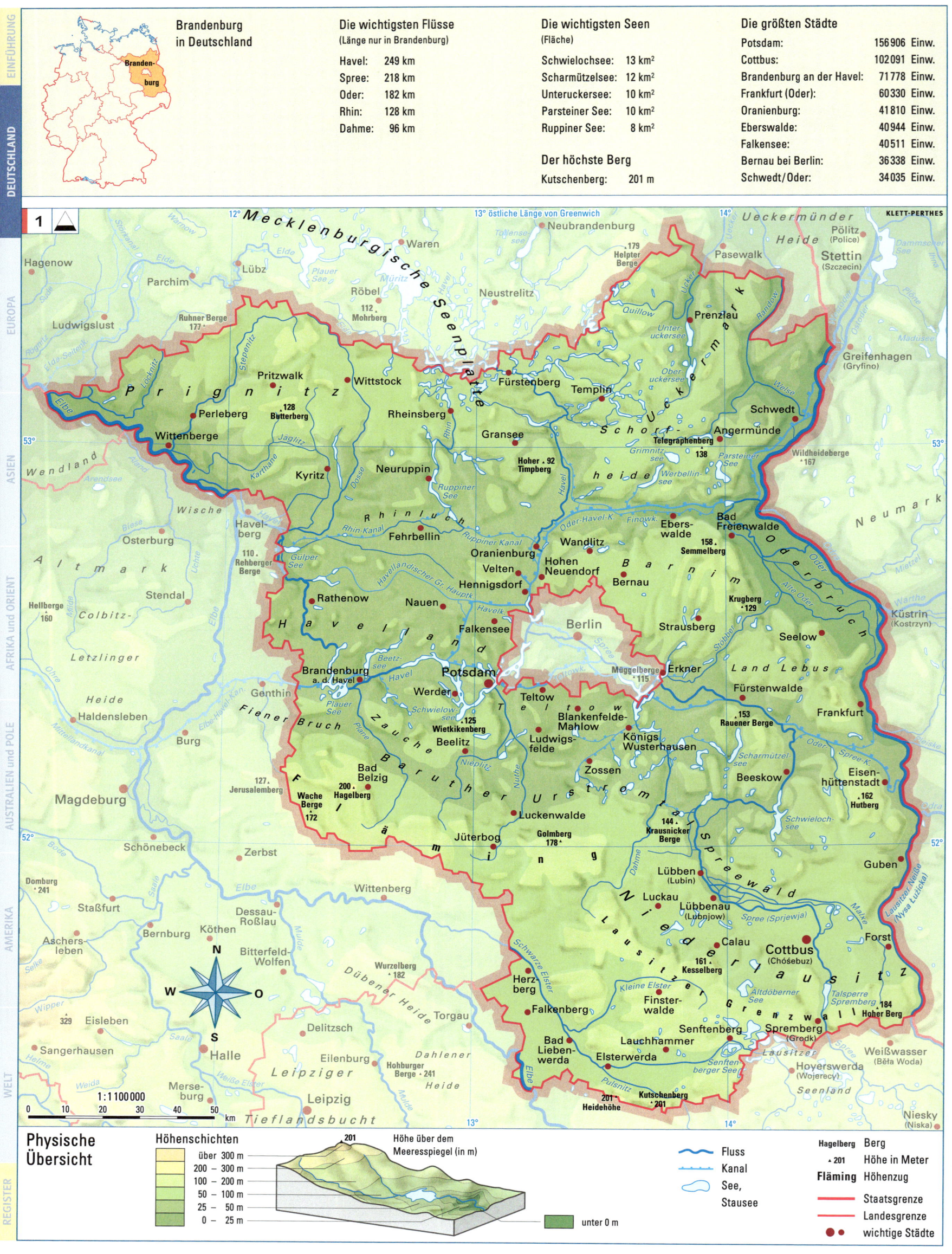

Brandenburg in Deutschland

Die wichtigsten Flüsse (Länge nur in Brandenburg)

Havel:	249 km
Spree:	218 km
Oder:	182 km
Rhin:	128 km
Dahme:	96 km

Die wichtigsten Seen (Fläche)

Schwielochsee:	13 km²
Scharmützelsee:	12 km²
Unteruckersee:	10 km²
Parsteiner See:	10 km²
Ruppiner See:	8 km²

Der höchste Berg

Kutschenberg:	201 m

Die größten Städte

Potsdam:	156 906 Einw.
Cottbus:	102 091 Einw.
Brandenburg an der Havel:	71 778 Einw.
Frankfurt (Oder):	60 330 Einw.
Oranienburg:	41 810 Einw.
Eberswalde:	40 944 Einw.
Falkensee:	40 511 Einw.
Bernau bei Berlin:	36 338 Einw.
Schwedt/Oder:	34 035 Einw.

Physische Übersicht

Höhenschichten

- über 300 m
- 200 – 300 m
- 100 – 200 m
- 50 – 100 m
- 25 – 50 m
- 0 – 25 m
- unter 0 m

Höhe über dem Meeresspiegel (in m)

- Fluss
- Kanal
- See, Stausee

Hagelberg Berg
▲ 201 Höhe in Meter
Fläming Höhenzug
Staatsgrenze
Landesgrenze
● ● ● wichtige Städte

1 : 1 100 000

Landtag

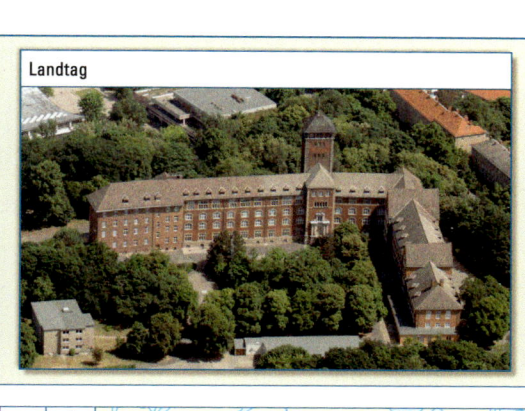

Plenum

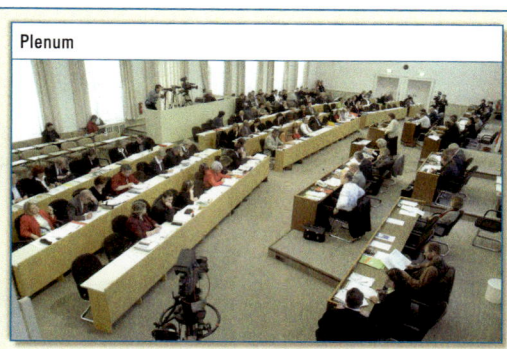

Staatskanzlei

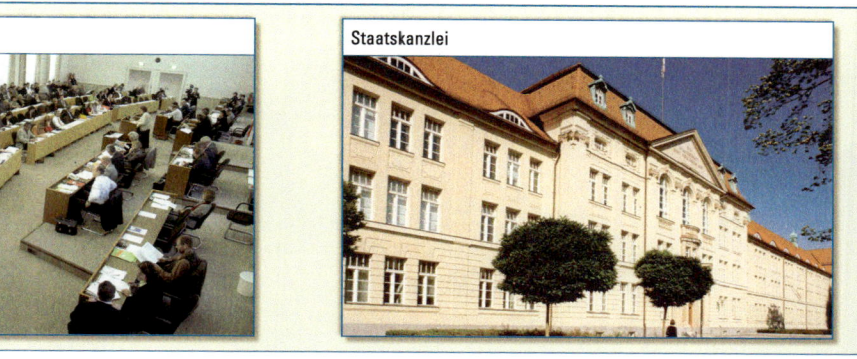

2

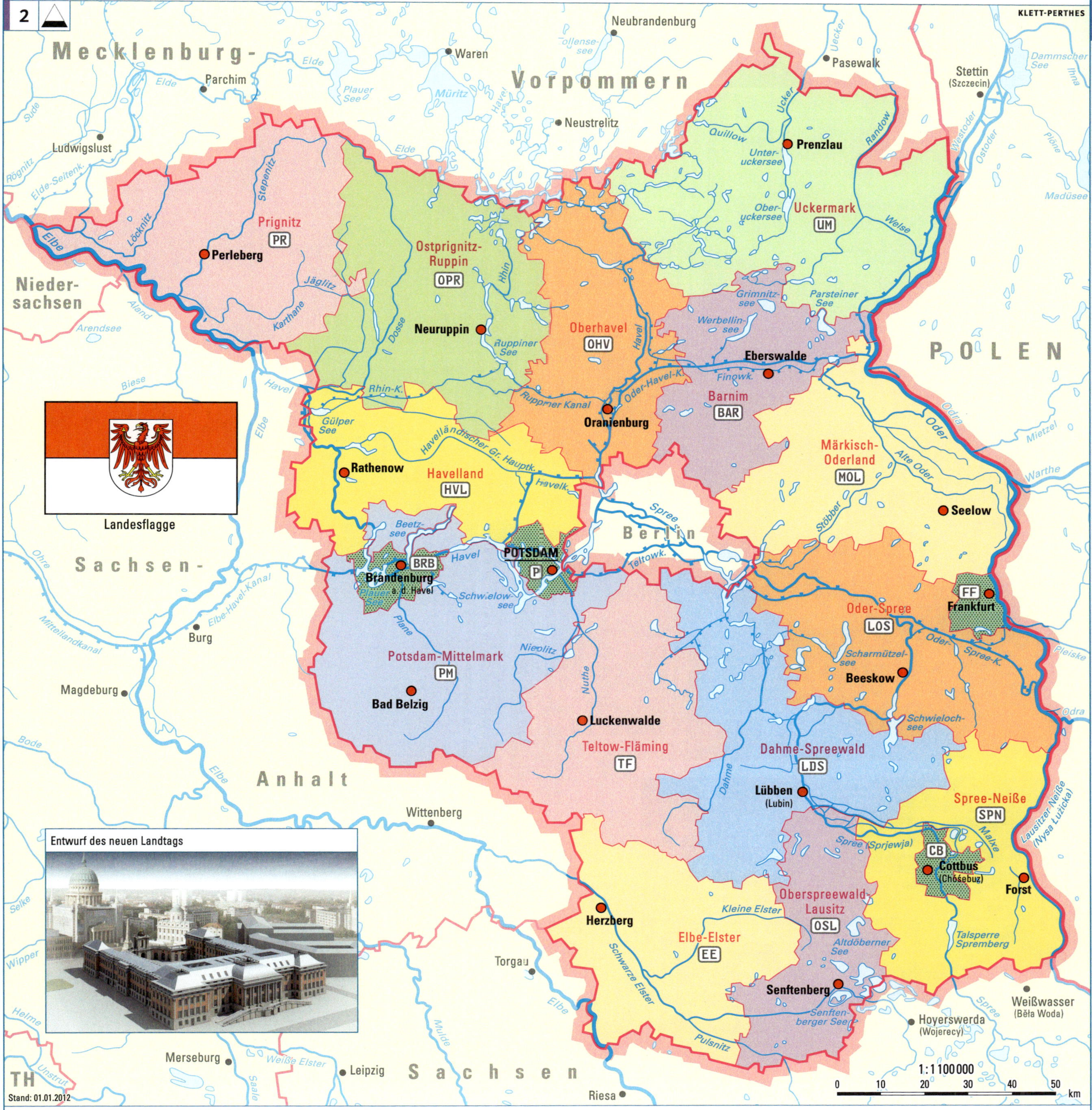
KLETT-PERTHES
Mecklenburg-
Vorpommern
Niedersachsen
Sachsen-
Anhalt
Sachsen
POLEN
Berlin
TH
Neubrandenburg
Waren
Parchim
Neustrelitz
Pasewalk
Stettin (Szczecin)
Ludwigslust
Prenzlau
Uckermark
UM
Prignitz
PR
Perleberg
Ostprignitz-Ruppin
OPR
Neuruppin
Oberhavel
OHV
Oranienburg
Eberswalde
Barnim
BAR
Märkisch-Oderland
MOL
Seelow
Havelland
HVL
Rathenow
BRB
Brandenburg a. d. Havel
POTSDAM
P
Frankfurt
FF
Oder-Spree
LOS
Beeskow
Potsdam-Mittelmark
PM
Bad Belzig
Luckenwalde
Teltow-Fläming
TF
Dahme-Spreewald
LDS
Lübben (Lubin)
Spree-Neiße
SPN
CB
Cottbus (Chóśebuz)
Forst
Oberspreewald-Lausitz
OSL
Herzberg
Elbe-Elster
EE
Senftenberg
Burg
Magdeburg
Wittenberg
Torgau
Merseburg
Leipzig
Riesa
Hoyerswerda (Wojerecy)
Weißwasser (Běła Woda)
Elbe
Havel
Spree
Oder
Odra
Warthe
Uecker
Randow
Welse
Dosse
Rhin
Nuthe
Plane
Dahme
Schwarze Elster
Pulsnitz
Kleine Elster
Neiße
Lausitzer Neiße (Nysa Łużycka)
Malxe
Müritz
Plauer See
Unteruckersee
Oberuckersee
Parsteiner See
Grimnitzsee
Werbellinsee
Ruppiner See
Gülper See
Beetzsee
Schwielowsee
Scharmützelsee
Schwielochsee
Senftenberger See
Talsperre Spremberg
Altdöberner See
Oder-Havel-K.
Ruppiner Kanal
Havelländischer Gr. Hauptk.
Finowk.
Teltowk.
Oder-Spree-K.
Elbe-Havel-Kanal
Mittellandkanal
1:1 100 000
0 10 20 30 40 50 km
Stand: 01.01.2012

Landesflagge

Entwurf des neuen Landtags

Verwaltungsgliederung

Land Brandenburg

- Staatsgrenze
- Landesgrenze
- **POTSDAM** Landeshauptstadt, Sitz der Landesregierung und des Landtags

Stadt- und Landkreise

- Kreisgrenze
- Barnim Name eines Landkreises
- PM Kraftfahrzeug-Kennzeichen
- Stadtkreis (kreisfreie Stadt)
- Sitz der Kreisverwaltung

EINFÜHRUNG
DEUTSCHLAND
EUROPA
ASIEN
AFRIKA und ORIENT
AUSTRALIEN und POLE
AMERIKA
WELT
REGISTER

Höhenschichten

- über 100 m
- 50 – 100 m
- 25 – 50 m
- 0 – 25 m
- unter 0 m

▲201 Höhe über dem Meeresspiegel (in m)

Orte

- ■ über 1 Million Einwohner
- ◉ 500 000 – 1 Million Einwohner
- ● 100 000 – 500 000 Einwohner
- ○ 20 000 – 100 000 Einwohner
- ○ unter 20 000 Einwohner
- • Ortsteil

dicht bebaute Siedlungsfläche (Darstellung ab 10 000 Einwohner)

Innerhalb Brandenburgs sind alle Orte enthalten, die Standort einer weiterführenden Schule sind.

Sehenswürdigkeiten

- Burg, Schloss
- Burgruine, Schlossruine
- Kirche, Kloster
- Klosterruine
- Denkmal
- ★ sonstige Sehenswürdigkeit

Potsdam

1 : 500 000

Gewässer und Verkehr

- Fluss
- Staustufe, Schleuse, Staudamm
- Be- und Entwässerungskanal
- Sumpf, Moor
- 62 See mit Höhe über dem Meeresspiegel (in m)
- 31 See mit Tiefenangabe (in m)

- Stausee, Talsperre, Staudamm
- schiffbarer Fluss (über 600 t Tragfähigkeit)
- schiffbarer Kanal (über 600 t Tragfähigkeit)
- Schifffahrtskanal

- Eisenbahn, Hauptstrecke
- Eisenbahn, Nebenstrecke
- Autobahn, Autobahn im Bau
- Hauptverkehrsstraße
- Tunnel
- internationaler Flughafen
- Regionalflughafen

Grenzen und Verwaltung

- Grenze von Brandenburg
- Staatsgrenze
- Landesgrenze
- Grenze der Stadt- und Landkreise
- Nationalparkgrenze

Berlin Bundeshauptstadt
Potsdam Landeshauptstadt und kreisfreie Stadt
Rathenow Kreisstadt oder kreisfreie Stadt
Havelland Name eines Landkreises

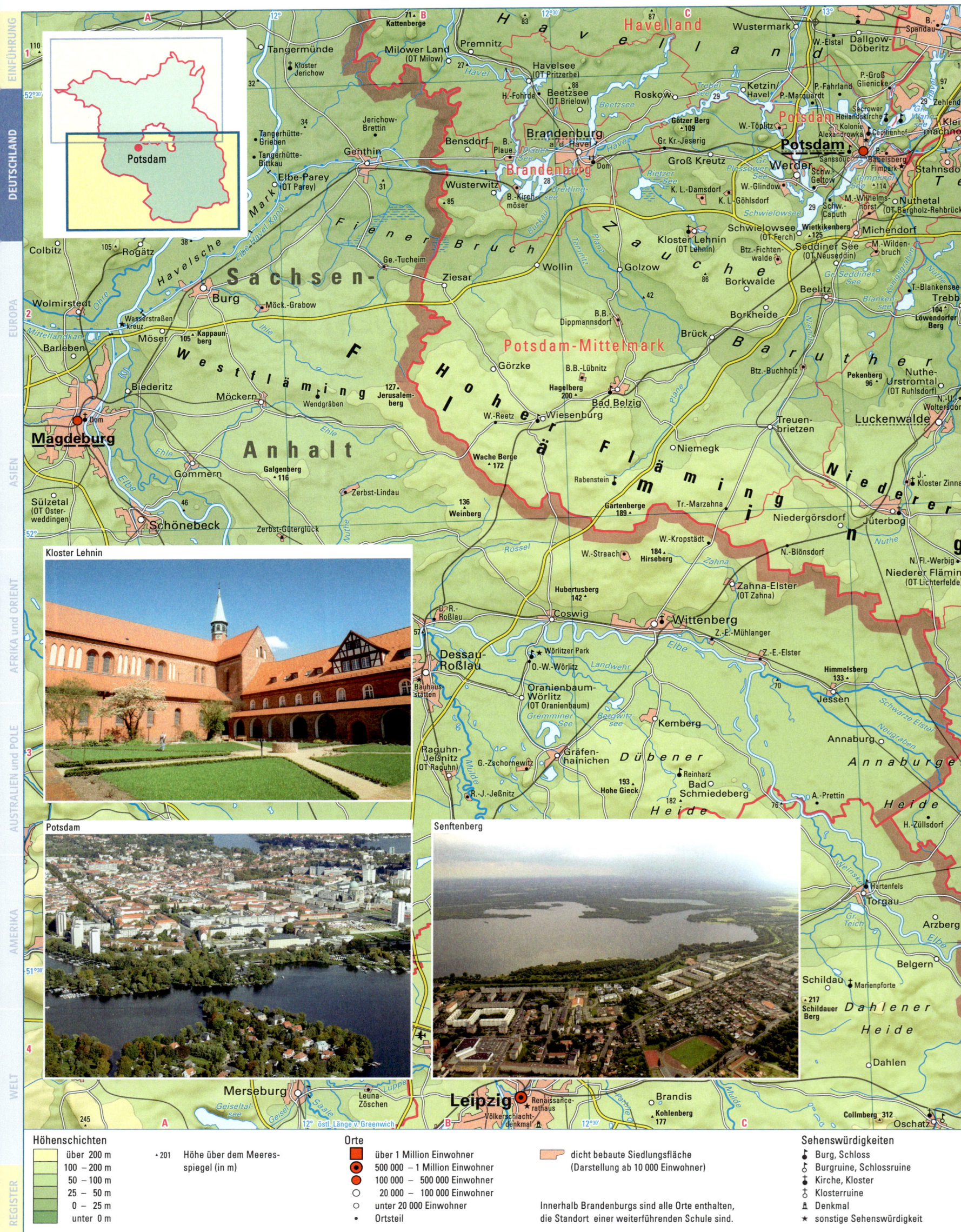

Kloster Lehnin

Potsdam

Senftenberg

Höhenschichten

	über 200 m
	100 – 200 m
	50 – 100 m
	25 – 50 m
	0 – 25 m
	unter 0 m

• 201 Höhe über dem Meeresspiegel (in m)

Orte

- ▣ über 1 Million Einwohner
- ⬣ 500 000 – 1 Million Einwohner
- ● 100 000 – 500 000 Einwohner
- ◯ 20 000 – 100 000 Einwohner
- ○ unter 20 000 Einwohner
- • Ortsteil

▭ dicht bebaute Siedlungsfläche (Darstellung ab 10 000 Einwohner)

Innerhalb Brandenburgs sind alle Orte enthalten, die Standort einer weiterführenden Schule sind.

Sehenswürdigkeiten

- ♗ Burg, Schloss
- ♗ Burgruine, Schlossruine
- ♰ Kirche, Kloster
- ⛪ Klosterruine
- ⛩ Denkmal
- ★ sonstige Sehenswürdigkeit

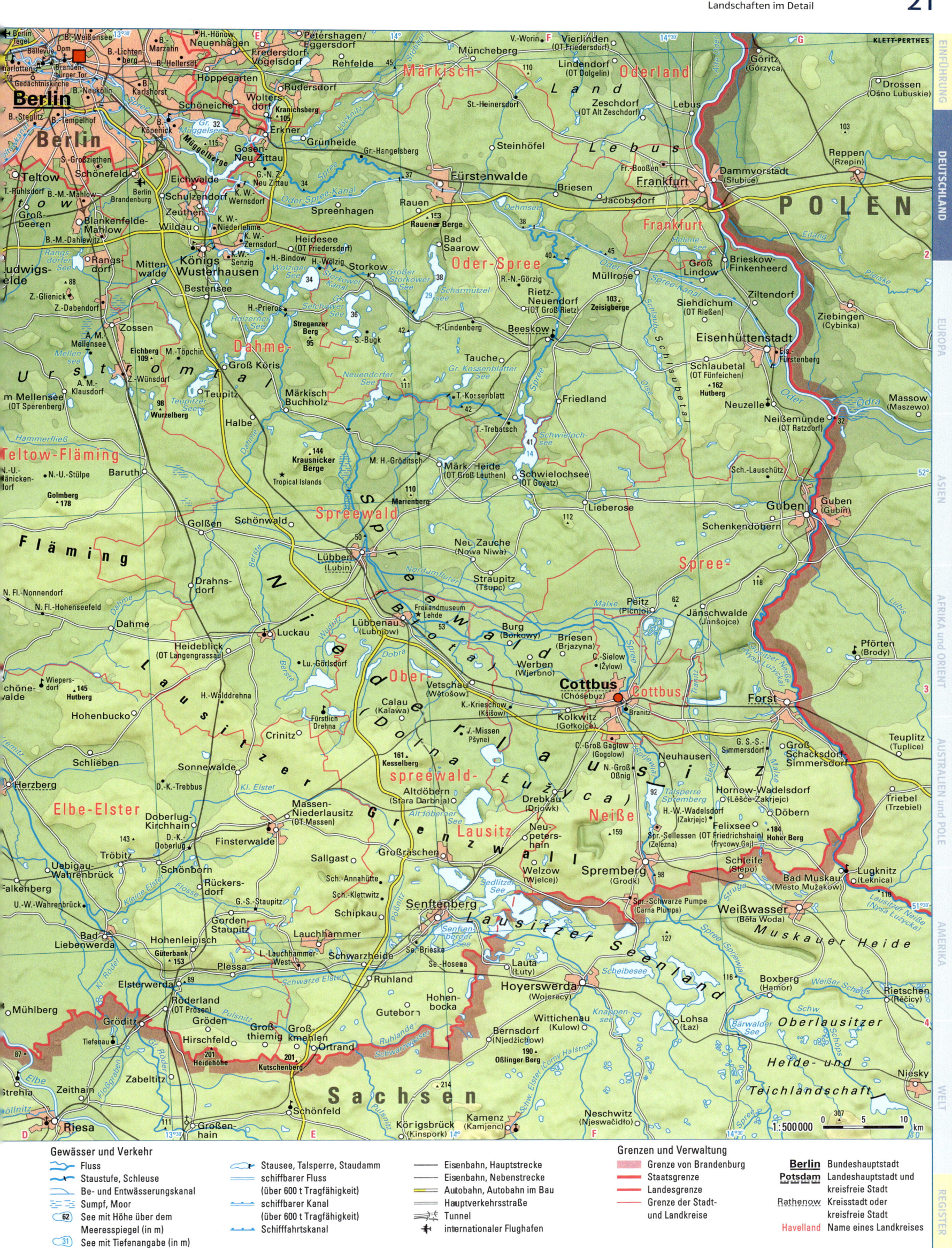

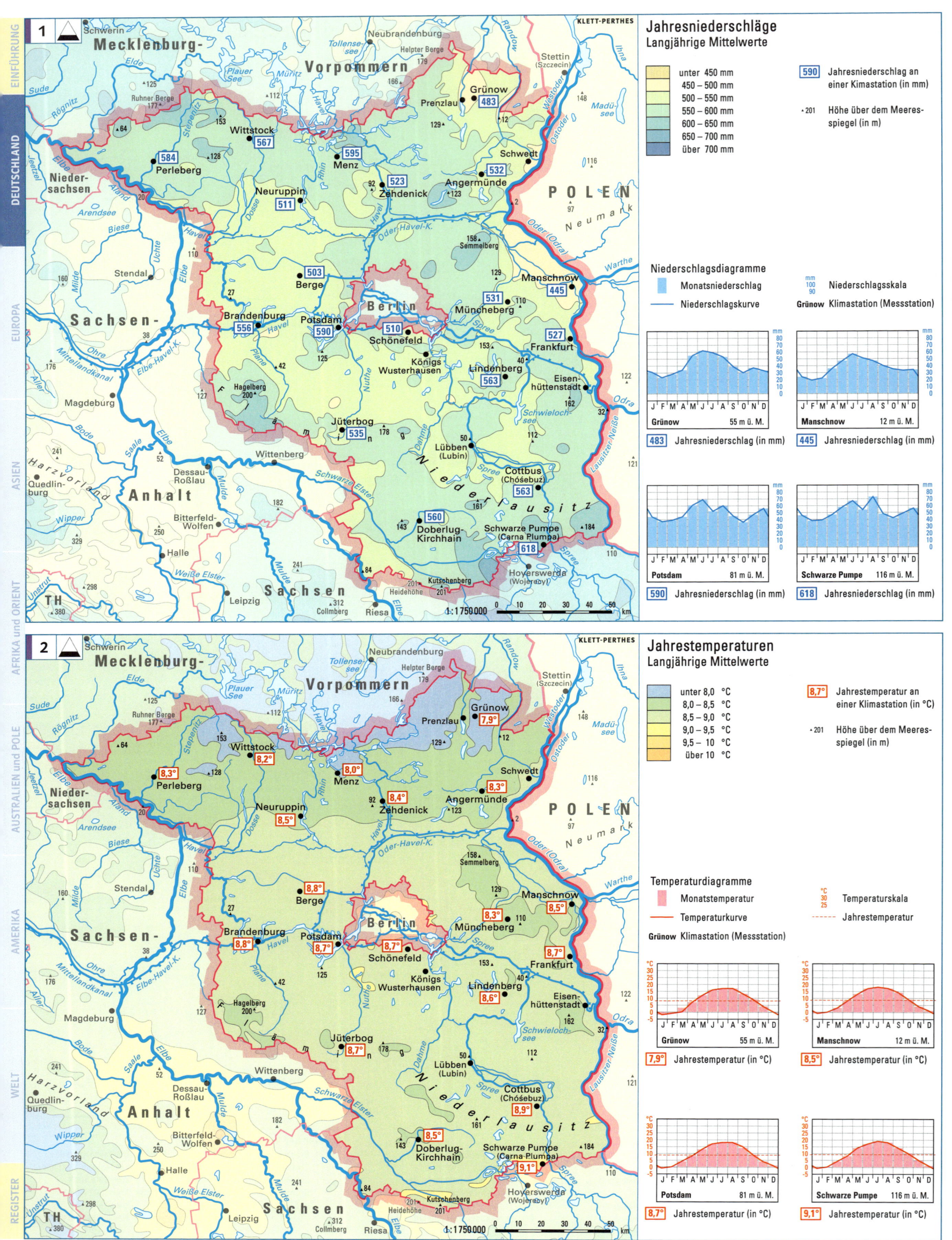

1 Jahresniederschläge
Langjährige Mittelwerte

unter 450 mm	
450 – 500 mm	
500 – 550 mm	
550 – 600 mm	
600 – 650 mm	
650 – 700 mm	
über 700 mm	

590 Jahresniederschlag an einer Klimastation (in mm)

▴201 Höhe über dem Meeresspiegel (in m)

Niederschlagsdiagramme

■ Monatsniederschlag
— Niederschlagskurve

mm 100 90 Niederschlagsskala
Grünow Klimastation (Messstation)

Grünow 55 m ü. M.
483 Jahresniederschlag (in mm)

Manschnow 12 m ü. M.
445 Jahresniederschlag (in mm)

Potsdam 81 m ü. M.
590 Jahresniederschlag (in mm)

Schwarze Pumpe 116 m ü. M.
618 Jahresniederschlag (in mm)

1:1750000

2 Jahrestemperaturen
Langjährige Mittelwerte

unter 8,0 °C	
8,0 – 8,5 °C	
8,5 – 9,0 °C	
9,0 – 9,5 °C	
9,5 – 10 °C	
über 10 °C	

8,7° Jahrestemperatur an einer Klimastation (in °C)

▴201 Höhe über dem Meeresspiegel (in m)

Temperaturdiagramme

■ Monatstemperatur
— Temperaturkurve

°C 30 25 Temperaturskala
- - - Jahrestemperatur

Grünow Klimastation (Messstation)

Grünow 55 m ü. M.
7,9° Jahrestemperatur (in °C)

Manschnow 12 m ü. M.
8,5° Jahrestemperatur (in °C)

Potsdam 81 m ü. M.
8,7° Jahrestemperatur (in °C)

Schwarze Pumpe 116 m ü. M.
9,1° Jahrestemperatur (in °C)

1:1750000

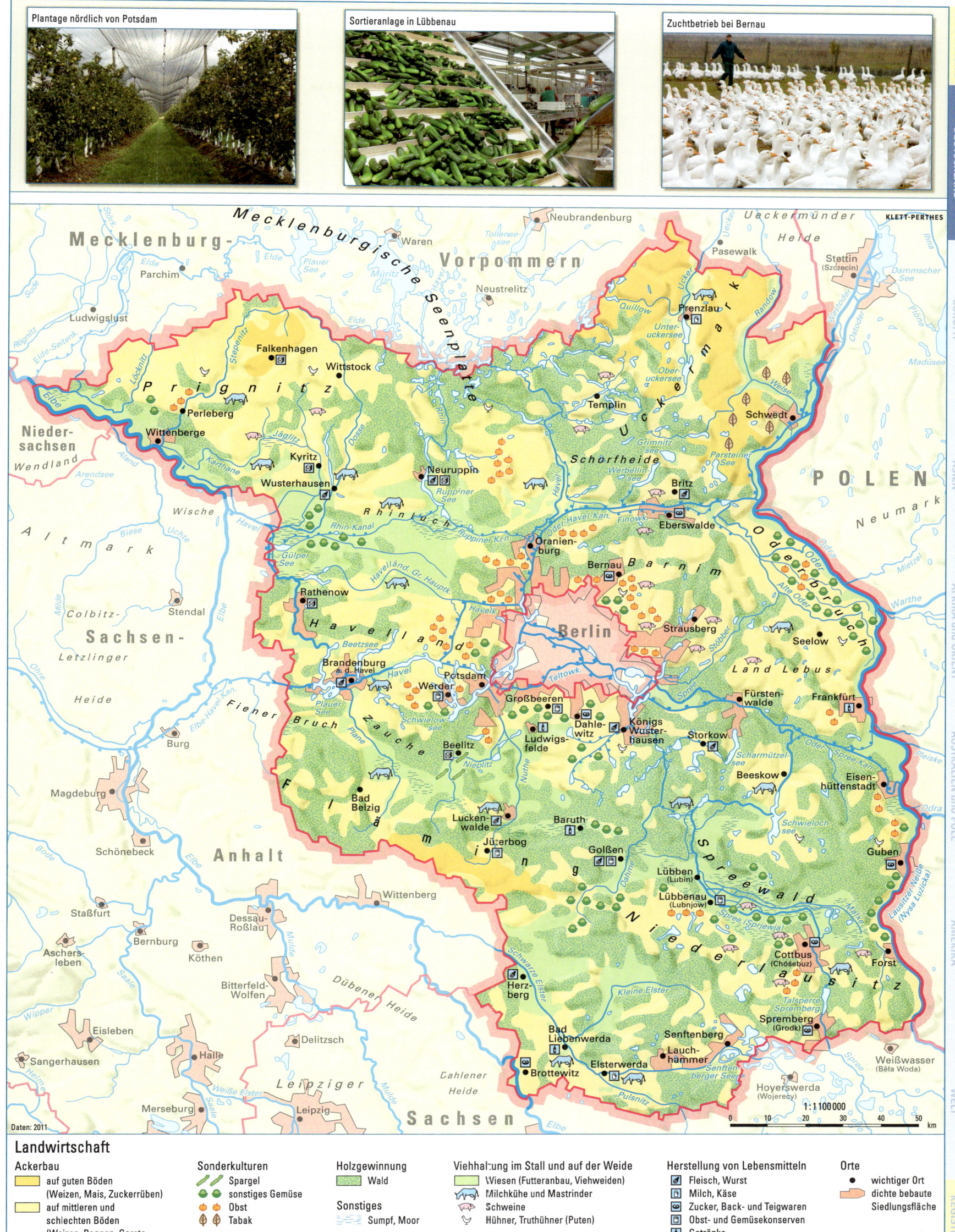

Plantage nördlich von Potsdam

Sortieranlage in Lübbenau

Zuchtbetrieb bei Bernau

Landwirtschaft

Ackerbau

- auf guten Böden
  (Weizen, Mais, Zuckerrüben)
- auf mittleren und
  schlechten Böden
  (Weizen, Roggen, Gerste,
  Raps, Kartoffeln)

Sonderkulturen

- Spargel
- sonstiges Gemüse
- Obst
- Tabak

Sonstiges

- Sumpf, Moor

Holzgewinnung

- Wald

Viehhaltung im Stall und auf der Weide

- Wiesen (Futteranbau, Viehweiden)
- Milchkühe und Mastrinder
- Schweine
- Hühner, Truthühner (Puten)

Herstellung von Lebensmitteln

- Fleisch, Wurst
- Milch, Käse
- Zucker, Back- und Teigwaren
- Obst- und Gemüsekonserven
- Getränke
- sonstige Lebensmittel

Orte

- wichtiger Ort
- dichte bebaute
  Siedlungsfläche

Daten: 2011

1 : 1 100 000

0 10 20 30 40 50 km

KLETT-PERTHES

Bei Rathenow

Wesensee

Oder im März

Naturraum und Landschaft

Norddeutsches Tiefland

- Talniederungen, -auen und Niederterrassen
- Urstromtal
- flachwellige Schotterplatten (Saaleeiszeit)
- alte Endmoräne
- hügeliges Jungmoränenland (Weichseleiszeit)
- junge Endmoräne

- Sander
- Düne, Flugsand
- Lössebene (Börde)
- Hügelland aus Kalk, Sandstein oder vulkanischen Gesteinen

Grenze zwischen den naturräumlichen Großregionen Norddeutsches Tiefland und Mittelgebirgsland

Mittelgebirgsland

- Berg- und Hügelland mit Höhen, Stufen, Becken und Senken

▲ 201 Höhe über dem Meeresspiegel (in m)

Grenze von Brandenburg
Staatsgrenze
Landesgrenze

1:1 100 000
0   10   20   30   40   50 km

KLETT-PERTHES

Am Helenesee

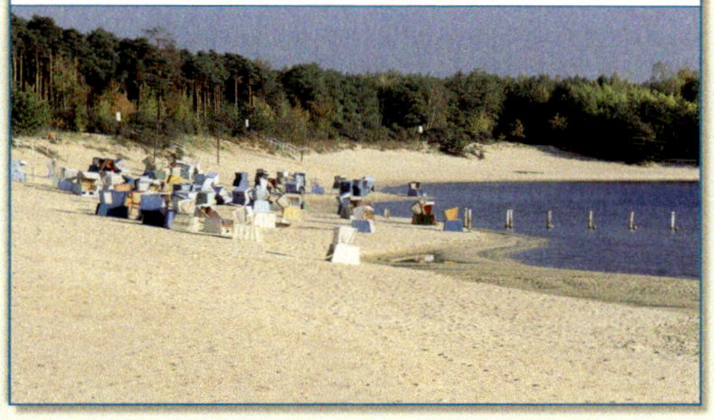

Am Caputher Gmünd

In Lübbenau

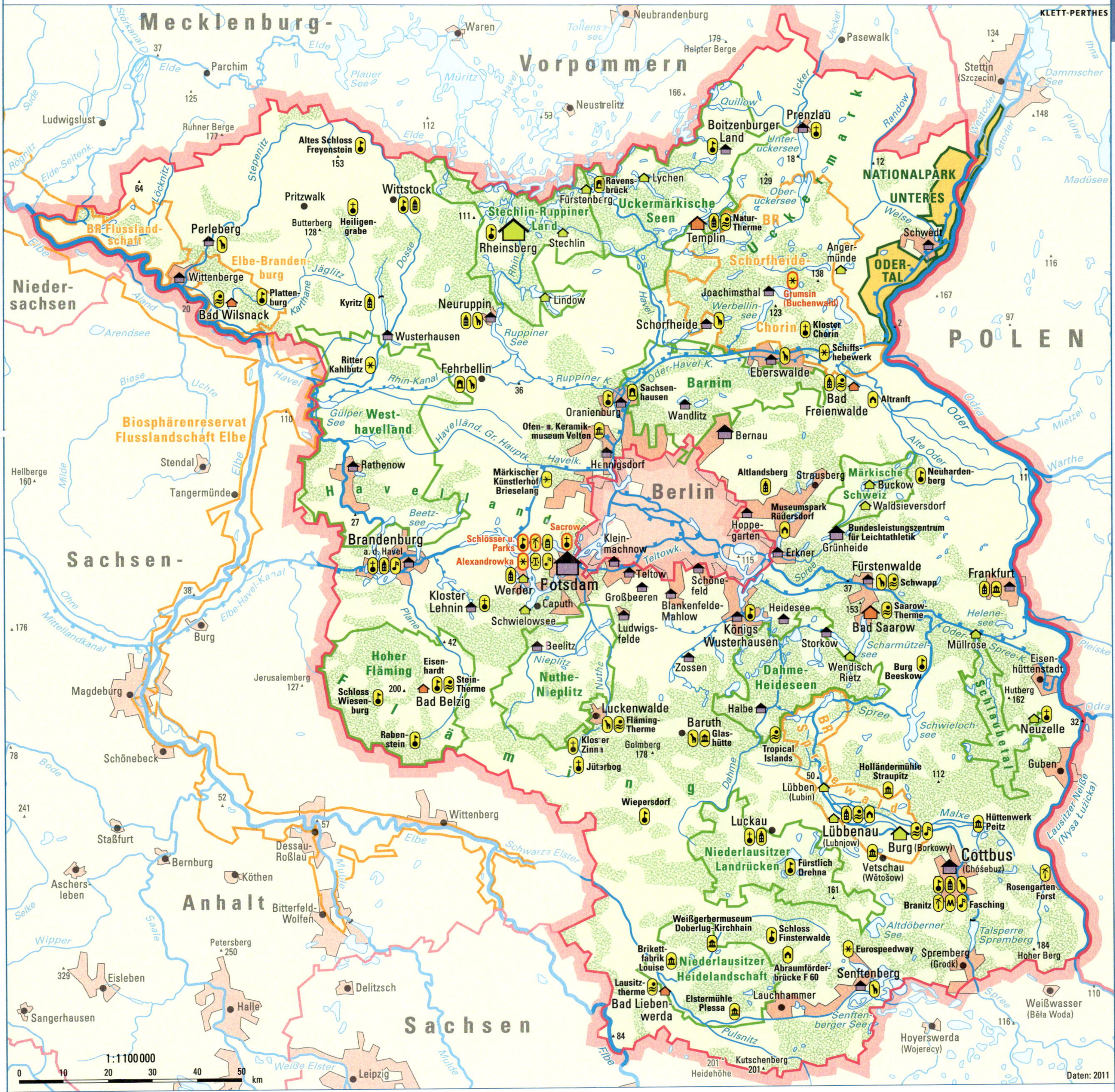

KLETT-PERTHES

Daten: 2011

1 : 1 100 000

0 10 20 30 40 50 km

Tourismus

Landschaften
- Wald
- Felder und Wiesen

Naturschutz
- Biosphärenreservat
- Nationalpark
- Naturpark

Urlaubsgebiete
- **Fläming** Ferienlandschaft, Naturpark

Orte mit vielen Hotels, Pensionen und Ferienwohnungen

Angebot
- Kurort (Heilbad)
- sonstiger Kur- oder Erholungsort
- Stadt mit besonderen Kulturangeboten, Kongressen und Messen

Übernachtungen von Gästen pro Jahr
- über 500 000
- 250 000 – 500 000
- unter 250 000

Einzelne Sehenswürdigkeiten und Attraktionen
- Welterbe der UNESCO
- Burg, Schloss, Burgruine
- Kirche, Kloster
- schönes Stadtbild
- Park, Garten
- Tierpark, Zoo
- Freizeitpark
- Therme, Erlebnisbad
- Messe
- Freilichtmuseum
- Museum, Ausstellung
- Denkmal, Gedenkstätte
- bedeutende Veranstaltung
- sonstige Sehenswürdigkeit

Lernfilm 84jm43
Der Wirtschaft auf der Spur

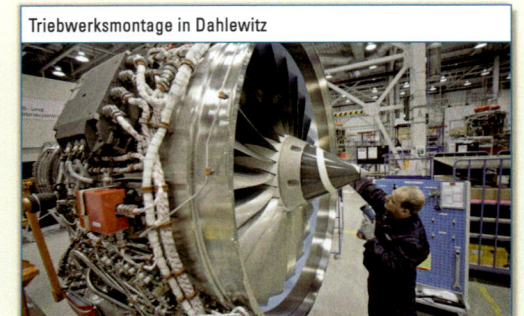

Industriegebiet Schwedt

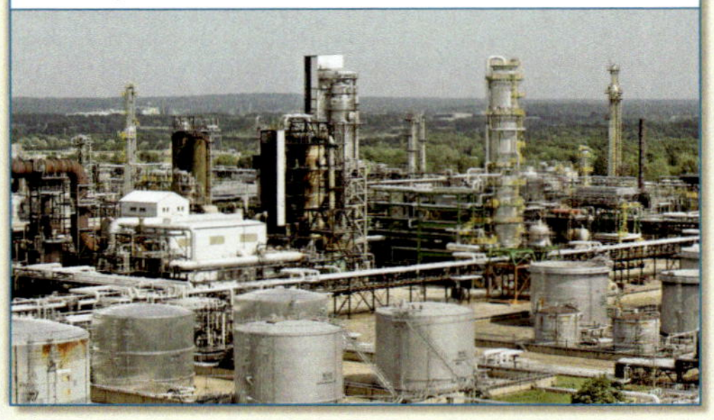

Triebwerksmontage in Dahlewitz

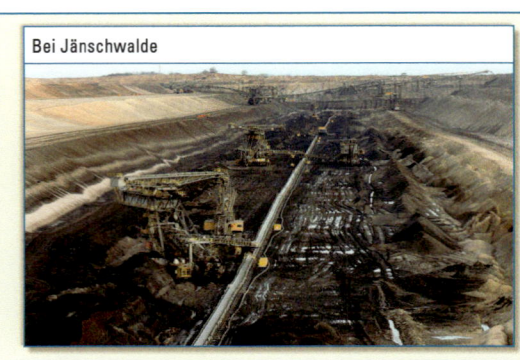

Bei Jänschwalde

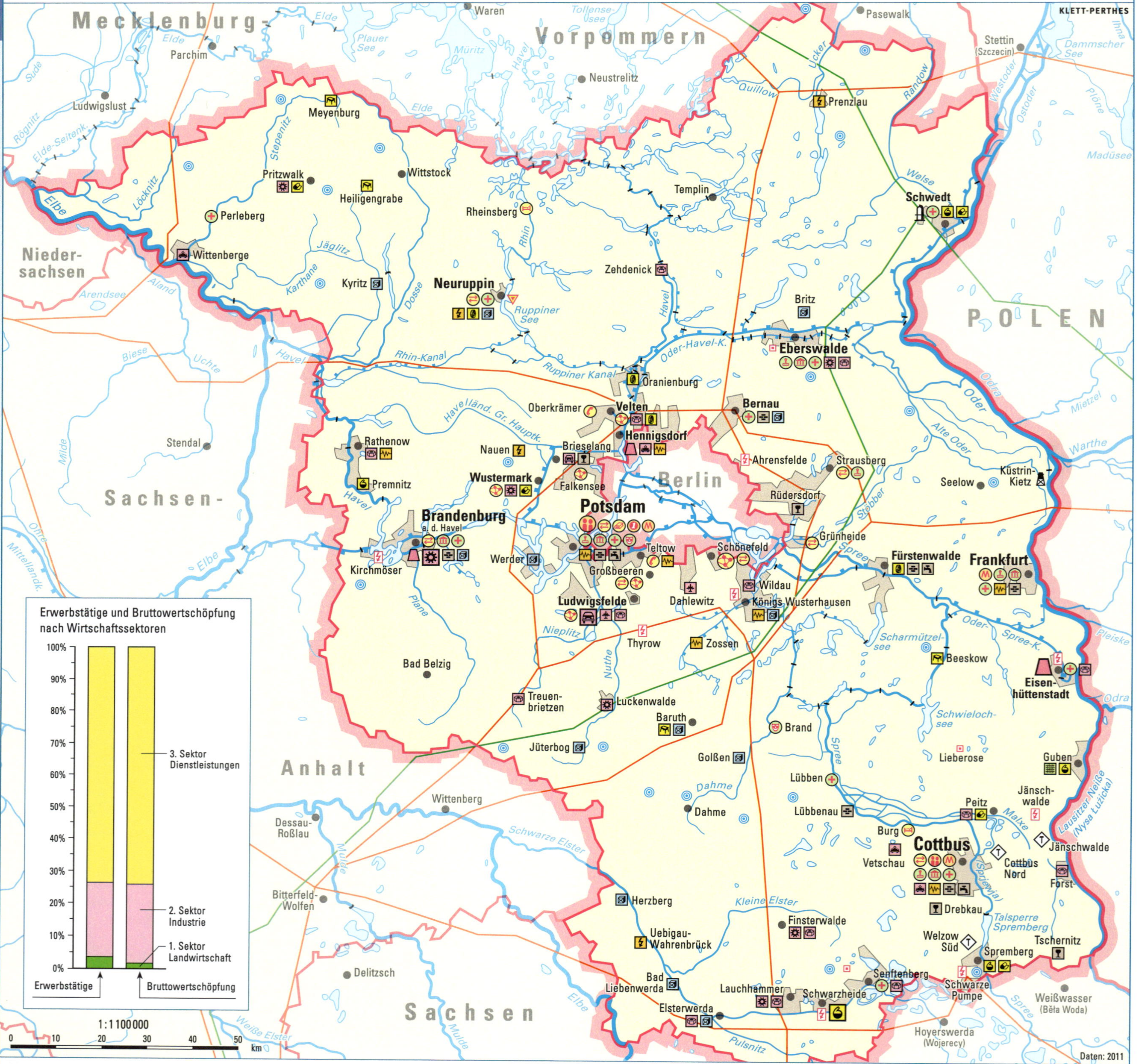
KLETT-PERTHES
Mecklenburg-
Vorpommern
Nieder-
sachsen
Sachsen-
Anhalt
Sachsen
POLEN
Berlin
Potsdam
Brandenburg
a. d. Havel
Neuruppin
Eberswalde
Frankfurt
Cottbus
Schwedt
Prenzlau
Pasewalk
Stettin
(Szczecin)
Waren
Neustrelitz
Parchim
Ludwigslust
Meyenburg
Pritzwalk
Wittstock
Heiligengrabe
Perleberg
Wittenberge
Kyritz
Rheinsberg
Templin
Zehdenick
Britz
Oranienburg
Oberkrämer
Velten
Hennigsdorf
Bernau
Ahrensfelde
Strausberg
Rüdersdorf
Seelow
Küstrin-
Kietz
Rathenow
Nauen
Brieselang
Falkensee
Premnitz
Wustermark
Kirchmöser
Werder
Teltow
Großbeeren
Ludwigsfelde
Dahlewitz
Schönefeld
Wildau
Königs Wusterhausen
Grünheide
Fürstenwalde
Eisen-
hüttenstadt
Beeskow
Thyrow
Zossen
Bad Belzig
Treuen-
brietzen
Luckenwalde
Baruth
Jüterbog
Brand
Lieberose
Guben
Golßen
Lübben
Lübbenau
Dahme
Jänsch-
walde
Jänschwalde
Peitz
Burg
Vetschau
Cottbus
Nord
Forst
Drebkau
Welzow
Süd
Tschernitz
Spremberg
Schwarze
Pumpe
Weißwasser
(Běła Woda)
Hoyerswerda
(Wojerecy)
Senftenberg
Schwarzheide
Lauchhammer
Elsterwerda
Bad
Liebenwerda
Finsterwalde
Uebigau-
Wahrenbrück
Herzberg
Stendal
Wittenberg
Dessau-
Roßlau
Bitterfeld-
Wolfen
Delitzsch
Elbe
Havel
Spree
Oder
Neiße
Dahme
Schwarze Elster
Kleine Elster
Mulde
Uecker
Randow
Welse
Nuthe
Plane
Nieplitz
Dosse
Jäglitz
Karthane
Stepenitz
Löcknitz
Rhin
Quillow
Tollense-
see
Müritz
Plauer
See
Ruppiner
See
Scharmützel-
see
Schwieloch-
see
Dammscher
See
Madüsee
Rhin-Kanal
Ruppiner Kanal
Oder-Havel-K.
Havelländ. Gr. Hauptk.
Oder-Spree-K.
Alte Oder
Warthe
Mietzel
Plöne
Ihna
Westoder
Ostoder
Malxe
Spreewald
Lausitzer Neiße
(Nysa Łużycka)
Pulsnitz
Weiße Elster
Uchte
Biese
Aland
Ohre
Mittellandk.
Milde
Sude
Rögnitz
Elde
Elde-Seitenk.
Arendsee
Pleiske
Odra
Talsperre
Spremberg
1 : 1 100 000
0 10 20 30 40 50 km
Daten: 2011
Erwerbstätige und Bruttowertschöpfung
nach Wirtschaftssektoren
100%
90%
80%
70%
60%
50%
40%
30%
20%
10%
0%
3. Sektor
Dienstleistungen
2. Sektor
Industrie
1. Sektor
Landwirtschaft
Erwerbstätige
Bruttowertschöpfung

Wirtschaft und Energie

Die Größe der Signatur entspricht ihrer Bedeutung.

Dienstleistungen

Handel, Transport, Tourismus und Information
- Handel
- Verkehr, Lagerei
- Erdölpipeline
- Erdgaspipeline
- Hotels, Gaststätten
- Medien, Verlage
- Telekommunikation, Informationstechnologie

Finanz- und Wirtschaftsdienstleistungen
- Banken, Versicherungen
- Beratung, Ingenieurbüros, Werbung
- Messen, Kongresse

Verwaltung, Bildung und Gesundheit
- öffentliche Verwaltung, Behörden
- Schulen, Universitäten
- Krankenhäuser, Heime
- Kultur, Erholung

- hohe Industrie- und Siedlungsdichte

Industrie

Bergbau und Energieversorgung
- Braunkohle
- Erdöl
- Wärmekraftwerk
- Windpark
- Sonnenenergieanlage
- Geothermisches Kraftwerk

Produktionszweige
- Eisenverhüttung, Stahlerzeugung
- Maschinenbau
- Metallbau, Metallwaren, Werkzeuge
- Kraftfahrzeugbau (einschl. Zulieferer)
- Schienenfahrzeugbau
- Luft- und Raumfahrttechnik
- Elektrotechnik
- Elektronik, Optik, Feinmechanik
- Textilien, Bekleidung
- Chemie, Pharmazie
- Erdölraffinerie
- Gummi, Kunststoffe
- Holzverarbeitung, Möbel
- Papier, Druckereien
- Glas, Keramik, Baustoffe
- Baugewerbe
- Ver- und Entsorgung
- Lebensmittel

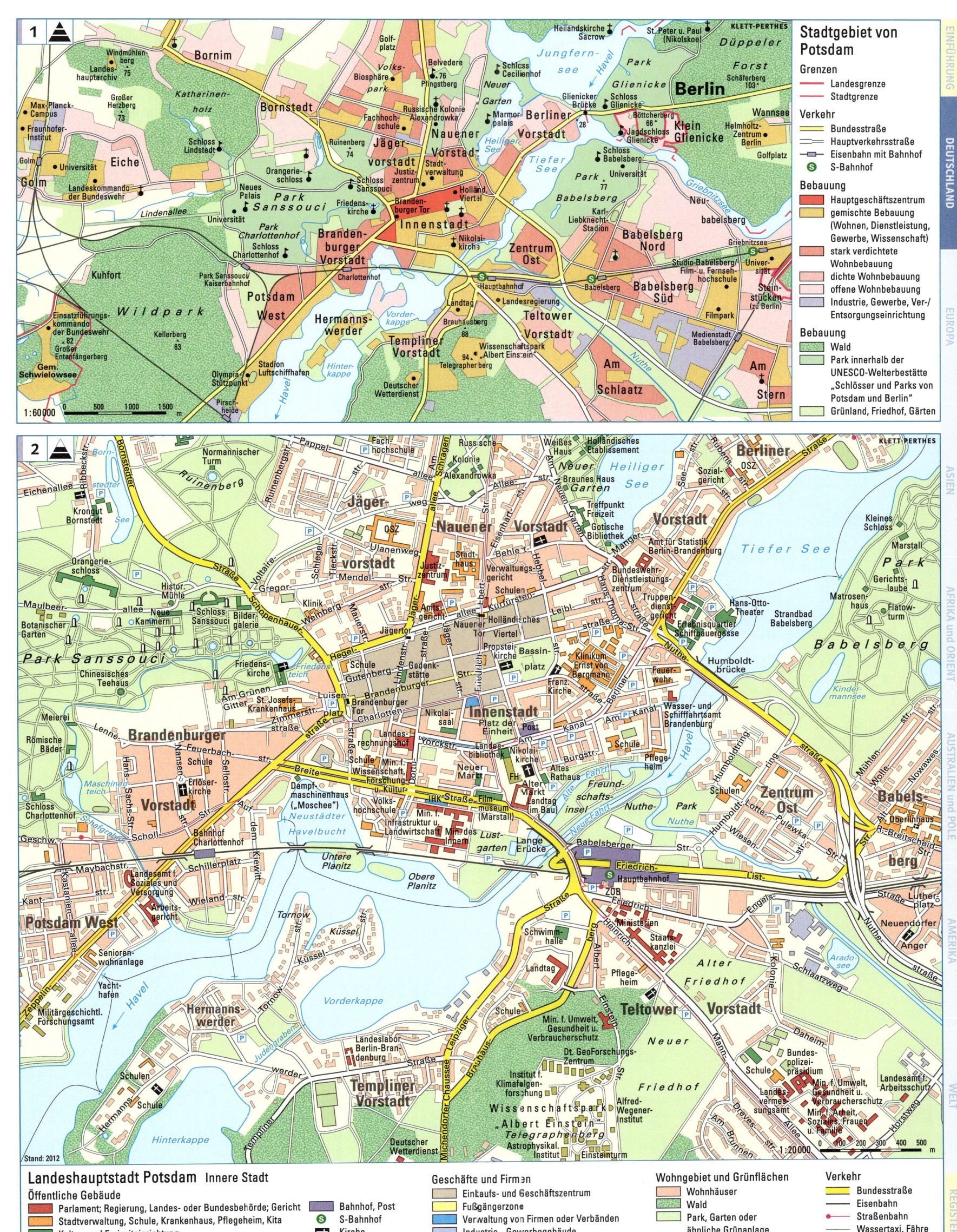

1

Stadtgebiet von Potsdam

Grenzen
— Landesgrenze
— Stadtgrenze

Verkehr
— Bundesstraße
— Hauptverkehrsstraße
▭ Eisenbahn mit Bahnhof
Ⓢ S-Bahnhof

Bebauung
■ Hauptgeschäftszentrum
■ gemischte Bebauung (Wohnen, Dienstleistung, Gewerbe, Wissenschaft)
■ stark verdichtete Wohnbebauung
■ dichte Wohnbebauung
□ offene Wohnbebauung
■ Industrie, Gewerbe, Ver-/Entsorgungseinrichtung

Bebauung
■ Wald
■ Park innerhalb der UNESCO-Welterbestätte „Schlösser und Parks von Potsdam und Berlin"
■ Grünland, Friedhof, Gärten

1:60 000

KLETT-PERTHES

2

Stand: 2012

1:20 000

KLETT-PERTHES

Landeshauptstadt Potsdam Innere Stadt

Öffentliche Gebäude
■ Parlament; Regierung, Landes- oder Bundesbehörde; Gericht
■ Stadtverwaltung, Schule, Krankenhaus, Pflegeheim, Kita
■ Kultur- und Freizeiteinrichtung
■ Universität, Hochschule, Forschungseinrichtung

Geschäfte und Firmen
■ Einkaufs- und Geschäftszentrum
■ Fußgängerzone
■ Verwaltung von Firmen oder Verbänden
■ Industrie-, Gewerbegebäude

■ Bahnhof, Post
Ⓢ S-Bahnhof
✝ Kirche

Wohngebiet und Grünflächen
■ Wohnhäuser
■ Wald
■ Park, Garten oder ähnliche Grünanlage
⛩ Denkmal

Verkehr
— Bundesstraße
— Eisenbahn
— Straßenbahn
— Wassertaxi, Fähre
Ⓟ Parkplatz, Parkhaus

EINFÜHRUNG
DEUTSCHLAND
EUROPA
ASIEN
AFRIKA und ORIENT
AUSTRALIEN und POLE
AMERIKA
WELT
REGISTER

Große Flüsse
(Flusslängen innerhalb von Deutschland)

1. Rhein — 865 km
2. Weser (mit Werra) — 744 km
3. Elbe — 727 km
4. Donau — 647 km
5. Main — 524 km

Große Seen

1. Bodensee — 306 km² (deutscher Anteil)
2. Müritz — 117 km²
3. Chiemsee — 80 km²
4. Schweriner See — 62 km²
5. Starnberger See — 56 km²

Große Inseln

1. Rügen — 930 km²
2. Usedom — 373 km² (deutscher Anteil)
3. Fehmarn — 185 km²
4. Sylt — 99 km²
5. Föhr — 82 km²

Physische Übersicht

Höhenschichten

Höhe über dem Meeresspiegel (in m)

über	2000 m
1000 – 2000 m	
500 – 1000 m	
200 – 500 m	
100 – 200 m	
0 – 100 m	
unter	0 m

— Fluss
— Kanal
— See, Stausee

Brocken — Berg
▲ 1142 — Höhe in Meter
Harz — Gebirge
— Staatsgrenze
● große Städte

1 : 3 500 000
0 20 40 60 80 100 km

N W O S

Unsere Großlandschaften

Norddeutsches Tiefland
Mittelgebirgsland
Alpenvorland
Alpen

2 6° östliche Länge von Greenwich B 8° C 10° D 12° E 14° F KLETT-PERTHES

D Ä N E M A R K

O s t s e e

N o r d s e e

Helgoland (zu Schlesw.-Holstn.)

(zu Hamburg)

Schleswig-Holstein

Kiel

Mecklenburg-Vorpommern

Schweriner See

Müritz

Hamburg
Hamburg

(zu Bremen)

Bremen
Bremen

Niedersachsen

Hannover

Elbe

P O L E N

Berlin
Berlin

Potsdam

Brandenburg

Oder

Warthe

Sachsen-Anhalt

Magdeburg

Elbe

Neiße

Nordrhein-Westfalen

Düsseldorf

Rhein

Maas

Ems

Weser

NIEDER-LANDE

Dresden

Sachsen

Erfurt

Thüringen

Hessen

Rheinland-Pfalz

Wiesbaden

Mainz

Mosel

Prag

TSCHECHISCHE REPUBLIK

Moldau

Main

LUXEM-BURG
Luxemburg

Saarland
Saarbrücken

BELGIEN

FRANK-REICH

Mosel

Baden-Württemberg

Stuttgart

Rhein

Neckar

Bayern

München

Donau

Donau

Iller

Inn

Starnberger See

Chiemsee

Enns

SCHWEIZ

Aare

Rhein

Ö S T E R R E I C H

NIEDER-

Isselmeer

Bundesländer
Staatsgrenze
Grenze der Bundesländer
Hauptstadt eines Staates
Hauptstadt eines Bundeslandes

1 : 3 500 000
0 20 40 60 80 100 km

Alle Bundesländer
(nach Einwohnern) Stand: 2009

1 Mio. Einwohner
100 000 Einwohner

Nordrhein-Westfalen

Bayern

Baden-Württemberg

Niedersachsen

Hessen

Sachsen

Rheinland-Pfalz

Berlin

Schleswig-Holstein

Bremen

Saarland

Mecklenburg-Vorpommern

Hamburg

Thüringen

Sachsen-Anhalt

Brandenburg

EINFÜHRUNG
DEUTSCHLAND
EUROPA
ASIEN
AFRIKA und ORIENT
AUSTRALIEN und POLE
AMERIKA
WELT
REGISTER

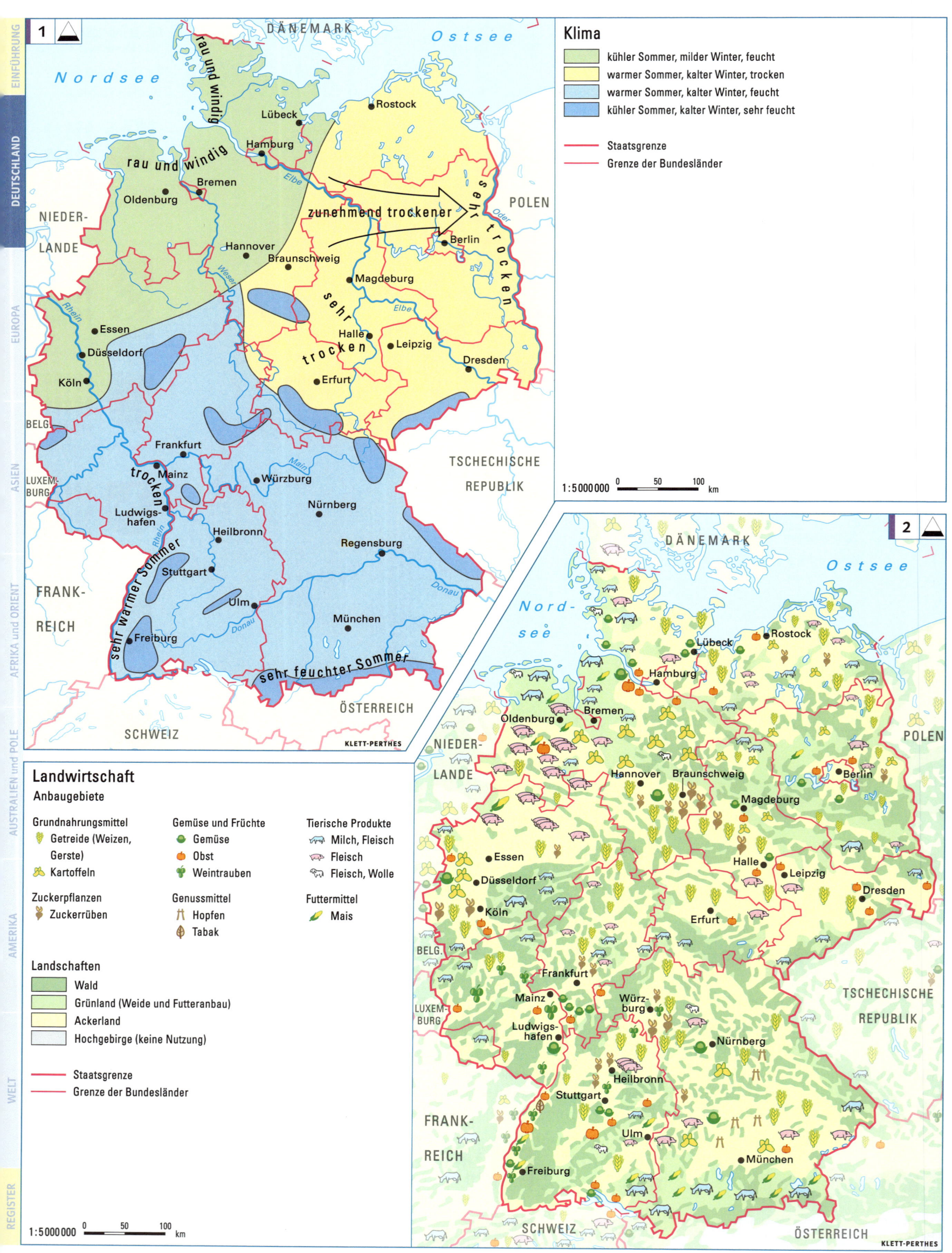

1

Klima

- kühler Sommer, milder Winter, feucht
- warmer Sommer, kalter Winter, trocken
- warmer Sommer, kalter Winter, feucht
- kühler Sommer, kalter Winter, sehr feucht

— Staatsgrenze
— Grenze der Bundesländer

1 : 5 000 000   0   50   100 km

Landwirtschaft

Anbaugebiete

Grundnahrungsmittel
- 🌾 Getreide (Weizen, Gerste)
- 🥔 Kartoffeln

Zuckerpflanzen
- 🌱 Zuckerrüben

Gemüse und Früchte
- 🟢 Gemüse
- 🟠 Obst
- 🍇 Weintrauben

Genussmittel
- 🌿 Hopfen
- 🍂 Tabak

Tierische Produkte
- 🐄 Milch, Fleisch
- 🐷 Fleisch
- 🐑 Fleisch, Wolle

Futtermittel
- 🌽 Mais

Landschaften
- Wald
- Grünland (Weide und Futteranbau)
- Ackerland
- Hochgebirge (keine Nutzung)

— Staatsgrenze
— Grenze der Bundesländer

2

1 : 5 000 000   0   50   100 km

KLETT-PERTHES

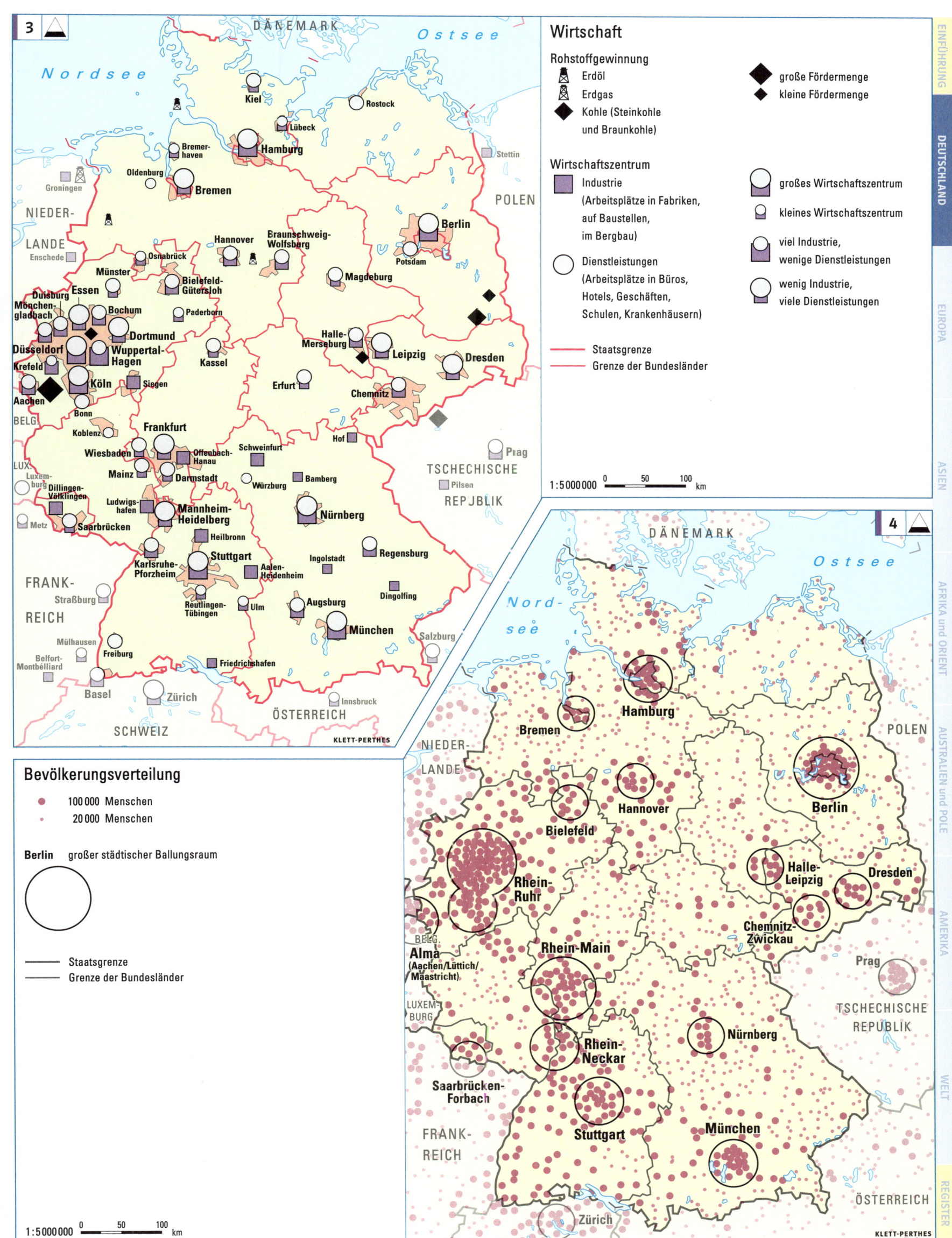

3

DÄNEMARK

Ostsee

Nordsee

Kiel
Rostock
Lübeck
Bremer-haven
Hamburg
Oldenburg
Bremen
Groningen
NIEDER-LANDE
Enschede
Hannover
Braunschweig-Wolfsberg
Berlin
Potsdam
Magdeburg
Osnabrück
Münster
Bielefeld-Gütersloh
Paderborn
Essen
Duisburg
Mönchen-gladbach
Bochum
Dortmund
Düsseldorf
Wuppertal-Hagen
Halle-Merseburg
Leipzig
Dresden
Krefeld
Köln
Siegen
Kassel
Erfurt
Aachen
Bonn
Chemnitz
Koblenz
Frankfurt
Schweinfurt
Hof
BELG.
Wiesbaden
Offenbach-Hanau
LUX.
Luxemburg
Mainz
Darmstadt
Würzburg
Bamberg
Dillingen-Völklingen
Ludwigs-hafen
Nürnberg
Metz
Saarbrücken
Mannheim-Heidelberg
Heilbronn
Karlsruhe-Pforzheim
Stuttgart
Aalen-Heidenheim
Ingolstadt
Regensburg
FRANK-REICH
Straßburg
Reutlingen-Tübingen
Ulm
Augsburg
Dingolfing
München
Mülhausen
Belfort-Montbéliard
Freiburg
Friedrichshafen
Salzburg
Basel
Zürich
Innsbruck
SCHWEIZ
ÖSTERREICH
POLEN
Stettin
TSCHECHISCHE REPUBLIK
Prag
Pilsen

KLETT-PERTHES

Wirtschaft

Rohstoffgewinnung
⛏ Erdöl
⛏ Erdgas
◆ Kohle (Steinkohle und Braunkohle)

◆ große Fördermenge
◆ kleine Fördermenge

Wirtschaftszentrum
▢ Industrie (Arbeitsplätze in Fabriken, auf Baustellen, im Bergbau)

◯ Dienstleistungen (Arbeitsplätze in Büros, Hotels, Geschäften, Schulen, Krankenhäusern)

◯ großes Wirtschaftszentrum
◯ kleines Wirtschaftszentrum

◯ viel Industrie, wenige Dienstleistungen
◯ wenig Industrie, viele Dienstleistungen

—— Staatsgrenze
—— Grenze der Bundesländer

1:5 000 000   0   50   100 km

4

DÄNEMARK

Ostsee

Nord-see

Hamburg
Bremen
NIEDER-LANDE
Hannover
Bielefeld
Berlin
Rhein-Ruhr
Halle-Leipzig
Dresden
Chemnitz-Zwickau
Alma (Aachen/Lüttich/Maastricht)
BELG.
LUXEM-BURG
Rhein-Main
Rhein-Neckar
Prag
TSCHECHISCHE REPUBLIK
Nürnberg
Saarbrücken-Forbach
FRANK-REICH
Stuttgart
München
Zürich
ÖSTERREICH
POLEN

KLETT-PERTHES

Bevölkerungsverteilung

● 100 000 Menschen
· 20 000 Menschen

Berlin ⃝ großer städtischer Ballungsraum

—— Staatsgrenze
—— Grenze der Bundesländer

1:5 000 000   0   50   100 km

Legende (Höhenschichten):

- über 1000 m
- 700–1000 m
- 500–700 m
- 300–500 m
- 200–300 m
- 100–200 m
- 50–100 m
- 25–50 m
- 0–25 m
- unter 0 m
- 0–10 m
- 10–20 m
- 20–50 m
- unter 50 m

1 : 1 500 000

6° östliche Länge von Greenwich

0 10 20 30 km

N o r d s e e

Sylt · List · Rotes Kliff · Föhr · Nieblum · Wyk · Amrum · Hooge · Pellworm · Süderoog · Nordstrand · Hallig · Nordfriesische Inseln

Helgoland (zu Schlesw.-Holstein) · Helgoländer Bucht

Scharhörn (zu Hamburg) · Neuwerk (zu Hamburg) · Trischen

Ostfriesische Inseln · Langeoog · Spiekeroog · Wangerooge · Norderney · Baltrum · Juist · Borkum · Mellum

Westfriesische Inseln · Ameland · Schiermonnikoog

D Ä N E M A R K · Tondern · Gravenstein · Alsen · Rudköbing · Ærø · Langeland · Gulstav · Kruså · Flensburg · Glücksburg · Flensburger Förde · Angeln · Schleswig · Kappeln · Eckernförde · Kieler Bucht · Wagrien · Holsteinisch · Preetz · Plön · Eutin · Kiel · Laboe · Rendsburg · Neumünster · Bad Segeberg · Bad Oldesloe · Lübeck · Ahrensburg · Norderstedt · Pinneberg · Elmshorn · Wedel · **Hamburg** · Harburg · Seevetal · Buchholz · Winsen · Lüneburg · Lüneburger Heide · Wilseder Berg 169 · Uelzen

Husum · Heide · Büsum · Meldorf · Brunsbüttel · Glückstadt · Stade · Buxtehude · Cuxhaven · Otterndorf · Land Wursten · Bremervörde · Zeven · Osterholz-Scharmbeck · Worpswede · Rotenburg · Soltau

Bremerhaven · Nordenham · Brake · Elsfleth · **Bremen** · Achim · Verden · Walsrode · Nienburg · Neustadt a. Rübenberge · Celle · Gifhorn

Wilhelmshaven · Sande · Jade · Varel · Jever · Wittmund · Aurich · Wiesmoor · Esens · Norden · N.-Norddeich · Emden · Leer · Papenburg · Westerstede · Oldenburg · Delmenhorst · Weyhe · Syke · Sulingen · Diepholz · Wildeshausen · Vechta · Bassum · Hoya · Loccum · Wunstorf · **Hannover** · Lehrte · Peine · **Braunschweig** · Salzgitter · Wolfenbüttel

N I E D E R L A N D E · Leeuwarden · Groningen · Sneek · Heerenveen · Assen · Emmen · Drachten · Hoogezand-Sappemeer · Veendam · Stadskanaal · Steenwijk · Meppel · Hoogeveen · Coevorden · Hardenberg · Zwolle · Kampen · Urk · Nordostpolder · Flevoland · Harderwijk · Apeldoorn · Deventer · Almelo · Hengelo · Enschede · Gronau · Oldenzaal · Nordhorn · Lingen · Meppen · Haren · Cloppenburg · Löningen · Quakenbrück · Bersenbrück · Damme · Bramsche · Osnabrück · Melle · Herford · Bielefeld · Lage · Detmold · Bad Pyrmont · Hameln · Hildesheim

Niedersachsen · Hümmling · Bourtanger Moor · Ammerland · Friesland · Ostfriesland

Ede · Arnheim (Arnhem) · Nimwegen (Nijmegen) · Kleve · Goch · Geldern · Emmerich · Bocholt · Borken · Coesfeld · Dülmen · Münster · Warendorf · Gütersloh · Rheda-Wiedenbrück · Lippstadt · Paderborn · Höxter · Holzminden · Einbeck · Northeim · Göttingen · Duderstadt

Venlo · Roermond · Mönchengladbach · Krefeld · Neuss · Düsseldorf · Moers · Duisburg · Oberhausen · Bottrop · Gelsenkirchen · Herne · Recklinghausen · Marl · Dorsten · Lünen · Hamm · Werl · Soest · Geseke · Büren · Warburg · Kassel · Eschwege · Mühlhausen

Wuppertal · Solingen · Remscheid · Hagen · Witten · Bochum · Dortmund · Essen · Mülheim · Iserlohn · Menden · Arnsberg · Meschede · Brilon · Marsburg · Korbach · Bad Arolsen · Waldeck · Fritzlar · Melsungen

Aachen · Stolberg · Düren · Erftstadt · Brühl · Köln · Leverkusen · Bergisch Gladbach · Gummersbach · Olpe · Siegen · Kreuztal · Bad Berleburg · Biedenkopf · Marburg · Bad Hersfeld · Bad Salzungen

Rothaar-Geb. · Kahler Asten 841 · Sauerland · Westfälische Bucht · Niederrheinisches Tiefland · Teutoburger Wald · Wiehengebirge · Weser-Geb. · Deister · Solling · Reinhardswald

Westfalen · **Hessen** · **Thüringen**

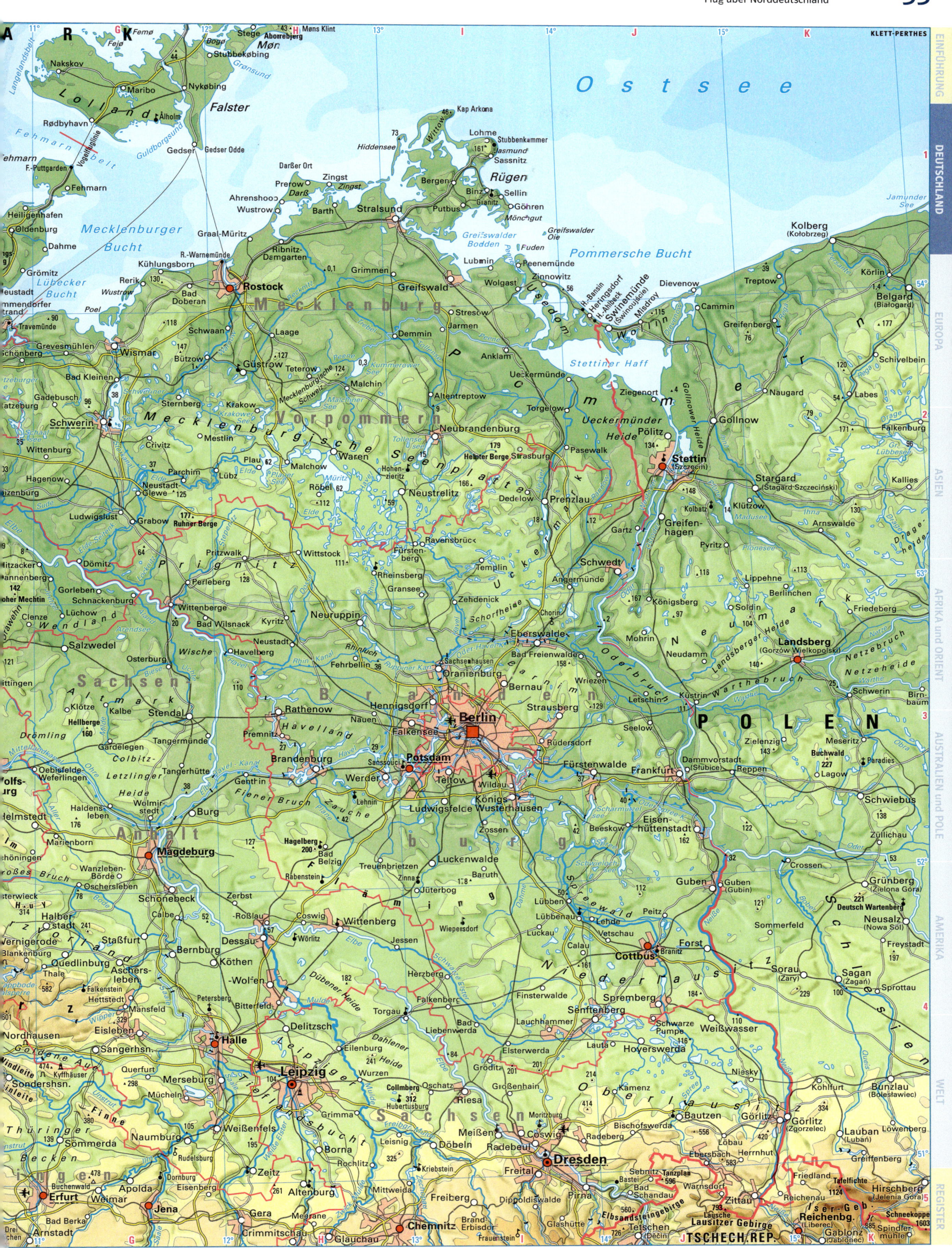

Lernspiel u64ac5
Flug über Norddeutschland

33

KLETT-PERTHES

EINFÜHRUNG
DEUTSCHLAND
EUROPA
ASIEN
AFRIKA und ORIENT
AUSTRALIEN und POLE
AMERIKA
WELT
REGISTER

Naturraum und Landschaft

Norddeutsches Tiefland
- Watt, Sand
- Marsch
- weite Talniederungen
- flachwellige Geest, Schotterplatten
- hügeliges Jungmoränenland

Mittelgebirgsland
- Becken und Senken mit milderem Klima
- Berg- und Hügelland, Stufenland
- Höhen des Berglandes mit rauerem Klima

Alpenvorland
- flache Schotterplatten
- sanftes Hügelland
- hügeliges Jungmoränenland

Alpen
- große Alpentäler
- Hochgebirgsketten, Hochgebirgsplateaus

- Eiszeitsee
- Endmoräne Weichsel-/Würmeiszeit
- Endmoräne Saale-/Rißeiszeit
- Sander
- Urstromtal

— Grenze zwischen den naturräumlichen Großregionen Norddeutsches Tiefland, Mittelgebirgsland, Alpenvorland, Alpen

2 Während der Eiszeit

größte Vereisung

Süden   Norden

Gegenwart

Endmoräne   kuppige Grund- moränen   flachwellige Grundmoränen

Hauptendmoräne = Wasserscheide

Süden   Norden

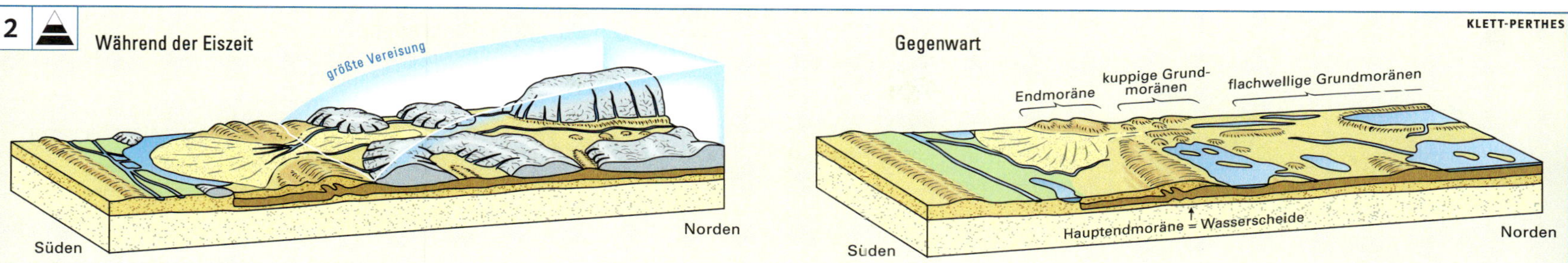

In der Eiszeit geformte Landschaft
Kräfte an der Erdoberfläche

KLETT-PERTHES

- geologischer Untergrund
- Eiszeitgletscher
- Schuttmaterial der Grundmoräne
- Kiessande der Endmoräne
- Schmelzwassersande
- Sandersande
- Urstromtal
- Fluss, Bach
- Toteisblöcke
- See (z. B. Toteissee)

3 Vor etwa 150 Mio Jahren

Ablagerungen über dem Grundgebirge

Vor etwa 15 Mio Jahren

Gegenwart

Schichtstufen

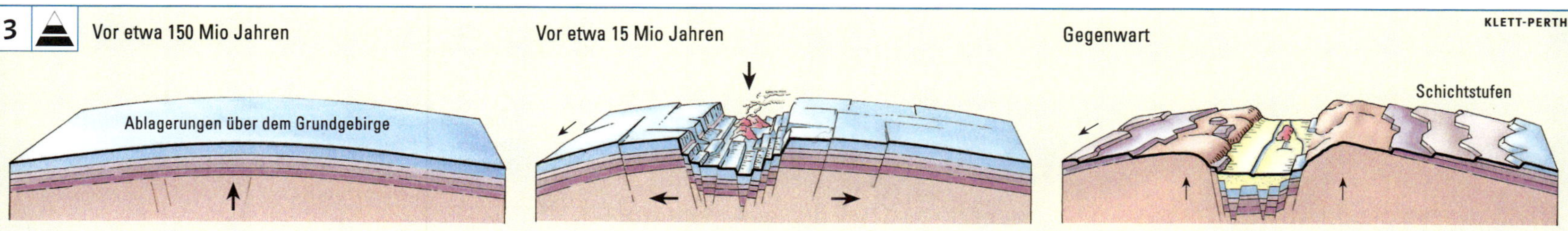

Entstehung des Oberrheingrabens
Kräfte aus dem Erdinneren

KLETT-PERTHES

- Sedimentgestein, Ablagerungen (z. B. Sand, Kies)
- Gesteinsschichten aus unterschiedlichen Erdzeitaltern
- vulkanisches Gestein (z. B. Basalt)
- kristallines Gestein (z. B. Gneis)
- Verwerfung, Einbrüche
- Absenkung, Grabenbildung
- Hebung
- Dehnung, Auseinander-Driften

4

Landschaften in Deutschland

KLETT-PERTHES

1 Tiefland: Marsch

2 Tiefland: Flachwellige Geest, Schotterplatten

3 Tiefland: Hügeliges Jungmoränenland

4 Mittelgebirge: Becken und Senken

5 Mittelgebirge: Berg- und Hügelland, Stufenland

6 Mittelgebirge: Höhen des Berglandes

7 Alpenvorland: Flache Schotterplatten

8 Alpenvorland: Sanftes Hügelland

9 Alpenvorland: Hügeliges Jungmoränenland

10 Alpen: Große Täler

11 Alpen: Hochgebirgsketten, -plateaus

EINFÜHRUNG
DEUTSCHLAND
EUROPA
ASIEN
AFRIKA und ORIENT
AUSTRALIEN und POLE
AMERIKA
WELT
REGISTER

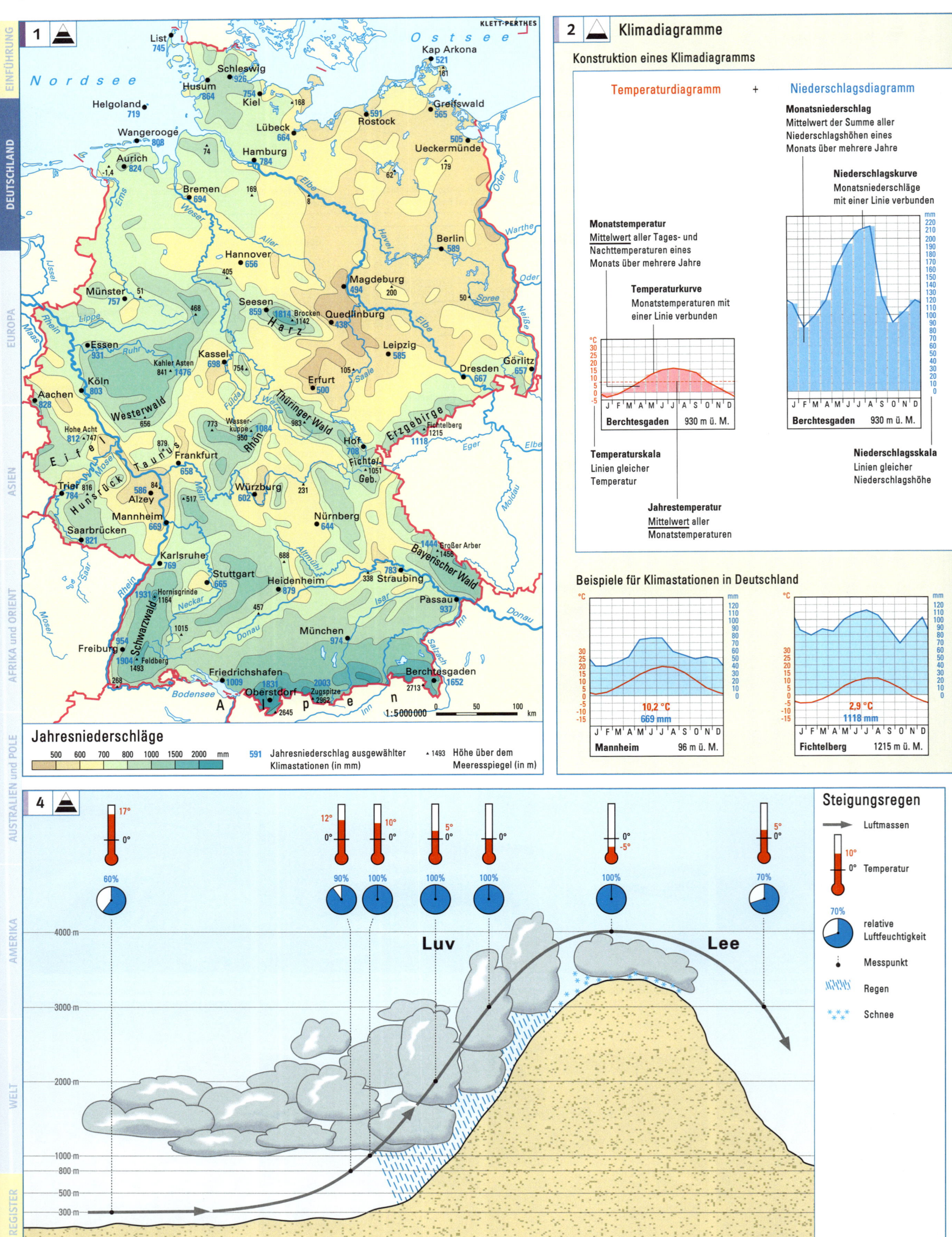

1 Klett-Perthes

Nordsee · *Ostsee*

List 745 · Kap Arkona 521 · 161
Schleswig 926 · Husum 864 · Kiel 754 · 168
Helgoland 719 · Greifswald 565
Wangerooge 808 · Lübeck 664 · Rostock 591 · Ueckermünde 505 · 179
Aurich 824 · Hamburg 784 · 74 · 62
Bremen 694 · 169 · 8
Berlin 589
Hannover 656 · Magdeburg 494 · 200
405 · 50
Münster 757 · 51 · Seesen 859 · 468 · 1814 · Brocken 1142 · Quedlinburg 438
Harz
Essen 931 · Kassel 698 · 754 · Leipzig 585 · Dresden 667 · Görlitz 657
Köln 803 · Kahler Asten 841 · 1476 · Erfurt 500 · 105
Aachen 828 · Westerwald 656 · Thüringer Wald 983 · Fichtelberg 1215 · 1118
Hohe Acht 812 · 747 · Wasserkuppe 1084 · 950 · Rhön · Hof 708
Eifel · Taunus 773 · 879 · Fichtel-Geb. 1051
Trier 816 · Hunsrück 586 · 84 · Frankfurt 658 · Würzburg 602 · 231
784 · Alzey · 517
Mannheim 669 · Nürnberg 644
Saarbrücken 821 · 1444 Großer Arber 1456
Karlsruhe 769 · 688 · Bayerischer Wald
Stuttgart 665 · Heidenheim 879 · 783 Straubing 338
Hornisgrinde 1164 · 457 · Passau 937
Schwarzwald 1931 · 1015 · München 974
Freiburg 954 · Friedrichshafen 1009 · Oberstdorf 1831 · 2003 Zugspitze 2962 · 1652
1904 Feldberg 1493 · 268 · Bodensee · Alpen · 2713
2645

1:5 000 000 · 50 · 100 km

Jahresniederschläge

500 600 700 800 1000 1500 2000 mm

591 Jahresniederschlag ausgewählter Klimastationen (in mm)

▲1493 Höhe über dem Meeresspiegel (in m)

2 Klimadiagramme

Konstruktion eines Klimadiagramms

Temperaturdiagramm + Niederschlagsdiagramm

Monatsniederschlag
Mittelwert der Summe aller Niederschlagshöhen eines Monats über mehrere Jahre

Niederschlagskurve
Monatsniederschläge mit einer Linie verbunden

Monatstemperatur
Mittelwert aller Tages- und Nachttemperaturen eines Monats über mehrere Jahre

Temperaturkurve
Monatstemperaturen mit einer Linie verbunden

Berchtesgaden 930 m ü. M. · Berchtesgaden 930 m ü. M.

Temperaturskala
Linien gleicher Temperatur

Niederschlagsskala
Linien gleicher Niederschlagshöhe

Jahrestemperatur
Mittelwert aller Monatstemperaturen

Beispiele für Klimastationen in Deutschland

10,2 °C
669 mm
Mannheim 96 m ü. M.

2,9 °C
1118 mm
Fichtelberg 1215 m ü. M.

4 Steigungsregen

17° · 0°
12° · 0° · 10° · 0° · 5° · 0° · 0° · 0° · 0° · -5° · 5° · 0°

60% · 90% · 100% · 100% · 100% · 100% · 70%

Luv · Lee

4000 m
3000 m
2000 m
1000 m
800 m
500 m
300 m

→ Luftmassen

10° · 0° Temperatur

70% relative Luftfeuchtigkeit

• Messpunkt

Regen

Schnee

KLETT-PERTHES

= Klimadiagramm

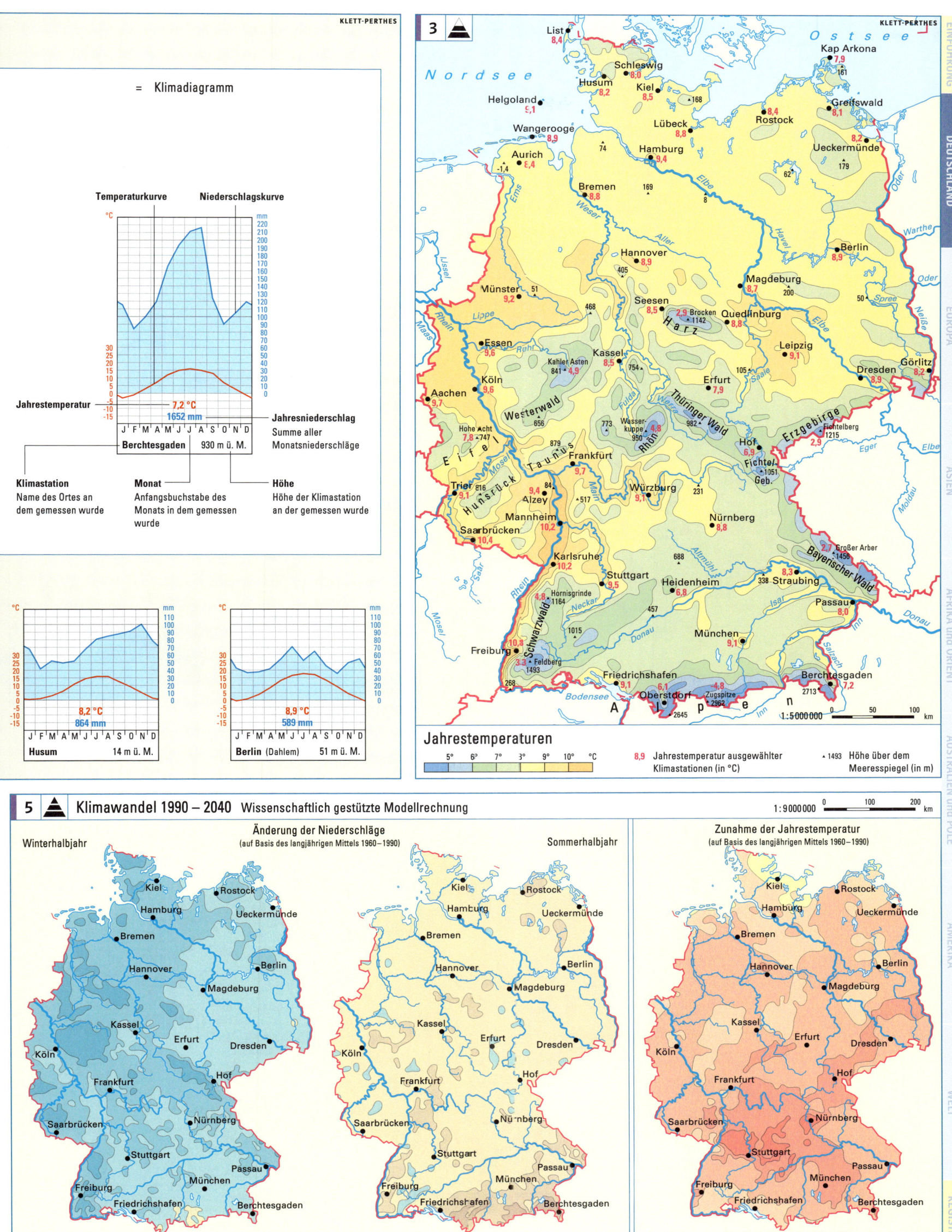

Temperaturkurve   Niederschlagskurve

Jahrestemperatur — 7,2 °C
1652 mm

Jahresniederschlag
Summe aller Monatsniederschläge

Klimastation
Name des Ortes an dem gemessen wurde

Monat
Anfangsbuchstabe des Monats in dem gemessen wurde

Höhe
Höhe der Klimastation an der gemessen wurde

Berchtesgaden   930 m ü. M.

Husum   14 m ü. M.   8,2 °C   864 mm

Berlin (Dahlem)   51 m ü. M.   8,9 °C   589 mm

3

Jahrestemperaturen

5° | 6° | 7° | 3° | 9° | 10° °C

8,9 Jahrestemperatur ausgewählter Klimastationen (in °C)

▲ 1493 Höhe über dem Meeresspiegel (in m)

1:5000000   50   100 km

5 Klimawandel 1990 – 2040 Wissenschaftlich gestützte Modellrechnung

1:9000000   0   100   200 km

Änderung der Niederschläge
(auf Basis des langjährigen Mittels 1960–1990)

Winterhalbjahr

Sommerhalbjahr

Zunahme der Jahrestemperatur
(auf Basis des langjährigen Mittels 1960–1990)

Daten: Potsdam Institut für Klimafolgenforschung (PIK) 2010

80 | 40 | 0 | -40 | -80 mm
Zunahme   Abnahme

2,0 | 2,2 | 2,4 | 2,6 °C

2 ▲ Tourismus in Stadt und Natur

Ostseebad Binz

Hamburger Hafenfest

Harz

Dresdner Zwinger

Frankfurter Messe

Schwarzwald

KLETT-PERTHES

3 ▲

KLETT-PERTHES

Biosphärenreservate:
1 Südost-Rügen
2 Schleswig-Holsteinisches Wattenmeer und Halligen
3 Hamburgisches Wattenmeer
4 Niedersächsisches Wattenmeer
5 Schaalsee
6 Schorfheide-Chorin
7 Flusslandschaft Elbe
8 Spreewald
9 Karstlandschaft Südharz
10 Oberlausitzer Heide- und Teichlandschaft
11 Vessertal-Thüringer Wald
12 Rhön
13 Bliesgau
14 Pfälzerwald-Nordvogesen
15 Schwäbische Alb
16 Berchtesgaden

Daten: 2009

1:5 000 000

Natur- und Landschaftsschutzgebiete

▲ Naturschutzgebiet (in Auswahl)
Kieshofer Moor

Landschaft: kleines und unberührtes Naturgebiet
Ziel des Schutzes: Erhaltung gefährdeter Pflanzen und Tiere

Naturpark
Thüringer Wald

Landschaft: der Erholung dienender, vom Menschen geprägter Raum
Ziel des Schutzes: Vermeidung großräumig zerstörender Eingriffe

Nationalpark HARZ
Unteres Odertal

Landschaft: einzigartiger und wenig veränderter Naturraum
Ziel des Schutzes: ungestörte Entwicklung der Natur

Landschaftsschutzgebiet
Fränkisches Neuseenland

Landschaft: der Naherholung dienendes, wenig bebautes Gebiet
Ziel des Schutzes: Sicherung des Erholungsraums, Erhaltung d. Luft-, Wasser- u. Bodenqualität

Biosphärenreservat
Bliesgau

Landschaft: einzigartige, zum Teil vom Menschen geprägte Landschaft
Ziel des Schutzes: Erhaltung oder Wiederherstellung, Erforschung der Mensch-Natur-Beziehung

Belastete Räume
● hohe Industrie- und Siedlungsdichte mit zentraler Großstadt
Ruhrgebiet

— Staatsgrenze — Landesgrenze

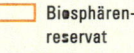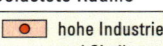

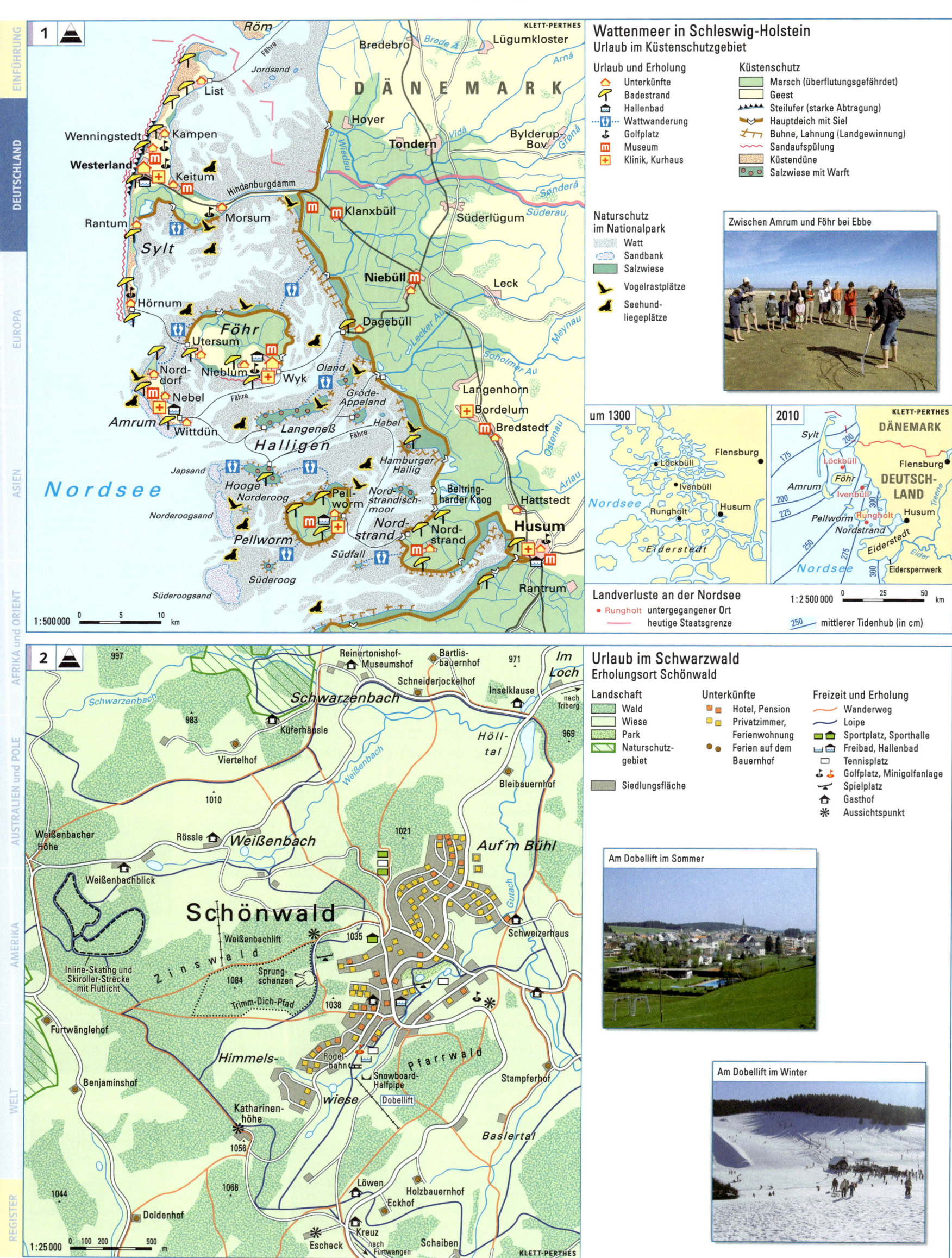

1 ▲

KLETT-PERTHES

Wattenmeer in Schleswig-Holstein
Urlaub im Küstenschutzgebiet

Urlaub und Erholung
- Unterkünfte
- Badestrand
- Hallenbad
- Wattwanderung
- Golfplatz
- Museum
- Klinik, Kurhaus

Küstenschutz
- Marsch (überflutungsgefährdet)
- Geest
- Steilufer (starke Abtragung)
- Hauptdeich mit Siel
- Buhne, Lahnung (Landgewinnung)
- Sandaufspülung
- Küstendüne
- Salzwiese mit Warft

Naturschutz im Nationalpark
- Watt
- Sandbank
- Salzwiese
- Vogelrastplätze
- Seehund-liegeplätze

Zwischen Amrum und Föhr bei Ebbe

um 1300

2010

KLETT-PERTHES

DÄNEMARK

Sylt · Löckbüll · Flensburg
Amrum · Föhr · Ivenbüll · DEUTSCH-LAND
Pellworm · Rungholt · Husum
Nordstrand · Eiderstedt
Nordsee · Eider · Eidersperrwerk

Landverluste an der Nordsee
- Rungholt untergegangener Ort
- heutige Staatsgrenze
- 250 mittlerer Tidenhub (in cm)

1 : 2 500 000   0   25   50 km

1 : 500 000   0   5   10 km

Map 1 labels (Nordsee region):
Röm · Bredebro · Lügumkloster · Arnå · Jordsand · List · DÄNEMARK · Hoyer · Wiedau · Wenningstedt · Kampen · Tondern · Bylderup-Bov · Grenå · Søndera · Westerland · Keitum · Hindenburgdamm · Søderau · Leck · Klanxbüll · Süderlügum · Rantum · Morsum · Sylt · Hörnum · Föhr · Utersum · Dagebüll · Langenhorn · Nord-dorf · Nieblum · Wyk · Oland · Lecker Au · Meynau · Nebel · Amrum · Wittdün · Gröde-Appeland · Habel · Bordelum · Bredstedt · Langeneß · Halligen · Japsand · Hooge · Norderoog · Hamburger Hallig · Pellworm · Nord-strandisch-moor · Beltring-harder Koog · Hattstedt · Norderoogsand · Süd-fall · Nord-strand · Nord-strand · Husum · Pellworm · Süderoog · Südfall · Arlau · Ostenau · Rantrum · Süderoogsand · Soholmer Au · Nordsee

---

2 ▲

Urlaub im Schwarzwald
Erholungsort Schönwald

Landschaft
- Wald
- Wiese
- Park
- Naturschutzgebiet
- Siedlungsfläche

Unterkünfte
- Hotel, Pension
- Privatzimmer, Ferienwohnung
- Ferien auf dem Bauernhof

Freizeit und Erholung
- Wanderweg
- Loipe
- Sportplatz, Sporthalle
- Freibad, Hallenbad
- Tennisplatz
- Golfplatz, Minigolfanlage
- Spielplatz
- Gasthof
- Aussichtspunkt

Am Dobellift im Sommer

Am Dobellift im Winter

Map 2 labels (Schönwald):
997 · Reinertonishof-Museumshof · Bartlis-bauernhof · 971 · Im Loch · Schneiderjockelhof · Inselklause · nach Triberg · Schwarzenbach · Schwarzenbach · 983 · Küferhäusle · 969 · Höll-tal · Viertelhof · Weißenbach · Bleibauernhof · 1010 · 1021 · Weißbacher Höhe · Rössle · Weißenbach · Auf'm Bühl · Weißenbachblick · Gutach · Schönwald · Schweizerhaus · Inline-Skating und Skiroller-Strecke mit Flutlicht · Weißbachlift · 1035 · Zinswald · Sprungschanzen · 1084 · Trimm-Dich-Pfad · 1038 · Furtwänglehof · Himmels- · Rodel-bahn · Pfarrwald · Benjaminshof · wiese · Snowboard-Halfpipe · Dobellift · Stampferhof · Katharinen-höhe · 1056 · Baslertal · 1068 · 1044 · Löwen · Holzbauernhof · Doldenhof · Eckhof · Kreuz · Schaiben · Escheck · nach Furtwangen

1 : 25 000   0   100   200   500 m

KLETT-PERTHES

EINFÜHRUNG · DEUTSCHLAND · EUROPA · ASIEN · AFRIKA und ORIENT · AUSTRALIEN und POLE · AMERIKA · WELT · REGISTER

Deutschland   Große Verkehrszentren

⊕ **Virtueller Globus** 96r6jw
Hafen und Flughafen erkunden

43

KLETT-PERTHES

EINFÜHRUNG
DEUTSCHLAND
EUROPA
ASIEN
AFRIKA und ORIENT
AUSTRALIEN und POLE
AMERIKA
WELT
REGISTER

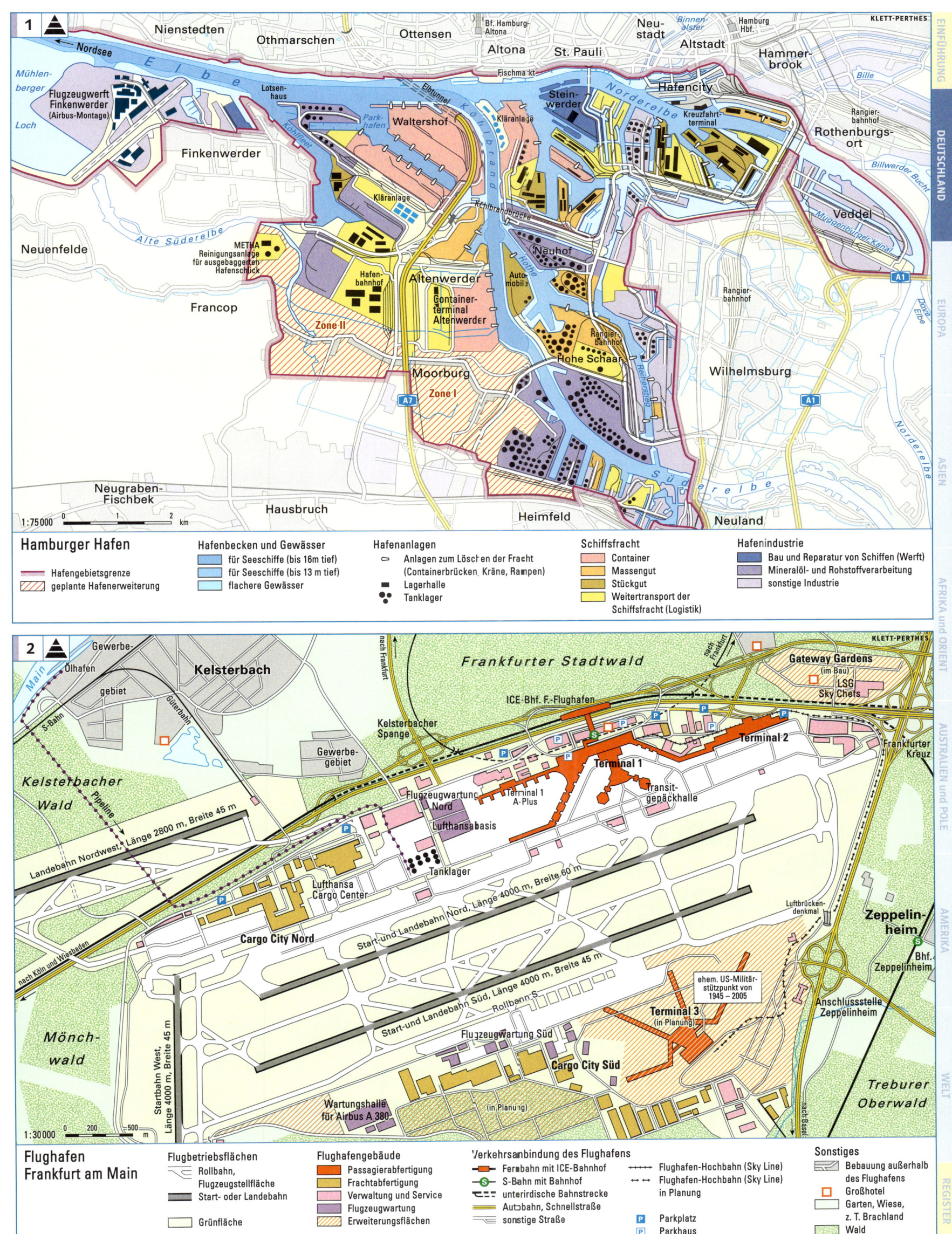

1

Nienstedten · Othmarschen · Ottensen · Bf. Hamburg-Altona · Neustadt · Altstadt · Hamburg Hbf. · Hammerbrook · KLETT-PERTHES

Nordsee · Elbe · Fischmarkt · Altona · St. Pauli · Norderelbe · Hafencity · Binnenalster · Bille

Mühlenberger Loch · Flugzeugwerft Finkenwerder (Airbus-Montage) · Lotsenhaus · Parkhafen · Waltershof · Eltunnel · Kläranlage · Steinwerder · Kreuzfahrtterminal · Rothenburgsort · Rangierbahnhof · Veddel · Muggenburger Kanal

Finkenwerder · Kohlbrand · A1

Neuenfelde · Alte Süderelbe · Köhlbrandbrücke · Kläranlage · METHA Reinigungsanlage für ausgebaggerten Hafenschlick · Neuhof · Automobil · Hohe Schaar · Rangierbahnhof · Wilhelmsburg

Francop · Hafenbahnhof · Altenwerder · Containerterminal Altenwerder · Zone II · Reiherstieg · Hame · Rangierbahnhof · A1

Zone I · Moorburg · A7 · Süderelbe · Norderelbe

Neugraben-Fischbek · Hausbruch · Heimfeld · Neuland · Dove Elbe · Hamburger Buch

1 : 75 000   0   1   2 km

Hamburger Hafen

— Hafengebietsgrenze
▨ geplante Hafenerweiterung

Hafenbecken und Gewässer
▨ für Seeschiffe (bis 16 m tief)
▨ für Seeschiffe (bis 13 m tief)
▨ flachere Gewässer

Hafenanlagen
⌐ Anlagen zum Löschen der Fracht (Containerbrücken, Kräne, Rampen)
▪ Lagerhalle
⦁ Tanklager

Schiffsfracht
▨ Container
▨ Massengut
▨ Stückgut
▨ Weitertransport der Schiffsfracht (Logistik)

Hafenindustrie
▨ Bau und Reparatur von Schiffen (Werft)
▨ Mineralöl- und Rohstoffverarbeitung
▨ sonstige Industrie

2

Main · Gewerbe- Ölhafen · Kelsterbach · Frankfurter Stadtwald · nach Frankfurt · Gateway Gardens (im Bau) · LSG Sky Chefs · KLETT-PERTHES

Gewerbe- gebiet · Kelsterbacher Spange · ICE-Bhf. F.-Flughafen · Terminal 2 · Frankfurter Kreuz

Kelsterbacher Wald · S-Bahn · Pipeline · Gewerbe- gebiet · Flugzeugwartung Nord · Lufthansabasis · Terminal 1 A-Plus · Terminal 1 · Transit- gepäckhalle

Landebahn Nordwest, Länge 2800 m, Breite 45 m · Tanklager · Luftbrücken- denkmal · Zeppelin- heim

Lufthansa Cargo Center · Start- und Landebahn Nord, Länge 4000 m, Breite 60 m · Bhf. Zeppelinheim

Cargo City Nord · nach Köln und Wiesbaden · Start- und Landebahn Süd, Länge 4000 m, Breite 45 m · Rollbahn S · ehem. US-Militär- stützpunkt von 1945 – 2005 · Anschlussstelle Zeppelinheim

Mönch- wald · Startbahn West, Länge 4000 m, Breite 45 m · Flugzeugwartung Süd · Terminal 3 (in Planung) · Treburer Oberwald

Wartungshalle für Airbus A 380 (in Planung) · Cargo City Süd · nach Basel

1 : 30 000   0   200   500 m

Flughafen Frankfurt am Main

Flugbetriebsflächen
— Rollbahn, Flugzeugstellfläche
▬ Start- oder Landebahn
☐ Grünfläche

Flughafengebäude
▨ Passagierabfertigung
▨ Frachtabfertigung
▨ Verwaltung und Service
▨ Flugzeugwartung
▨ Erweiterungsflächen

Verkehrsanbindung des Flughafens
▬ Fernbahn mit ICE-Bahnhof
Ⓢ S-Bahn mit Bahnhof
⋯ unterirdische Bahnstrecke
— Autobahn, Schnellstraße
— sonstige Straße
+—+ Flughafen-Hochbahn (Sky Line)
+ + Flughafen-Hochbahn (Sky Line) in Planung
Ⓟ Parkplatz
Ⓟ Parkhaus

Sonstiges
▨ Bebauung außerhalb des Flughafens
☐ Großhotel
☐ Garten, Wiese, z. T. Brachland
▨ Wald

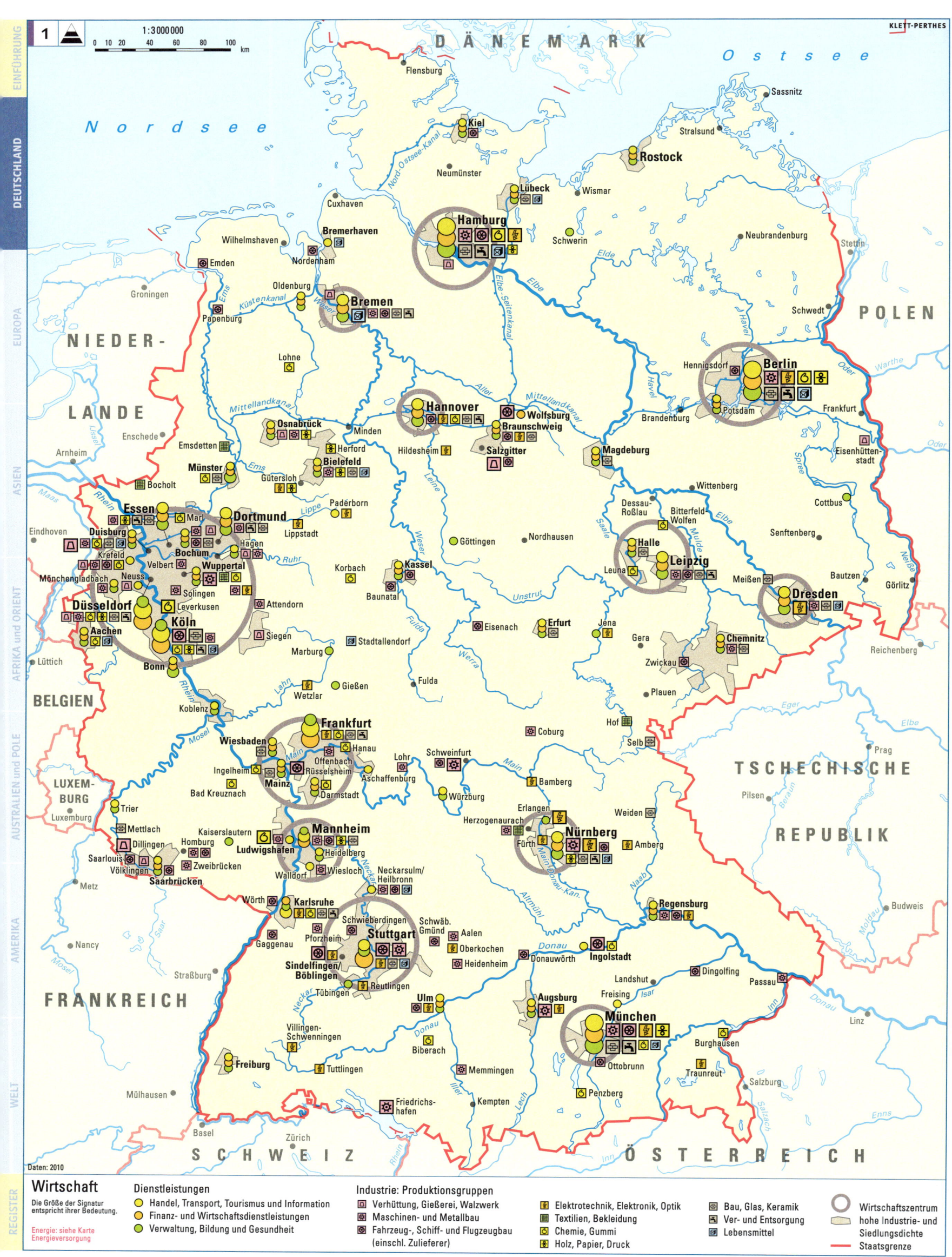

1 1 : 3 000 000
0 10 20 40 60 80 100 km

KLETT-PERTHES

Energie: siehe Karte Energieversorgung

Daten: 2010

Wirtschaft

Die Größe der Signatur entspricht ihrer Bedeutung.

Dienstleistungen
- ● Handel, Transport, Tourismus und Information
- ● Finanz- und Wirtschaftsdienstleistungen
- ● Verwaltung, Bildung und Gesundheit

Industrie: Produktionsgruppen
- Verhüttung, Gießerei, Walzwerk
- Maschinen- und Metallbau
- Fahrzeug-, Schiff- und Flugzeugbau (einschl. Zulieferer)
- Elektrotechnik, Elektronik, Optik
- Textilien, Bekleidung
- Chemie, Gummi
- Holz, Papier, Druck
- Bau, Glas, Keramik
- Ver- und Entsorgung
- Lebensmittel

- ◯ Wirtschaftszentrum
- ▭ hohe Industrie- und Siedlungsdichte
- —— Staatsgrenze

D Ä N E M A R K

Ostsee

Nordsee

NIEDER-
LANDE

POLEN

BELGIEN

LUXEM-
BURG

FRANK-
REICH

TSCHECHISCHE
REPUBLIK

ÖSTERREICH

SCHWEIZ

2 1:3 000 000
km 0 10 20 40 60 80 100

KLETT-PERTHES

Flensburg
Rødby-havn Gedser
Puttgarden Sassnitz
Kiel Stralsund
Neumünster Rostock Swinemünde
Brunsbüttel Wismar Stettin
Cuxhaven Lübeck Neubranden-burg
Wilhelms-haven Bützfleth Schwerin
Nordenham Bremer-haven Hamburg
Emden Brake
Gröningen Bremen Wittenberge
Arnheim Enschede Osnabrück Hannover Braunschweig Berliner Binnenhäfen Berlin
Münster Bielefeld Magdeburg Potsdam Frankfurt
Niederrhein Hamm Paderborn/Lippe Cottbus
Eindhoven Marl Gelsen-kirchen Halle Görlitz
Duisburg Essen Dortmund Kassel Leipzig
Wuppertal Erfurt Dresden Reichen-berg
Mönchen-gladbach Düsseldorf Siegen Gera Zwickau Chemnitz
Köln Fulda
Aachen Bonn Prag
Lüttich Koblenz Würzburg Pilsen
Frankfurt Budweis
Wiesbaden Mainz Darm-stadt
LUXEM-BURG Frankfurt Hahn
Luxemburg Trier Nürnberg
Saar-brücken Ludwigs-hafen Mannheim Heilbronn Regens-burg
Metz Heilbronn Passau
Nancy Karlsruhe Stuttgart Budweis
Straßburg Karlsruhe/Baden-Baden Linz
Ulm Augsburg München
Freiburg Memmingen
Mülhausen Konstanz Friedrichs-hafen Rosen-heim Salzburg
Basel Bodensee

Elbe Oder Havel Spree Saale Werra Fulda Weser Ems Rhein Mosel Main Neckar Donau Isar Inn Moldau Neiße Warthe

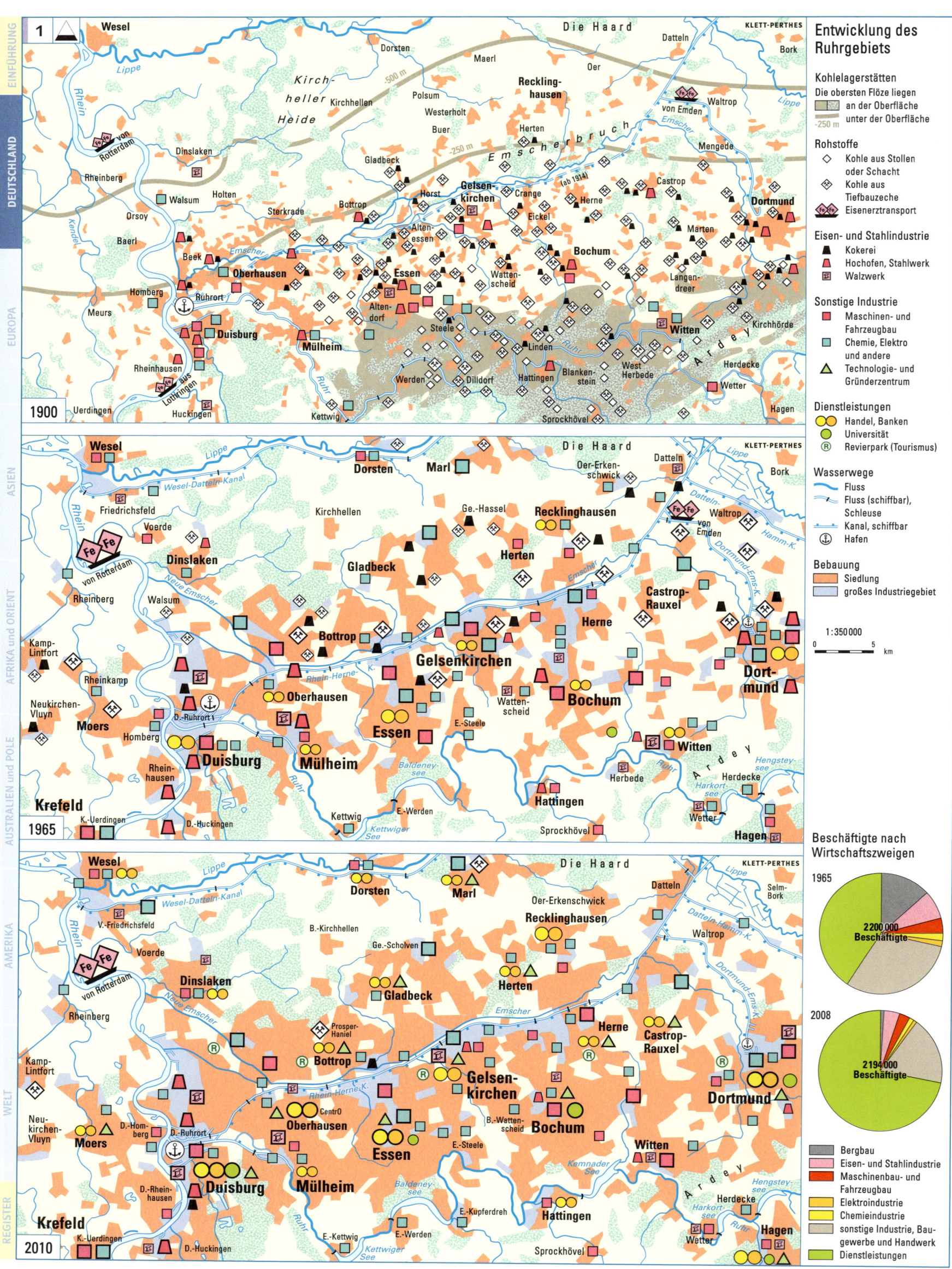

Entwicklung des Ruhrgebiets

Kohlelagerstätten
Die obersten Flöze liegen
- an der Oberfläche
- -250 m unter der Oberfläche

Rohstoffe
- ◇ Kohle aus Stollen oder Schacht
- ⬙ Kohle aus Tiefbauzeche
- Fe Eisenerztransport

Eisen- und Stahlindustrie
- ▲ Kokerei
- ▲ Hochofen, Stahlwerk
- ▣ Walzwerk

Sonstige Industrie
- ■ Maschinen- und Fahrzeugbau
- ■ Chemie, Elektro und andere
- △ Technologie- und Gründerzentrum

Dienstleistungen
- ● Handel, Banken
- ● Universität
- Ⓡ Revierpark (Tourismus)

Wasserwege
- Fluss
- Fluss (schiffbar), Schleuse
- Kanal, schiffbar
- ⚓ Hafen

Bebauung
- Siedlung
- großes Industriegebiet

1 : 350 000
0   5 km

Beschäftigte nach Wirtschaftszweigen

1965
2 200 000 Beschäftigte

2008
2 194 000 Beschäftigte

- ■ Bergbau
- ■ Eisen- und Stahlindustrie
- ■ Maschinenbau- und Fahrzeugbau
- ■ Elektroindustrie
- ■ Chemieindustrie
- ■ sonstige Industrie, Baugewerbe und Handwerk
- ■ Dienstleistungen

1900

1965

2010

2 Rhein · Main · Neckar

3 Hamburg

4 Stuttgart

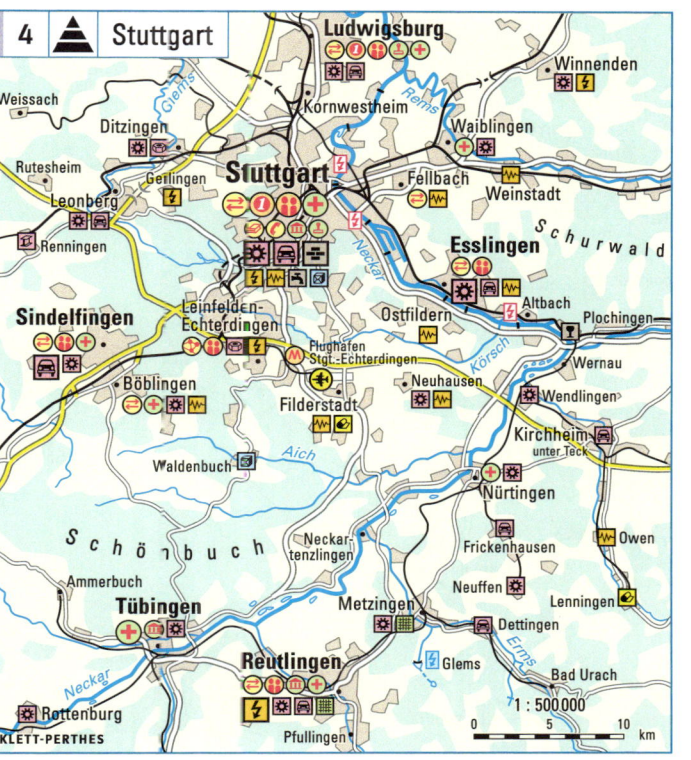

5 Tagebau Hambach

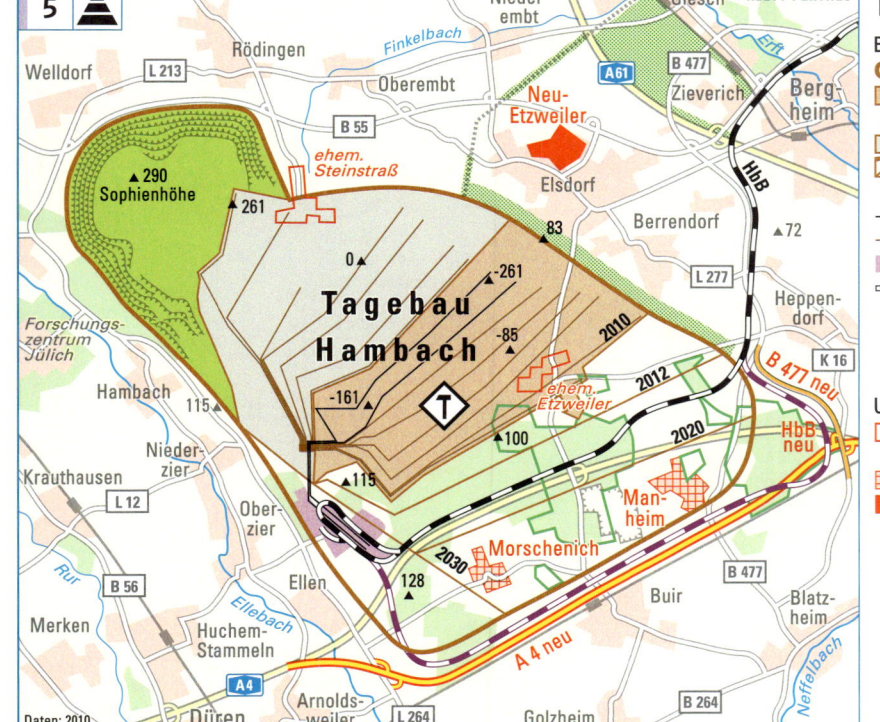

Wirtschaftsräume
Legende für die Karten 2 – 4

Dienstleistungen

Handel, Transport, Tourismus und Information
- Handel
- Verkehr, Lagerei
- internat. Verkehrsflughafen
- Hotels, Gaststätten
- Medien, Verlage
- Telekommunikation, Informationstechnologie

Finanz- u. Wirtschaftsdienstleistung
- Banken, Versicherungen
- Beratung, Ingenieurbüros, Werbung
- Messen, Kongresse

Verwaltung, Bildung und Gesundheit
- Öffentliche Verwaltung, Behörden
- Schulen, Universitäten
- Krankenhäuser, Heime
- Kultur, Erholung

Industrie

Rohstoffgewinnung und Energieversorgung
- Erdöl
- Pumpspeicherkraftwerk
- Wärmekraftwerk
- Kernkraftwerk

Produktionszweige
- Buntmetallverhüttung
- Leichtmetallverhüttung
- Gießerei, Walzwerk
- Maschinenbau
- Metallbau, Werkzeuge
- Kraftfahrzeugbau (einschließlich Zulieferindustrie)
- Schiffbau
- Luft- und Raumfahrttechnik
- Elektrotechnik
- Elektronik, Optik
- Textilien, Bekleidung
- Chemie, Pharmazie
- Erdölraffinerie
- Gummi, Kunststoffe
- Holzverarbeitung, Möbel
- Papier, Druckereien
- Glas, Keramik, Baustoffe
- Baugewerbe
- Ver- und Entsorgung
- Lebensmittel

- schiffbarer Fluss
- Kanal
- Eisenbahn
- Autobahn
- Straße
- Ort, bebaute Fläche

Tagebau Hambach

Braunkohlenabbau
- Abbaugebiet Hambach
- Abraum- bzw. Kohleförderung
- Richtung des Abbaus
- Abraumverkippung
- Fortschreiten des Tagebaus (Planung)
- Kohleförderband
- Abraumförderband
- Betriebsgelände
- Hambachbahn (HbB), Kohlentransport zu Kraftwerken und Brikettfabriken

Naturschutz und Rekultivierung
- forstwirtschaftlich rekultivierte Fläche (Mischwald)
- vom Tagebau betroffenes Natur- oder Landschaftsschutzgebiet
- ehemalige Fernbandanlage zum Transport des Abraums
- Landschaftsprojekt terra nova

Siedlung und Verkehr
- Siedlungsfläche
- Autobahn
- Straße
- Eisenbahn, Bahnhof
- Kiesgrube, Böschung
- Wald
- ▲ 290 Höhenangabe (in m)

Umsiedlung von Orten
- ehemaliger Ort, Umsiedlung abgeschlossen
- noch umzusiedelnder Ort
- neues Wohngebiet für Umsiedler (neuer Ortsteil)

Verlegung von Verkehrswegen
- Hambachbahn
- Bundesstraße B 477
- Autobahn A 4

1 : 150 000

Daten: 2010

EINFÜHRUNG
DEUTSCHLAND
EUROPA
ASIEN
AFRIKA und ORIENT
AUSTRALIEN und POLE
AMERIKA
WELT
REGISTER

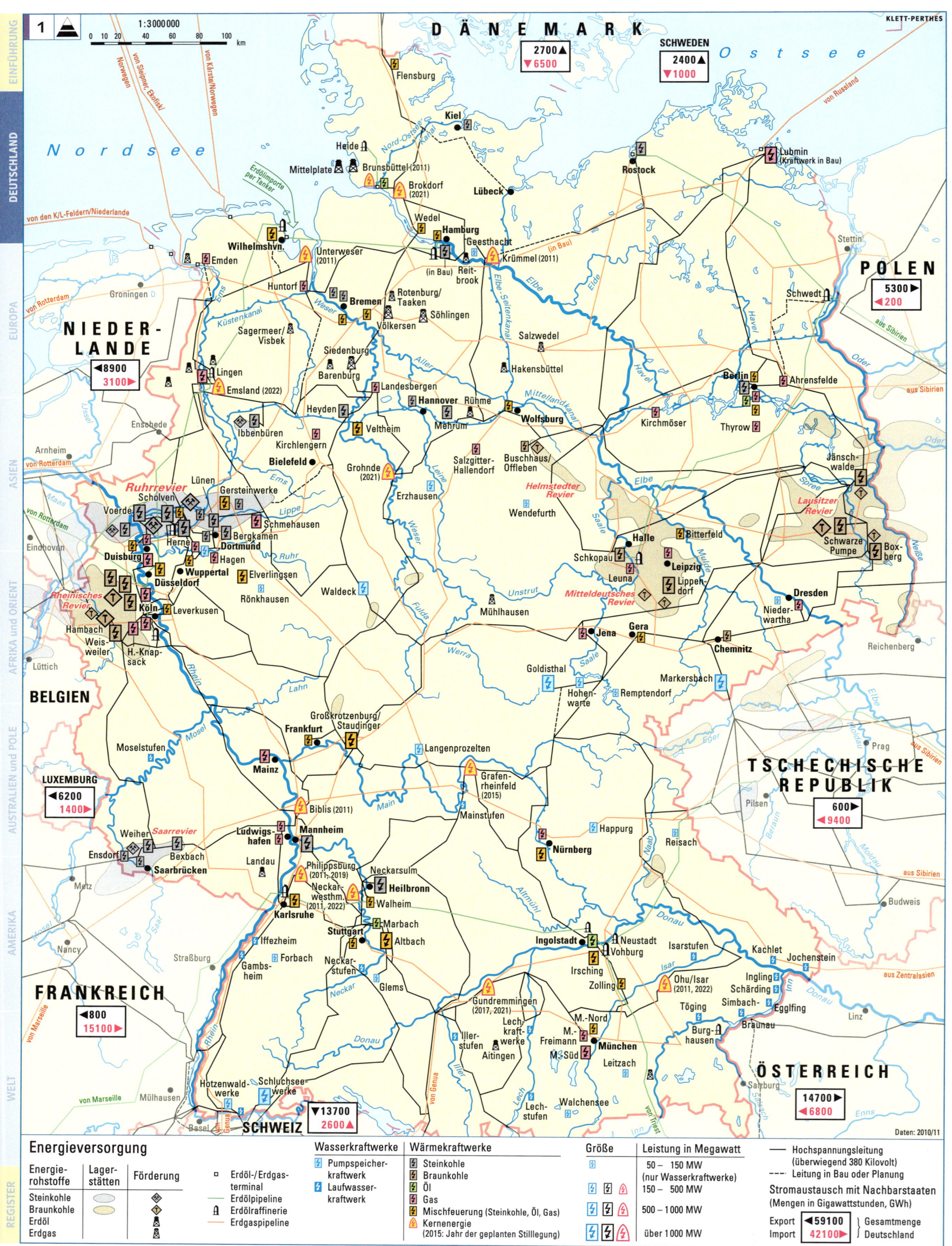

KLETT-PERTHES

Energieversorgung

Energierohstoffe	Lagerstätten	Förderung
Steinkohle		◈
Braunkohle	⬭	◈
Erdöl		⛏
Erdgas		⛏

□ Erdöl-/Erdgasterminal
— Erdölpipeline
— Erdgaspipeline

Wasserkraftwerke
⚡ Pumpspeicherkraftwerk
⚡ Laufwasserkraftwerk

Wärmekraftwerke
⚡ Steinkohle
⚡ Braunkohle
⚡ Öl
⚡ Gas
⚡ Mischfeuerung (Steinkohle, Öl, Gas)
⚡ Kernenergie (2015: Jahr der geplanten Stilllegung)

Größe	Leistung in Megawatt
⚡	50 – 150 MW (nur Wasserkraftwerke)
⚡	150 – 500 MW
⚡	500 – 1000 MW
⚡	über 1000 MW

— Hochspannungsleitung (überwiegend 380 Kilovolt)
--- Leitung in Bau oder Planung

Stromaustausch mit Nachbarstaaten (Mengen in Gigawattstunden, GWh)
Export ◀ 59100 ⎫ Gesamtmenge
Import ◀ 42100 ⎬ Deutschland

Daten: 2010/11

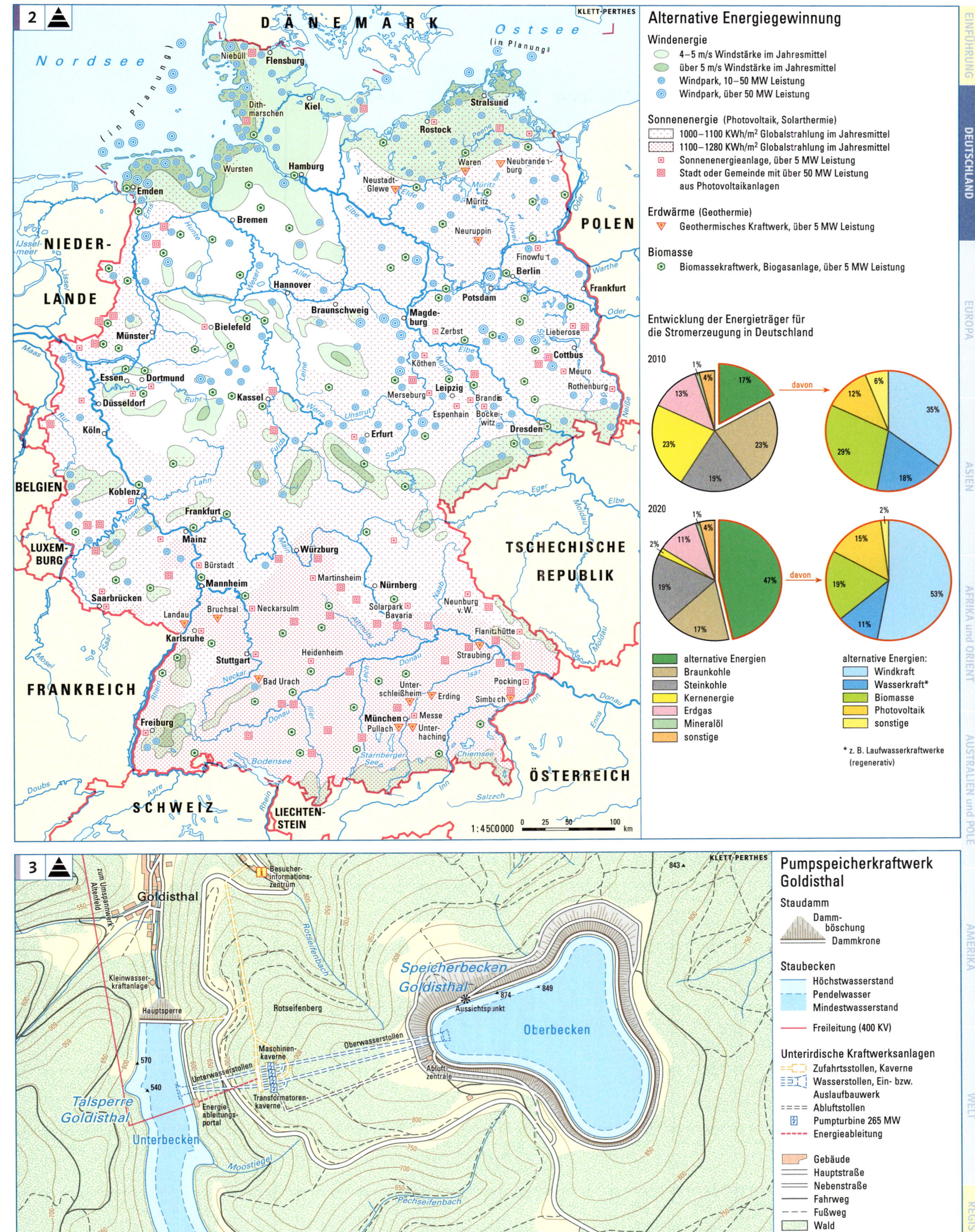

2 — Alternative Energiegewinnung

Windenergie
- 4–5 m/s Windstärke im Jahresmittel
- über 5 m/s Windstärke im Jahresmittel
- Windpark, 10–50 MW Leistung
- Windpark, über 50 MW Leistung

Sonnenenergie (Photovoltaik, Solarthermie)
- 1000–1100 KWh/m² Globalstrahlung im Jahresmittel
- 1100–1280 KWh/m² Globalstrahlung im Jahresmittel
- Sonnenenergieanlage, über 5 MW Leistung
- Stadt oder Gemeinde mit über 50 MW Leistung aus Photovoltaikanlagen

Erdwärme (Geothermie)
- Geothermisches Kraftwerk, über 5 MW Leistung

Biomasse
- Biomassekraftwerk, Biogasanlage, über 5 MW Leistung

Entwicklung der Energieträger für die Stromerzeugung in Deutschland

2010 — alternative Energien 17%, Braunkohle 23%, Steinkohle 19%, Kernenergie 23%, Erdgas 13%, Mineralöl 1%, sonstige 4%

davon — Windkraft 35%, Wasserkraft 18%, Biomasse 29%, Photovoltaik 12%, sonstige 6%

2020 — alternative Energien 47%, Braunkohle 17%, Steinkohle 19%, Kernenergie 2%, Erdgas 11%, Mineralöl 1%, sonstige 4%

davon — Windkraft 53%, Wasserkraft 11%, Biomasse 19%, Photovoltaik 15%, sonstige 2%

- alternative Energien
- Braunkohle
- Steinkohle
- Kernenergie
- Erdgas
- Mineralöl
- sonstige

alternative Energien:
- Windkraft
- Wasserkraft*
- Biomasse
- Photovoltaik
- sonstige

* z. B. Laufwasserkraftwerke (regenerativ)

1 : 4 500 000

3 — Pumpspeicherkraftwerk Goldisthal

Staudamm
- Dammböschung
- Dammkrone

Staubecken
- Höchstwasserstand
- Pendelwasser
- Mindestwasserstand
- Freileitung (400 KV)

Unterirdische Kraftwerksanlagen
- Zufahrtstollen, Kaverne
- Wasserstollen, Ein- bzw. Auslaufbauwerk
- Abluftstollen
- Pumpturbine 265 MW
- Energieableitung

- Gebäude
- Hauptstraße
- Nebenstraße
- Fahrweg
- Fußweg
- Wald
- Höhenlinie mit Höhenangabe (in m)
- Höhenangabe (in m)

1 : 20 000

EINFÜHRUNG · DEUTSCHLAND · EUROPA · ASIEN · AFRIKA und ORIENT · AUSTRALIEN und POLE · AMERIKA · WELT · REGISTER

Ein Stromtag in Deutschland – Energie produzieren und verbrauchen

1

Hallo Lea, gestern habe ich einen Bericht zum Thema Stromsparen gesehen. Allein der Stand-by-Betrieb kann Kosten bis zu 100 Euro im Jahr verursachen.

Hallo Tim, das hätte ich nicht gedacht. Bisher habe ich den Fernseher auch nur mit der Fernbedienung ein- und ausgeschaltet.
Woher kommt eigentlich der Strom, den wir aus der Steckdose entnehmen? Wurde dazu auch etwas berichtet?

2

Tim:
Nein, leider nicht. Über diese Frage habe ich auch schon nachgedacht und im Atlas eine Karte zur Energieversorgung in Deutschland gefunden.

Auf Seite 48.1 sind zahlreiche Kraftwerke an unterschiedlichen Standorten dargestellt, die den Strom für unsere Haushaltsgeräte liefern.

Lea:
Wie kommt jetzt der Strom von den Kraftwerken in die Steckdose?

Tim:
In der Karte erkennt man ein weit verzweigtes Netz aus Hochspannungsleitungen, über das der Strom zu uns nach Hause verteilt wird.

Hochspannungsleitungen

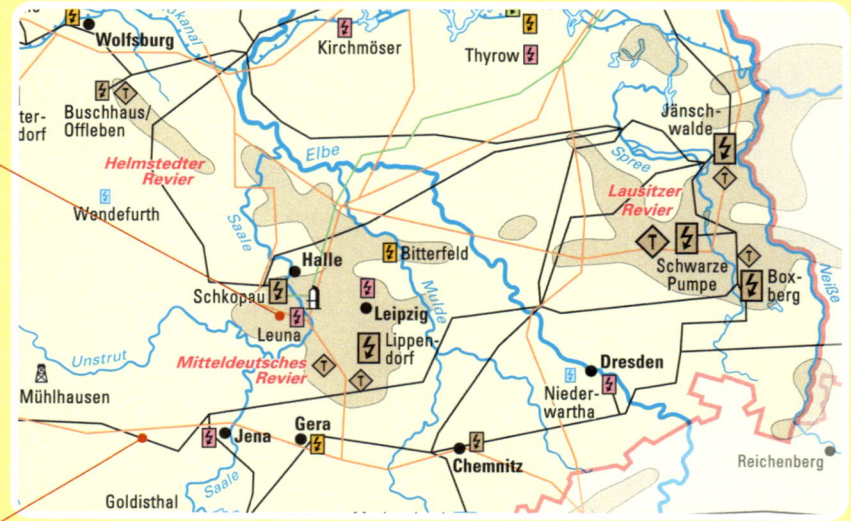

Ausschnitt aus Karte S. 48.1

3

Tim:
Aus der Karte geht hervor, dass die Kraftwerke unterschiedlich verteilt sind. Lea, kennst du den Grund?

Lea:
Ich kann nur vermuten. Deshalb sollten wir lieber unseren Lehrer Herrn May befragen.

Hallo Lea und Tim!
Die Ursachen sind vielfältig:
- die Nähe zu vorkommenden Energierohstoffen,
- die Nähe zu Wirtschaftsräumen oder
- die vorherrschenden Reliefeigenschaften.

Ausschnitt aus Karte S. 48.1

Förderung von Steinkohle:
Standort zahlreicher Steinkohlenkraftwerke (z. B. Ruhrgebiet)

Hohe Industrie- und Siedlungsdichte:
Standort vieler Kraftwerke (z. B. Rhein-Neckar-Gebiet)

Hohe Reliefenergie:
Standort der meisten Pumpspeicherkraftwerke (z. B. Goldisthal im Thüringer Wald)

EINFÜHRUNG
DEUTSCHLAND
EUROPA
ASIEN
AFRIKA und ORIENT
AUSTRALIEN und POLE
AMERIKA
WELT
REGISTER

4

Lea:
Mir fällt auf, dass es zahlreiche Kraftwerkstypen wie Braunkohlen- oder Gaskraftwerke gibt.

Tim:
Das stimmt, Lea! Im gestrigen Fernsehbericht war das auch ein Thema, vor allem im Zusammenhang mit Schwankungen im Strombedarf. Strom kann leider nicht in großen Mengen gespeichert werden.

Herr May:
Gut aufgepasst, Tim! Ich zeige euch die Strombedarfs-Kurve. Aus eurem Tagesablauf wisst ihr, dass der Verbrauch vormittags, mittags, abends und nachts unterschiedlich ist.

Lea:
Ja, und wie gleichen die Kraftwerke solche Schwankungen aus?

Herr May:
Die unterschiedlichen Eigenschaften der Kraftwerkstypen ermöglichen diesen Ausgleich.

deutlicher Rückgang während der Mittagspause

Während der **Spitzenlast** ist der Stromverbrauch am höchsten. In wenigen Minuten sind dafür Pumpspeicherkraftwerke sowie Erdöl- und Erdgaskraftwerke im Einsatz.

Stromerzeugung und Strombedarf (Modell)
KLETT-PERTHES

Spitzenlast: vor allem Pumpspeicherkraftwerke und Erdöl-, Erdgaskraftwerke

Mittellast: vor allem Steinkohlenkraftwerke

Grundlast: vor allem Laufwasser-, Braunkohlen- und Kernkraftwerke

100 % | 75 % | 44 % | 0 %
Uhrzeit 0 2 4 6 8 10 12 14 16 18 20 22 24

〰 Strombedarfs-Kurve
▤ Stromhöchstbedarf
▥ Stromüberschuss

Steinkohlenkraftwerke decken den vermehrten Verbrauch während der **Mittellast**.

Die **Grundlast**, die ständig zur Verfügung stehen muss, decken Braunkohlen- und Kernkraftwerke sowie Laufwasserkraftwerke. Sie arbeiten ganzjährig rund um die Uhr. Zunehmend gewinnen alternative Energien wie Wind und Sonne an Bedeutung. Da man sie nicht einfach an- und ausschalten kann, gehören sie zur Grundlast.

In der Nacht wird der überschüssige Strom zum Füllen der Oberbecken der Pumpspeicherkraftwerke genutzt.

Oberbecken

Unterbecken

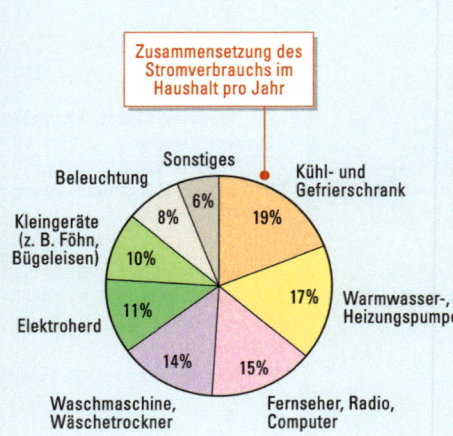

Pumpspeicherkraftwerk

Braunkohlerkraftwerk

5

Tim:
Ich wusste gar nicht, dass die Stromproduktion so kompliziert ist. Können wir mithelfen, den Strom bewusst zu nutzen?

Herr May:
Auf den Internetseiten der Stromanbieter findet ihr viele Infos zum Strombedarf im Haushalt, den Verbrauch der Geräte und wie man Strom sparen kann.

Jährlicher Verbrauch ausgewählter Haushaltsgeräte einer 3-köpfigen Familie im Jahr

Zusammensetzung des Stromverbrauchs im Haushalt pro Jahr

Sonstiges
Beleuchtung
Kleingeräte (z. B. Föhn, Bügeleisen)
Elektroherd
Waschmaschine, Wäschetrockner
Fernseher, Radio, Computer
Warmwasser-, Heizungspumpe
Kühl- und Gefrierschrank

8% | 6% | 19% | 17% | 15% | 14% | 11% | 10%

PC, Monitor, Drucker: 320 kWh und 60 kWh Stand-by

Beleuchtung: 340 kWh

Fernseher: 190 kWh und 30 kWh Stand-by

Waschmaschine: 220 kWh
Wäschetrockner: 330 kWh

Gefrierschrank: 420 kWh
Kühlschrank: 340 kWh

Elektroherd: 450 kWh

6

Jetzt verstehe ich, warum es einen Grundbedarf an Strom und Spitzenzeiten gibt. Der Kühlschrank läuft immer und ist daher ein Grundlastgerät. Der Fernseher läuft vor allem abends während der Spitzenlast.

Ich habe auch einiges gelernt. Vor allem werde ich darauf achten, alle Geräte richtig auszuschalten, um so die Umwelt und die Geldbörse meiner Eltern zu schonen.

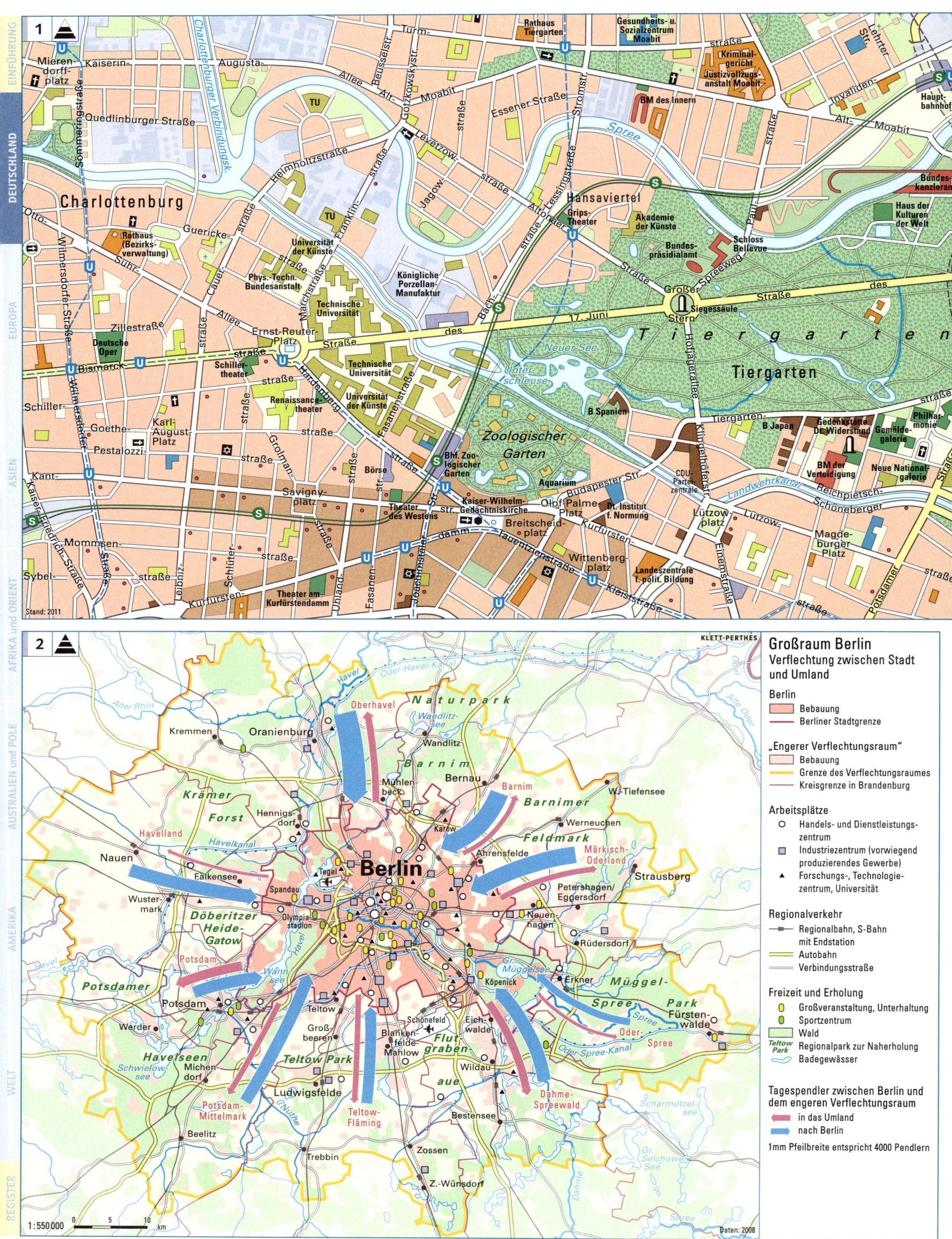

1

Mierendorffplatz
Kaiserin-
Augusta-
Quedlinburger Straße
Charlottenburg
TU
Rathaus (Bezirksverwaltung)
Guericke-
Universität der Künste
Phys.-Techn. Bundesanstalt
Deutsche Oper
Zillestraße
Bismarck-
Schiller-
Goethe-
Karl-August-Platz
Pestalozzi-
Kant-
Savignyplatz
Schiller-
Mommsen-
Sybel-
Theater am Kurfürstendamm

Stand: 2011

Helmholtzstraße
Leverzow-
Jagow-
Königliche Porzellan-Manufaktur
Technische Universität
Ernst-Reuter-Platz
Technische Universität
Universität der Künste
Renaissance-theater
Schillertheater
Börse
Theater des Westens
Zoologischer Garten
Bhf. Zoologischer Garten
Kaiser-Wilhelm-Gedächtniskirche
Aquarium
Breitscheidplatz
Wittenbergplatz
Landeszentrale f. polit. Bildung

Rathaus Tiergarten
Gesundheits- u. Sozialzentrum Moabit
Kriminalgericht Justizvollzugsanstalt Moabit
BM des Innern
Essener Straße
Spree
Hauptbahnhof
Alt-Moabit
Invaliden-
Bundeskanzleramt
Hansaviertel
Grips-Theater
Akademie der Künste
Haus der Kulturen der Welt
Bundespräsidialamt
Schloss Bellevue
Großer Spreeweg
Siegessäule Stern
Straße
des
17. Juni
Tiergarten
Tiergarten
B Spanien
Tiergarten-
B Japan
Gedenkstätte Dt. Widerstand
Philharmonie
Gemäldegalerie
BM der Verteidigung
Neue Nationalgalerie
Landwehrkanal
Olof-Palme-Platz
Dt. Institut f. Normung
CDU-Parteizentrale
Reichpietsch-
Lützowplatz
Magdeburger Platz
Kurfürsten-
Schöneberger
Einem-
Potsdamer

2

KLETT-PERTHES

Naturpark
Oberhavel
Kremmen
Oranienburg
Wandlitz
Wandlitzsee
Barnim
Mühlenbeck
Bernau
Barnim
Krämer Forst
Hennigsdorf
W.-Tiefensee
Havelland
Karow
Barnimer
Nauen
Falkensee
Werneuchen
Feldmark
Ahrensfelde
Märkisch-Oderland
Wustermark
Berlin
Tegel
Spandau
Strausberg
Döberitzer Heide-Gatow
Olympiastadion
Petershagen/Eggersdorf
Neuenhagen
Potsdam
Wannsee
Rüdersdorf
Potsdamer
Müggelsee
Köpenick
Erkner
Müggel-Spree
Potsdam
Teltow
Schönefeld
Fürstenwalde
Werder
Großbeeren
Eichwalde
Park
Havelseen
Blankenfelde-Mahlow
Oder-Spree-Kanal
Oder-Spree
Schwielowsee
Michendorf
Flutgraben
Wildau
Teltow Park
aue
Ludwigsfelde
Dahme-Spreewald
Potsdam-Mittelmark
Teltow-Fläming
Bestensee
Beelitz
Scharmützelsee
Zossen
Trebbin
Gr. Seichower-see
Z.-Wünsdorf
Dahme
Spree

1 : 550 000
0   5   10 km
Daten: 2008

Großraum Berlin
Verflechtung zwischen Stadt und Umland

Berlin
▨ Bebauung
━━ Berliner Stadtgrenze

„Engerer Verflechtungsraum"
▨ Bebauung
━━ Grenze des Verflechtungsraumes
━━ Kreisgrenze in Brandenburg

Arbeitsplätze
○ Handels- und Dienstleistungszentrum
▪ Industriezentrum (vorwiegend produzierendes Gewerbe)
▲ Forschungs-, Technologiezentrum, Universität

Regionalverkehr
━━ Regionalbahn, S-Bahn mit Endstation
━━ Autobahn
━━ Verbindungsstraße

Freizeit und Erholung
○ Großveranstaltung, Unterhaltung
○ Sportzentrum
▨ Wald
Teltow Park Regionalpark zur Naherholung
〰 Badegewässer

Tagespendler zwischen Berlin und dem engeren Verflechtungsraum
━▶ in das Umland
━▶ nach Berlin
1mm Pfeilbreite entspricht 4000 Pendlern

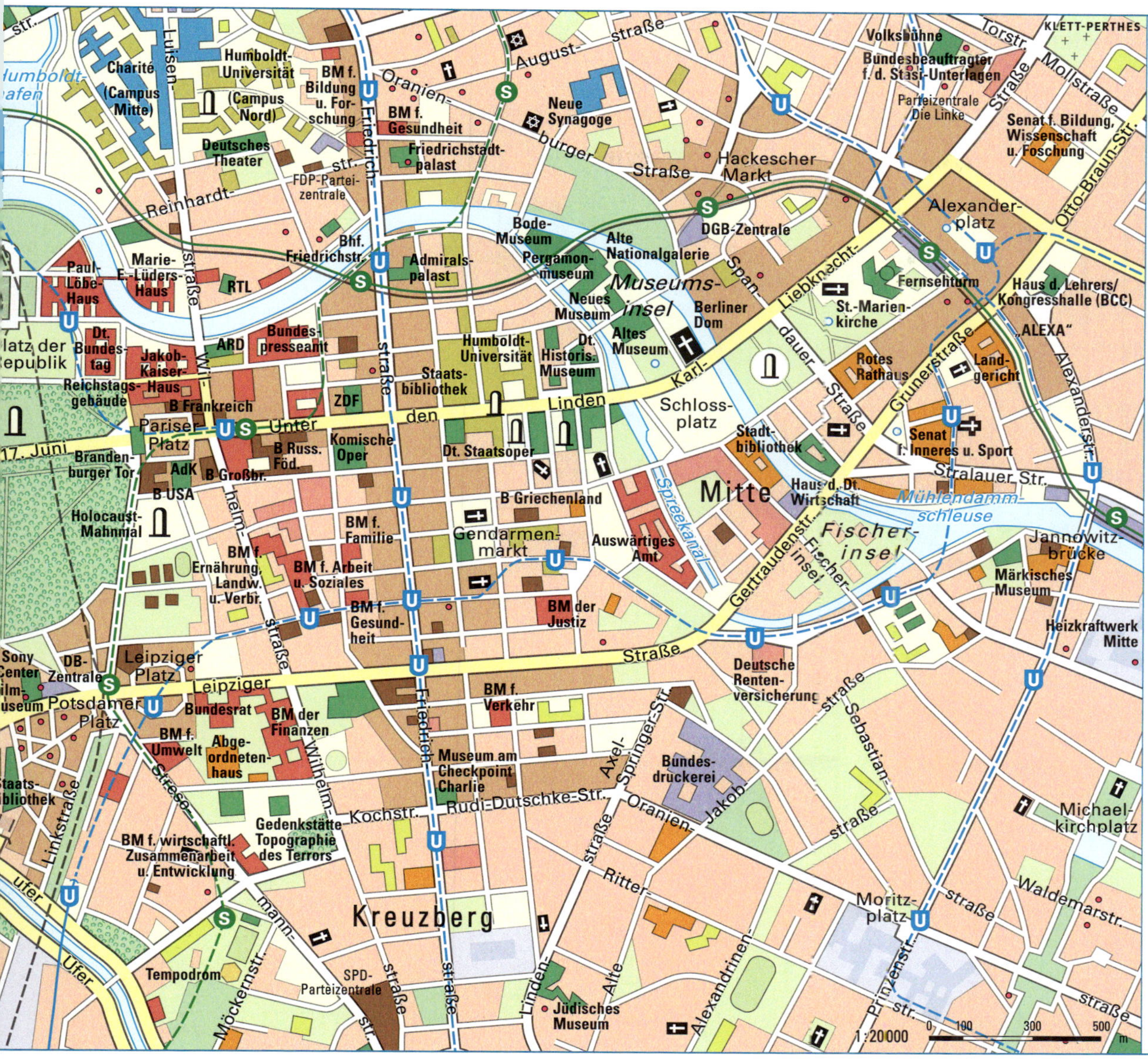
KLETT-PERTHES
Charité (Campus Mitte)
Humboldt-Universität (Campus Nord)
BM f. Bildung u. Forschung
BM f. Gesundheit
Deutsches Theater
FDP-Parteizentrale
Friedrichstadtpalast
Oranienburger Straße
August-straße
Neue Synagoge
Hackescher Markt
Volksbühne
Bundesbeauftragter f. d. Stasi-Unterlagen
Parteizentrale Die Linke
Torstr.
Mollstraße
Senat f. Bildung, Wissenschaft u. Forschung
Otto-Braun-Str.
Alexanderplatz
DGB-Zentrale
Fernsehturm
Haus d. Lehrers/ Kongresshalle (BCC)
ALEXA
Reinhardtstr.
Bhf. Friedrichstr.
Admiralspalast
Bode-Museum
Pergamonmuseum
Alte Nationalgalerie
Museumsinsel
Neues Museum
Altes Museum
Berliner Dom
Spandauer Straße
Liebknecht-
St.-Marien-kirche
Rotes Rathaus
Grunerstraße
Landgericht
Alexanderstr.
Paul-Löbe-Haus
Marie-E.-Lüders-Haus
RTL
Platz der Republik
Dt. Bundestag
Jakob-Kaiser-Haus
Reichstagsgebäude
ARD
Bundespresseamt
Humboldt-Universität
Historis. Museum
Staatsbibliothek
ZDF
Unter den Linden
B Frankreich
Pariser Platz
Brandenburger Tor
17. Juni
AdK
B Russ. Föd.
B Großbr.
B USA
Komische Oper
Dt. Staatsoper
Schlossplatz
Stadtbibliothek
Senat f. Inneres u. Sport
Stralauer Str.
Mitte
Haus d. Dt. Wirtschaft
Mühlendammschleuse
Fischerinsel
Spreekanal
B Griechenland
Holocaust-Mahnmal
BM f. Familie
Gendarmenmarkt
Auswärtiges Amt
BM f. Ernährung, Landw. u. Verbr.
BM f. Arbeit u. Soziales
BM f. Gesundheit
BM der Justiz
Gertraudenstr.
Jannowitzbrücke
Märkisches Museum
Heizkraftwerk Mitte
Sony Center
DB-Zentrale
Leipziger Platz
Leipziger Straße
Potsdamer Platz
Bundesrat
BM der Finanzen
BM f. Umwelt
Abgeordnetenhaus
Friedrichstr.
BM f. Verkehr
Deutsche Rentenversicherung
Museum am Checkpoint Charlie
Axel-Springer-Str.
Bundesdruckerei
Sebastianstraße
Kochstr.
Rudi-Dutschke-Str.
Oranienstr.
Jakobstr.
Michaelkirchplatz
Staatsbibliothek
Linkstraße
Gedenkstätte Topographie des Terrors
BM f. wirtschaftl. Zusammenarbeit u. Entwicklung
Wilhelmstr.
Ritterstr.
Moritzplatz
Waldemarstr.
Kreuzberg
Tempodrom
Möckernstr.
SPD-Parteizentrale
Lindenstr.
Alte Jakobstr.
Jüdisches Museum
Alexandrinenstr.
Prinzenstr.
Ufer
1:20000
0 100 300 500 m

Berlin Innere Stadt

Flächennutzung
- Hauptgeschäftszentrum, Citybereich
- Wohnbebauung z. T. mit gewerblicher Nutzung
- Industrie- und Gewerbegebiet, Bahnanlagen
- Freifläche, Hof, Hausgarten, sonstige Fläche
- Parkanlage
- Sportplatz, Tennisplatz
- Friedhof
- Grünfläche

Regierung und Verwaltung
- Parlament, Regierung und Ministerien
- sonstige Behörden
- Regierung von Berlin mit Landesbehörden
- Botschaften, Vertretungen, nationale und internationale Organisationen
- Industrie, Verbände, Bahn

Bildung, Gesundheit und Religion
- Wissenschaft und Forschung
- Schulen
- Kliniken und Pflegeheime
- Kirche
- Synagoge

Kultur und Unterhaltung
- Theater, Oper, Museum, Medien
- Denkmal
- Freizeit- und Veranstaltungsorte
- Unterhaltung (Abendlokal, Disco, Kino)

Verkehr
- Eisenbahn
- S-Bahn mit Bahnhof
- U-Bahn mit Bahnhof
- Tunnelstrecken
- Bundesstraße
- Hauptverkehrsstraße
- Nebenstraße
- Wege und sonstige Straßen

AdK	Akademie der Künste
B Russ. Föd.	Botschaft der Russischen Föderation
B Großbr.	Botschaft von Großbritannien und Nordirland
BM f. Familie	Bundesministerium für Familie, Senioren, Frauen und Jugend
BM f. Umwelt	Bundesministerium für Umwelt, Naturschutz und Reaktorsicherheit

3 Leben in Berlin und Umland

KLETT-PERTHES

Berliner Philharmonie

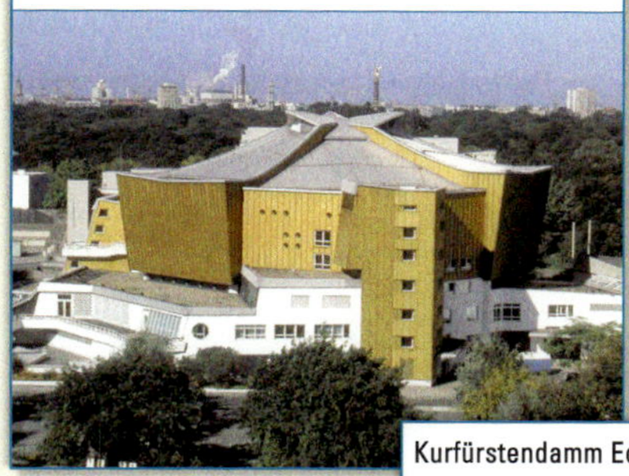

Technische Universität

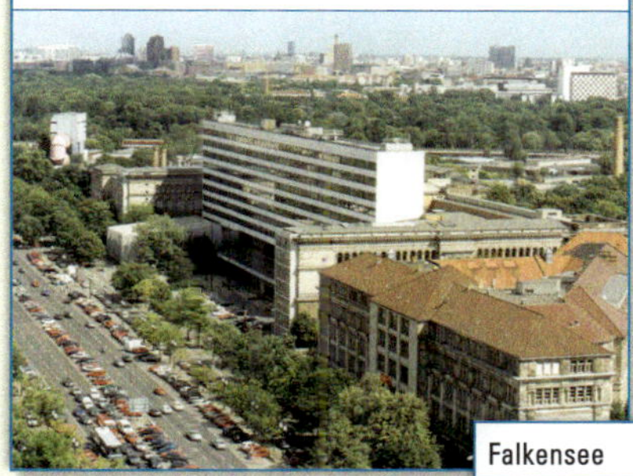

Eingang zum Zoologischen Garten

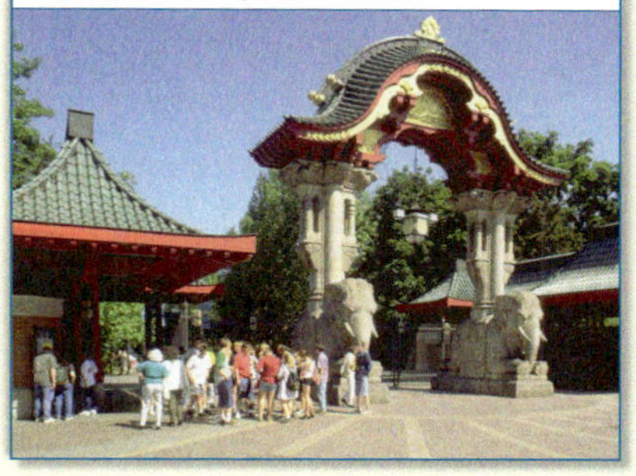

Kurfürstendamm Ecke Joachimstaler Straße

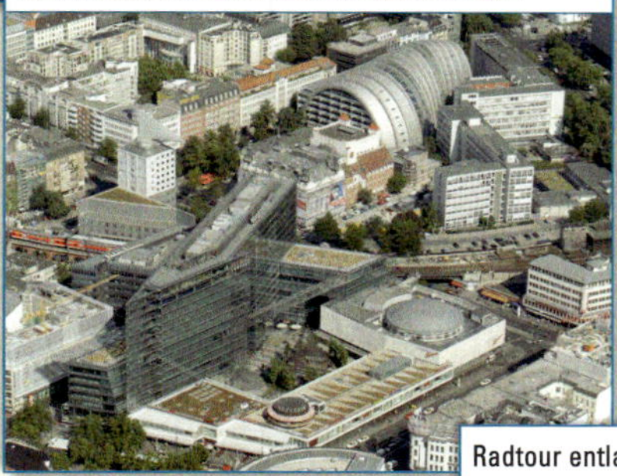

Falkensee

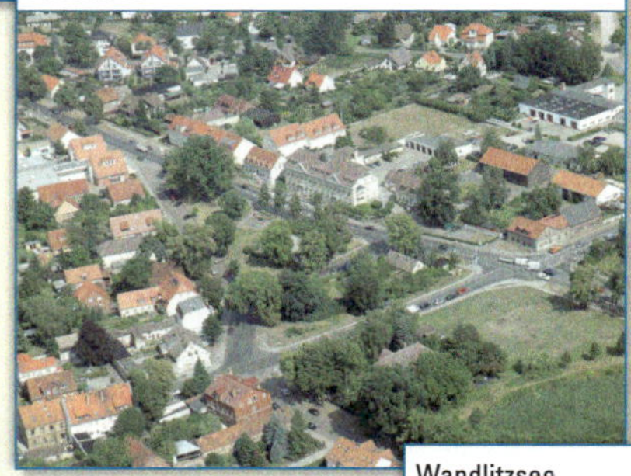

Radtour entlang der Havel

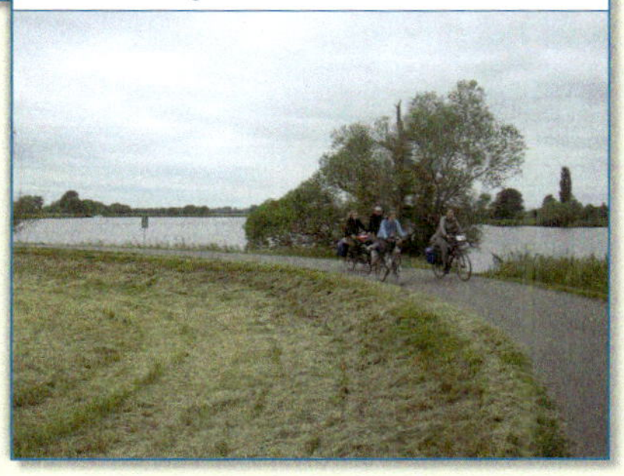

Olympiastadion

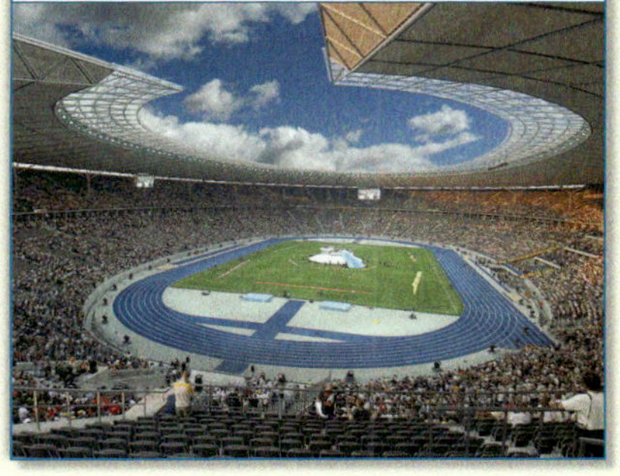

Wandlitzsee

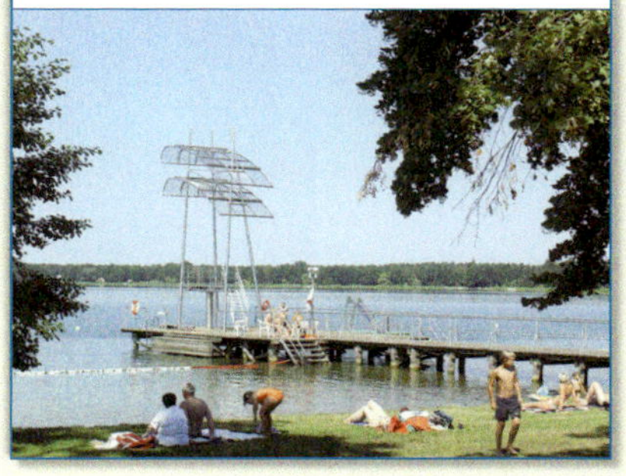

EINFÜHRUNG
DEUTSCHLAND
EUROPA
ASIEN
AFRIKA und ORIENT
AUSTRALIEN und POLE
AMERIKA
WELT
REGISTER

Klassenfahrt nach Berlin – Orientierung in der Stadt

1

So Lea, jetzt sind wir endlich in Berlin angekommen. Ich freue mich schon auf die Sehenswürdigkeiten.

Herr May hat uns beauftragt, unsere Fahrstrecken in der Stadt herauszusuchen. Ich habe uns im Hauptbahnhof einen Plan besorgt. Hier ist er Tim.

2

Tim:
Das soll Berlin sein? Auf diesem Plan gibt es noch nicht einmal Straßen! Ich finde mich hier gar nicht zurecht.

In einem **Liniennetzplan** sind alle Verkehrslinien der Stadt gekennzeichnet.

Jede Linie hat eine eigene Farbe, so wie hier zum Beispiel die S8 mittelgrün.

Die weißen Signaturen sind Stationen und Bahnhöfe. Hier kann man nicht nur ein- und aussteigen, sondern auch umsteigen.

Lea:
Ja, das stimmt. Die Linien sind sehr gerade und ein Maßstab ist auch nicht zu erkennen. Das ist keine richtige Karte, sondern nur ein Plan der U- und S-Bahnen.

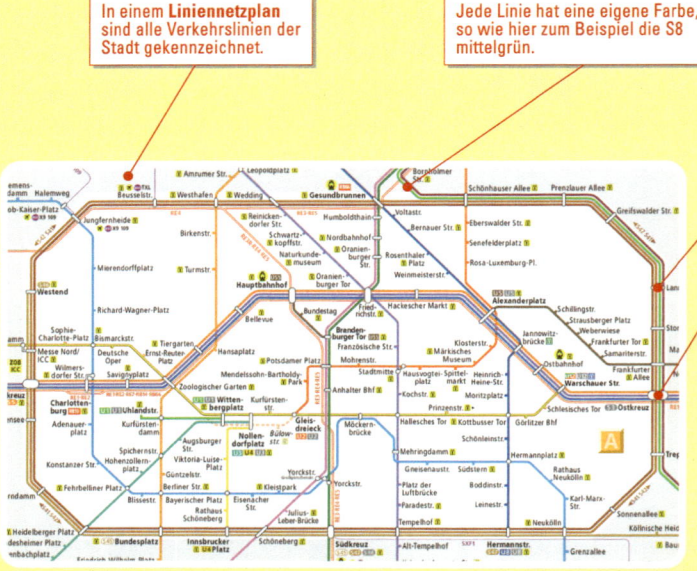

Ausschnitt aus „Berlin Liniennetz"

Tim:
Aber unsere Ziele finden wir hier nicht. Wir wollten zuerst zur Gedächtniskirche, dann zum Filmmuseum und zum Schluss auf den Fernsehturm.

Lea:
Dann brauchen wir zusätzlich noch einen Stadtplan.

Gedächtniskirche

Filmmuseum

Fernsehturm

🌐 **Interaktive Grafik** 9js9q8
Stadtrundgang Berlin

55

EINFÜHRUNG
DEUTSCHLAND
EUROPA
ASIEN
AFRIKA und ORIENT
AUSTRALIEN und POLE
AMERIKA
WELT
REGISTER

3

> *Tim:*
> Ich habe mir die Berlinkarte aus unserem Atlas kopiert. Unser Lehrer Herr May hat es mir erlaubt.

> *Lea:*
> Prima. Jetzt erkennt man die Stadt. Da ist auch der große Tiergarten in der Mitte. Unsere Ziele habe ich auch gefunden. Aber wo bekommen wir jetzt die Stationen für unseren Liniennetzplan her?

> *Tim:*
> Ganz einfach! Du musst eine U-Bahn- oder S-Bahn-Station in der Umgebung suchen und dir den Platz- oder Straßennamen merken.

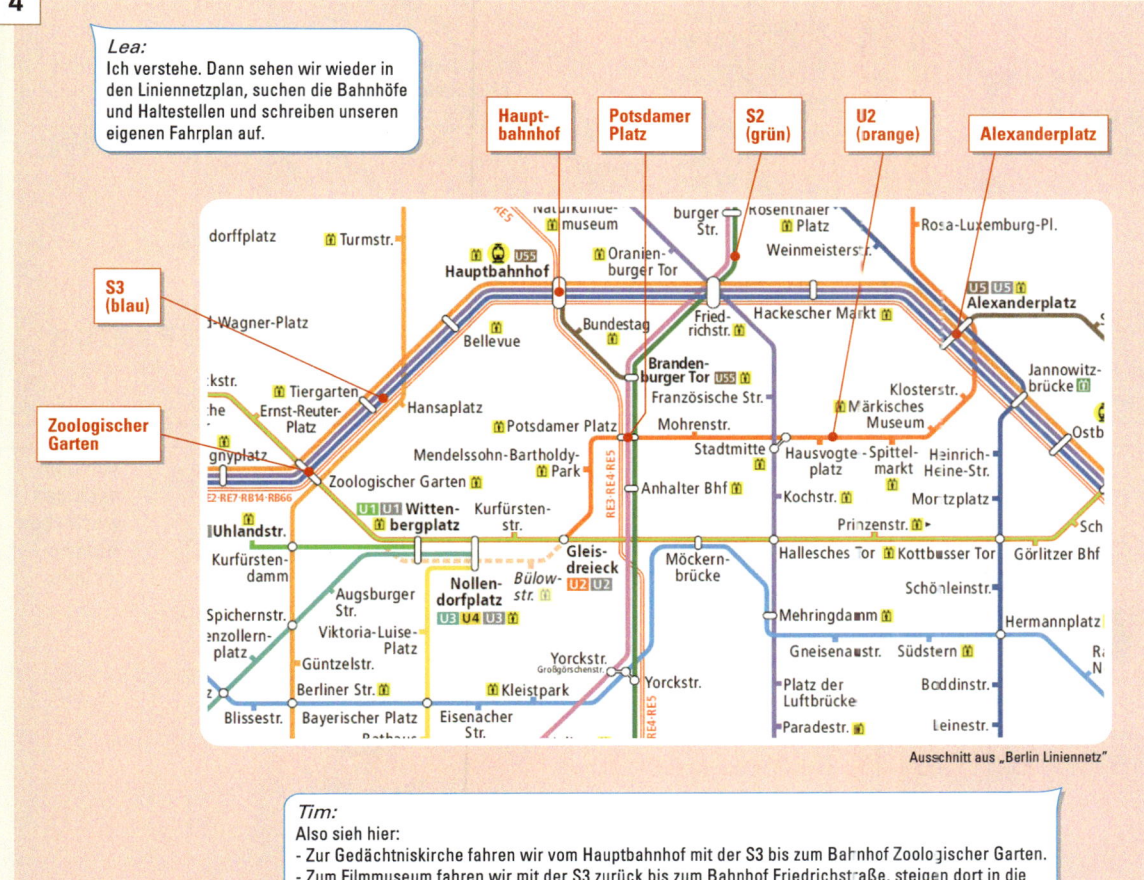

Ausschnitt aus Karte S. 52.1

Gedächtniskirche
In der Nähe befindet sich der S- und U-Bahnhof **Zoologischer Garten**.

Hauptbahnhof

Filmmuseum am S-Bahnhof **Potsdamer Platz**

Fernsehturm am S- und U-Bahnhof **Alexanderplatz**

4

> *Lea:*
> Ich verstehe. Dann sehen wir wieder in den Liniennetzplan, suchen die Bahnhöfe und Haltestellen und schreiben unseren eigenen Fahrplan auf.

Hauptbahnhof   **Potsdamer Platz**   **S2 (grün)**   **U2 (orange)**   **Alexanderplatz**

S3 (blau)

Zoologischer Garten

Ausschnitt aus „Berlin Liniennetz"

> *Tim:*
> Also sieh hier:
> - Zur Gedächtniskirche fahren wir vom Hauptbahnhof mit der S3 bis zum Bahnhof Zoologischer Garten.
> - Zum Filmmuseum fahren wir mit der S3 zurück bis zum Bahnhof Friedrichstraße, steigen dort in die S2 um und fahren bis zur Haltestelle Potsdamer Platz.
> - Zum Fernsehturm am Alexanderplatz nehmen wir dann die U2.

5

> So haben wir uns ganz schnell in der großen Stadt zurecht gefunden. Und so schwer war es doch gar nicht.

> Genau. Man muss nur die passenden Karten benutzen. Wir schreiben es noch auf und werden unseren Fahrplan gleich Herrn May und den anderen zeigen.

1. Gedächtniskirche: S3 Zoologischer Garten
2. Filmmuseum: S3 Friedrichstraße, S2 Potsdamer Platz
3. Fernsehturm: U2 Alexanderplatz

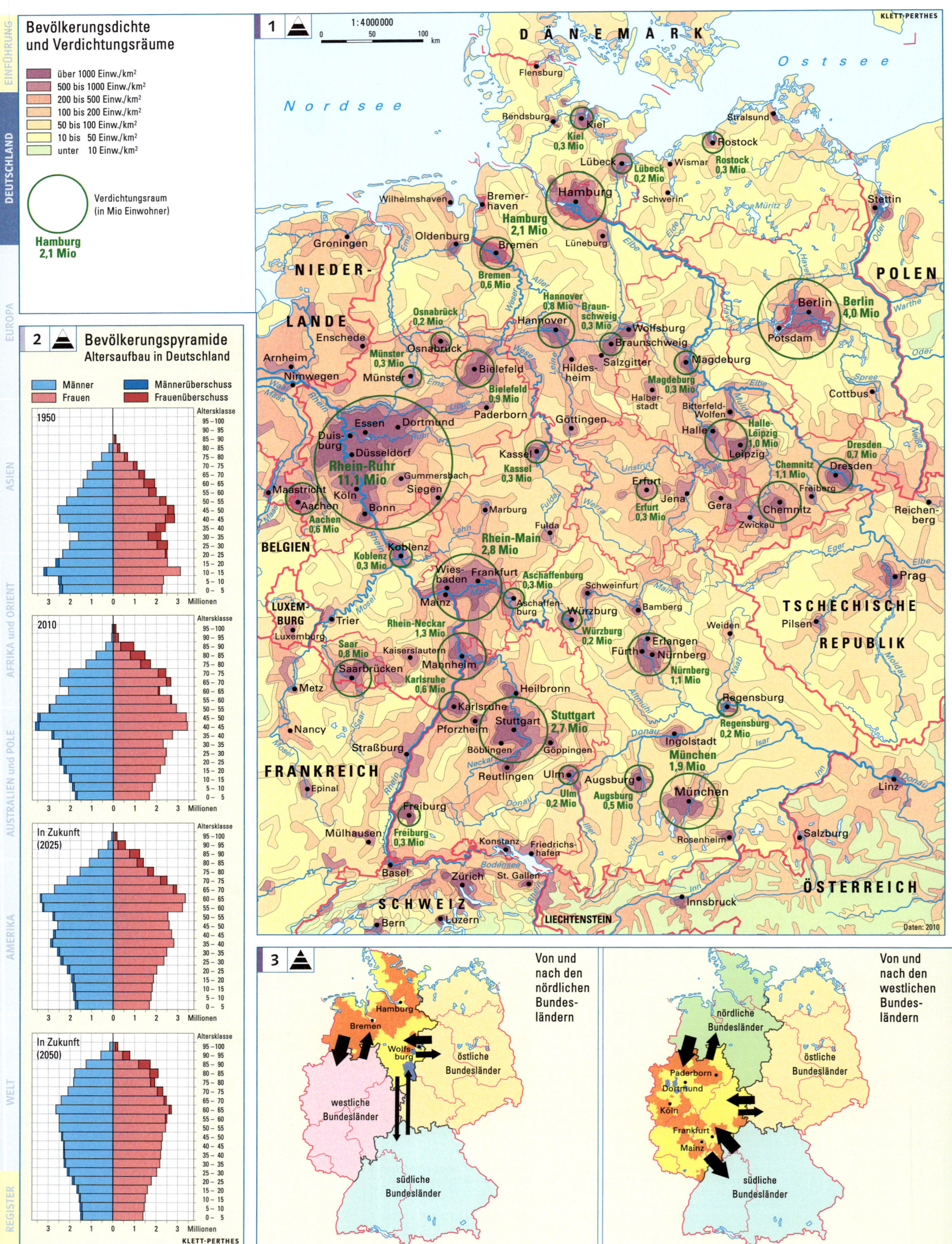

Bevölkerungsdichte und Verdichtungsräume

- über 1000 Einw./km²
- 500 bis 1000 Einw./km²
- 200 bis 500 Einw./km²
- 100 bis 200 Einw./km²
- 50 bis 100 Einw./km²
- 10 bis 50 Einw./km²
- unter 10 Einw./km²

Verdichtungsraum (in Mio Einwohner)

Hamburg 2,1 Mio

2 Bevölkerungspyramide
Altersaufbau in Deutschland

- Männer
- Frauen
- Männerüberschuss
- Frauenüberschuss

1950
2010
In Zukunft (2025)
In Zukunft (2050)

3 Von und nach den nördlichen Bundesländern

Von und nach den westlichen Bundesländern

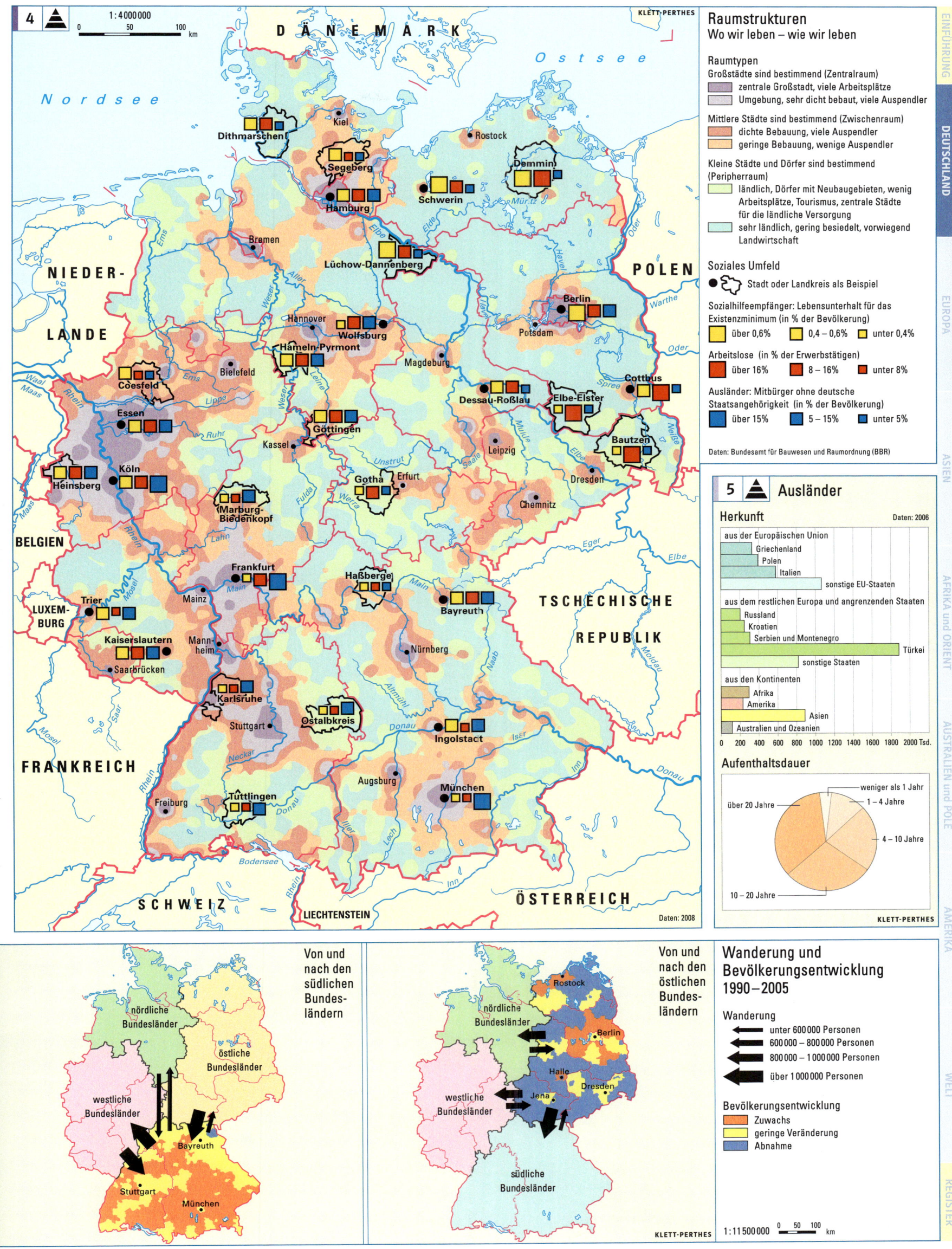

4 1 : 4 000 000

KLETT-PERTHES

D Ä N E M A R K

Nordsee

Ostsee

N I E D E R - L A N D E

P O L E N

BELGIEN

LUXEM-BURG

FRANKREICH

TSCHECHISCHE REPUBLIK

SCHWEIZ

ÖSTERREICH

LIECHTENSTEIN

Daten: 2008

Dithmarschen
Kiel
Rostock
Segeberg
Demmin
Hamburg
Schwerin
Bremen
Lüchow-Dannenberg
Hannover
Berlin
Wolfsburg
Potsdam
Hameln-Pyrmont
Magdeburg
Bielefeld
Cottbus
Coesfeld
Dessau-Roßlau
Elbe-Elster
Essen
Göttingen
Kassel
Bautzen
Köln
Leipzig
Heinsberg
Gotha
Erfurt
Marburg-Biedenkopf
Dresden
Chemnitz
Frankfurt
Haßberge
Mainz
Bayreuth
Trier
Kaiserslautern
Mann-heim
Nürnberg
Karlsruhe
Ostalbkreis
Stuttgart
Ingolstadt
Donau
Augsburg
Tuttlingen
München
Freiburg
Bodensee

Raumstrukturen
Wo wir leben – wie wir leben

Raumtypen

Großstädte sind bestimmend (Zentralraum)
- zentrale Großstadt, viele Arbeitsplätze
- Umgebung, sehr dicht bebaut, viele Auspendler

Mittlere Städte sind bestimmend (Zwischenraum)
- dichte Bebauung, viele Auspendler
- geringe Bebauung, wenige Auspendler

Kleine Städte und Dörfer sind bestimmend (Peripherraum)
- ländlich, Dörfer mit Neubaugebieten, wenig Arbeitsplätze, Tourismus, zentrale Städte für die ländliche Versorgung
- sehr ländlich, gering besiedelt, vorwiegend Landwirtschaft

Soziales Umfeld

● Stadt oder Landkreis als Beispiel

Sozialhilfeempfänger: Lebensunterhalt für das Existenzminimum (in % der Bevölkerung)
- über 0,6%
- 0,4 – 0,6%
- unter 0,4%

Arbeitslose (in % der Erwerbstätigen)
- über 16%
- 8 – 16%
- unter 8%

Ausländer: Mitbürger ohne deutsche Staatsangehörigkeit (in % der Bevölkerung)
- über 15%
- 5 – 15%
- unter 5%

Daten: Bundesamt für Bauwesen und Raumordnung (BBR)

5 ▲ Ausländer

Herkunft   Daten: 2006

aus der Europäischen Union
- Griechenland
- Polen
- Italien
- sonstige EU-Staaten

aus dem restlichen Europa und angrenzenden Staaten
- Russland
- Kroatien
- Serbien und Montenegro
- Türkei
- sonstige Staaten

aus den Kontinenten
- Afrika
- Amerika
- Asien
- Australien und Ozeanien

0 200 400 600 800 1000 1200 1400 1600 1800 2000 Tsd.

Aufenthaltsdauer

- weniger als 1 Jahr
- 1 – 4 Jahre
- über 20 Jahre
- 4 – 10 Jahre
- 10 – 20 Jahre

KLETT-PERTHES

Von und nach den südlichen Bundesländern

nördliche Bundesländer
östliche Bundesländer
westliche Bundesländer
Bayreuth
Stuttgart
München

Von und nach den östlichen Bundesländern

nördliche Bundesländer
Rostock
Berlin
westliche Bundesländer
Halle
Dresden
Jena
südliche Bundesländer

Wanderung und Bevölkerungsentwicklung 1990 – 2005

Wanderung
- unter 600 000 Personen
- 600 000 – 800 000 Personen
- 800 000 – 1 000 000 Personen
- über 1 000 000 Personen

Bevölkerungsentwicklung
- Zuwachs
- geringe Veränderung
- Abnahme

1 : 11 500 000   0 50 100 km

KLETT-PERTHES

EINFÜHRUNG
DEUTSCHLAND
EUROPA
ASIEN
AFRIKA und ORIENT
AUSTRALIEN und POLE
AMERIKA
WELT
REGISTER

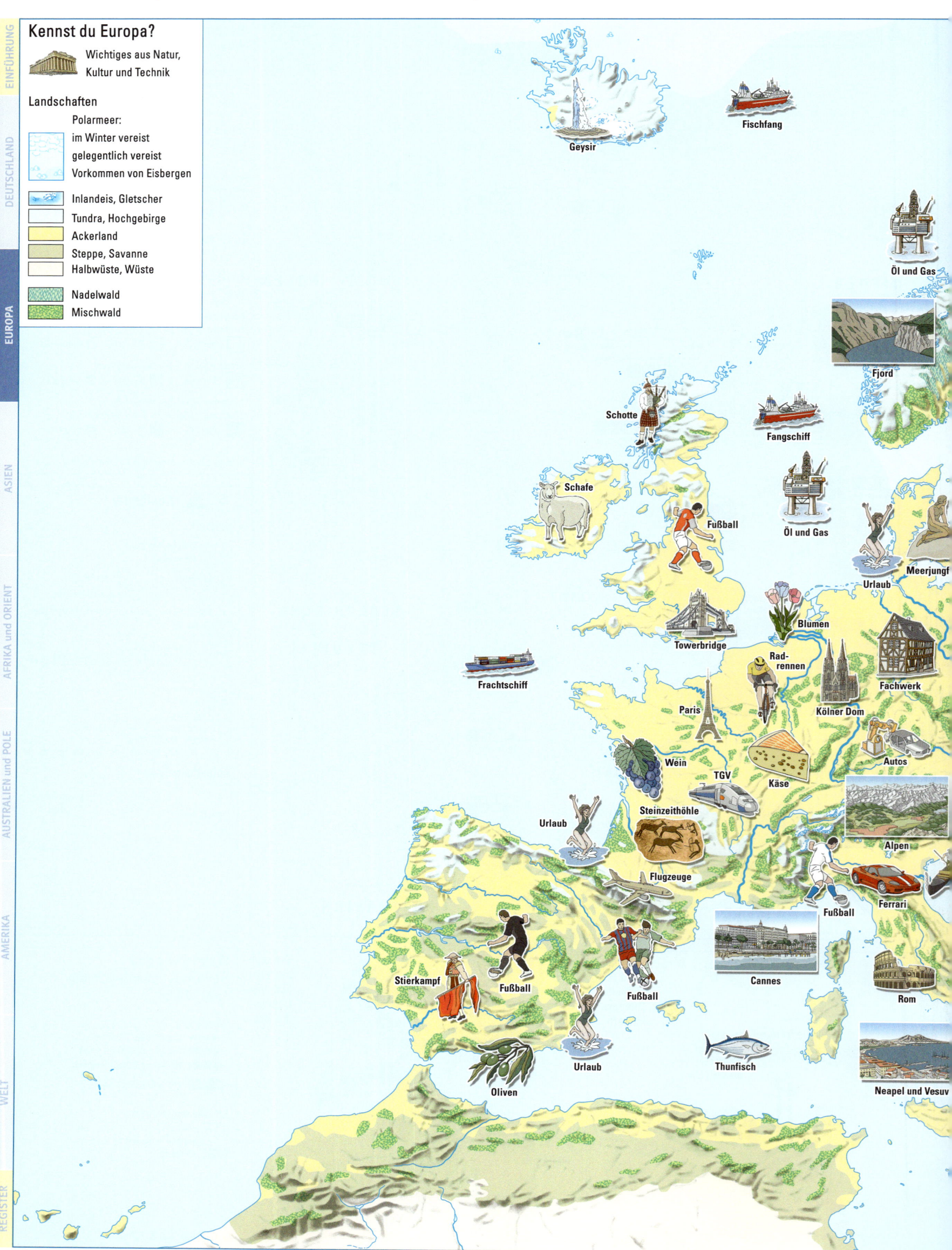

Kennst du Europa?

Wichtiges aus Natur, Kultur und Technik

Landschaften

Polarmeer:
im Winter vereist
gelegentlich vereist
Vorkommen von Eisbergen

Inlandeis, Gletscher
Tundra, Hochgebirge
Ackerland
Steppe, Savanne
Halbwüste, Wüste

Nadelwald
Mischwald

Geysir

Fischfang

Öl und Gas

Fjord

Schotte

Fangschiff

Schafe

Fußball

Öl und Gas

Urlaub

Meerjungf

Towerbridge

Blumen

Rad-rennen

Kölner Dom

Fachwerk

Frachtschiff

Paris

Autos

Wein

Käse

TGV

Steinzeithöhle

Alpen

Urlaub

Flugzeuge

Ferrari

Fußball

Stierkampf

Fußball

Fußball

Cannes

Rom

Urlaub

Thunfisch

Oliven

Neapel und Vesuv

EINFÜHRUNG
DEUTSCHLAND
EUROPA
ASIEN
AFRIKA und ORIENT
AUSTRALIEN und POLE
AMERIKA
WELT
REGISTER

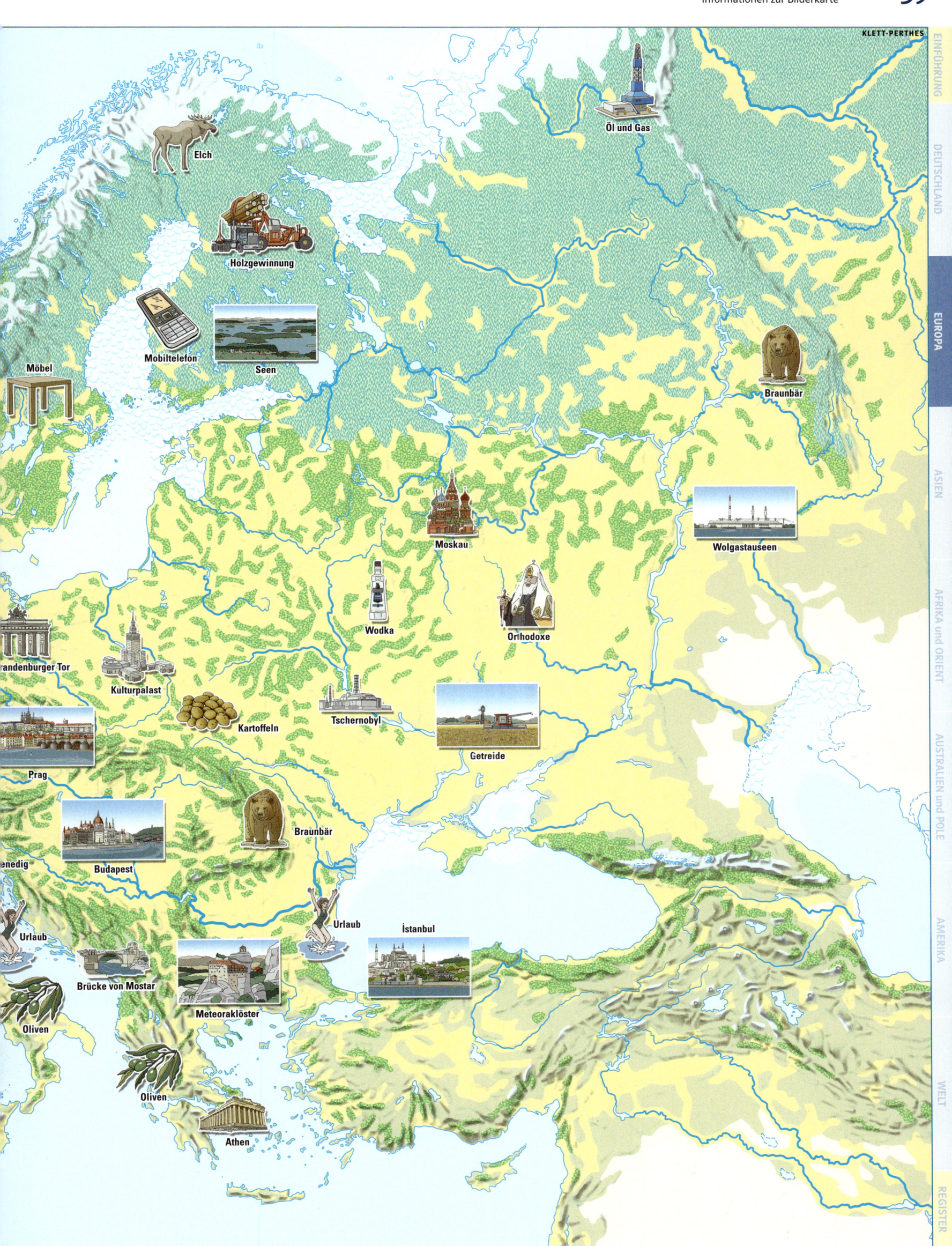

KLETT-PERTHES

Elch

Öl und Gas

Holzgewinnung

Mobiltelefon

Seen

Möbel

Braunbär

Moskau

Wolgastauseen

Wodka

Orthodoxe

Brandenburger Tor

Kulturpalast

Kartoffeln

Tschernobyl

Getreide

Prag

Braunbär

Venedig

Budapest

Urlaub

Urlaub

İstanbul

Brücke von Mostar

Meteoraklöster

Oliven

Oliven

Athen

EINFÜHRUNG
DEUTSCHLAND
EUROPA
ASIEN
AFRIKA und ORIENT
AUSTRALIEN und POLE
AMERIKA
WELT
REGISTER

Physische Übersicht

Höhenschichten

über	2000 m
1000 – 2000 m	
500 – 1000 m	
200 – 500 m	
100 – 200 m	
0 – 100 m	
unter	0 m

Höhe über dem Meeresspiegel (in m)

4807

geographische Grenze von Europa

●● große Städte

Lage auf dem Globus

ATLANTISCHER

OZEAN

Europäische

Island
Reykjavík
Hvannadalshnúkur 2119

Färöer

Shetland-inseln

Orkney-Inseln

Hebriden

Schott-land
Ben Nevis 1343
Glasgow

Nordsee

Belfast

Irland
Dublin

Britische Inseln

Eng-land
Liverpool Manchester
Birmingham
Wales
London

Amsterdam

Land's End

Der Kanal
Kanal-inseln

Straße von Dover

Brüssel

Köln

Bretagne
Normandie
Le Havre
Paris
Pariser Becken
Loire
Seine

Maas

Luxembur

De

Golf von Biscaya

Bordeaux

Zentral-massiv
Mont Dore 1886

Vogesen

Rhein

Zürich
Bern

Lyon
Jura
Montblanc 4807

Mailand

Turin

Galicien
Torre Ceredo 2648
Kantabrisches Gebirge
Pyrenäen
Pico de Aneto 3404
Toulouse

Garonne

Rhône

Marseille

Golfe du Lion

Ligurisches Meer

Porto

Duero

Iberische

Madrid

Zaragoza

Ebro

Katalonien

Barcelona

Korsika

Lissabon
Kap Roca
Tejo
Tajo

Halbinsel

Valencia

Balearen

Menorca

Sevilla
Guadalquivir
Andalusien
Betische Kordillere
Sierra Nevada 3478

Ibiza

Mallorca

Sardinien

Straße von Gibraltar

Mit

Madeira

Rabat
Casablanca
Fès
2448

Oran

Algier

Constantine

Tuni

Marrakech

Atlasgebirge
2328

2008

Teneriffa 3718
Pico de Teide

Kanarische Inseln

Fuerte-ventura

Gran Canaria

Agadir
Toubkal 4165

El Aaiún

AFRIKA

Sahara

Azoren
Terceira
Pico
San Miguel

EINFÜHRUNG
DEUTSCHLAND
EUROPA
ASIEN
AFRIKA und ORIENT
AUSTRALIEN und POLE
AMERIKA
WELT
REGISTER

Barentssee
Nordmeer
Nordkap
Kolguiew-insel
Murmansk
Halbinsel Kanin
Halbinsel Kola
Weißes Meer
Timanrücken
Ob
Westsibirisches
ASIEN
Tiefland
Lofoten
Inarisee
Kebnekajse 2123
Lappland
Karelien
Osteuropäisches
Nordl. Dwina
Wytschegda
Petschora
Suchona
Uralgebirge
Jekaterinburg
Tschelljabinsk
Perm
Trondheim
Finnische Seenplatte
Oulu
Onega-see
Nordrussischer Landrücken
Idhaspiggen 2469
Skandinavisches Gebirge
Tampere
Flachland
Kama
Jamantau 1640
Ufa
Oslo
Helsinki
Ladoga-see
Rybinsker Stausee
Oka
Kasan
Klarälv
St. Petersburg
Waldaihöhe
Wolga
Nischni Nowgorod
Samara
Vänersee
Stockholm
Tallinn
Peipussee
Moskau
Wolgaplatte
Göteborg
Vätter-see
Göta älv
Wolga
Gotland
Riga
Memel
Baltischer Landrücken
Düna
Westrussischer Landrücken
Mittelrussische Platte
Donniederung
Wolga
Ural
Skagerrak
Kattegat
Jütland
Kopenhagen
Seeland
Bornholm
Königsberg
Wilna
Weichsel
Dnjepr
Belaja
Kaspische Senke
Hamburg
Pommern
Minsk
Berlin
Posen
Oder
Warschau
Pripjetniederung
Gomel
Dnjepr
Charkiw
Don
Wolgograd
Astrachan
Hannover
Weser
Harz
Elbe
Dresden
Breslau
Sudeten
Krakau
Wolynisch-Podolische Platte
Lemberg
Kiew
Dnjeprniederung
Don
Donez
Rostow
Manytschniederung
sche Mittelgeb.
Frankfurt
Prag
Brünn
Hohe Tatra 2655
Karpaten
Dnister
Lwiw
Dnipro-petrowsk
Donezplatte
Donezk
Kaspisches Meer
uttgart
München
Großer Arber 1456
Wien
Pressburg
Theiß
Alföld
Klausenburg
Siebenbürgen
Kriwi Rih
Mikolajiw
Odessa
Zugspitze 2962
Graz
Budapest
Moldoveanu 2543
Chisinău
Asowsches Meer
Krasnodar
Kaukasus 5642
Elbrus 5047
Kasbek
Tiflis
Baku
Großglockner 3797
Ortler 3899
Ljubljana
Südkarpaten
Halbinsel Krim
Kuban
Venedig
Zagreb
Save
Walachei
Bukarest
Schwarzes Meer
Gran Sasso d'Italia 2914
Dinarisches Geb.
Sarajevo
Belgrad
Donau
Balkan
Pontisches Gebirge 3937
Erzurum
Ararat 5165
Täbris
Elburs
Zagrosgebirge
Rom
Podgorica
Durmitor 2522
Priština
Sofia
Botev 2376
Musala 2925
Rhodopen
Istanbul
Bosporus
Ankara
Kizilirmak
Eriwan
Arax
Neapel
Vesuv 1277
Skopje
Tirana
Saloniki
Bursa
Anatolien
Diyarbakir
Mosul
Kirkuk
Palermo
Ätna 3340
Kalabrien
Ionisches Meer
Pindos
Olymp 2911
Ägäisches Meer
Lesbos
Chios
İzmir
Taurus 3585
Konya
Adana
Gaziantep
Aleppo
Mesopotamien
Bagdad
Sizilien
Athen
Peloponnes
Kykladen
Rhodos
Antalya
Nikosia
Hims
Euphrat
Al Basrah
Malta
Kreta
Ida 2456
Zypern
Beirut
Damaskus
Tripolis
Große Syrte
Tel Aviv-Jaffa
Jerusalem
Totes Meer
Amman
ORIENT
Alexandria
Kairo
Gise
Suez-kanal
Halbinsel Sinai

Die größten Staaten in Europa (nach Einwohnern)

👤 10 Mio. Einwohner   🧍 1 Mio. Einwohner   Daten: 2010

Russland — in Europa / in Asien
Deutschland
Türkei — in Europa / in Asien
Frankreich
Großbritannien
Italien
Spanien
Ukraine
Polen
Rumänien
Niederlande

Griechenland
Portugal
Belgien
Tschechische Republik
Ungarn
Weißrussland
Serbien
Schweden
Österreich
Schweiz
Bulgarien
Dänemark
Slowakische Republik

Finnland
Norwegen
Irland
Kroatien
Bosnien und Herzegowina
Moldau
Litauen
Albanien
Lettland
Mazedonien
Slowenien
Kosovo
Estland

ISLAND
Reykjavík

Europäische.

nördlicher Polarkreis

Färöer (dän.)

Shetland-inseln

Orkney-Inseln

Hebriden

Nordsee

GROSS-BRITANNIEN

IRLAND
Dublin

Man (brit.)

London

Themse

NIEDERLANDE
Den Haag   Amster

Der Kanal

Kanal-Inseln (brit.)

BELGIEN
Brüssel

LUXEMBURG
Luxemburg

Paris

Seine

Loire

FRANKREICH

Rhein

Bern
SCHWE

ATLANTISCHER

Golf von Biscaya

Terceira
Pico
Azoren (port.)
San Miguel

OZEAN

PORTUGAL

Duero

Ebro

ANDORRA
Andorra la Vella

Monaco
MONACO

Golfe du Lion

Korsika

Madrid
Lissabon
Tejo
Taje

SPANIEN

Guadalquivir

Balearen
Menorca
Ibiza   Mallorca

Sardinien

Gibraltar (brit.)
Straße von Gibraltar
Ceuta (span.)
Melilla (span.)

Mi

Madeira (port.)

MAROKKO

TUNESIEN

Kanarische Inseln (span.)
Teneriffa
Gran Canaria   Fuerte-ventura

ALGERIEN

SAHARA
(marokkanische Verwaltung)

1 : 15 000 000   0 100 200 300 km

westliche Länge   0° östliche Länge v. Greenwich

EINFÜHRUNG · DEUTSCHLAND · EUROPA · ASIEN · AFRIKA und ORIENT · AUSTRALIEN und POLE · AMERIKA · WELT · REGISTER

KLETT-PERTHES

Barentssee

Nordmeer

Lofoten

NORWEGEN

SCHWEDEN

FINNLAND

Helsinki

Oslo

Åland (finn.)

Stockholm

Gotland

Vänersee

Vättersee

Klarälv

Göta älv

Angermanälven

Torneälv

Bottnischer Meerbusen

Finnischer Meerbusen

Tallinn

ESTLAND

Riga

LETTLAND

LITAUEN

Wilna

Weißes Meer

Onegasee

Ladogasee

Peipussee

RUSSLAND

Rybinsker Stausee

Moskau

Nördl. Dwina

Suchona

Wytschegda

Petschora

Kama

Ob

Irtysch

Tobol

Wolga

Ural

Skagerrak

DÄNEMARK

Kopenhagen

Bornholm

Elbe

Berlin

Ostsee

Oder

(zu Russland)

Weichsel

POLEN

Warschau

Minsk

WEISSRUSSLAND

Düna

Dnjepr

Don

Wolga

Ural

KASACHSTAN

-UTSCH-LAND

Prag

TSCHECHISCHE REPUBLIK

Donau

SLOWAK. REP.

Pressburg

Wien

Kiew

UKRAINE

Dnister

Dnipro

Don

Wolga

ECHTEN-TEIN Vaduz

ÖSTERREICH

Budapest

UNGARN

SLOWENIEN

Ljubljana

Zagreb

KROATIEN

Save

MOLDAU

Chisinău

RUMÄNIEN

Bukarest

Asowsches Meer

Kaspisches Meer

SAN MARINO

San Marino

Adriatisches Meer

BOSNIEN U. HERZEGOWINA

Sarajewo

Belgrad

SERBIEN

Donau

BULGARIEN

Sofia

GEORGIEN

ASER-BAIDSCHAN

ARMENIEN

(zu Aserb.)

ITALIEN

ATIKANSTADT Rom

MONTE-NEGRO

Podgorica

KOSOVO

Pristina

Skopje

MAZEDONIEN

Tirana

ALBANIEN

Schwarzes Meer

Arax

Tyrrhenisches Meer

GRIECHEN-LAND

Ionisches Meer

Ägäisches Meer

Lesbos

Chios

Athen

Sizilien

Kreta

Rhodos

TÜRKEI

Kizilirmak

Tuzsee

Euphrat

Urumiehsee

Vansee

IRAN

IRAK

Tigris

Valletta

MALTA

-telmeer

Kleine Syrte

Große Syrte

ZYPERN

LIBANON

SYRIEN

ISRAEL

Totes Meer

JORDANIEN

Suezkanal

Nil

SAUDI-ARABIEN

LIBYEN

ÄGYPTEN

EINFÜHRUNG

DEUTSCHLAND

EUROPA

ASIEN

AFRIKA und ORIENT

AUSTRALIEN und POLE

AMERIKA

WELT

REGISTER

Staaten
Stand: 01.01.2012

— Staatsgrenze

--- umstrittene Grenze, Waffenstillstandslinie

SCHWEIZ Staat

● Hauptstadt

○ Regierungssitz

Färöer abhängiges Gebiet mit Selbstverwaltung

Sonderfall Zypern: gehört geographisch zu Asien, ist jedoch politisch-kulturell stark europäisch geprägt

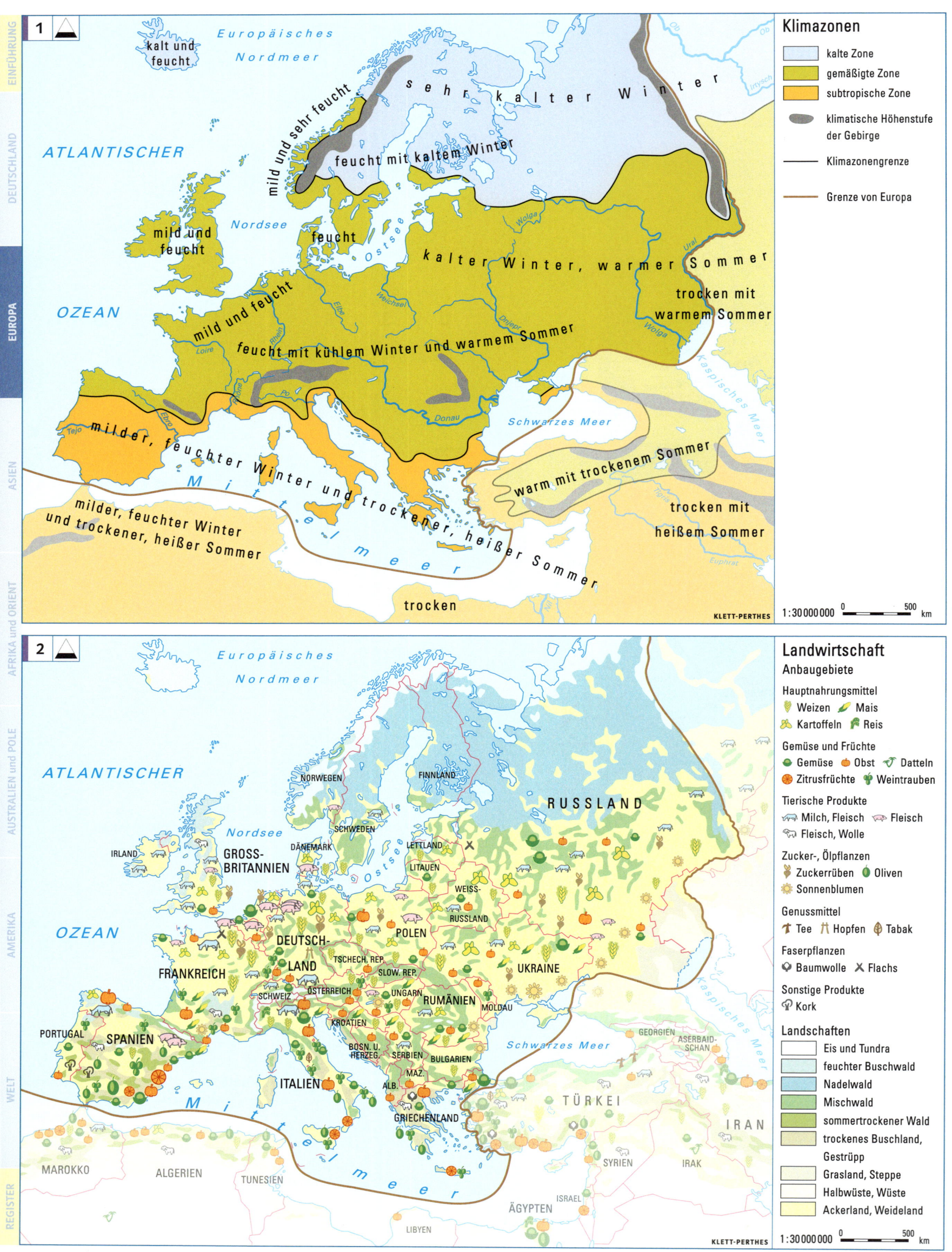

1 Klimazonen

- kalte Zone
- gemäßigte Zone
- subtropische Zone
- klimatische Höhenstufe der Gebirge
- Klimazonengrenze
- Grenze von Europa

kalt und feucht

Europäisches Nordmeer

ATLANTISCHER OZEAN

sehr kalter Winter

mild und sehr feucht

feucht mit kaltem Winter

mild und feucht

Nordsee

Ostsee

feucht

kalter Winter, warmer Sommer

trocken mit warmem Sommer

mild und feucht

feucht mit kühlem Winter und warmem Sommer

milder, feuchter Winter und trockener, heißer Sommer

milder, feuchter Winter und trockener, heißer Sommer

Schwarzes Meer

warm mit trockenem Sommer

trocken mit heißem Sommer

Mittelmeer

trocken

Kaspisches Meer

1:30 000 000   0   500 km

KLETT-PERTHES

2 Landwirtschaft
Anbaugebiete

Hauptnahrungsmittel
- Weizen
- Mais
- Kartoffeln
- Reis

Gemüse und Früchte
- Gemüse
- Obst
- Datteln
- Zitrusfrüchte
- Weintrauben

Tierische Produkte
- Milch, Fleisch
- Fleisch
- Fleisch, Wolle

Zucker-, Ölpflanzen
- Zuckerrüben
- Oliven
- Sonnenblumen

Genussmittel
- Tee
- Hopfen
- Tabak

Faserpflanzen
- Baumwolle
- Flachs

Sonstige Produkte
- Kork

Landschaften
- Eis und Tundra
- feuchter Buschwald
- Nadelwald
- Mischwald
- sommertrockener Wald
- trockenes Buschland, Gestrüpp
- Grasland, Steppe
- Halbwüste, Wüste
- Ackerland, Weideland

Europäisches Nordmeer

ATLANTISCHER OZEAN

NORWEGEN

FINNLAND

SCHWEDEN

RUSSLAND

IRLAND

Nordsee

DÄNEMARK

GROSS-BRITANNIEN

LETTLAND

LITAUEN

WEISS-RUSSLAND

POLEN

DEUTSCH-LAND

OZEAN

FRANKREICH

TSCHECH. REP.

SLOW. REP.

UKRAINE

SCHWEIZ

ÖSTERREICH

UNGARN

RUMÄNIEN

MOLDAU

KROATIEN

PORTUGAL

SPANIEN

BOS. U. HERZEG.

SERBIEN

BULGARIEN

MAZ.

Schwarzes Meer

GEORGIEN

ASERBAID-SCHAN

Kaspisches Meer

ITALIEN

ALB.

GRIECHENLAND

Mittelmeer

TÜRKEI

IRAN

MAROKKO

ALGERIEN

TUNESIEN

SYRIEN

IRAK

ISRAEL

LIBYEN

ÄGYPTEN

1:30 000 000   0   500 km

KLETT-PERTHES

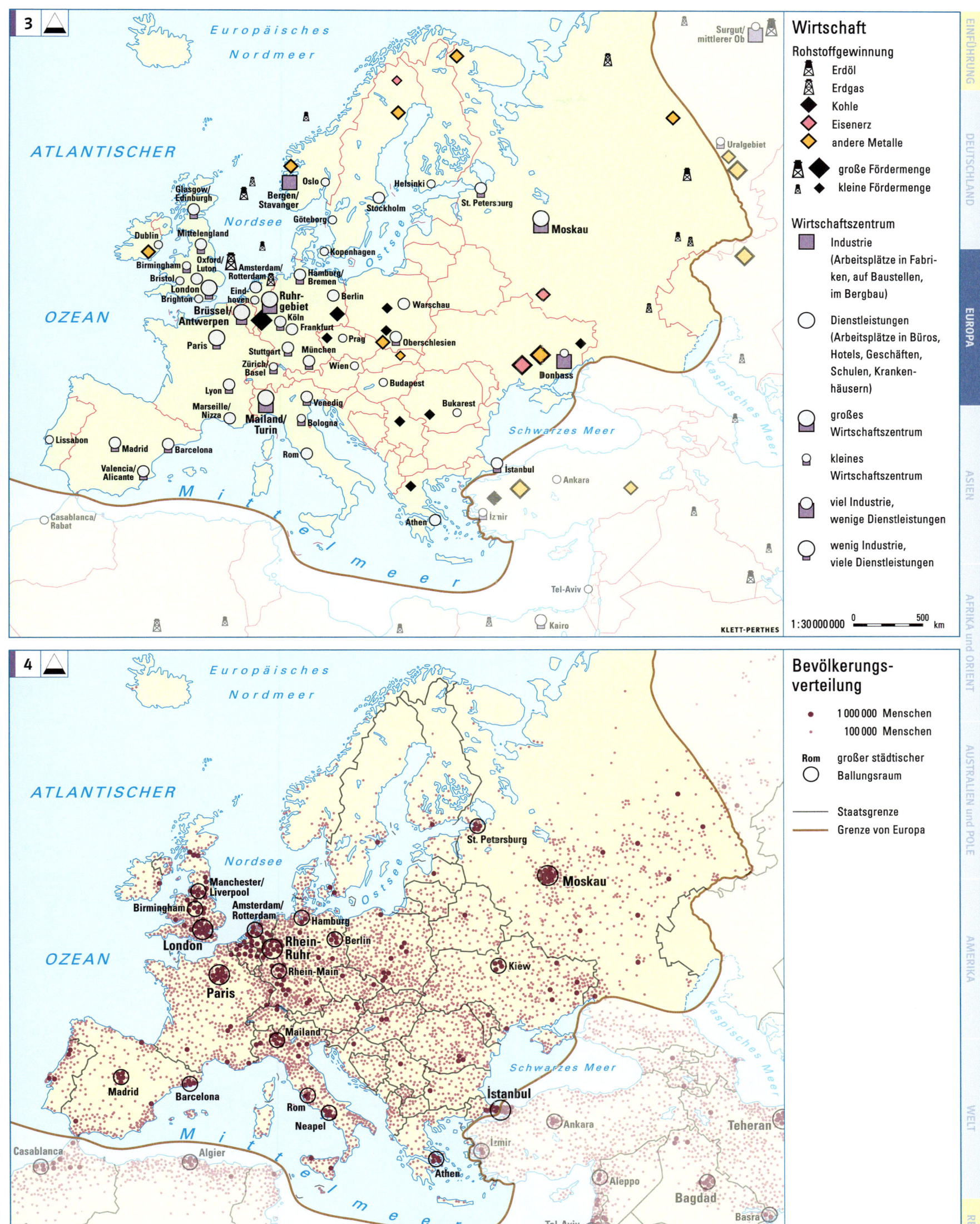

KLETT-PERTHES

westl. Länge 0° östl. Länge v. Greenwich

nördlicher Polarkreis

ISLAND
Keflavik · Saudárkrókur · Akureyri
Reykjavik · Selfoss
Hvannadalshnúkur 2119

Europäisches Nordmeer

Nordkap
Hammerfest
Tromsø
Lofoten · Narvik
2123 Kebnekajse · Kiruna
Bodø · Rovani

Skandinavische
Halbinsel

ATLANTISCHER

Färöer (dän.)

OZEAN

Rockall (brit.)

Shetland-In.

Hebriden
Orkney-In.
High
lands · Inverness
.1343 Ben Nevis · Aberdeen
Glasgow · Dundee
Edinburgh

GROSS-

Larne
Belfast · Stranraer
Newcastle upon Tyne
978 · Sunderland
Man (brit.)
Irische See

IRLAND
Galway
Slea Head
Dublin (Baile Átha Cliath)
.1041 · Cork · Rosslare
Holyhead
Fishguard
Manchester · Leeds · Hull
Liverpool · Sheffield
Stoke-on-Trent · Nottingham
Birmingham · Coventry
Northampton · Harwich
Cardiff
Bristol
Land's End · Plymouth
Southampton · Dover

BRITANNIEN

Pennines

Inseln

Der Kanal
Str. v. Dover
Kanalinseln (brit.)
Cherbourg · Le Havre · Amiens · Lille
Brest · Pointe du Raz
Normandie 417 · Île de France
Rennes · Versailles · Paris · Reims
Le Mans
Nantes · Angers · Tours
Bretagne

FRANKREICH

Golf von Biscaya

Gijón · Santander
2648 · Bilbao · San Sebastián
Vitoria Gasteiz
Burgos · Pamplona · Lourdes · Toulouse · Montpellier
Valladolid · Duero
Pyrenäen
3404 Pico de Aneto
SPANIEN · **ANDORRA**

NORWEGEN
Dovrefjell
Trondheim
Östersund
2286
Galdhøpiggen 2469
1883
Bergen
Stavanger · Oslo
Hardangervidda

Norrland

Luleå
Umeå
Vaasa
SCHWEDEN
Sundsvall
Svealand
Västerås
Örebro
Uppsala
Mälarsee · **Stockholm**
Norrköping
Linköping
Vänersee · Vättersee
Göteborg 343 · Jönköping
Götaland
Gotland
Öland

Skagerrak
Ålborg
Kattegat
Århus
Jütland

Nordsee
Bottnischer Meerbusen

Fi
Oulu
Tampere
Turku (Åbo) · Helsi
Åland (finn.)
Finnischer
Hiiumaa
Saaremaa

DÄNEMARK
Kopenhagen (København)
Helsingborg
Odense · Malmö
Seeland
Bornholm

Kiel · Rostock
Hamburg
Bremen
Norddeutsches Tiefland
Hannover · Berlin
Bielefeld · Magdeburg
Essen · Dortmund
Antwerpen · Duisburg
BELGIEN · Düsseldorf · Halle · Leipzig
Brüssel (Bruxelles) · Köln · Dresden
Ardennen · Bonn
DEUTSCH-
Frankfurt · Chemnitz
LUXEMBURG · **LAND**
Luxembourg · Mannheim
Reims · Karlsruhe · Nürnberg
Straßburg (Strasbourg) · Stuttgart
Vogesen · Schwarzwald
Augsburg
Dijon · **München**
Alpenvorland

Ventspils
Libau
LETT
Memel (Klaipeda)
LITAUE
Königsberg (Kaliningrad) (zu Russland)
Kaun

Gdingen
Danzig (Gdańsk)
Stettin (Szczecin)
Baltischer
Bromberg (Bydgoszcz) · Thorn
Masuren
POLEN
Posen (Poznań) · Białystok
Warschau (Warszawa)
Lublin
Breslau (Wrocław) · Łódź · Radom
Schlesien · Tschenstochau · Kielce
Sudeten · Kattowitz (Katowice)
Prag (Praha) · Gleiwitz
Pilsen · Ostrau (Ostrava) · Krakau (Kraków)
Böhmerwald · Brünn (Brno)
TSCHECH. REP.
1456 · Donau
Karp
SLOWAK. REP.
Hohe Tatra · Kaschau
Pressburg (Bratislava) · 1015
Zugspitze · Linz · **Wien** · Miskolc
LIE. 2962 · **ÖSTERREICH** · Debrecen
3797 · Großglockner · **Budapest**
3899 · Graz
Ortler · Maribor · Ljubljana
4807 · **UNGARN**
Montblanc · 4634 · **Mailand** (Milano) · Brescia · Ungar. Tiefebene
St-Étienne · **Turin** (Torino) · Verona · **SLOWEN.** · Pécs · Szeged
Grenoble · Po-ebene · Padua · Triest · **Zagreb** · Arad
Provence · Parma · Venedig (Venezia) · Rijeka · **KROATIEN** · Timișoara
Marseille · Genua (Genova) · Bologna · Novi Sad
Nizza · **ITALIEN** · Florenz (Firenze) · Adriatisches Meer · Banja Luka · **SERBIEN**
Toulon · **MONACO** · Livorno · **SAN MARINO** · **BOSNIEN U. HERZEGOWINA** · Belgrad
Golfe du Lion · Sarajevo · Craio

Zentralmassiv
Limoges · Clermont-Ferrand
Grotte von Lascaux
1886
Lyon · Zürich · Genf (Genève) · Basel · Bern
SCHWEIZ
Jura · **LAND**
Rhône · Provence
Nîmes
Saône
Loire

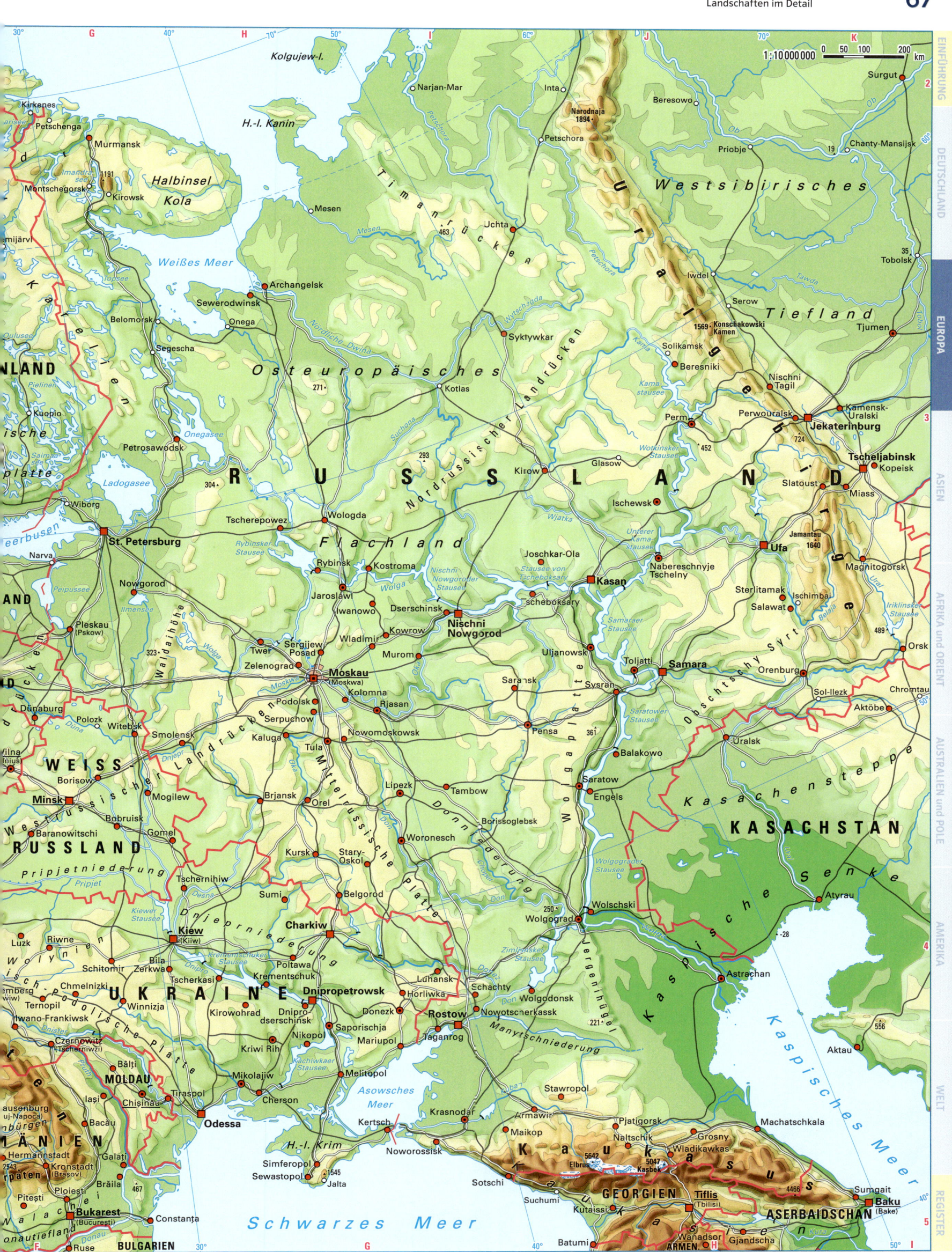

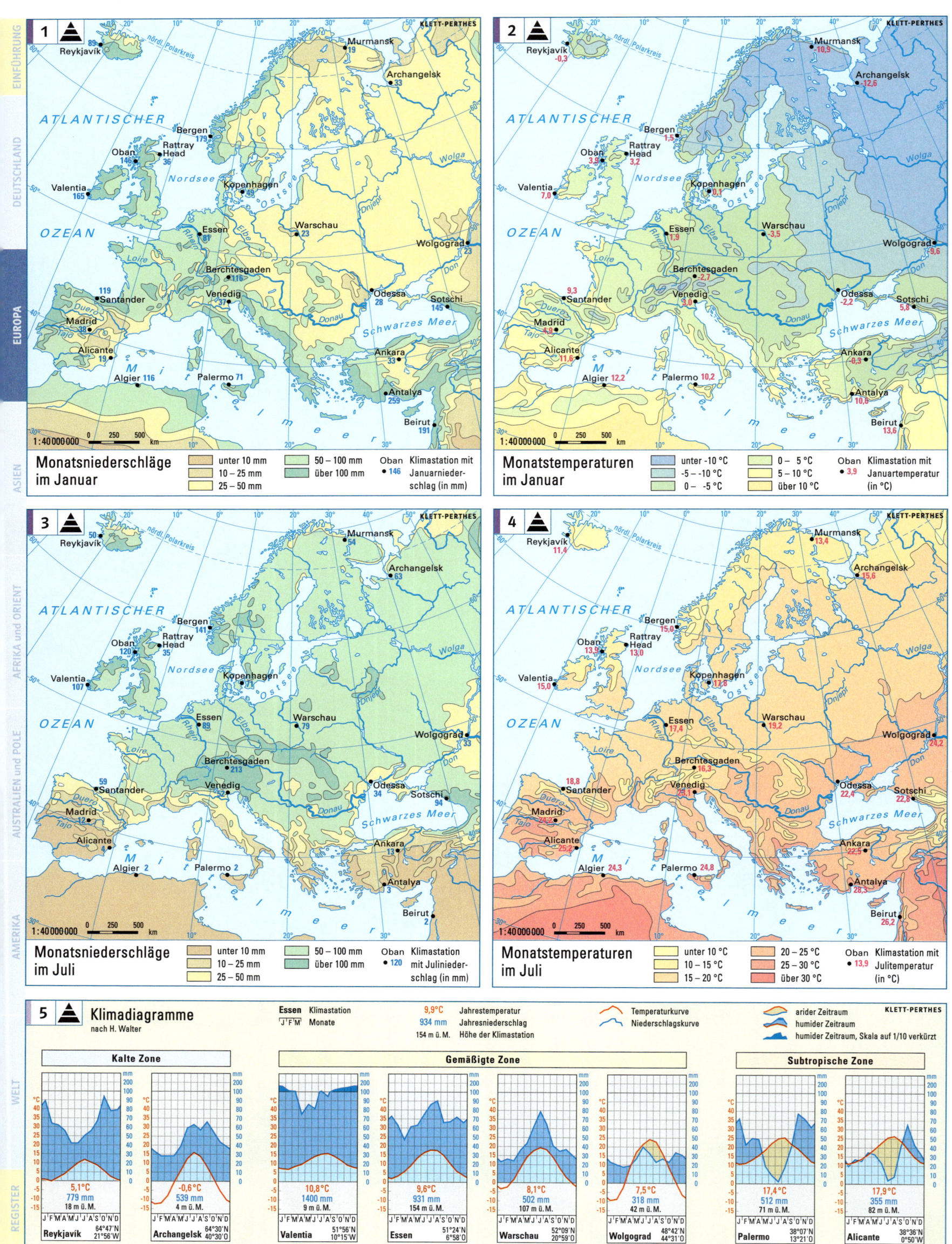

1 Monatsniederschläge im Januar

unter 10 mm	50 – 100 mm
10 – 25 mm	über 100 mm
25 – 50 mm	

Oban ● 146 Klimastation mit Januarniederschlag (in mm)

Stations (Map 1 – January precipitation, mm):
Reykjavík 89, Murmansk 19, Archangelsk 33, Bergen 179, Oban 146, Rattray Head 36, Valentia 165, Kopenhagen 49, Warschau 23, Essen 81, Wolgograd 23, Santander 119, Berchtesgaden 116, Venedig 37, Odessa 28, Sotschi 145, Madrid 38, Alicante 19, Ankara 33, Algier 116, Palermo 71, Antalya 259, Beirut 191

2 Monatstemperaturen im Januar

unter -10 °C	0 – 5 °C
-5 – -10 °C	5 – 10 °C
0 – -5 °C	über 10 °C

Oban ● 3,9 Klimastation mit Januartemperatur (in °C)

Stations (Map 2 – January temperature, °C):
Reykjavík -0,3, Murmansk -10,9, Archangelsk -12,6, Bergen 1,5, Oban 3,9, Rattray Head 3,2, Valentia 7,0, Kopenhagen -0,1, Warschau -3,5, Essen 1,9, Wolgograd -9,6, Santander 9,3, Berchtesgaden -2,7, Venedig 3,0, Odessa -2,2, Sotschi 5,8, Madrid -6,9, Alicante 11,6, Ankara -0,3, Algier 12,2, Palermo 10,2, Antalya 10,6, Beirut 13,6

3 Monatsniederschläge im Juli

unter 10 mm	50 – 100 mm
10 – 25 mm	über 100 mm
25 – 50 mm	

Oban ● 120 Klimastation mit Juliniederschlag (in mm)

Stations (Map 3 – July precipitation, mm):
Reykjavík 50, Murmansk 54, Archangelsk 63, Bergen 141, Oban 120, Rattray Head 35, Valentia 107, Kopenhagen 71, Warschau 79, Essen 89, Wolgograd 33, Santander 59, Berchtesgaden 213, Venedig, Odessa 34, Sotschi 94, Madrid 12, Alicante, Ankara 13, Algier 2, Palermo 2, Antalya 3, Beirut

4 Monatstemperaturen im Juli

unter 10 °C	20 – 25 °C
10 – 15 °C	25 – 30 °C
15 – 20 °C	über 30 °C

Oban ● 13,9 Klimastation mit Julitemperatur (in °C)

Stations (Map 4 – July temperature, °C):
Reykjavík 11,4, Murmansk 13,4, Archangelsk 15,6, Bergen 15,0, Oban 13,9, Rattray Head 13,0, Valentia 15,0, Kopenhagen 17,8, Warschau 19,2, Essen 17,4, Wolgograd 24,2, Santander 18,8, Berchtesgaden 16,3, Venedig 23,1, Odessa 22,4, Sotschi 22,8, Madrid 24,2, Alicante 25,2, Ankara 22,5, Algier 24,3, Palermo 24,8, Antalya 28,3, Beirut 26,2

Maßstab aller Karten: 1 : 40 000 000

5 Klimadiagramme
nach H. Walter

Essen Klimastation
|J F M| Monate
9,9°C Jahrestemperatur
934 mm Jahresniederschlag
154 m ü.M. Höhe der Klimastation

Temperaturkurve
Niederschlagskurve
arider Zeitraum
humider Zeitraum
humider Zeitraum, Skala auf 1/10 verkürzt

Kalte Zone

Reykjavík	Archangelsk
5,1°C	-0,6°C
779 mm	539 mm
18 m ü.M.	4 m ü.M.
64°47'N 21°56'W	64°30'N 40°30'O

Gemäßigte Zone

Valentia	Essen	Warschau	Wolgograd
10,8°C	9,6°C	8,1°C	7,5°C
1400 mm	931 mm	502 mm	318 mm
9 m ü.M.	154 m ü.M.	107 m ü.M.	42 m ü.M.
51°56'N 10°15'W	51°24'N 6°58'O	52°09'N 20°59'O	48°42'N 44°21'O

Subtropische Zone

Palermo	Alicante
17,4°C	17,9°C
512 mm	355 mm
71 m ü.M.	82 m ü.M.
38°07'N 13°21'O	38°36'N 0°50'O

KLETT-PERTHES

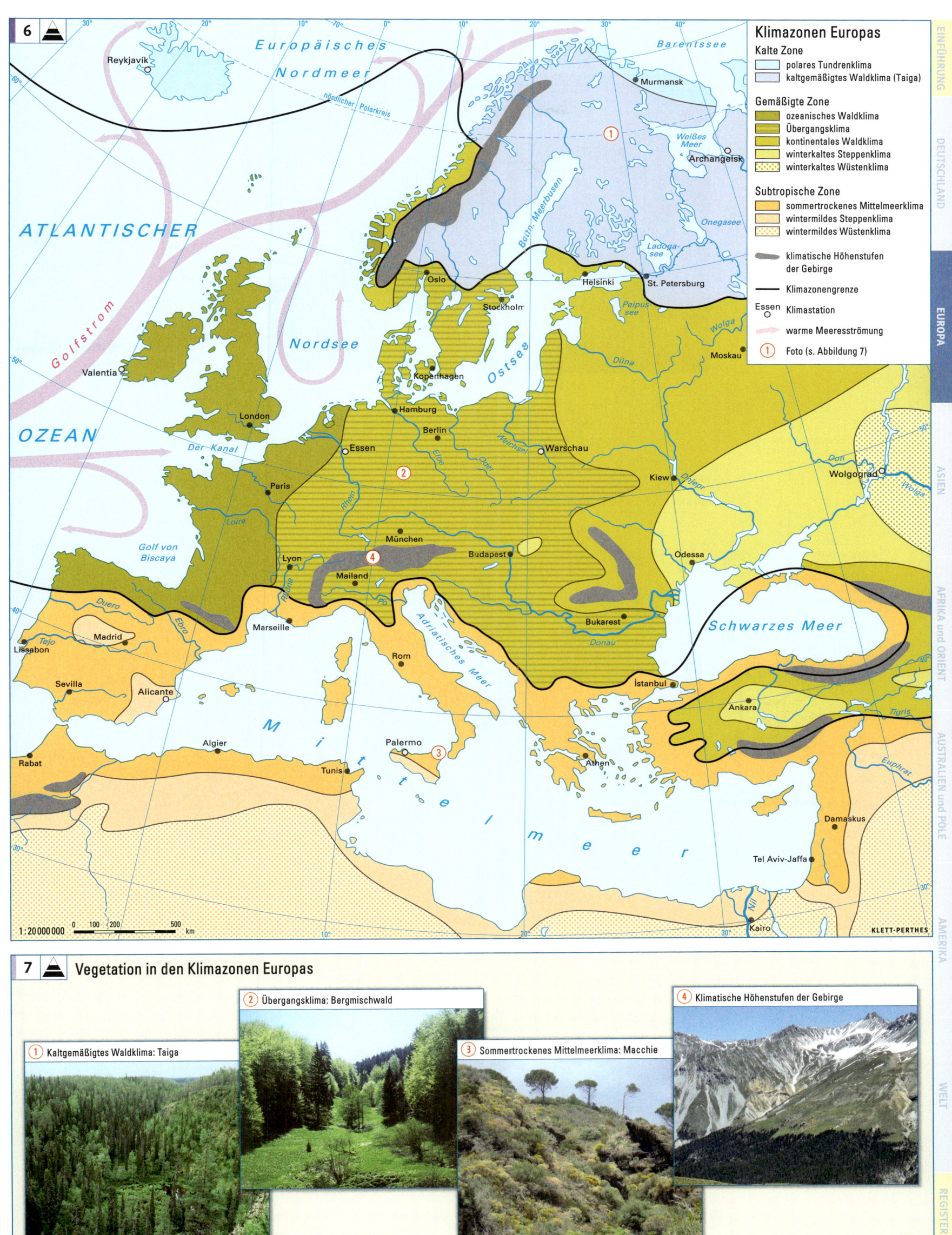

6

Klimazonen Europas

Kalte Zone
- polares Tundrenklima
- kaltgemäßigtes Waldklima (Taiga)

Gemäßigte Zone
- ozeanisches Waldklima
- Übergangsklima
- kontinentales Waldklima
- winterkaltes Steppenklima
- winterkaltes Wüstenklima

Subtropische Zone
- sommertrockenes Mittelmeerklima
- wintermildes Steppenklima
- wintermildes Wüstenklima

- klimatische Höhenstufen der Gebirge
- Klimazonengrenze
- Essen ○ Klimastation
- ⟶ warme Meeresströmung
- ① Foto (s. Abbildung 7)

1 : 20 000 000

0 100 200 500 km

KLETT-PERTHES

7 **Vegetation in den Klimazonen Europas**

① Kaltgemäßigtes Waldklima: Taiga

② Übergangsklima: Bergmischwald

③ Sommertrockenes Mittelmeerklima: Macchie

④ Klimatische Höhenstufen der Gebirge

KLETT-PERTHES

Das Klima – Bei uns und anderswo

EINFÜHRUNG

DEUTSCHLAND

EUROPA

ASIEN

AFRIKA und ORIENT

AUSTRALIEN und POLE

AMERIKA

WELT

REGISTER

1

Hallo Lea, was machst du denn hier?

Ich habe gerade Kataloge im Reisebüro geholt, weil wir über Weihnachten zum Skifahren nach Österreich oder zum Baden nach Ägypten fahren wollen.

2

Tim:
Skifahren im Winter ist o. k., aber Baden?

Lea:
Weißt du, in Österreich ist Winter, wie bei uns, aber in Ägypten ist es so warm, dass man baden kann. Lass uns mal Herrn May, unseren Erdkundelehrer, fragen, warum das so ist.

Schaut euch mal die Klimakarten im Atlas auf den Seiten 64 und 111 an. Was stellt Ihr fest?

Karte S. 64.1

Lea:
Klar, Österreich ist ein Alpenstaat in Europa und die Badeküste von Ägypten liegt am Roten Meer in Nordafrika. Da gibt es andere Klimazonen. Österreich liegt in der gemäßigten Zone, Ägypten in der subtropischen Zone und Teile des Landes sogar in der tropischen Zone.

Tim:
Unterschiedliche Klimazonen. Was bedeutet das?

Herr May:
Schaut mal im Internet nach, ob Ihr Klimadaten zu einem österreichischen Wintersportort und zu einem ägyptischen Badeort am Roten Meer findet. Zeichnet dann Klimadiagramme.

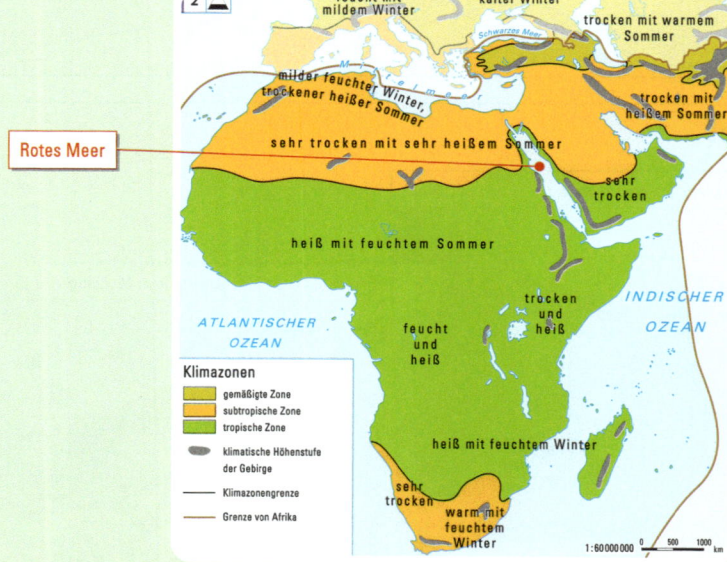

Karte S. 111.2

EINFÜHRUNG
DEUTSCHLAND
EUROPA
ASIEN
AFRIKA und ORIENT
AUSTRALIEN und POLE
AMERIKA
WELT
REGISTER

3

Lea:
Ich habe Klimadaten von Kitzbühel und Hurghada im Internet gefunden und damit Klimadiagramme gezeichnet.

Daraus erkennt man, dass die Temperaturen an Weihnachten in Kitzbühel wesentlich niedriger sind als die in Hurghada und in Kitzbühel hohe Niederschläge fallen, während es in Hurghada fast gar nicht regnet.

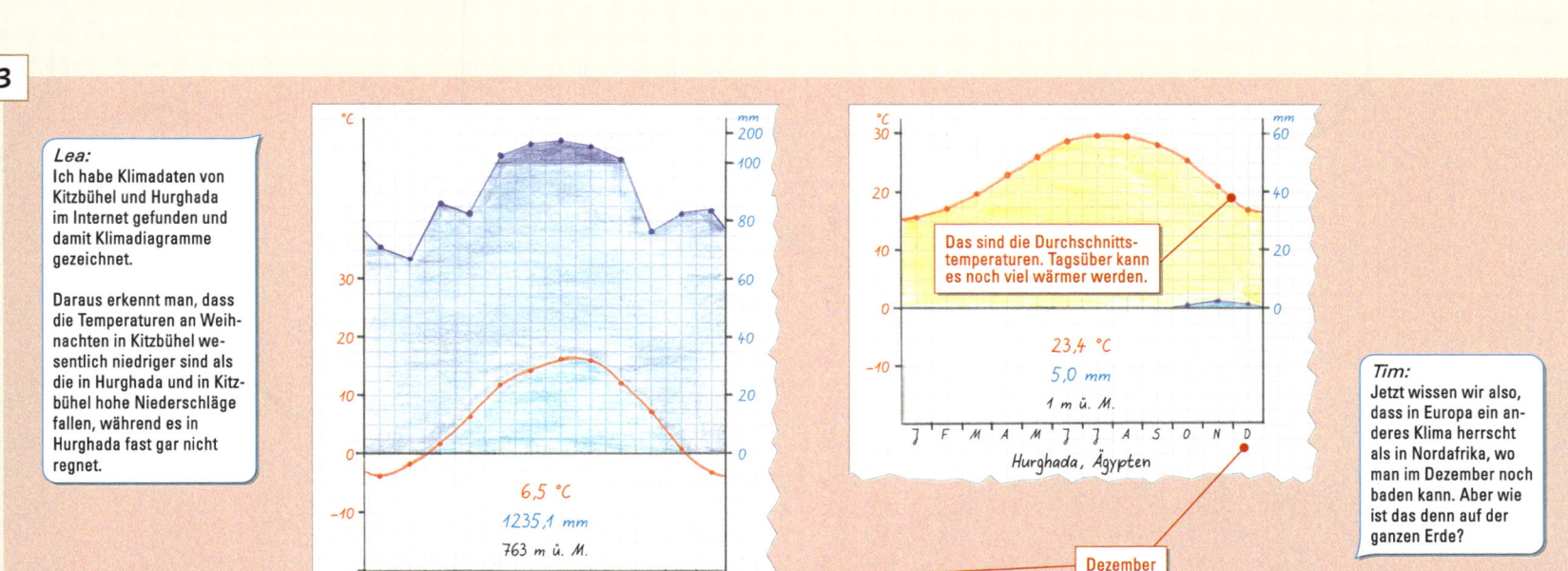

Das sind die Durchschnittstemperaturen. Tagsüber kann es noch viel wärmer werden.

23,4 °C
5,0 mm
1 m ü. M.

Hurghada, Ägypten

6,5 °C
1235,1 mm
763 m ü. M.

Kitzbühel, Österreich

Dezember

Tim:
Jetzt wissen wir also, dass in Europa ein anderes Klima herrscht als in Nordafrika, wo man im Dezember noch baden kann. Aber wie ist das denn auf der ganzen Erde?

4

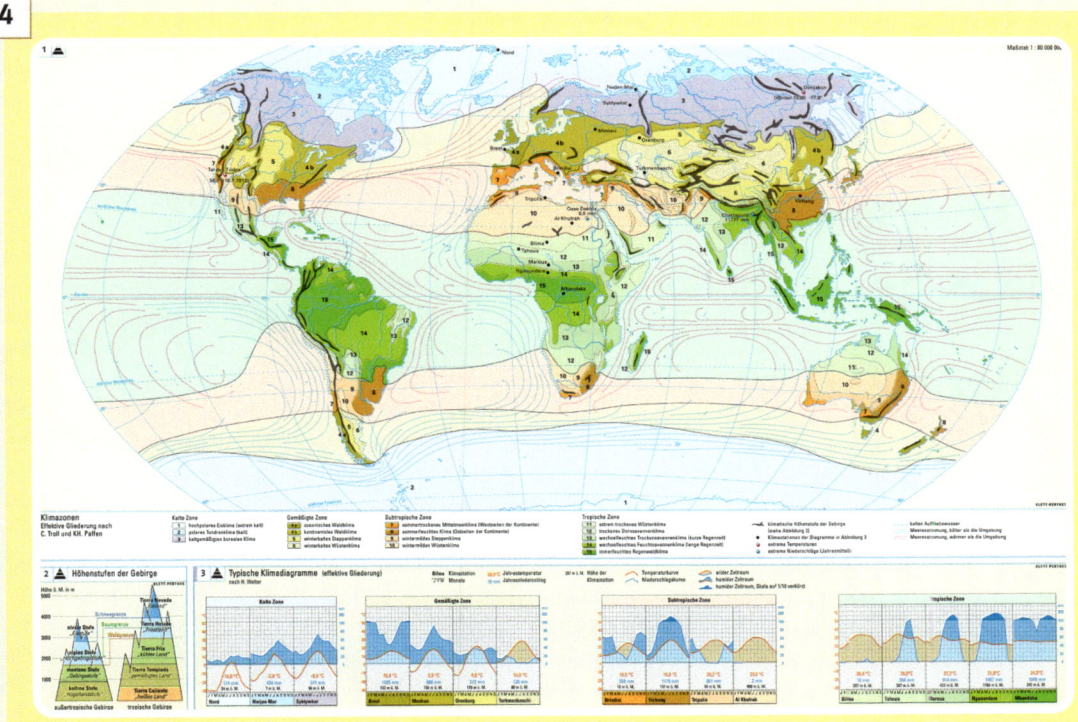

Seite 168/169

Schlagt im Atlas die Seiten 168/169 auf und versucht, mithilfe der Karte und der Klimadiagramme das Klima zu beschreiben. Die Auswertung könnt ihr in Tabellenform bringen.

5

An der Vegetation erkennt man das Klima.

aus dem Klimadiagrammen abzulesen

Klimazone	Klima nach Troll–Paffen	Durchschnittstemperaturen	Durchschnittsniederschläge
kalte Zone	hochpolares Eisklima	fast immer unter 0 °C	zwischen 10 und 30 mm / Monat
	polares Tundrenklima	im Sommer 3–4 Monate über 0 °C	zwischen 30 und 60 mm / Monat
	kaltgemäßigtes boreales Klima	im Sommer 5–6 Monate über 0 °C	zwischen 40 und 80 mm / Monat
gemäßigte Zone	ozeanisches Waldklima	6 bis 16 °C, 12 Monate > 0 °C	hoch, Minimum im Sommer
	kontinentales Waldklima	−10 bis 18 °C, 7 Monate > 0 °C	hoch, Maximum im Sommer
	winterkaltes Steppenklima	−15 bis 22 °C, 6 Monate > 0 °C	mittel, 3 bis 4 Monate trocken
	winterkaltes Wüstenklima	3 bis 28 °C, 12 Monate > 0 °C	niedrig, 7 bis 8 Monate trocken
subtropische Zone	sommertrockenes Mittelmeerklima	10 bis 25 °C, ganzjährig positiv	hoch, Maximum im Winter
	sommerfeuchtes Klima	5 bis 30 °C, ganzjährig positiv	sehr hoch, Maximum im Sommer
	wintermildes Steppenklima	15 bis 30 °C, ganzjährig positiv	niedrig, 6 bis 7 Monate trocken
	wintermildes Wüstenklima	25 bis 33 °C, ganzjährig positiv	fast keine, 12 Monate trocken
tropische Zone	extrem trockenes Wüstenklima	18 bis 34 °C, Maximum im Sommer	fast keine, 12 Monate trocken
	trockenes Dornsavannenklima	24 bis 34 °C, Minimum im Winter	niedrig, 2 bis 3 Monate feucht
	wechselfeuchtes Trockensavannenklima	24 bis 26 °C, Minimum im Winter	mittel, 4 bis 5 Monate feucht
	wechselfeuchtes Feuchtsavannenklima	20 bis 25 °C, ausgeglichen übers Jahr	hoch, 7 bis 8 Monate feucht
	immerfeuchtes Regenwaldklima	um 25 °C, kaum Jahresschwankungen	sehr hoch, 12 Monate feucht

6

Toll, was man alles aus Klimadiagrammen herauslesen kann. Jetzt haben wir einen richtig guten Überblick.

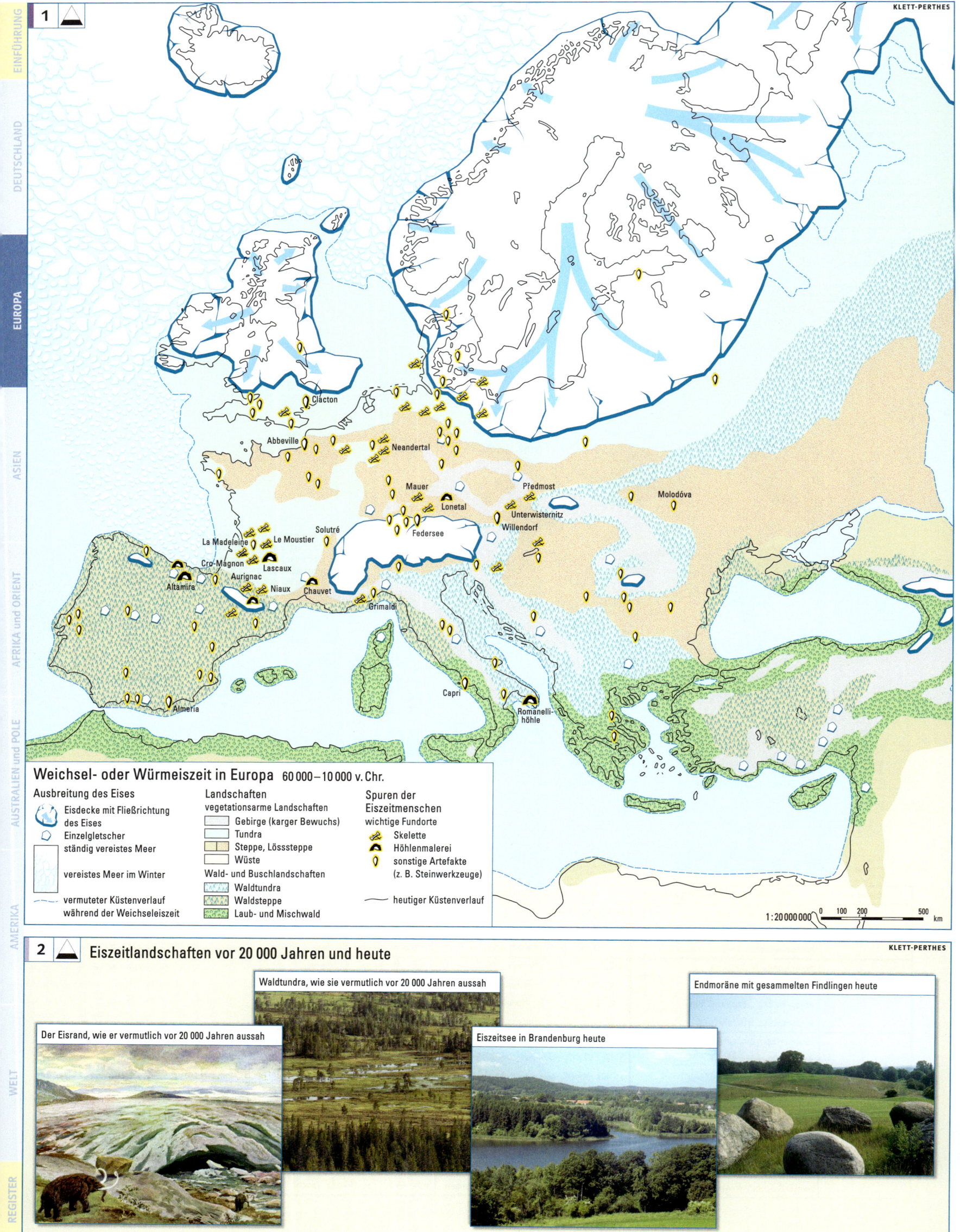

KLETT-PERTHES

1 △

Clacton

Abbeville

Neandertal

Mauer

Předmost

Molodóva

Lonetal

Unterwisternitz

Willendorf

Solutré

Federsee

La Madeleine   Le Moustier

Cro-Magnon   Lascaux

Aurignac

Altamira   Niaux   Chauvet

Grimaldi

Almeria

Capri

Romanelli-höhle

Weichsel- oder Würmeiszeit in Europa 60 000–10 000 v. Chr.

Ausbreitung des Eises

🔵 Eisdecke mit Fließrichtung des Eises

⬡ Einzelgletscher

☐ ständig vereistes Meer

☐ vereistes Meer im Winter

- - - vermuteter Küstenverlauf während der Weichseleiszeit

Landschaften

vegetationsarme Landschaften

☐ Gebirge (karger Bewuchs)

☐ Tundra

☐ Steppe, Lösssteppe

☐ Wüste

Wald- und Buschlandschaften

☐ Waldtundra

☐ Waldsteppe

☐ Laub- und Mischwald

Spuren der Eiszeitmenschen

wichtige Fundorte

🔰 Skelette

⌂ Höhlenmalerei

🔶 sonstige Artefakte (z. B. Steinwerkzeuge)

── heutiger Küstenverlauf

1 : 20 000 000   0   100   200   500 km

2 ▲ **Eiszeitlandschaften vor 20 000 Jahren und heute**

KLETT-PERTHES

Waldtundra, wie sie vermutlich vor 20 000 Jahren aussah

Endmoräne mit gesammelten Findlingen heute

Der Eisrand, wie er vermutlich vor 20 000 Jahren aussah

Eiszeitsee in Brandenburg heute

EINFÜHRUNG
DEUTSCHLAND
EUROPA
ASIEN
AFRIKA und ORIENT
AUSTRALIEN und POLE
AMERIKA
WELT
REGISTER

1

Nordamerikanische Platte

Europäisches Nordmeer

Reykjanes-rücken

Hekla Krafla
Eyjafjallajökull Askja
Katla
Surtsey

Barentssee

ATLANTISCHER OZEAN

Europäisches Nordmeer

Oslo
Helsinki

Nordsee
Ostsee
Moskau

Eurasische Platte

London
Berlin
Kiew

Paris
Eifel

Wien
Karpaten

Golf von Biscaya
Zentral-massiv

A l p e n
D i n a r i d e n
Balkan
Bukarest

Pyrenäen
Adriatische
Apenninen
Platte
Helleniden

Madrid

Betiden

Avezzano
Rom
L'Aquila
Vesuv

Kaukasus
Schwarzes Meer
Pontisches Gebirge
İzmit
Zentral-anatolien
Ankara
Erzincan
Karakocan
Ägäische Platte
Yenice
Athen
Taurus

Arabische Platte

Tellatlas
Ech Cheliff

M i t t e l m e e r

Vulcano
Ätna
Stromboli
Messina
Santorin

Hoher Atlas
Saharaatlas

A f r i k a n i s c h e   P l a t t e

Kairo

1:20 000 000   0 100 200   500 km

KLETT-PERTHES

Tektonik
Der Bau Europas

Kontinentalplatte

Eurasische Platte — Name

— Plattenrand
--- vermuteter Plattenrand

Festland
Schelf
Tiefseeboden

Bewegung

→ Bewegungsrichtung der Kontinentalplatten

Folgen
Oberflächenverformung

Faltengebirge (vor etwa 150 Mio. bis 5 Mio. Jahren entstanden)

Bruchzone (z. B. Gräben)

Erdbebentätigkeit

selten
häufig
sehr häufig

Erdbeben seit 1900

mittlere Schäden
starke Schäden
katastrophale Schäden

Vulkane

▲ seit 1900 aktiv
△ ruhend

EINFÜHRUNG · DEUTSCHLAND · EUROPA · ASIEN · AFRIKA und ORIENT · AUSTRALIEN und POLE · AMERIKA · WELT · REGISTER

2

Randazzo
F. Alcantara
Gaggi
Linguaglossa
M. Nero ▲2049
Fiumefreddo
Bronte
M. Maletto 1773▲
Ätna 3340
Mascali
S. Alfio
Riposto
La Montagnola ▲2640
Giarre
Zafferana Etnea
Adrano
Viagrande
Biancavilla
Pedara
Golf von Catania
Acireale
Nicolosi
Belpasso
Mascalucia
Paterno
S. Pietro Clarenza
S. Giovanni la Punta
F. Simeto

KLETT-PERTHES

1:500 000   0   5 km

Der Ätna
Europas größter Vulkan

Gefahren
Krater
Lavaströme seit 2000
Lavaströme vor 2000

Nutzung
Landwirtschaft
Ackerland
Obst
Zitrusfrüchte
Wein

Siedlungen
Ödland
Naturpark Ätna

3

Am Ende der Kreidezeit (vor 50 Mio Jahren)
Meeresfläche
Eurasische Platte

Im Neogen (Quartär) (heute)

Die **Afrikanische Platte** drückt gegen die **Adriatische** und **Eurasische Platte.**

Eurasische Platte

Vor-alpen · nördliche Kalkalpen · Zentral-alpen · südliche Kalkalpen

KLETT-PERTHES

Entstehung der Alpen

Gesteinsschichten
Ausgangsgestein
ältere Gesteine
Meeresablagerungen

Vorgänge durch endogene Kräfte
→ Schubkräfte
↓ Senkung
↑ Hebung
Folgen
starke Faltungen

Vorgänge durch exogene Kräfte
Abtragung durch Wind und Wasser
Folgen
Zerklüftung
Ablagerung (Lockergestein)

1

Nordkap
Tromsø
Inari-see
Lofoten
Pallastunturi
Island
Reykjavík
Europäisches Nordmeer
Lappland
Oulu
FINNLAND
Finnische Seen
Tampere
Helsinki
Fjordküste
Gudbrandsdal
Jotunheim
SCHWEDEN
Faröer-In.
Tórshavn
Siljansee
Bergen
NORWEGEN
Oslo
Stockholm
Schärenküste
Tallinn
ESTLAND
Shetland-In.
Stavanger
Vänersee
Vättersee
Gotland
LETTLAND
Riga
Hebriden
Göteborg
Ostsee
Kurische Nehrung (zu Russl.)
LITAUEN
Highlands
Glasgow
Edinburgh
DÄNEMARK
Jütland
Königsberg
Wilna
Mins
IRLAND
Lake District
Kopenhagen
Masuren
Kerry
Dublin
Nordsee
Danzig
ATLANTISCHER
Wales
GROSS-BRITANNIEN
Friesische Inseln
Rügen
Warschau
OZEAN
Cornwall
NIEDERL.
Hamburg
Berlin
London
Amsterdam
DEUTSCH-LAND
Oder
POLEN
Brügge
Köln
Harz
Breslau
Brüssel
BELG.
Frankfurt
Thür. Wald
Erzgeb.
Sudeten
Lemberg
Côte Emeraude
Ardennen
Rhein
Heidel-berg
Prag
Krakau
Dnister
Normandie
LUX.
Straß-burg
Böhmerw. Bayer. Wald
TSCHECH. REP.
Hohe Tatra
Waldkarpaten
Bretagne
Seine
Schwarzw.
München
SLOWAK. REP.
Côte d'Amour
Paris
Wien
Budapest
Côte d'Argent
Loire
Burgund
Donau
Mayrhofen
ÖSTERR.
UNGARN
RUMÄNIEN
Golf von Biscaya
FRANKREICH
SCHWEIZ
A l p e n
SLOW.
Balaton
Südkarpaten
Bordeaux
Genf
Savoyen
Mailand
Venedig
KROATIEN
Kantabrische Küste
Auvergne
Rhône
Po
Verona
Riviera del Sole
Donau
Las Rias
Santiago de Compostela
Cevennen
Provence
Nizza
MONACO
Riviera
Florenz
Pisa
BOSNIEN U. HERZEG.
S.M.
Dalmatien
Belgrad
SERBIEN
BULGARIE
Porto
Bilbao
Pyrenäen
AND.
Côte d'Azur
Korsika
Toskana
Balkan
Costa de Prata
Ebro
Costa Brava
Rom
MONTE-NEGRO
Pristina
Sofia
Lissabon
Madrid
Tajo
Barcelona
ITALIEN
PORTUGAL
SPANIEN
Costa del Azahar
Balearen
Neapel
Algarve
Sevilla
Cordoba
Benidorm
Menorca
Capri
Saloniki
Faro
Andalusien
Costa Blanca
Ibiza
Mallorca
Korfu
Costa del Sol
Sardinien
GRIECHENLAND
Tanger
Palermo
Kalabrien
Korsika
Korfu
Casablanca
Fés
Oran
Algier
Sizilien
Ionische Inseln
Peloponnes
Athen
Madeira (port.)
Funchal
M i t t e l
Tunis
Kre
Iraklion
Marrakech
Mittlerer Atlas
Moulouya
MAROKKO
Malta
Valletta
Kanarische-Inseln (span.)
Agadir
TUNESIEN
La Palma
Sta. Cruz
Lanzarote
Hoher Atlas
Schott Djerid
Teneriffa
Fuerte-ventura
Gran Canaria
Djerba
m e e r
Tripolis
Misratah
LIBYEN
Banghazi

1 : 20 000 000
0 100 200   500 km

---

2 | A65

Sommertourismus
am Mittelmeer
Touristenzentrum Benidorm

nach Valencia
Bahnhof
Rennbahn
Stadion
Plaza Torós
N332
Neubaugebiet
nach Alicante
Gran Hotel Bali
Hafen
Tourist-Information
Castillo
Benidorm
Playa de Poniente
Playa de Levante
Erlebnisbad
La Cala
Sierra Helada
Punta de Pinet
Mittelmeer

Nord

Bebauung
alter Ortskern bis 1952
geschlossene Bebauung
vorwiegend Hochhäuser

Tourismus
● Hotelanlage
● Apartmenthaus
▲ Campingplatz
• Restaurant, Nachtlokal, Diskothek (in Auswahl)
Sandstrand
Parkanlage

Autobahn
Hauptverkehrsstraße
sonstige Straße
Eisenbahn
Hartlaubgehölz

1 : 40 000
0   500   1000 m

KLETT-PERTHES

Tourismus
Reiseländer und ihre Urlaubsgebiete

Landschafts- und Badetourismus
Alpen Landschaft mit über 20 Mio. Übernachtungen pro Jahr
Harz sonstige Landschaft (Auswahl)
⬜ vorwiegend Sommertourismus
⬜ Sommer- und Wintertourismus
⚓ bedeutende Badeküste

Städtetourismus
🚍 Großstadt über 10 Mio. Übernachtungen pro Jahr
🚍 Großstadt mit internationalem Städtetourismus

Gästeübernachtungen
⬛ Touristen aus dem Ausland
⬛ Touristen aus dem Inland
⬜ 5 Mio. Übernachtungen

Kanarische Inseln
Balearen
Festland

SPANIEN · ITALIEN · DEUTSCHLAND · FRANKREICH · GROSSBRITANNIEN · TÜRKEI

ÄGYPTEN · ÖSTERREICH · GRIECHENLAND · PORTUGAL · NIEDERLANDE · SCHWEIZ · TUNESIEN · IRLAND · SCHWEDEN

POLEN · TSCH. REP. · KROATIEN · NORWEGEN · RUMÄNIEN · FINNLAND · BELGIEN · BULGARIEN · UNGARN · ZYPERN · MAROKKO · DÄNEMARK

KLETT-PERTHES

3 🔺 Urlaubsorte in Europa

London

Mayrhofen

Toskana

Benidorm

Alpen

Kreta

KLETT-PERTHES

4 🔺 Wintertourismus in den Alpen
Ferienregion Mayrhofen im Zillertal

Landschaft
⬛ Wald
⬛ flacher Talgrund
⬛ unbewaldete Hänge
⬛ Siedlungsfläche

Wintersporteinrichtungen
🚡 Gondelbahn · ⬤ Halfpipe
🚡 Sessellift · Rodelbahn
Skiabfahrt · ⬜ Eislaufplatz
Skiroute · ▬ Sprungschanze
Loipe · ◇ Skiverleih, Skischule

Touristische Einrichtungen und Unterkünfte
🏠 Bergrestaurant, Après-Ski
🏠 Hallenbad, Wellness
🟨 Hotel, Pension, Ferienwohnung

Verkehr
▬ Eisenbahn · 🅿 Parkplatz
Hauptstraße · 🅗 Skibushaltestelle
Nebenstraße, Feldweg

Hoarbergspitze 2278
Wanglspitz 2420
Rotkopf 2006
Penkenjoch 2095
Knorren 2081
Gschößberg 2005
Horbergbahn
Penkenbahn
Schwendau-Mühlbach
Schwendau-Burgstall
M.-Eckartau
M.-Hollenzen
M.-Laubichl
Mayrhofen
Finkenberg
Tux-Vorderlanersbach
F-Gstan
F-Freihof
1 : 60 000
0 500 1000 1500 m

KLETT-PERTHES

EINFÜHRUNG · DEUTSCHLAND · EUROPA · ASIEN · AFRIKA und ORIENT · AUSTRALIEN und POLE · AMERIKA · WELT · REGISTER

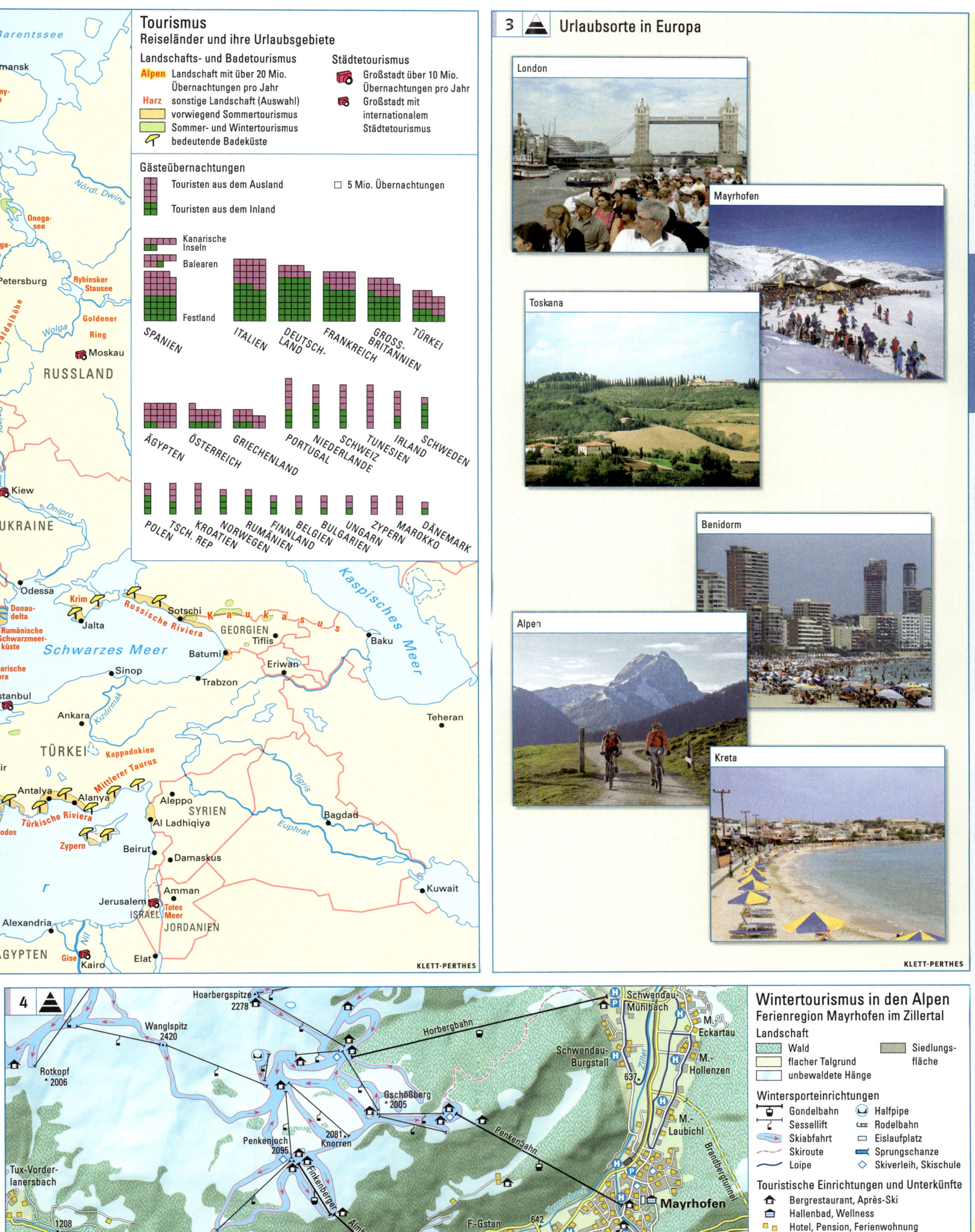

EINFÜHRUNG
DEUTSCHLAND
EUROPA
ASIEN
AFRIKA und ORIENT
WELT
REGISTER

1

1 : 15 000 000

0 100 200 300 km

westl. Länge 0° östl. Länge v. Greenwich

nördlicher Polarkreis

Europäisches Nordmeer

ISLAND

ATLANTISCHER

OZEAN

Murmansk

Weißes Meer

Archange

Tscher power

NORWEGEN

SCHWEDEN

FINNLAND

Onega-see

Bergen

Oslo

Stavanger

Stockholm

Göteborg

Ladoga-see

Tampere

Helsinki

St. Petersburg

Tallinn

ESTLAND

Peipussee

Riga

LETTLAND

LITAUEN

Wilna

zu RUSSL.

Minsk

WEISSRUSSLAND

Pripjet

Nordsee

Glasgow Edinburg

Newcastle upon Tyne

GROSS-

Liverpool/ Manchester/ Sheffield

BRITANNIEN

Århus

DÄNEMARK

Odense

Malmö

Kopen-hagen

Danzig

POLEN

Bremen

Hamburg

Hannover

Posen

Warschau

Dublin

IRLAND

Cork

Mittel-england

Birming-ham

Oxford/ Luton Norwich

London

Amsterdam/ Rotterdam

NIEDERL.

Nimwegen

Münster

Bielefeld

Dortm.

Berlin

Łódź

Breslau

Ober-schlesien

Kiew

UKRAINE

Bristol

Southampton/ Portsmouth

Brighton

Antwerpen

BELG.

Eindh.

Dü.

Rhein-Ruhr

DEUTSCH-LAND

Halle/Leipzig

Dresden

Reichenb.

Kattowitz

Krakau

Der Kanal

Le Havre

Lille

Brüssel

Köln

LUX.

Frankfurt

Prag

Pilsen

TSCHECH. REP.

Ostrau

Brünn

Rouen

Paris

Lux.

Ludwigs-hfn.

Mannhm.

Nürnberg

Rennes

Seine

Straßburg

Stuttg.

Augsb.

Linz

Pressburg

SLOWAK. REP.

Wien

Győr

Budapest

Klausenburg

Chişinău

Odessa

MOLDAU

Nantes

Loire

FRANKREICH

Offenburg

Ulm

München

Basel

Bern

Zürich

Genf

SCHWEIZ

Graz

ÖSTERREICH

SLOWENIEN

Ljubljana

Zagreb

UNGARN

KROATIEN

Timişoara

Hermannstadt

RUMÄNIEN

Craiova

Bukarest

Constanţa

Golf von Biscaya

Gijon

Bilbao

San Sebastian

Bordeaux

Lyon

Grenoble

Mailand

Turin

Venedig

Bologna

Belgrad

BOSNIEN U. HERZEGOW.

SERBIEN

Sarajewo

Porto

PORTUGAL

Toulouse

Zaragoza

Marseille

Toulon

Nizza

MON.

Florenz

S.M.

ITALIEN

MONTE-NEGRO

Podgorica

Priština

KOSOVO

Tirana

MAZEDONIEN

ALBANIEN

Sofia

BULGARIEN

Saloniki

İzmir

Lissabon

Madrid

Barcelona

SPANIEN

Valencia

Rom

Neapel

Athen

GRIECHENLAND

İstanbul

Antal

Sevilla

Guadalquivir

Alicante

Algeciras

Mi t t e l m e e r

Palermo

Gioia Tauro

Casablanca/ Rabat

Oran

Algier

MAROKKO

ALGERIEN

Constantine

Tunis

Valletta

MALTA

TUNESIEN

Tripolis

LIBYEN

Banghazi

ÄGYPTEN

Alexand

Wirtschaftszentren

Industriezentrum

☐ Bergbau, Produktion, Energie und Bau

Die Größe der Signatur entspricht ihrer Bedeutung.

Dienstleistungszentrum

○ Handel, Transport, Tourismus und Information

⊕ Flughafen

⚓ Seehafen

○ Finanz- und Wirtschaftsdienst-leistungen

○ Verwaltung, Bildung und Gesundheit

Wirtschaftsraum

2 1 : 3 000 000

0 10 20 50 km

Dienstleistungen
- ● Handel, Transport, Tourismus und Information
- —— Eisenbahn
- —— Erdölpipeline
- —— Erdgaspipeline
- ● Finanz- und Wirtschaftsdienstleistungen
- ● Verwaltung, Bildung und Gesundheit

Wirtschaftsraum Nordfrankreich · Benelux

Industrie
- ⬠ Verhüttung, Gießerei, Walzwerk
- ⊞ Maschinen- und Metallbau
- ⊗ Fahrzeug-, Schiff- und Flugzeugbau
- ⊞ Elektrotechnik, Elektronik, Optik
- ▦ Textilien, Bekleidung
- ⊘ Chemie, Gummi, Raffinerie
- ⊞ Holz, Papier, Druck
- △ Bau, Glas, Keramik
- ⊠ Ver- und Entsorgung
- ⊞ Lebensmittel

Rohstoffe und Energie
- ◇ Braunkohle
- ◆ Steinsalz
- ■ Wärmekraftwerk
- ⚠ Kernkraftwerk
- ◯ Wirtschaftszentrum

Die Größe der Signatur entspricht ihrer Bedeutung.

3 1 : 35 000 000

0 250 500 km

Bergbau und Rohstoffgewinnung

Energierohstoffe
- ◇ Steinkohle
- ◇ Braunkohle
- ◇ Uran
- ⛏ Erdöl
- —— Erdölpipeline
- ⛏ Erdgas
- —— Erdgaspipeline
- ---- Erdgaspipeline im Bau

Erze
- ◆ Eisen
- ◆ Stahlveredler: Chrom, Kobalt, Mangan, Nickel
- ◆ Buntmetalle: Blei, Kupfer, Zink, Zinn
- ◆ Leichtmetalle: Titan (Ilmenit), Aluminium (Bauxit), Magnesit
- ◆ Edelmetalle: Silber

andere Rohstoffe
- ◆ Salze: Kali, Stein- bzw. Meersalz, Phosphat

Die Größe der Signatur entspricht ihrer Bedeutung.

Die größten Wirtschaftsmächte Europas

Bruttoinlandsprodukt in Mrd. US-$

- ▮ Industrie
- ▮ Dienstleistungen

KLETT-PERTHES

EINFÜHRUNG
DEUTSCHLAND
EUROPA
ASIEN
AFRIKA und ORIENT
AUSTRALIEN und POLE
AMERIKA
WELT
REGISTER

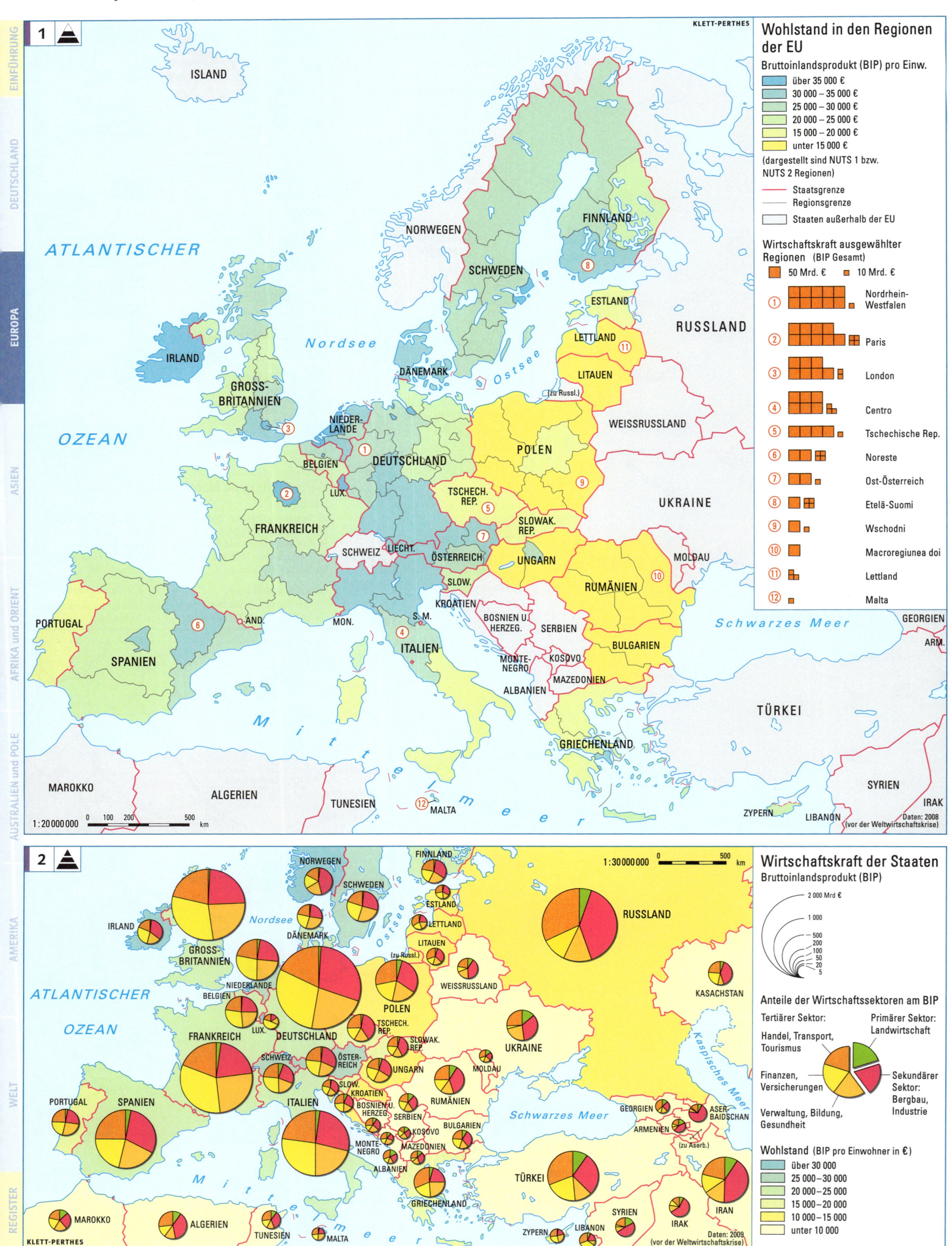

KLETT-PERTHES

1

Wohlstand in den Regionen der EU

Bruttoinlandsprodukt (BIP) pro Einw.

- über 35 000 €
- 30 000 – 35 000 €
- 25 000 – 30 000 €
- 20 000 – 25 000 €
- 15 000 – 20 000 €
- unter 15 000 €

(dargestellt sind NUTS 1 bzw. NUTS 2 Regionen)

- Staatsgrenze
- Regionsgrenze
- Staaten außerhalb der EU

Wirtschaftskraft ausgewählter Regionen (BIP Gesamt)

50 Mrd. €   10 Mrd. €

① Nordrhein-Westfalen
② Paris
③ London
④ Centro
⑤ Tschechische Rep.
⑥ Noreste
⑦ Ost-Österreich
⑧ Etelä-Suomi
⑨ Wschodni
⑩ Macroregiunea doi
⑪ Lettland
⑫ Malta

ISLAND
NORWEGEN
SCHWEDEN
FINNLAND
IRLAND
GROSS-BRITANNIEN
NIEDER-LANDE
DÄNEMARK
ESTLAND
LETTLAND
LITAUEN (zu Russl.)
RUSSLAND
WEISSRUSSLAND
BELGIEN
DEUTSCHLAND
POLEN
LUX.
FRANKREICH
TSCHECH. REP.
SCHWEIZ LIECHT.
ÖSTERREICH
SLOWAK. REP.
UKRAINE
UNGARN
MOLDAU
SLOW.
KROATIEN
RUMÄNIEN
PORTUGAL
SPANIEN
AND.
MON.
S. M.
ITALIEN
BOSNIEN U. HERZEG.
SERBIEN
MONTE-NEGRO
KOSOVO
BULGARIEN
GEORGIEN
ARM.
MAZEDONIEN
ALBANIEN
TÜRKEI
GRIECHENLAND
ATLANTISCHER OZEAN
Nordsee
Ostsee
Schwarzes Meer
Mittelmeer
MAROKKO
ALGERIEN
TUNESIEN
MALTA
ZYPERN
LIBANON
SYRIEN
IRAK

1 : 20 000 000   0   100   200   500 km

Daten: 2008
(vor der Weltwirtschaftskrise)

2

Wirtschaftskraft der Staaten

Bruttoinlandsprodukt (BIP)

2 000 Mrd €
1 000
500
200
100
50
20
5

Anteile der Wirtschaftssektoren am BIP

Tertiärer Sektor:
Handel, Transport, Tourismus
Finanzen, Versicherungen
Verwaltung, Bildung, Gesundheit

Primärer Sektor:
Landwirtschaft

Sekundärer Sektor:
Bergbau, Industrie

Wohlstand (BIP pro Einwohner in €)

- über 30 000
- 25 000 – 30 000
- 20 000 – 25 000
- 15 000 – 20 000
- 10 000 – 15 000
- unter 10 000

1 : 30 000 000   0   500 km

NORWEGEN
FINNLAND
SCHWEDEN
IRLAND
GROSS-BRITANNIEN
DÄNEMARK
ESTLAND
LETTLAND
LITAUEN (zu Russl.)
RUSSLAND
NIEDERLANDE
WEISSRUSSLAND
BELGIEN
POLEN
KASACHSTAN
LUX.
FRANKREICH
TSCHECH. REP.
DEUTSCHLAND
SLOWAK. REP.
UKRAINE
SCHWEIZ
ÖSTERREICH
UNGARN
MOLDAU
SLOW.
KROATIEN
RUMÄNIEN
PORTUGAL
SPANIEN
ITALIEN
BOSNIEN U. HERZEG.
SERBIEN
BULGARIEN
GEORGIEN
ASER-BAIDSCHAN
ARMENIEN (zu Aserb.)
MONTE-NEGRO
KOSOVO
MAZEDONIEN
ALBANIEN
TÜRKEI
GRIECHENLAND
ATLANTISCHER OZEAN
Nordsee
Ostsee
Schwarzes Meer
Kaspisches Meer
Mittelmeer
MAROKKO
ALGERIEN
TUNESIEN
MALTA
ZYPERN
LIBANON
SYRIEN
IRAK
IRAN

Daten: 2009
(vor der Weltwirtschaftskrise)

KLETT-PERTHES

3 ▲

Europäische Union
Politische Entwicklung

- 1958 Gründungsstaaten
- 1973 Erste Norderweiterung
- 1981 Erste Süderweiterung
- 1986 Zweite Süderweiterung
- 1990 Teilerweiterung (ehemalige DDR)
- 1995 Zweite Norderweiterung und Österreich
- 2004 Erste Osterweiterung und Malta
- 2007 Zweite Osterweiterung
- 2013 Teilerweiterung

- Beitrittskandidat
- ● Vertrags- und Verhandlungsort

Handels- und Reiseerleichterung

- Schengener Abkommen: keine Grenz-kontrollen innerhalb dieses Raums
- € Euro als Landeswährung (Stand: 01.01.2015)

Verwaltung

- ○ wichtige Standorte für die EU

Organe der EU

Parlament: Straßburg, Brüssel, Luxemburg
Rat: Brüssel, Luxemburg
Kommission: Brüssel, Luxemburg
Gerichtshof: Luxemburg
Rechnungshof: Luxemburg

Institutionen und Agenturen der EU (Auswahl)

Wirtschafts- und Sozialausschuss: Brüssel
Investitionsbank: Luxemburg
Zentralbank: Frankfurt
Bürgerbeauftragter: Straßburg
Datenschutzbeauftragter: Brüssel
Umweltagentur: Kopenhagen
Agentur für Flugsicherheit: Köln
Polizeiamt (Europol): Den Haag
Agentur für Grundrechte: Wien
Behörde für Lebensmittelsicherheit: Parma
Agentur für Außen- und Sicherheitspolitik: Brüssel, Madrid
Stiftung für Berufsbildung: Turin, Saloniki

ISLAND

ATLANTISCHER OZEAN

NORWEGEN
SCHWEDEN
FINNLAND
RUSSLAND
ESTLAND
LETTLAND
LITAUEN
WEISSRUSSLAND
Nordsee
Ostsee
DÄNEMARK
Kopenhagen
(zu Russl.)
GROSS-BRITANNIEN
IRLAND
NIEDER-LANDE
Den Haag
Amsterdam
DEUTSCHLAND
POLEN
UKRAINE
Brüssel
Maastricht
Köln
BELGIEN
Frankfurt
Luxemburg
LUX.
Schengen
TSCHECH. REP.
Paris
Straßburg
SLOWAK. REP.
Wien
FRANKREICH
SCHWEIZ
LIECHT.
ÖSTERREICH
UNGARN
MOLDAU
Turin
Parma
SLOWENIEN
RUMÄNIEN
PORTUGAL
Madrid
ANDORRA
Nizza
MONACO
ITALIEN
SAN MARINO
KROATIEN
BOSNIEN U. HERZEG.
SERBIEN
Schwarzes Meer
Lissabon
SPANIEN
VATIKANSTADT
Rom
MONTE-NEGRO
KOSOVO
BULGARIEN
MAZEDONIEN
ALBANIEN
Saloniki
TÜRKEI
MAROKKO
ALGERIEN
TUNESIEN
Mittelmeer
MALTA
GRIECHENLAND
ZYPERN
LIBANON
SYRIEN

1 : 20 000 000
0 100 200 500 km

KLETT-PERTHES

---

4 ▲ ## Standorte der Europäischen Union

Europäische Zentralbank in Frankfurt

Europäisches Parlament, Standort Straßburg

Europäisches Parlament, Standort Brüssel

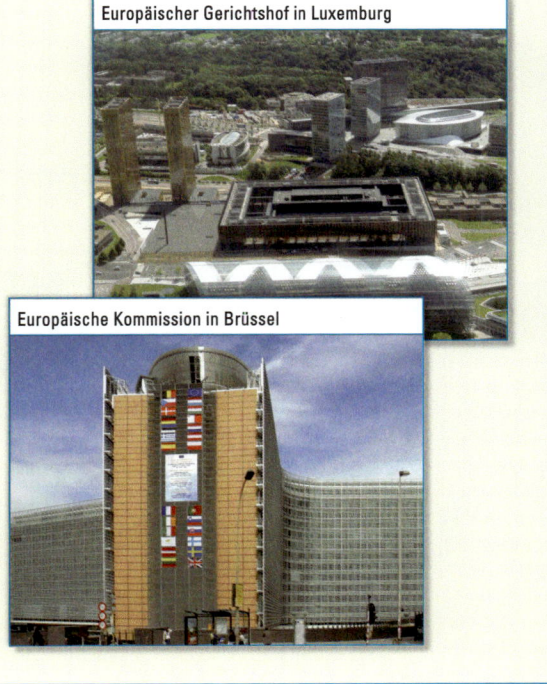
Europäischer Gerichtshof in Luxemburg

Europäische Kommission in Brüssel

KLETT-PERTHES

EINFÜHRUNG
DEUTSCHLAND
EUROPA
ASIEN
AFRIKA und ORIENT
AUSTRALIEN und POLE
AMERIKA
WELT
REGISTER

Europa ohne Grenzen – Mit Euro und ohne Reisepass unterwegs

1

Hallo Lea, hallo Tim. Wem gehört denn dieses tolle Wohnmobil?

Guten Tag, Herr May. Meine Eltern haben es gemietet. Wir haben damit eine Urlaubsreise quer durch Europa unternommen. Morgen müssen wir das Wohnmobil zurückgeben.

Berichte doch nächste Woche in der Klasse über eure Reise.

2

Guten Morgen. Ich habe uns ein paar Urlaubsbilder mitgebracht. Wir sind zuerst in den Niederlanden und Belgien gewesen. Mitten in einer Stadt verlief die Grenze. Man hat es kaum gemerkt.

Auf dem Weg nach Kroatien haben wir hier in Österreich sowie in den anderen Ländern mit Euro bezahlt.

An der deutsch-französischen Grenze bei Lauterburg haben wir nur noch eine verlassene Grenzstation gesehen.

Aber an der slowenisch-kroatischen Grenze wurden wir kontrolliert und mussten Geld tauschen.

3

Herr May: Danke Lea. Wisst ihr, warum Lea an den meisten Grenzen nicht kontrolliert wurde und fast überall mit dem Euro zahlen konnte?

Seht euch die Karte auf Seite 83.3 im Atlas an und findet es mithilfe des Legendenblocks „Handels- und Reiseerleichterung" heraus. Färbt die betreffenden Staaten in den stummen Karten, die ich euch mitgebracht habe, ein.

Europäische Union
Politische Entwicklung
- 1958 Gründungsstaaten
- 1973 Erste Norderweiterung
- 1981 Erste Süderweiterung
- 1986 Zweite Süderweiterung
- 1990 Teilerweiterung (ehemalige DDR)
- 1995 Zweite Norderweiterung und Österreich
- 2004 Erste Osterweiterung und Malta
- 2007 Zweite Osterweiterung

Beitrittskandidat
• Vertrags- und Verhandlungsort

Handels- und Reiseerleichterung
Schengener Abkommen: keine Grenzkontrollen innerhalb dieses Raums
€ Euro als Landeswährung

Verwaltung
○ wichtige Standorte für die EU

Organe der EU
Parlament: Straßburg, Brüssel, Luxemburg
Rat: Brüssel, Luxemburg
Kommission: Brüssel, Luxemburg
Gerichtshof: Luxemburg
Rechnungshof: Luxemburg

Institutionen und Agenturen der EU (Auswahl)
Wirtschafts- und Sozialausschuss: Brüssel
Investitionsbank: Luxemburg
Zentralbank: Frankfurt
Bürgerbeauftragter: Straßburg
Datenschutzbeauftragter: Brüssel
Umweltagentur: Kopenhagen
Agentur für Flugsicherheit: Köln
Polizeiamt (Europol): Den Haag
Agentur für Grundrechte: Wien
Behörde für Lebensmittelsicherheit: Parma

Mithilfe der Legende kann man die Staaten auswählen.

stumme Karte

Ausschnitt aus Karte S. 83.3

EINFÜHRUNG DEUTSCHLAND EUROPA ASIEN AFRIKA und ORIENT AUSTRALIEN und POLE AMERIKA WELT REGISTER

🌐 Linktipp b54tx6
Die EU im Überblick

85

EINFÜHRUNG

DEUTSCHLAND

EUROPA

ASIEN

AFRIKA und ORIENT

AUSTRALIEN und POLE

AMERIKA

WELT

REGISTER

4

Schengen-Staaten (Stand: 01.01.2012)

KLETT-PERTHES

Europäisches Nordmeer

ISLAND

ATLANTISCHER

Nordsee

OZEAN

NORWEGEN SCHWEDEN FINNLAND

ESTLAND
LETTLAND
LITAUEN

DÄNEMARK

NIEDER-
LANDE
BELGIEN DEUTSCHLAND POLEN
LUXEMBURG TSCHECHISCHE
REP.
FRANKREICH SLOWAKISCHE
SCHWEIZ ÖSTERREICH REP.
LIECHTEN- UNGARN
STEIN SLOWENIEN
PORTUGAL ANDORRA MONACO KROATIEN
SPANIEN SAN
MARINO
ITALIEN

GRIECHENLAND

MALTA

Mittelmeer

Legende:
- Schengen-Staat
- Binnengrenze
- Außengrenze
- Leas Reiseroute

1 : 35 000 000   0 250 500 750 km

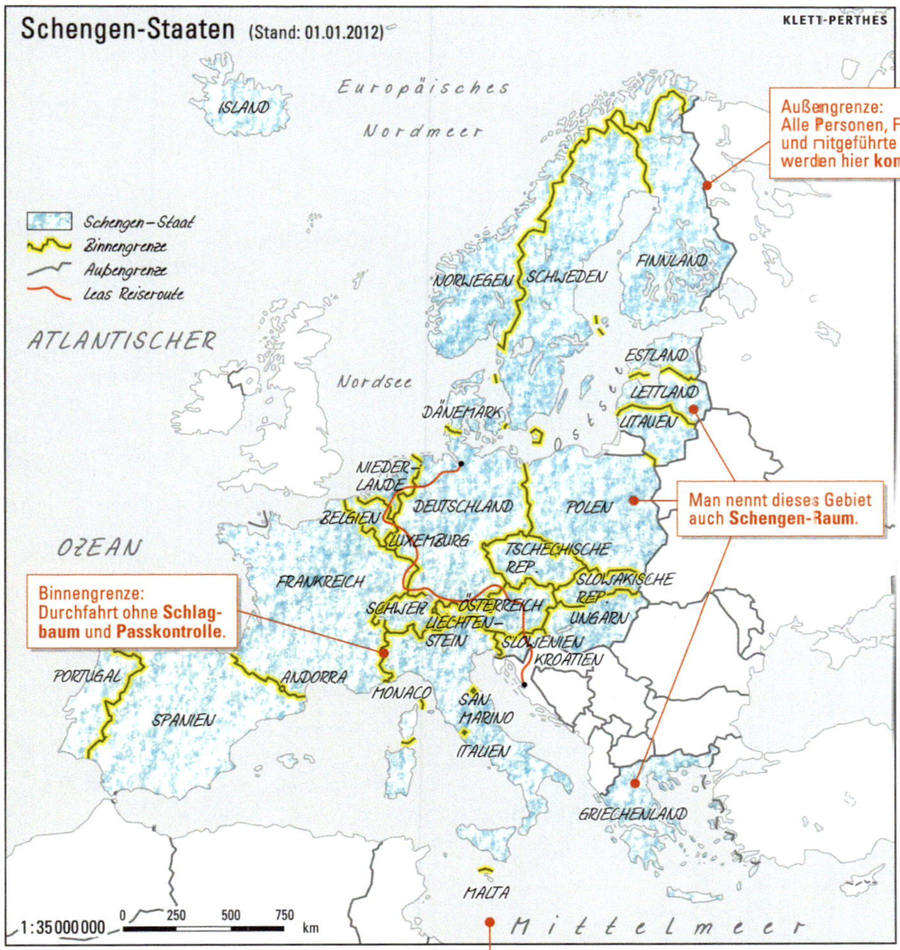

Außengrenze:
Alle Personen, Fahrzeuge und mitgeführte Waren werden hier **kontrolliert**.

Binnengrenze:
Durchfahrt ohne **Schlagbaum** und **Passkontrolle**.

Man nennt dieses Gebiet auch **Schengen-Raum**.

Lea:
Hier ist meine Karte des Schengen-Raums. Ich habe auch unsere Reiseroute bis nach Kroatien eingetragen. Hier sieht man, dass wir bis dorthin nur Binnengrenzen im Schengen-Raum passiert haben.

Herr May:
Hast du die Staaten gezählt?

Lea:
Ja, es gibt 25 Schengen-Staaten.

Wenn man die Karten genau miteinander vergleicht, erkennt man, dass dem Schengen-Raum und der Euro-Zone unterschiedliche Staaten angehören.

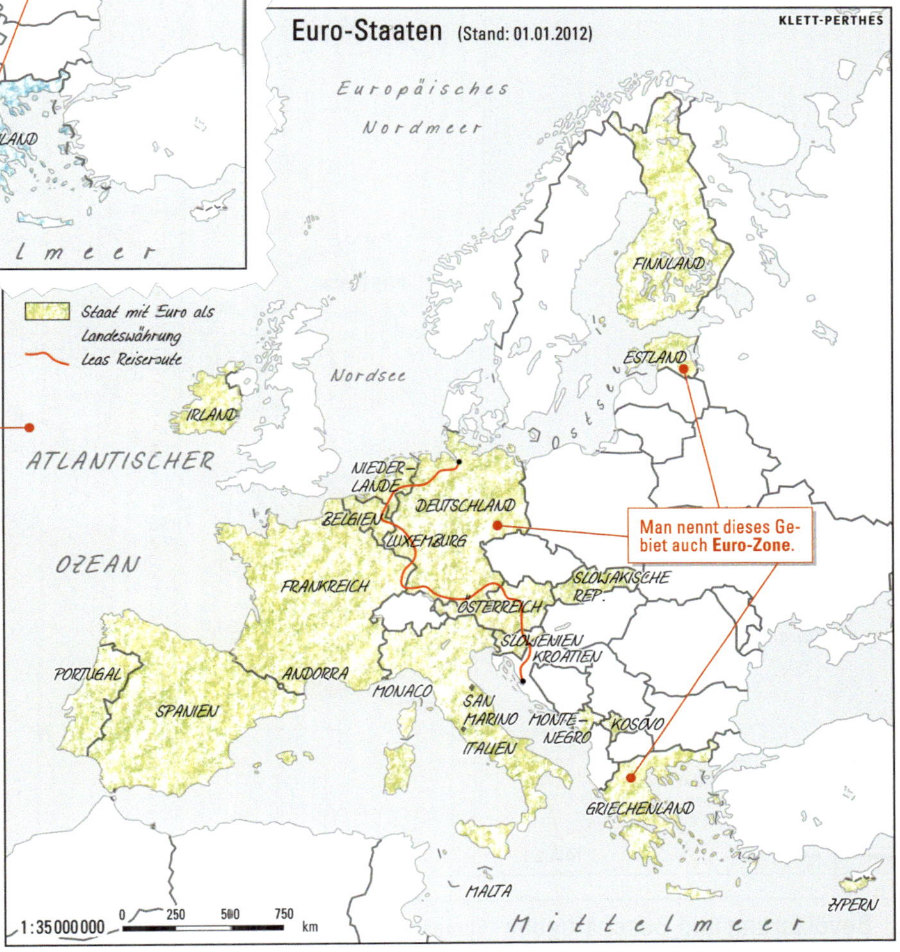

Euro-Staaten (Stand: 01.01.2012)

KLETT-PERTHES

Europäisches Nordmeer

FINNLAND

ESTLAND

Nordsee

IRLAND

NIEDER-
LANDE
BELGIEN DEUTSCHLAND
LUXEMBURG

ATLANTISCHER

OZEAN

FRANKREICH
ÖSTERREICH SLOWAKISCHE
REP.
SLOWENIEN
PORTUGAL ANDORRA KROATIEN
MONACO
SPANIEN SAN
MARINO MONTE-
ITALIEN NEGRO KOSOVO

GRIECHENLAND

MALTA ZYPERN

Mittelmeer

Legende:
- Staat mit Euro als Landeswährung
- Leas Reiseroute

1 : 35 000 000   0 250 500 750 km

Man nennt dieses Gebiet auch **Euro-Zone**.

Tim:
Ich habe mir die Euro-Staaten angesehen und habe die Reiseroute von Lea abgezeichnet. 17 Staaten haben den Euro als Landeswährung.

5

Wie ihr seht, wird uns in großen Teilen Europas das Leben leichter gemacht. Stellt euch nur vor, an jeder der vielen Staatsgrenzen würde man kontrolliert und müsste lange Staus in Kauf nehmen. Nicht nur für Urlauber, sondern auch für den Warentransport wäre das von großem Nachteil.
Oder stellt euch vor, ihr müsstet immer in eine andere Währung umrechnen, wenn ihr im Urlaub einkaufen geht. Auch für Wirtschaftsunternehmen, die europaweit zusammenarbeiten, wäre das sehr umständlich.

Deshalb ist ein gemeinsames Europa für uns alle sehr wichtig.

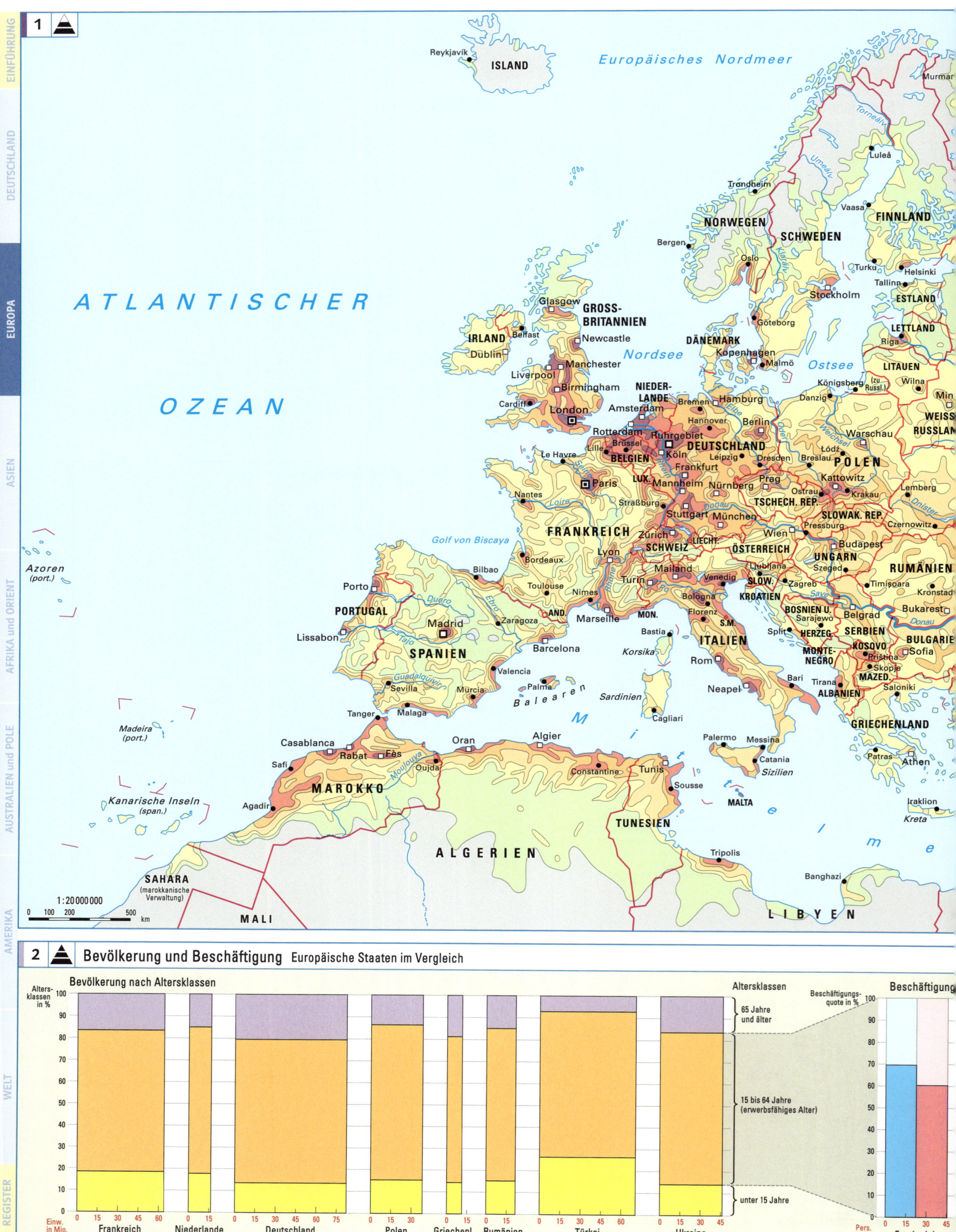

EINFÜHRUNG

DEUTSCHLAND

EUROPA

ASIEN

AFRIKA und ORIENT

AUSTRALIEN und POLE

AMERIKA

WELT

REGISTER

1

Reykjavík · ISLAND

Europäisches Nordmeer

Murmar

A T L A N T I S C H E R

O Z E A N

Trondheim

Luleå

NORWEGEN · SCHWEDEN

FINNLAND

Bergen · Oslo

Vaasa

Turku · Helsinki

Tallinn · ESTLAND

Göteborg · Stockholm

LETTLAND

Glasgow · GROSS-BRITANNIEN

Riga

Belfast · Newcastle · DÄNEMARK

LITAUEN

IRLAND

Nordsee · Kopenhagen · *Ostsee* · Königsberg (zu Russl.) · Wilna

Dublin · Manchester

Danzig · Min

Liverpool · Birmingham · Malmö

WEISS-RUSSLAN

Cardiff · London · Amsterdam · Bremen · Hamburg · Berlin · Warschau

NIEDER-LANDE · Hannover

Rotterdam · Ruhrgebiet · Łódź · Breslau · POLEN

Le Havre · Lille · Brüssel · Köln · DEUTSCHLAND · Leipzig · Dresden · Kattowitz · Lemberg

BELGIEN · Frankfurt · Prag · Krakau

Paris · LUX. · Mannheim · Nürnberg · Ostrau · Czernowitz

Nantes · Straßburg · TSCHECH. REP. · SLOWAK. REP.

Stuttgart · München · Pressburg

FRANKREICH · Zürich · LIECHT. · Wien · Budapest

Lyon · SCHWEIZ · ÖSTERREICH · UNGARN · RUMÄNIEN

Bordeaux · Mailand · Ljubljana · Szeged · Timișoara

Bilbao · Turin · Venedig · SLOW. · Zagreb · Kronstad

Porto · Toulouse · Nîmes · Bologna · KROATIEN · Belgrad · Bukarest

PORTUGAL · Zaragoza · AND. · Marseille · MON. · Florenz · BOSNIEN U. · SERBIEN · BULGARIE

Madrid · Bastia · S.M. · Sarajewo · HERZEG · Sofia

Lissabon · Barcelona · *Korsika* · ITALIEN · Split · MONTE-NEGRO · KOSOVO · Priština · Skopje

SPANIEN · Valencia · Rom · Bari · Tirana · MAZED.

Sevilla · Murcia · Palma · *Sardinien* · Neapel · ALBANIEN · Saloniki

Tanger · Malaga · *Balearen* · Cagliari · GRIECHENLAND

Casablanca · Oran · Algier · Palermo · Messina · Patras · Athen

Rabat · Fès · Constantine · Tunis · Catania · *Sizilien*

Safi · Oujda · Sousse · MALTA · Iraklion

MAROKKO · *Kreta*

Agadir · TUNESIEN

Kanarische Inseln (span.) · Tripolis

A L G E R I E N

SAHARA (marokkanische Verwaltung)

1 : 20 000 000 · 0 100 200 · 500 km

MALI · L I B Y E N · Banghazi

Azoren (port.)

Madeira (port.)

Golf von Biscaya

Duero · *Ebro* · *Tejo* · *Guadalquivir* · *Loire* · *Seine* · *Rhein* · *Elbe* · *Oder* · *Weichsel* · *Donau* · *Save* · *Dnister* · *Torneälv* · *Umeälv*

M i t t e l m e e r

---

2 ◢ **Bevölkerung und Beschäftigung** Europäische Staaten im Vergleich

Bevölkerung nach Altersklassen

Altersklassen in % · 100 90 80 70 60 50 40 30 20 10 0

Altersklassen:
- 65 Jahre und älter
- 15 bis 64 Jahre (erwerbsfähiges Alter)
- unter 15 Jahre

Beschäftigungsquote in % · 100 90 80 70 60 50 40 30 20 10 0

Beschäftigung

Frankreich	Niederlande	Deutschland	Polen	Griechenl.	Rumänien	Türkei	Ukraine
Einw. in Mio. 0 15 30 45 60	0 15	0 15 30 45 60 75	0 15 30	0 15	0 15	0 15 30 45 60	0 15 30 45

Pers. in Mio. 0 15 30 45

Frankreich

EINFÜHRUNG
DEUTSCHLAND
EUROPA
ASIEN
AFRIKA und ORIENT
AUSTRALIEN und POLE
AMERIKA
WELT
REGISTER

Left map — Bevölkerungsdichte (Russland / Türkei / Naher Osten)

Barentssee
Petschora
Ob
Ob
Irtysch
KLETT-PERTHES
Nördl. Dwina
Jekaterinburg
Perm
Tscheljabinsk
Ischewsk
Kasan
Ufa
Kama
t. Petersburg
Jaroslawl
Nischni Nowgorod
Moskau
Rjasan
Wolga
RUSSLAND
Gomel
Saratow
Woronesch
Ural
KASACHSTAN
Don
Wolga
Aralsee
Kiew
Dnipro
UKRAINE
Donezk
Rostow
USBEKISTAN
OLDAU
Kriwi Rih
Chisinau
Odessa
Krim
Krasnodar
Wladikawkas
Sotschi
GEORGIEN
Tiflis
ASERBAID-SCHAN
Baku
TURKMENISTAN
Schwarzes Meer
Samsun
Trabzon
ARMENIEN
Kaspisches Meer
Varna
IRAN
Rascht
İstanbul
Ankara
Kızılırmak
TÜRKEI
Diyarbakır
Teheran
zmir
Antalya
Adana
Gaziantep
Euphrat
Tigris
Aleppo
SYRIEN
Hims
Bagdad
IRAK
ZYPERN
LIBANON
Beirut
ISRAEL
Amman
Jerusalem
JORDANIEN
SAUDI-ARABIEN
Alexandria
Kairo
GYPTEN
r

Bevölkerungsdichte
Einwohner / km²

	Einwohner / km²
	über 500
	200 – 500
	100 – 200
	50 – 100
	10 – 50
	unter 10
	nahezu unbewohnt

Ballungsräume
- ▣ über 10 Mio Einw.
- ◪ 5 – 10 Mio Einw.
- ◻ 1 – 5 Mio Einw.

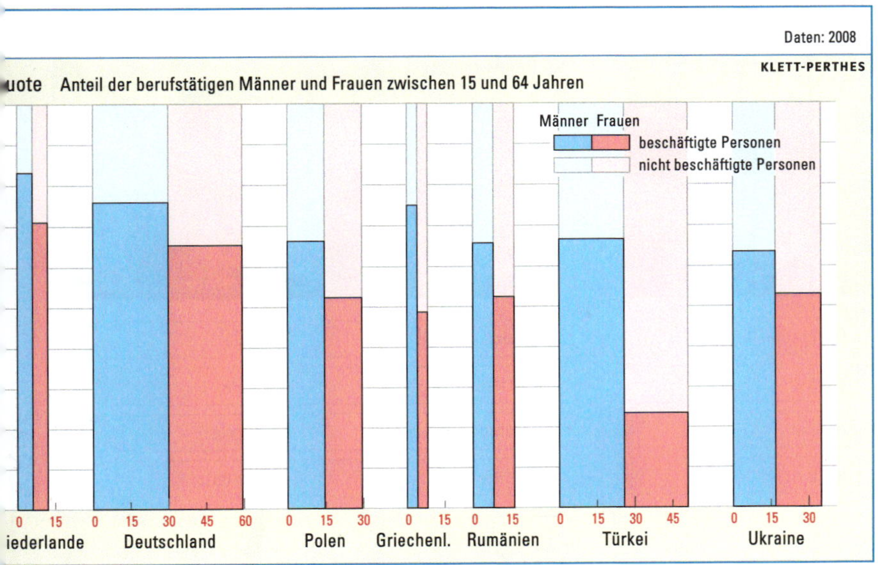

Bottom-left bar chart

Daten: 2008
KLETT-PERTHES

uote Anteil der berufstätigen Männer und Frauen zwischen 15 und 64 Jahren

Männer Frauen
- beschäftigte Personen
- nicht beschäftigte Personen

iederlande — Deutschland — Polen — Griechenl. — Rumänien — Türkei — Ukraine

Right maps — Ballungsräume

3 ▲ Ballungsräume Einkern- und Mehrkernballungen

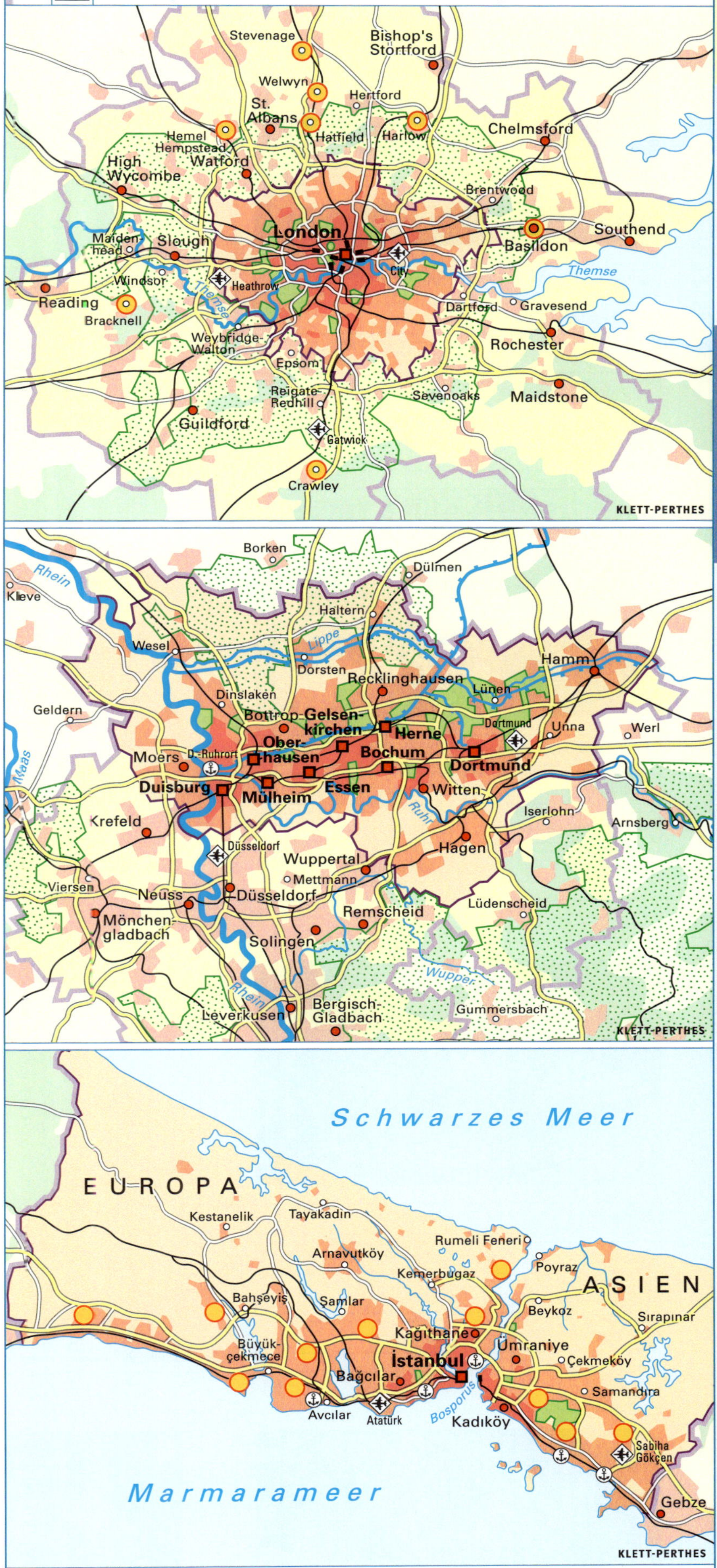

London

Stevenage
Bishop's Stortford
Welwyn
Hertford
St. Albans
Hatfield
Harlow
Chelmsford
Hemel Hempstead
Watford
Brentwood
High Wycombe
London
Southend
Maidenhead
Slough
City
Basildon
Reading
Windsor
Heathrow
Dartford
Gravesend
Bracknell
Weybridge-Walton
Rochester
Epsom
Reigate-Redhill
Sevenoaks
Maidstone
Guildford
Gatwick
Crawley
Themse
KLETT-PERTHES

Ruhrgebiet

Borken
Rhein
Dülmen
Kleve
Haltern
Wesel
Lippe
Hamm
Geldern
Dorsten
Recklinghausen
Lünen
Dinslaken
Bottrop
Gelsen-kirchen
Herne
Dortmund
Unna
Werl
Moers
D. Ruhrort
Ober-hausen
Bochum
Witten
Duisburg
Mülheim
Essen
Iserlohn
Arnsberg
Krefeld
Hagen
Düsseldorf
Wuppertal
Viersen
Mettmann
Lüdenscheid
Neuss
Düsseldorf
Remscheid
Mönchen-gladbach
Solingen
Wupper
Bergisch-Gladbach
Gummersbach
Leverkusen
Rhein
KLETT-PERTHES

İstanbul

Schwarzes Meer
EUROPA
Kestanelik
Tayakadın
Rumeli Feneri
Arnavutköy
Poyraz
Kemerbugaz
ASIEN
Bahşeyiş
Şamlar
Beykoz
Sarıyer
Büyük-çekmece
Kağıthane
Ümraniye
İstanbul
Çekmeköy
Bağcılar
Kadıköy
Samandıra
Avcılar
Atatürk
Bosporus
Sabiha Gökçen
Marmarameer
Gebze
KLETT-PERTHES

Legend

Verwaltung
- —— Grenze des Ballungsraumes
- —— Grenze der Metropolregion

Belastung im Ballungsraum
- sehr hohe Bebauungsdichte
- hohe Bebauungsdichte

Städte
- ▣ Kernstadt
- ● bedeutendes regionales Zentrum
- ○ kleineres Zentrum
- Bebauung außerhalb des Ballungsraumes

Entlastung des Ballungsraumes
- 🟡 Satellitensiedlung oder Trabantenstadt
- 🟩 zentrale Parkanlagen

Naherholung
- Landschafts- und Naturpark
- Wald
- Ackerland und Grünfläche

Verkehrsverbindung
- Eisenbahn mit Bahnhof
- Autobahn, Schnellstraße
- Verbindungsstraße
- Fluss, Kanal
- Hafen
- Flughafen

1 : 1 250 000   0 5 10   25 km

①

Guten Tag!	Danke.
Auf Wiedersehen!	Schule
Wie heißt du?	Familie
Wie geht es dir?	Heimatland

② CHICKEN & FRIES
BURGERS · SAUSAGES · BACON · NUGGETS
REFRESHMENT

Good morning/afternoon!	Thank you.
Goodbye!	school
What's your name?	family
How are you?	native country

③

Bonjour!	Merci.
Au revoir!	école
Comment t'appelles-tu?	famille
Comment vas-tu?	pays natal

Isländisch

Europäisches Nordmeer

Färöisch/Dänisch

ATLANTISCHER

Gälisch

Irisch

Englisch ②

Walisisch

Nordsee

Dänisch

OZEAN

Niederländisch

Nieder-ländisch

Niederl. Franz. Dt.

Bretonisch

Letzeburgisch

Deutsch

Französisch ③

Franz. Dt. Räto-romanisch

Deutsch

Rhône

Provencialisch

Galicisch

Baskisch

Duero

Portugiesisch ⑤

Spanisch

Ebro

Katalanisch

Tajo

Guadalquivir

Katalanisch

Norwegisch ⑫

Schwedisch

Umeälv

Klarälv

Ostsee

Deutsch

Kaschubisch

Weichsel

Sorbisch

Pol ⑩

Tschechisch

Slow

Deutsch

Slowa

Slowenisch

Unga

Friaulisch

Slowe-nisch

Italienisch ⑥

Kroatisch

Save

Ser

Korsisch

Albanisch Alban.

Griechisch

Sardisch

Griec

Albanisch

M

Albanisch

Maltesisch

Mouloya

1:20 000 000   0   100   200   500 km

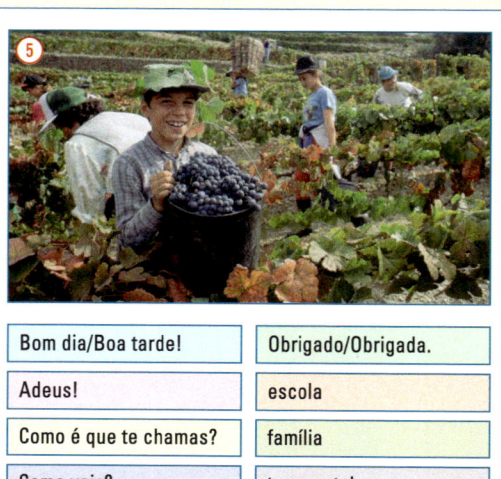

④

¡Buenos días!	Gracias.
¡Hasta la vista!	escuela
¿Cómo te llamas?	familia
¿Cómo estás?	patria

⑤

Bom dia/Boa tarde!	Obrigado/Obrigada.
Adeus!	escola
Como é que te chamas?	família
Como vais?	terra natal

⑥

Buon giorno!	Grazie.
Arrivederci!	scuola
Come ti chiami?	famiglia
Come stai?	terra natale

EINFÜHRUNG · DEUTSCHLAND · EUROPA · ASIEN · AFRIKA und ORIENT · AUSTRALIEN und POLE · AMERIKA · WELT · REGISTER

EINFÜHRUNG
DEUTSCHLAND
EUROPA
ASIEN
AFRIKA und ORIENT
AUSTRALIEN und POLE
AMERIKA
WELT
REGISTER

Sprachen in Europa (map)

KLETT-PERTHES

Sprachen in Europa

▨	Germanische Sprachen
▨	Romanische Sprachen
▨	Griechisch
▨	Slawische Sprachen
▨	Baltische Sprachen
▨	Albanisch
⊙	Keltische Sprachen
▢	Finno-Ugrische Sprachen
▢	Turksprachen
⊙	sonstige Sprachen in Europa
▢	Sprachen außerhalb Europas
Deutsch	Staatssprache
Sorbisch	Minderheitensprache
—	Staatsgrenze

Map labels: Barentssee, Finnisch, Samisch, Nenzisch, Komi, Schwedisch, Karelisch, Estnisch, Lettisch, Litauisch, Weiß-russisch, Polnisch, Russisch, Ukrainisch, Ungarisch, Moldauisch, Rumänisch, Deutsch, Serbisch, Bulgarisch, Türkisch, Mazedonisch, Griechisch, Kurdisch, Türkisch, Türk., Griech., Schwarzes Meer, Kaspisches Meer, Aralsee, Persischer Golf, Nördl. Dwina, Petschora, Ob, Wolga, Kama, Don, Dnjepr, Dnister, Dnipro, Ural, Donau, Tigris, Euphrat, Nil, Kizilirmak

God dag!	Takk.
På gjensyn!	skole
Hva heter du?	familie
Hvordan er det med deg?	hjemland

Dag!	Dank je.
Tot ziens!	school
Hoe heet je?	familie
Hoe gaat het met jou?	geboorteland

Dzień dobry!	Dziękuję.
Do widzenia!	szkoła
Jak masz na imię?	rodzina
Jak się masz?	kraj rodzinny

Καλημέρα σας!	Ευχαριστώ.
Αντίο σας!	σχολείο
Πώς λέγεσαι;	οικογένεια
Πώς είσαι;	πατρίδα

Günaydın!	Teşekkür ederim.
Allaha ısmarladık!	okul
Adın nedir?	aile
Nasılsın?	anayurt

Добрый день!	Спасибо.
До свидания!	школа
Как тебя зовут?	семья
Как дела?	родина

EINFÜHRUNG
DEUTSCHLAND
EUROPA
ASIEN
AFRIKA und ORIENT
AUSTRALIEN und POLE
AMERIKA
WELT
REGISTER

Eisbrecher

Seebär

Öl und Gas

Motorschlitten

Holzhaus

Wolf

Aralsee

Weizen

Bauer

Reiter

Jerusalem

Baumwolle

Seidenstraße

Scheich

Samarkand

Öl und Gas

Himalaya

Schador

Kamelrennen

Öl und Gas

Tibeter

Sanaa

Dubai

Teppiche

Oase

Tadsch Mahal

Öltanker

Mahatma Gandhi

Ganges

Bombay

Kobra

Tiger

Inder

Software

Gewürze

Ganesha

Kennst du Asien?

Wichtiges aus Natur, Kultur und Technik

Landschaften

Polarmeer:
im Winter vereist
gelegentlich vereist
Vorkommen von Eisbergen

Inlandeis, Gletscher

Tundra, Hochgebirge

Ackerland

Steppe, Savanne

Halbwüste, Wüste

Nadelwald

Mischwald

Tropischer Wald

Eisbär

Rentier

Menzen in der Tundra

Braunbär

Holzgewinnung

Kamtschatka

Wal

Baikalsee

Tiger

Fangschiff

Transsib in der Taiga

Jurte

Weizen

Chinesische Mauer

Werft

Erdbeben

Computer und Roboter

Fudschijama

Frachtschiff

Wüste Gobi

Peking

Tischtennis

Dschunke

Autos

Panda

Drei-Schluchten-Stausee

Fahrräder

Frachtschiff

Tee

Reis

Karstbergland

Hongkong

Buddha

Arbeitselefant

Rangun

Wasserbüffel

Reisbauer

Urlaub

Orang-Utan

Riksca

Regenwaldzerstörung

Torajahaus

Merapi

Reisbauer

EINFÜHRUNG
DEUTSCHLAND
EUROPA
ASIEN
AFRIKA und ORIENT
AUSTRALIEN und POLE
AMERIKA
WELT
REGISTER

Physische Übersicht

Höhenschichten

über 5000 m
2000 – 5000 m
1000 – 2000 m
500 – 1000 m
200 – 500 m
100 – 200 m
0 – 100 m
unter 0 m

Höhe über dem Meeresspiegel (in m)
8846

geographische Grenze von Asien

große Städte

1 : 30 000 000

0   500 km

Lage auf dem Globus

EINFÜHRUNG
DEUTSCHLAND
EUROPA
ASIEN
AFRIKA und ORIENT
AUSTRALIEN und POLE
REGISTER

Kap Deschnew
Tschuktschen-halbinsel
Neusibirische Inseln
Laptewsee
Ostsibirische See
Anadyr-Geb.
1843
Korjaken-Geb.
2562
Kolymagebirge
1962
Pobeda 3147
Ostsibirisches Gebirgsland
2959
nördlicher Polarkreis
Kolyma
Indigirka
Lena
Jakutsk
Lenabecken
Mittel-sibirisches Bergland
Aldan
Kamtschatka
Kljutschewskaja Sopka 4750
Ochotskisches Meer
Sachalin
1609
Kurilen
PAZIFISCHER
Stanowoi-Bergland
2999
Jablonowy-Geb.
2840
Stanowoi-Geb.
2412
Amur
Hellong Jiang
2290
Hokkaido
Sapporo
Baikalsee
Irkutsk
3491
Selenga
Argun He
Qiqihar
Mandschurisches Becken
Harbin
Wladiwostok
Honshu
Japanisches Meer (Ostmeer)
Changchun
Ulan-Bator
angai-Geb.
2034
Großer Hinggan
Shenyang
Pjöngjang
Fudschijama 3776
Tokyo
Yokohama
G
o
b
i
Kyoto
Nagoya
Seoul
Kobe
Osaka
Peking
Dalian
Pusan
Hiroshima
Shikoku
Tianjin
Gelbes Meer
Kita Kyushu
Nan Shan
6346
Jinan
Tsingtau
Kyushu
Lanzhou
Zhengzhou
Große Ebene
Ostchinesisches
5094
Xi'an
Qin Ling
3767
Nanjing
Shanghai
Gongga
7590
Wuhan
Meer
Huang He
Drei-Schluchten-Stausee
Rotes
5881
Chengdu
Becken
Chongqing
Nanchang
Jangtsekiang
Taipeh
3952
Guiyang
Südchinesisches Bergland
Taiwan
Ryukyu-Inseln
Marianen
Kunming
Kanton
Xi Jiang (Perlfluss)
Hongkong
OZEAN
3143
Hanoi
Hainan
Luzon
2928
Rangun
Vientiane
Mekong
Manila
Philippinen
Bangkok
Phnom Penh
Ho Chi Minh
Südchinesisches Meer
Karolineninseln
Golf von Siam
Suluessee
Davao
Apo 2954
Mindanao
OZEANIEN
Andamanen-see
Bismarck-archipel
2300
Kinabalu 4101
Celebessee
Halmahera
Bismarck-Geb.
4509
Neu-britannien
Halbinsel Malakka
Molukkensee
Molukken
Maokegebirge
5029
Puncak Jaya
Neuguinea
Medan
2190
Kuala Lumpur
Kalimantan (Borneo)
Sulawesi (Celebes)
3019
Seram
Port Moresby
Malakkastraße
Singapur
Große Sunda-Inseln
3455
Arafurasee
Torresstraße
Kap-York Halbinsel
3805
Kerinci
Palembang
Makassar
Bandasee
Tanimbar-inseln
Korallen-see
Javasee
Kleine Sunda-Inseln
Dili
2920
AUSTRALIEN
Jakarta
Surabaya
Bali
Flores
Timor
Carpentaria-golf
Bandung
Java
Semeru 3676

KLETT-PERTHES

Staaten

Stand: 01.01.2012

——	Staatsgrenze
- - -	umstrittene Grenze, Waffenstillstandslinie
JAPAN	Staat
●	Hauptstadt
○	Regierungssitz

1 : 30 000 000

0   500 km

Die größten Staaten in Asien (nach Einwohnern)

10 Mio. Einwohner   1 Mio. Einwohner   Daten: 2010

China

Indien

Indonesien

Pakistan

Bangla-desch

Russland
in Asien
in Europa

Japan

Philippinen

Vietnam

Iran

Türkei
in Asien
in Europa

Thailand

Myanmar

Südkorea

Irak

Afghanistan

Nepal

Malaysia

Saudi-Arabien

Usbekistan

Nordkorea

Jemen

Sri Lanka

Syrien

Kasachstan

Kambodscha

Aserbaidschan

Vereinigte Arabische Emirate

Israel

Tadschikistan

1

feucht mit mildem Winter

sehr kalt

sehr kalt

sehr kalter Winter

kalter Winter

kühl mit feuchtem Sommer

trocken mit warmem Sommer

sehr trocken mit sehr heißem Sommer

kühl und trocken

trocken mit heißem Sommer

feucht und mild

sehr trocken

heiß mit sehr feuchtem Sommer

trocken und heiß

feucht und heiß

INDISCHER OZEAN

PAZIFISCHER OZEAN

KLETT-PERTHES

Klimazonen
- kalte Zone
- gemäßigte Zone
- subtropische Zone
- tropische Zone
- klimatische Höhenstufe der Gebirge
- Klimazonengrenze
- Grenze von Asien

1 : 60 000 000   0   500   1000 km

2

KLETT-PERTHES

FRANKR.
DEUTSCHL.
POLEN
UNG.
ITALIEN
RUMÄNIEN
UKRAINE
BULGARIEN
GRIECHEN-LAND
TÜRKEI
SYRIEN
IRAK
ÄGYPTEN
SUDAN
ÄTHIOPIEN
SAUDI-ARABIEN
IRAN
USBEKISTAN
TURKMENISTAN
VEREINIGTE ARAB. EMIRATE
OMAN
PAKISTAN
NEPAL
INDIEN
SRI LANKA
BANGLA-DESCH
MYANMAR
THAI-LAND
VIETNAM
MALAYSIA
INDONESIEN
PHILIPPINEN
CHINA
JAPAN
R U S S L A N D
AUSTRALIEN

Mittelmeer
Schwarzes Meer
Kasp. Meer

INDISCHER OZEAN

PAZIFISCHER OZEAN

Landwirtschaft
Die wichtigsten Produktions-länder
- 3 Rangfolge in der Welt-produktion
- Produktionsmenge

Hauptnahrungsmittel
- Weizen
- Mais
- Reis
- Hirse
- Kartoffeln
- Sojabohnen
- Maniok, Yams

Gemüse und Früchte
- Gemüse
- Obst
- Bananen
- Zitrusfrüchte
- Ananas
- Weintrauben
- Datteln
- Erdnüsse
- Kokosnüsse

Tierische Produkte
- Milch, Fleisch
- Fleisch
- Fleisch, Wolle, Milch

Genussmittel
- Tabak
- Tee
- Kakao
- Kaffee
- Hopfen

Zucker- und Ölpflanzen
- Zuckerrohr
- Zuckerrüben
- Palmöl
- Oliven
- Sonnenblumen

Faserpflanzen
- Baumwolle
- Jute
- Flachs

Sonstige Produkte
- Gewürze
- Tropenholz
- Kautschuk

1 : 60 000 000   0   500   1000 km

3

EINFÜHRUNG
DEUTSCHLAND
EUROPA
ASIEN
AFRIKA und ORIENT
AUSTRALIEN und POLE
AMERIKA
WELT
REGISTER

KLETT-PERTHES

Wirtschaft

Rohstoffgewinnung

- Erdöl
- Erdgas
- Kohle
- Eisenerz
- andere Metalle

große Fördermenge
kleine Fördermenge

Wirtschaftszentrum

Industrie (Arbeitsplätze in Fabriken, auf Baustellen, im Bergbau)

Dienstleistungen (Arbeitsplätze in Büros, Hotels, Geschäften, Schulen, Krankenhäusern)

großes Wirtschaftszentrum

kleines Wirtschaftszentrum

viel Industrie, wenige Dienstleistungen

wenig Industrie, viele Dienstleistungen

1:60 000 000   0 500 1000 km

Map 3 labels: Ruhrgebiet, Benelux, Hamburg/Bremen, Berlin, Stockholm, Helsinki, St. Petersburg, Marseille/Nizza, München, Wien, Warschau, Rom, Mailand/Turin, Oberschlesien, Moskau, Bukarest, Donbass, Athen, İstanbul, İzmir, Ankara, Kairo, Tel-Aviv, Uralgebiet, Surgut/mittlerer Ob, Teheran, Kuwait, Ahvaz, Ad Dammam, Doha, Abu Dhabi/Dubai, Lahore, Delhi, Gujarat, Bombay/Pune, Hyderabad, Bangalore, Madras, Kalkutta, Dhaka, Harbin/Changchun, Peking/Tianjin, Taiyuan/Shijiazhuang, Tsingtau/Yantai, Jinan, Seoul, Kobe/Osaka, Tokyo/Yokohama, Nagoya, Fukuoka, Ulsan/Pusan, Sapporo, Wuhan/Xingyang, Chengdu, Jangtse-Delta, Fuzhou/Wenzhou, Taiwan, Shantou, Perlfluss-Delta, Manila, Bangkok, Kuala Lumpur, Singapur, Jakarta/Bandung, Surabaya, PAZIFISCHER OZEAN, INDISCHER OZEAN, Mittelmeer, Schwarzes Meer, Kasp. Meer

4

KLETT-PERTHES

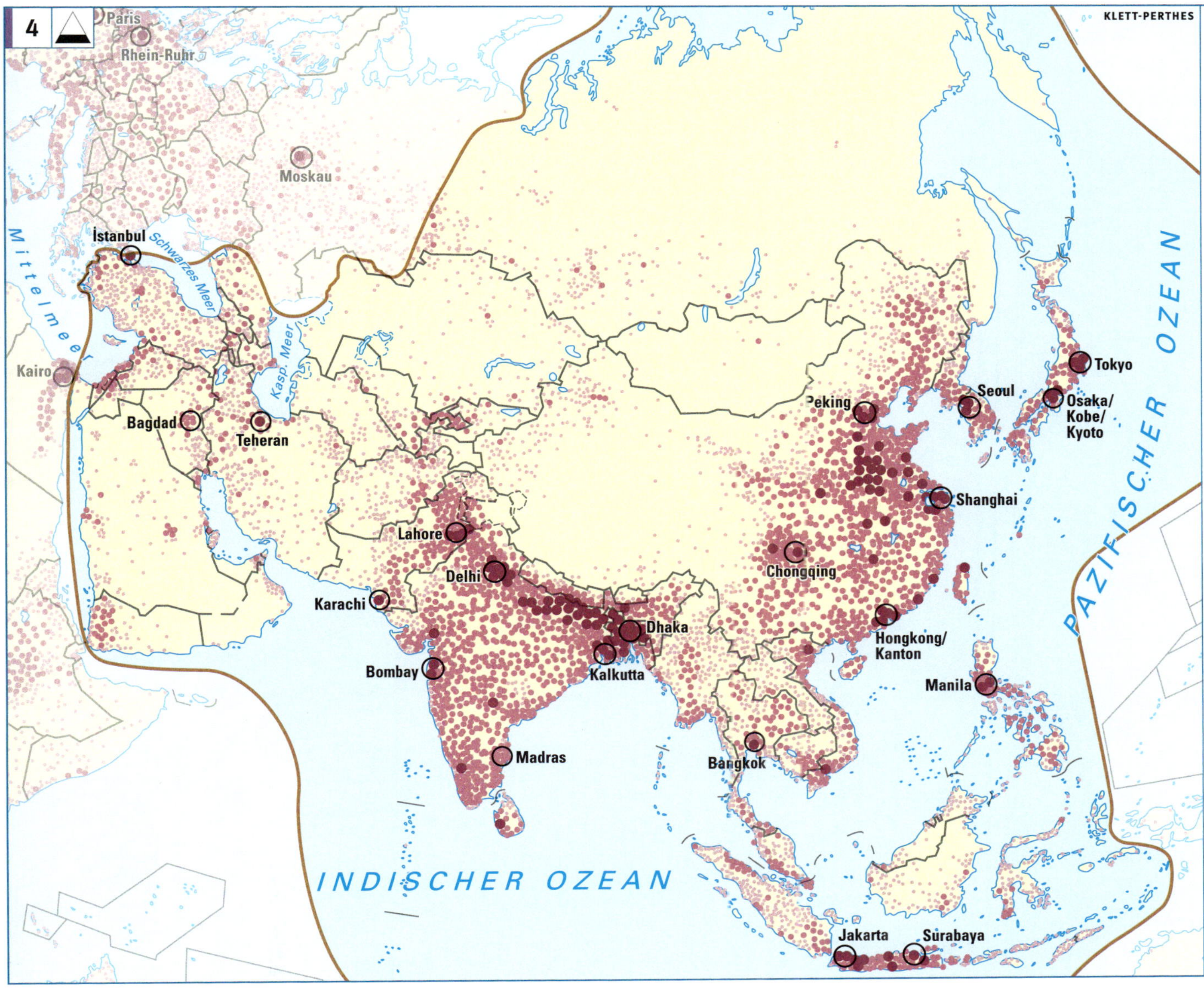

Bevölkerungsverteilung

- 10 000 000 Menschen
- 1 000 000 Menschen
- 100 000 Menschen

Tokyo großer städtischer Ballungsraum

Staatsgrenze
Grenze von Asien

Map 4 labels: Paris, Rhein-Ruhr, Moskau, İstanbul, Kairo, Bagdad, Teheran, Lahore, Delhi, Karachi, Bombay, Kalkutta, Dhaka, Madras, Bangkok, Peking, Chongqing, Shanghai, Seoul, Tokyo, Osaka/Kobe/Kyoto, Hongkong/Kanton, Manila, Jakarta, Surabaya, PAZIFISCHER OZEAN, INDISCHER OZEAN, Mittelmeer, Schwarzes Meer, Kasp. Meer

1:60 000 000   0 500 1000 km

Lage auf dem Globus

1 : 20 000 000

0 100 200   500 km

Größenvergleich und Lage auf dem Globus

Hamburg
Berlin
Köln
Frankfurt
München

PAZIFISCHER

OZEAN

MARSHALL-
INSELN

wobodny
Belogorsk
Chabarowsk
Birobidschan
Belogorsk
lagowesch-
tschensk
Hegang
Dalneretschensk
Shuangyashan
Jiamusi
Hulin
Dalnegorsk
Kunaschir
Mombetsu
Nemuro
Wakkanai
Kushiro
Asahikawa
Obihiro
Sapporo
Otaru
Hokkaido
Muroran
Hakodate
Hachinohe

Sichote Alin
2004
32
2290
Heiner Hinggan
Yichun
Suihua
Shuangyashan
Jixi
Ussuriisk
Partisansk
Nachodka
Wladiwostok

Harbin
Mudanjiang
Chongjin
Aomori
Morioka

Jilin
Yanji
Akita
2230
Honshu
Changchun
Siping
Tonghua
Yamagata
Fukushima
Sendai
Niigata
Iwaki

2744
Japanisches
Meer
(Ostmeer)
Sado
Maebashi
Utsunomiya

Fushun
Benxi
Hamhung
NORD-
KOREA
Nagano
Fudschijama
3776
Tokyo
Chiba

Anshan
Dandong
Sinuiju
Wonsan
SÜD-
Kanazawa
Yokohama

Dalian
Pjöngjang
Nampo
Oki-In.
Kyoto
Nagoya

Yantai
Seoul
Inchon
Kobe
Osaka
JAPAN

Tsingtau
(Qingdao)
Taejon
Taegu
Ulsan
Okayama
Hiroshima
Shikoku

Lianyungang
Yancheng
Chonju
Masan
Pusan
1981
Matsuyama
Kochi

Kwangju
Kita Kyushu
Fukuoka
1788
Oita
Kumamoto
Miyazaki

Nanjing
Wuxi
Nantong
Cheju
(kor.)
Nagasaki
Kumamoto

Shanghai
Suzhou
Ostchinesisches
Kagoshima
Kyushu

Ningbo
Meer
Osumi-In.

Hangzhou
Jinhua
Ryukyu-In.
Amami-In.

2120
Jingdezhen
Wenzhou
Okinawa-I.
Naha

Fuzhou
Nanping
Quanzhou
Senkaku-In.
Sakishima-In.

Xiamen
Zhangzhou
Kilung
Hsintschu
Taipeh
Formosa-Str.

Chaozhou
Taitschung
Taiwan
3952
Taitung

Shantou
Kaohsiung
Bashi-Str.
Batan-In.

enzhen
ongkong
(Xianggang)
Dongsha
(chin.)
Luzon-Str.
Babuyan-In.

Laoag
Aparri
Tuguegarao

Luzon
2928
Baguio

San Fernando
Cabanatuan

Tarlac
Pinatubo
1475
Manila
Quezon City
PHILIPPINEN

Batangas
Legaspi
Samar
Calbayog

Mindoro
2503
Masbate
Tacloban

Calamian-In.
Panay
2050
Bacolod
Leyte

Iloilo
2465
Cebu
Bohol
Butuan

Palawan
Negros
Cagayan de Oro

Puerto Princesa
Dipolog
Iligan
Davao

Zamboanga
Cotabato
2954
Mindanao

Spratly-In.
2084
General Santos

Sulusee
Basilan

Balabac-Str.
Jolo
Sulu-
Inseln
Talaud-In.

Kota
Kinabalu
4101
Kinabalu
Sandakan
Sangihe-In.

Bandar
Seri Begawan
Tawau
Celebessee
Morotai

BRUNEI
2436
Tarakan
Manado
Halmahera
Warjeo

A
Sibu
Samarinda
Gorontalo
Ternate
Sorong

2988
Balikpapan
2707
Bacan-In.
Obi
Misool

Bandar
Sri Aman
Palu
Mapane
Sula-In.
Seramsee

Kalimantan
(Borneo)
2278
Sulawesi
(Celebes)
3019
Seram

O N
Samarinda
2429
Buru
Ambon

Palangkaraya
Parepare
Peleng
Golf v.
Tolo
Kai-In.

da-Inseln
3455
Palopo
Bandasee

Makassar
(Ujung Pandang)
2871
Butung
Tukangbesi-In.
Kendari

Banjarmasin
Tanjung
Laut

Semen
Surabaya
3676
Mataram
Bali
Denpasar
3726
Lombok
3142
Sumbawa
1175
Flores
2382
Ende
Kupang
Timor
Kleine Sunda-Inseln
Sumba
TIMOR-LESTE
2920
Dili

Nördliche
Marianen
(USA)
Agrihan
Pagan
Alamagan
Anatahan

Saipan
Saipan
Rota

Guam
(USA)
Hagåtña

Bonin-In.
(jap.)
nördlicher Wendekreis

Vulkan-In.
(jap.)

Marcus-I.
(jap.)

Truk-In.
Mohen

Pulap-Atoll
Lamotrek-Atoll

Ulithi-Atoll
MIKRONESIEN
Woleai-Atoll

Yap-In.
Sorol-Atoll

Meiekeok
Palau-In.
PALAU

Mussau
Neuirland
Kavieng
Rabaul

Lorengau
Manus
Bismarck-
archipel
2300

Admiralitäts-In.
Bismarcksee
Kimbe

PAPUA-
Neu-
britannien
Salomonsee

Jayapura
Aitape
Wewak
Madang

Kap
d'Urville
1861
4509
Goroka
Lae
Popondetta

Biak
Yapen
Bismarck- Geb.
Mount Hagen
NEUGUINEA

Vogelkopf-
H.-I.
3500
Cenderawasih-
bucht
Maokegebirge
5029
Puncak Jaya
Neuguinea
4072
Mt. Victoria
Port Moresby

Fakfak
Sorong
Kokenau
Tanahmerah
Papua-
golf

Aru-
In.
Merauke
Daru
Kap York
Torres-Str.

Bintuni-B.
Misool

Yos
Sudarso
Kap Vals

Tanimbar-
In.
Saumlaki
Arafurasee
Wessel-
In.
Weipa

Babar-In.
Roma
Moa
Groote Eylandt
Wellesley-In.
Kap-
York-
H.-I.

Wetar
Melville-I.
Bathurst-I.
Darwin
Arnhemland
Carpentaria-
golf

Korallen-
see
Großes Barriereriff

Cooktown
1611
Great Dividing Range

Townsville
Cairns

Timorsee
Kupang
Roti
Sawu-In.
Katherine
Normanton
AUSTRALIEN

Chinesisches Meer

Gelbes
Meer

Shandong
H.-I.

Sulusee

Makassar-Str.
Golf v.
Tomini

Molukkensee
Molukken

Banda see

Javasee
Madura
Yogyakarta
Malang
Surakarta

Mikronesien

Melanesien

EINFÜHRUNG
DEUTSCHLAND
EUROPA
ASIEN
AFRIKA und ORIENT
AUSTRALIEN und POLE
REGISTER

Wirtschaftszentren

Industriezentrum

■ Bergbau, Produktion, Energie und Bau

Dienstleistungszentrum

● Handel, Transport, Tourismus und Information

⊕ Flughafen

⊙ Seehafen

● Finanz- und Wirtschaftsdienstleistungen

● Verwaltung, Bildung und Gesundheit

Die Größe der Signatur entspricht ihrer Bedeutung.

⬭ Wirtschaftsraum

R. Ruhrgebiet

Kartenbeschriftung

Eismeer
Beringmeer
Anadyr
Werchojansk
Magadan
Ochotskisches Meer
nördlicher Polarkreis
Jakutsk
Aldan
Wiljui
Lena
Baikalsee
Selenga
Irkutsk
Ulan-Bator
MONGOLEI
Baotou
Lanzhou
Xi'an
Huang He
Taiyuan
Shijiazhuang
Tianjin
Peking (Beijing)
Qinhuangdao
Yingkou
Dalian
Yantai
Tsingtau
Rizhao
Liangyungang
Handan
Jinan
Xuzhou
Zhengzhou
Xingyang
Nanjing
Jangtse-Delta
Wuhan
Chengdu
Rotes Becken
Chongqing
Nanchang
Changsha
Jangtsekiang
Kunming
Mekong
Salween
Irawadi
MYANMAR (BIRMA)
Rangun
THAILAND
Nakhon Ratchasima
Bangkok
Pattaya/Laem Chabang
Phnom Penh
KAMBODSCHA
Nakhon Si Thammarat
Alur Setar
MALAYSIA
Kuala Lumpur
Kelang
Medan
Tanjung Pelepas
Johor Baharu
SINGAPUR
Pekanbaru
Palembang
Javasee
Jakarta
Bandung
Semarang
Surabaya
INDONESIEN
Harbin
Changchun
Shenyang
Wladiwostok
Juschno-Sachalinsk
Japanisches Meer (Ostmeer)
Sapporo
NORD-KOREA
SÜD-KOREA
Pjöngjang
Seoul
Inchon
Kwangju
Ulsan/Pusan
Bohai-Region
Hiroshima
Fukuoka
JAPAN
Tokyo/Yokohama
Nagoya
Kobe/Osaka
PAZIFISCHER OZEAN
nördlicher Wendekreis
Ostchinesisches Meer
Shanghai
Hangzhou/Ningbo
Wenzhou
Fuzhou
Taipeh
Taitschung
Xiamen
Shantou
Kaohsiung/Tainan
Kanton (Guangzhou)
Xi Jiang
Perlfluss-delta
Hongkong (Xianggang)
Südchinesisches Meer
Hanoi
Hue/Da Nang
VIETNAM
Ho Chi Minh
PHILIPPINEN
Manila
Davao
Äquator
Makassar
Dili
TIMOR-LESTE
Arafurasee
BRUNEI
Bandar Seri Begawan
Kuching
Samarinda
Samarinda
Port Moresby
Korallensee
Taiwan
Xingyang
Handan
Shiyan

Die größten Wirtschaftsmächte Asiens

Bruttoinlandsprodukt in Mrd. US-$

Legende:
■ Industrie
■ Dienstleistungen

Werte (y-Achse): 0, 500, 1000, 1500, 2000, 2500, 3000, 3500, 4000

Länder (x-Achse): China, Japan, Indien

KLETT-PERTHES

1

KLETT-PERTHES

Bergbau und Rohstoffgewinnung

Energierohstoffe
- Steinkohle
- Braunkohle
- Uran
- Erdöl
- Erdölpipeline
- Erdgas
- Erdgaspipeline
- Erdgaspipeline im Bau

Erze
- Eisen
- Stahlveredler: Chrom, Kobalt, Mangan, Nickel
- Buntmetalle: Blei, Kupfer, Zink, Zinn
- Leichtmetalle: Titan (Ilmenit), Aluminium (Bauxit), Magnesit
- Edelmetalle: Gold, Silber, Platin

andere Rohstoffe
- Diamanten
- Salze: Kali, Stein- bzw. Meersalz, Phosphat

Die Größe der Signatur entspricht ihrer Bedeutung.

1 : 60 000 000

0 500 1000 km

2 Wirtschaftsraum Indien

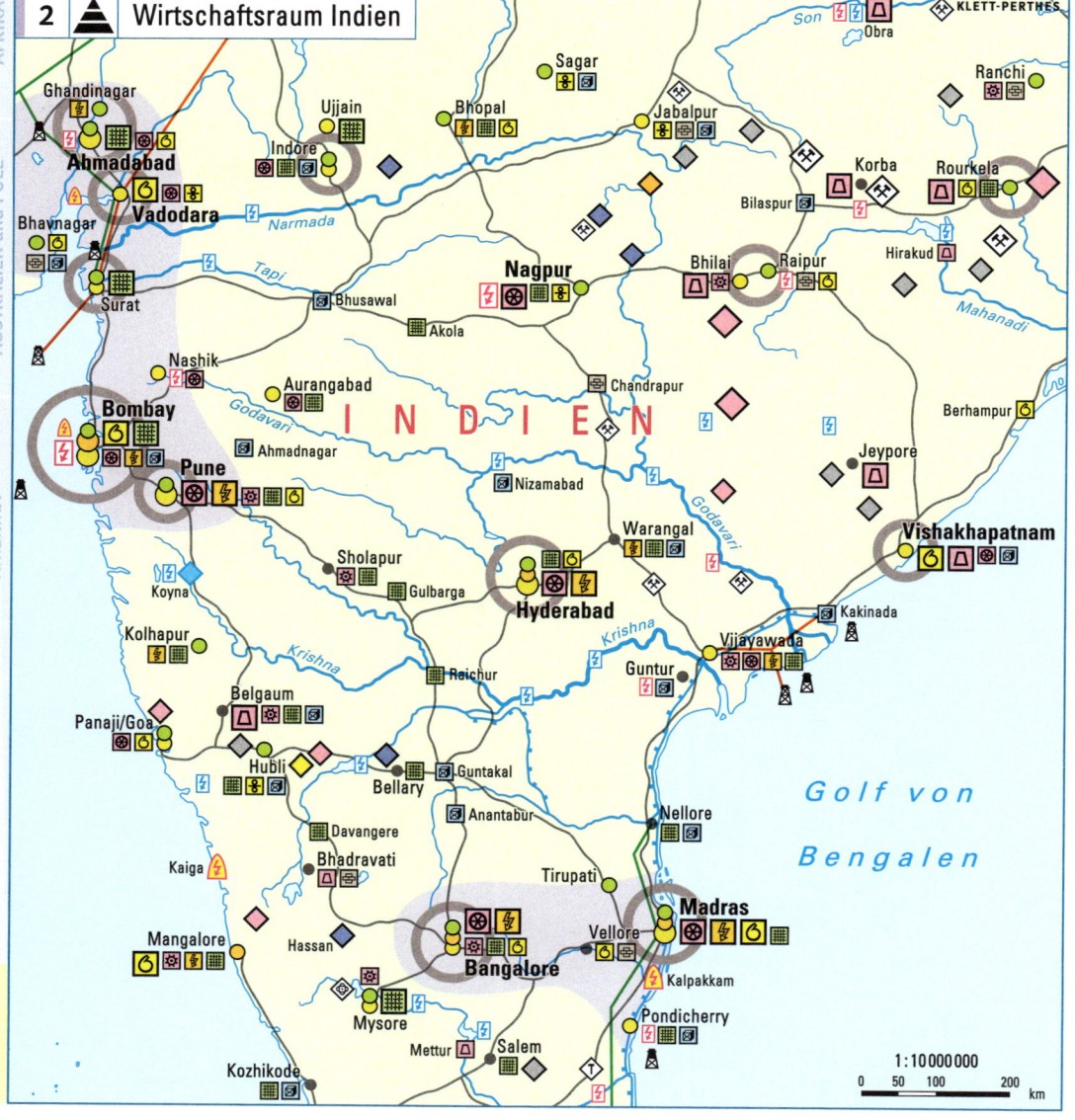

1 : 10 000 000

0 50 100 200 km

4 Wirtschaftsraum Ostchina · Korea · Japan

KLETT-PERTHES

1 : 10 000 000

0 50 100 200 km

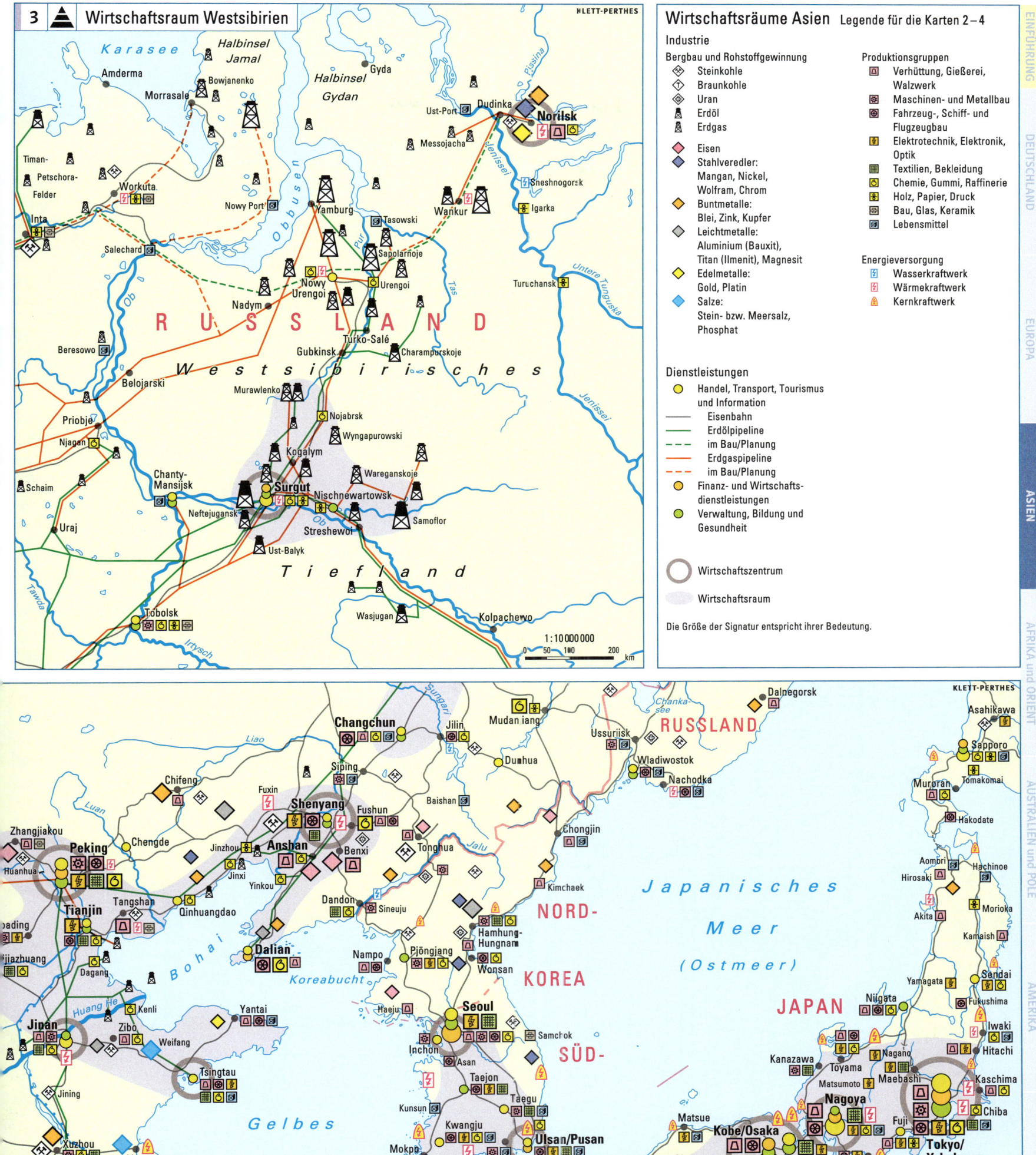

Wirtschaftsraum Westsibirien

3 ▲ Wirtschaftsraum Westsibirien

KLETT-PERTHES

Karasee

Halbinsel Jamal

Halbinsel Gydan

Amderma
Bowjanenko
Gyda
Morrasale
Dudinka
Ust-Port
Norilsk
Messojacha
Timan-
Petschora-
Felder
Workuta
Nowy Port
Yamburg
Tasowski
Wankur
Sneshnogorsk
Igarka
Inta
Salechard
Sapolarnoje
Nowy Urengoi
Urengoi
Nadym
Turuchansk
Beresowo
Ob
Westsibirisches
Belojarski
Türko-Salé
Gubkinsk
Charampurskoje
Priobje
Murawlenko
Njagan
Nojabrsk
Wyngapurowski
Schaim
Kogalym
Uraj
Chanty-
Mansijsk
Wareganskoje
Neftejugansk
Surgut
Nischnewartowsk
Samoflor
Ust-Balyk
Streshewoi
Tawda
Tiefland
Tobolsk
Irtysch
Wasjugan
Kolpachewo

1 : 10 000 000
0 50 100   200 km

Wirtschaftsräume Asien   Legende für die Karten 2–4

Industrie

Bergbau und Rohstoffgewinnung
- ◇ Steinkohle
- ◇ Braunkohle
- ⚒ Uran
- ⚒ Erdöl
- ⚒ Erdgas
- ◆ Eisen
- ◆ Stahlveredler: Mangan, Nickel, Wolfram, Chrom
- ◆ Buntmetalle: Blei, Zink, Kupfer
- ◆ Leichtmetalle: Aluminium (Bauxit), Titan (Ilmenit), Magnesit
- ◆ Edelmetalle: Gold, Platin
- ◆ Salze: Stein- bzw. Meersalz, Phosphat

Produktionsgruppen
- ▣ Verhüttung, Gießerei, Walzwerk
- ▣ Maschinen- und Metallbau
- ▣ Fahrzeug-, Schiff- und Flugzeugbau
- ▣ Elektrotechnik, Elektronik, Optik
- ▣ Textilien, Bekleidung
- ▣ Chemie, Gummi, Raffinerie
- ▣ Holz, Papier, Druck
- ▣ Bau, Glas, Keramik
- ▣ Lebensmittel

Energieversorgung
- ⚡ Wasserkraftwerk
- ⚡ Wärmekraftwerk
- ⚛ Kernkraftwerk

Dienstleistungen
- ⬤ Handel, Transport, Tourismus und Information
- — Eisenbahn
- — Erdölpipeline
- --- im Bau/Planung
- — Erdgaspipeline
- --- im Bau/Planung
- ⬤ Finanz- und Wirtschaftsdienstleistungen
- ⬤ Verwaltung, Bildung und Gesundheit

- ◯ Wirtschaftszentrum
- ▢ Wirtschaftsraum

Die Größe der Signatur entspricht ihrer Bedeutung.

KLETT-PERTHES

Asahikawa
Dalnegorsk
RUSSLAND
Changchun
Jilin
Mudanjiang
Ussuriisk
Sapporo
Muroran
Tomakomai
Siping
Dunhua
Wladiwostok
Hakodate
Chifeng
Fuxin
Shenyang
Fushun
Baishan
Nachodka
Aomori
Zhangjiakou
Chengde
Jinzhou
Anshan
Benxi
Tonghua
Chongjin
Hirosaki
Hachinohe
Peking
Chengde
Jinxi
Yinkou
Dandon
Sineuju
Kimchaek
Akita
Morioka
Huanhua
Tianjin
Tangshan
Qinhuangdao
Nampo
Pjöngjang
Hamhung-Hungnam
Kamaishi
Tsding
Dagang
Dalian
Haeju
Wonsan
NORD-
Japanisches
Yamagata
Sendai
Kenli
Yantai
KOREA
Meer
Niigata
Fukushima
Jinan
Zibo
Weifang
Haeju
Seoul
Samchok
(Ostmeer)
JAPAN
Iwaki
Jining
Inchon
Asan
SÜD-
Hitachi
Kanazawa
Nagano
Xuzhou
Lianyungang
Taejon
Taegu
Toyama
Matsumoto
Maebashi
Kaschima
Huaibei
Weifang
Kunsun
Kwangju
Matsue
Kobe/Osaka
Nagoya
Chiba
Huainan
Qingyang
Yangcheng
Mokpo
Ulsan/Pusan
Masan
Hiroshima
Okayama
Kyoto
Fuji
Tokyo/Yokohama
Shimonoseki
Takamatsu
Hamamatsu
Wakayama
Gelbes
Meer
Cheju
Fukuoka
Kita Kyushu
Matsuyama
Kochi
Oita
Tokushima
Nanjing
Nantong
Hefei
Maanshan
Wuxi
Nagasaki
Yatsushiro
Nobeoka
Tongling
Shanghai
Ostchinesisches
Wuhu
Suzhou
Tongxiang
Nichinan
Hangzhou/Ningbo
Meer
Kagoshima
Osumistraße
PAZIFISCHER
OZEAN

Liao
Luan
Huang He
Bohai
Koreabucht
Koreastraße
Großer Kanal
Jangtsekiang
Chankasee
Sungari

1

EINFÜHRUNG
DEUTSCHLAND
EUROPA
ASIEN
AFRIKA und ORIENT
AUSTRALIEN und POLE
AMERIKA
WELT
REGISTER

westl. Länge–0°–östl. Länge v. Greenwich

Europäisches Nordmeer
Nordsee
Manchester
Birmingham
London
Le Havre
Brüssel
Paris
Amsterdam
Köln
Hamburg
Frankfurt
München
Berlin
Bern
Alpen
Prag
Breslau
Wien
Pressburg
Warschau
Zagreb
Budapest
Belgrad
Karpaten
Lemberg
Skopje
Sofia
Bukarest
Chişinău
Rhein
Donau
Ostsee
Bergen
Oslo
Trondheim
Göteborg
Kopenhagen
Stockholm
Turku
Helsinki
Tallinn
Riga
Königsberg
Wilna
Minsk
Kiew
Warschau
Twer
Jaroslawl
Moskau
Brjansk
Rjasan
N. Nowgorod
Kasan
Wolga
Kirow
Syktywkar
Nördl. Dwina
Petschora
Ural
Archangelsk
Workuta
Norilsk
Spitzbergen
Nordpolarmeer
Neusibirische Inseln
Ostsib.
Franz-Josef-Land
Barentssee
Nowaja Semlja
Sewernaja Semlja
Taimyrsee
Karasee
Laptewsee
Murmansk
H.-I. Kola
Ladoga-see
St. Petersburg
Onega-see
Dnjepr
Woronesch
Charkiw
Odessa
Dnipropetrowsk
Donezk
H.-I. Krim
Rostow
Krasnodar
Sotschi
Wolgograd
Astrachan
Saratow
Samara
Ufa
Orenburg
Orsk
Atyrau
Kasachensteppe
Astana
Aralsee
Syr-Darja
Amu-Darja
Kaspisches Meer
Balchaschsee
Semey
Karagandi
Altai
Sajan
Selenga
Ob
Irtysch
Jenissei
Angara
Lena
Untere Tunguska
Wiljui
Jakutsk
Werchojansk
Stanowoi-Bergland
Sibirien
Serow
Perm
Jekaterinburg
Tjumen
Tscheljabinsk
Surgut
Omsk
Tomsk
Nowosibirsk
Nowokusnezk
Barnaul
Krasnojarsk
Bratsk
Baikal-see
Irkutsk
Tschita
Ulan-Ude
Ulan-Bator
Uralgebirge
Kama
İstanbul
Izmir
Bursa
Ankara
Taurus
Pontisches Geb.
Schwarzes Meer
Nikosia
Adana
Erzurum
Tiflis
Kaukasus
Wladikawkas
Eriwan
Tabris
Baku
Elburs
Kopet-Dag
Daşoguz
Aschgabat
Samarkand
Fergana
Duschanbe
Tian Schan
Bischkek
Almaty
Tarim He
Kashi
Yumen
Ürümqi
Gobi
Baotou
Lanzhou
Xi'an
Aleppo
Beirut
Damaskus
Jerus.
Amman
Mosul
Rasht
Bagdad
Teheran
Isfahan
Große Salzwüste
Meschhed
Mesopotamien
Zagros
Elburs
Euphrat
Al Basrah
Abadan
Kuwait
Medina
Ad Dammam
Riad
Manama
Doha
Dubai
Abu Dhabi
nördlicher Wendekreis
Shiraz
Kerman
Herat
Hindukusch
Kabul
Kandahar
Quetta
Peshawar
Islamabad
Srinagar
Himalaya
Tibet
Lhasa
Yarlung Zangbo
Mekong
Salüen
Jangtsekiang
Huang He
Drei-Schlucht Stausee
Chengdu
Chongqing
Guiyang
Kunming
Nanning
Hanoi
Haiphong
Lahore
Multan
Amritsar
Punjab
Delhi
New Delhi
Wüste Tharr
Indus
Karachi
Hyderabad
Agra
Jaipur
Kanpur
Lucknow
Kathmandu
Varanasi
Patna
Ganges
Dhaka
Haora
Kalkutta
Chittagong
Mandalay
Assam
Brahmaputra
Bengalen
Chieng-Mai
Vientiane
Moulmein
Rangun
Bangkok
Phnom Penh
Ho Chi Minh
Irawadi
Mekong
Ahmadabad
Indore
Bhopal
Jabalpur
Nagpur
Surat
Bombay
Pune
Dekkan
Hyderabad
Vishakhapatnam
Hubli-Dharwad
Bangalore
Madras
Krishna
Madurai
Kochi
Colombo
Ceylon
Golf von Bengalen
Male-diven
H.I. Malakka
Banda Aceh
Pinang
Medan
Sumatra
Kuala Lumpur
Padang
Bandar Lampung
Palemban
Äquator
INDISCHER OZEAN

2

Khasigebirge
1961
Rajshahi
Brahmaputra
Ganges
Mymensingh
Silhat
Dhaka
Agartala
Karnaphuli-Stausee
Khulna
Kalkutta (Kolkata)
Hugli
Chittagong
Bengalen
Sundarbans
Golf von Bengalen
17
20
12
3
15
10
6
17
3
3
1
3
KLETT-PERTHES

Überschwemmungsgebiete in Bangladesch

- Zerstörungen durch mehrere Meter hohe Flutwellen
- jährlich 1–2 m durch Flusshochwasser über-schwemmt
- unregelmäßig über-schwemmt (unter 1 m)
- Schichtfluten mit Richtung der Bodenabtragung
- •10 Höhe über dem Meeres-spiegel (in m)

1 : 6 000 000
0 50 100 km

KLETT-PERTHES

3 ▲ Drei-Schluchten-Stausee am Jangtsekiang

KLETT-PERTHES

Wuxi
Xingshan
Kai Xian
Fengjie   Wushan   Zigui
Yunyang   ①   ②   Badong   ③ 175   **Sanxia-Damm**
Dazhu   **Wanxian**   62   **Gezhouba-Damm**
Wan Zian   Sandoping   **Yichang**

Provinz Chongqing
Huaying
Wulingzhen   Zhijiang
Zhong Xian   2396   **Provinz**   Zhicheng
Changshou   Enshi   **Hubei**
Fuling
Fengdu
230   Qianjiang
Chongqing   **Provinz Hunan**
Wulong
Jangtsekiang (Jinsha Jiang)

Daten: 2010   1:3 500 000   0 10 20   50 km

Drei Schluchten
① Qutang-Schlucht
② Wu-Schlucht
③ Xiling-Schlucht

Umsiedlung
▨ Umsiedlungsgebiet (für ca. 1,3 bis 1,8 Mio Menschen)
⊠ überflutete Stadt, Großstadt
● neu erbaute Stadt, Großstadt
— Provinzgrenze
▲ 175 Höhe in Meter über NN

Staudamm und Stausee
Sanxia-Staudamm
Stausee (Flutung bis 2013)

▲ 175   Schleusen (je 5 Kammern)
62
Schiffs-
hebewerk
Drei-Schluchten-Stausee
14 Turbinen
12 Turbinen   Hochwasser-überlauf   *Jangtsekiang*
0   1000 m

Sanxia-Staudamm
▭ Staudamm (Staumauer)
≈ Deich; Böschung
⚡ Wasserkraftwerk (tägl. Gesamtleistung 18 200 MW)

Höhenschichten (in m)
0 100 200 500 1000 1500 2000 >2000

Gunst- und Ungunsträume
Nutzung und Beeinträchtigung menschlicher Lebensräume

Kernräume der Besiedelung
▢ Ackerland und Grünland
▢ Bewässerungsland

Siedlungs- und Wirtschaftszentren (in Auswahl)
■ über 1 Mio. Einwohner
● unter 1 Mio. Einwohner

Naturräume mit eingeschränkter Nutzung
▢ Steppe und trockenes Grasland
▢ Waldgebiete

Lebensfeindliche Naturräume
▢ Inlandeis, Gletscher
▢ Tundra, Hochgebirgsregion
▽▽▽ Kältegrenze des natürlichen Anbaus
▼▼▼ Halbwüste, Wüste
▾▾▾ Trockengrenze des natürlichen Anbaus
Überwindung der Trockengrenze
▢ Bewässerungsland

Drohender Verlust nutzbarer Räume
▤ Desertifikation und Bodenabtragung

Beeinträchtigung des täglichen Lebens
≋ Überschwemmungen: Ernteausfälle, Zerstörung von Verkehrswegen
➤ Tropische Wirbelstürme: Zerstörung durch Wind, Wasser und Flutwellen
▨ Erdbeben: Zerstörung von Siedlungen und Verkehrswegen
▭ Dürren: Ernteausfälle, teilweise für mehrere Jahre
≈ winterliche Kälteeinbrüche: Lähmung des täglichen Lebens

Kolymagebirge
Kolyma
Indigirka
Scheletschowgolf
Beringmeer
nördlicher Polarkreis
Kamtschatka
Magadan
Petropawlowsk-Kamtschatski
birge
Ochotskisches Meer
Sachalin
Komsomolsk
Amur
Chabarowsk
Juschno-Sachalinsk
Heilong Jiang
Kushiro
Hokkaido
Sapporo
Qiqihar
Hailar
Jiamusi
Wladiwostok
Aomori
Mandschurei
Harbin
Chongjin
Japanisches Meer (Ostmeer)
Changchun   Jilin
Fushun   Pjöngjang   Sendai
Shenyang   Seoul   *Honshu*
Anshan   Tokyo
...king   Tangshan   Dalian   Inchon   Taegu   Yokohama
Tianjin   Kobe   Kyōto   Nagoya
Zibo   Pusan   Osaka
...yuan   Jinan   Tsingtau   Kwangju   Kita Kyushu   Hiroshima
...engzhou   Xuzhou   *Shikoku*
Große Ebene   Kagoshima   *Kyushu*
Nanjing   Shanghai   *Ostchinesisches Meer*
Hangzhou
Wuhan   *Naha*
Nanchang   *Ryukyu-Inseln*
Changsha   Taipeh
Südchinesisches Bergland   Fuzhou
Kanton   *Taiwan*
Kaohsiung
Jiang   Hongkong
Macao
Haikou
Hainan
Südchinesisches Meer   *Luzon*
...a Nang   Quezon City
Manila
Cebu
Iloilo   *Philippinen*
Zamboanga   Davao
Kota Kinabalu   *Mindanao*
Manado
Jayapura
Kalimantan (Borneo)   *Sulawesi (Celebes)*
Kuching   *Molukken*   *Neuguinea*   Port Moresby
...ntianak   *Kapuas*   Balikpapan   Ambon
Banjarmasin   Makassar   *Arafurasee*   Kap-York-H.-I.
...karta   *Javasee*   *Kleine Sunda-Inseln*   Timor

PAZIFISCHER
OZEAN
Marianen-In
Karolinen-In
Karolinen-In
Äquator
nördlicher Wendekreis

1:30 000 000   0 100   300   500 km

1 ▲

İstanbul

Urlaub

Jerusalem

Pyramiden

Kamelrennen

Casablanca

El Djem

Oase

Öl und Gas

Nil

Urlaub

Sahara

Karawane

Assuan-Hochdamm

Djenne

Baumwolle

Erdnüsse

Baobab

Flusspferd

Kaffee

Kaffee

Kakao

Öl und Gas

Kongo

Löwe

Zebra

Schimpanse

Gorilla

Kilimandscharo

Diamanten

Giraffe

Elefant

Simbabwe

Namib

Gold

Kapstadt

Wein

Kennst du Afrika und den Orient?

⛰ Wichtiges aus Natur, Kultur und Technik

Landschaften

- Inlandeis, Gletscher
- Tundra, Hochgebirge
- Ackerland
- Steppe, Savanne
- Halbwüste, Wüste
- Mischwald
- Tropischer Wald

EINFÜHRUNG
DEUTSCHLAND
EUROPA
ASIEN
AFRIKA und ORIENT
AUSTRALIEN und POLE
AMERIKA
WELT
REGISTER

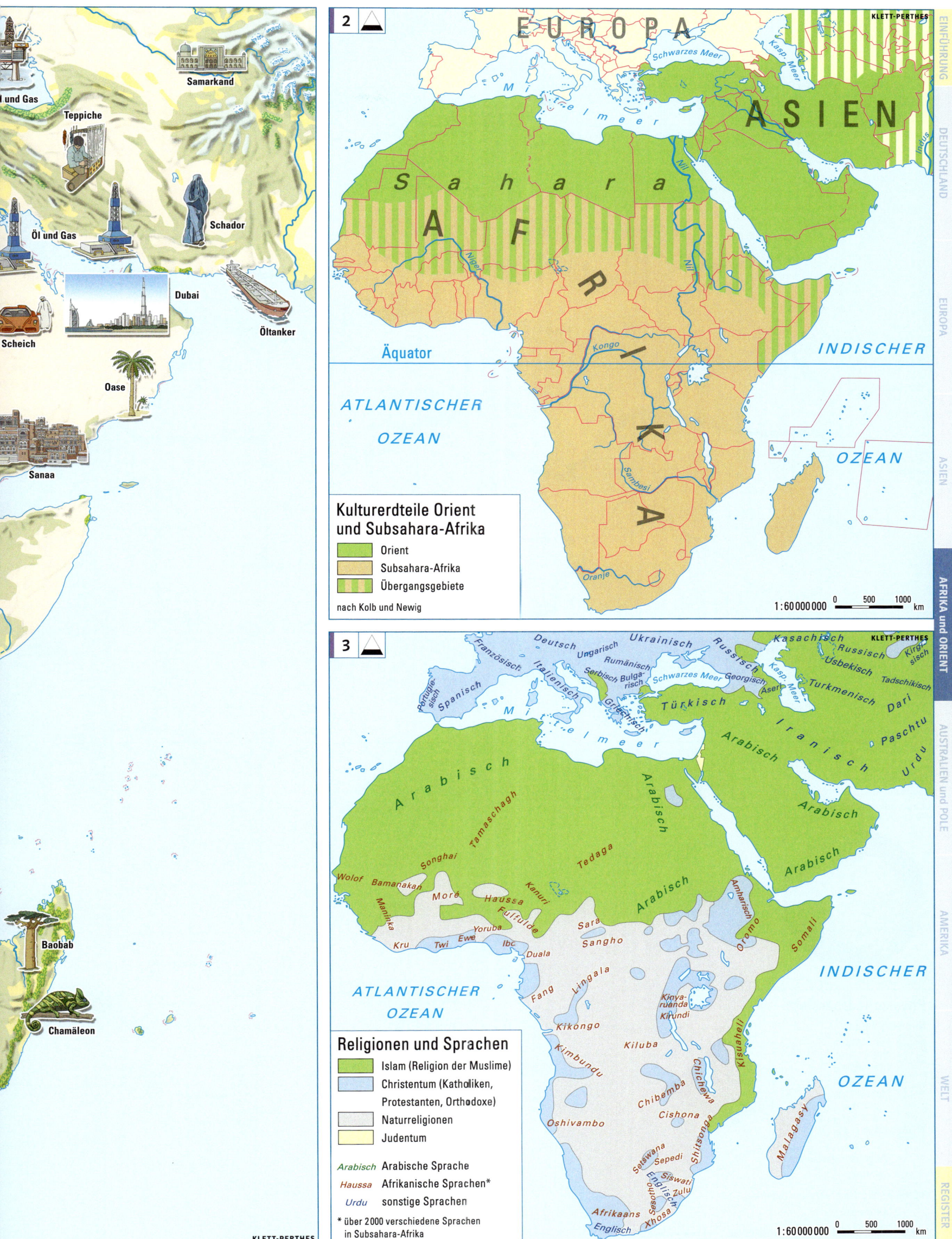

und Gas

Teppiche

Samarkand

Öl und Gas

Schador

Scheich

Dubai

Öltanker

Oase

Sanaa

Baobab

Chamäleon

2

EUROPA

KLETT-PERTHES

Schwarzes Meer

Kasp. Meer

ASIEN

Mittelmeer

Sahara

AFRIKA

Niger

Nil

Indus

Äquator

Kongo

INDISCHER

ATLANTISCHER

OZEAN

Sambesi

OZEAN

Oranje

Kulturerdteile Orient und Subsahara-Afrika

Orient

Subsahara-Afrika

Übergangsgebiete

nach Kolb und Newig

1:60 000 000   0   500   1000 km

3

KLETT-PERTHES

Deutsch   Ukrainisch   Kasachisch   Russisch

Französisch   Ungarisch   Rumänisch   Schwarzes Meer   Georgisch   Kasp. Meer   Usbekisch   Kirgisisch

Portugiesisch   Italienisch   Serbisch Bulgarisch   Griechisch   Aserb.   Turkmenisch   Tadschikisch

Spanisch   Mittelmeer   Türkisch   Iranisch   Dari   Paschtu

Arabisch   Arabisch   Arabisch   Urdu

Tamaschagh

Songhai   Tedaga   Arabisch   Arabisch

Wolof   Bamanakan   Moré   Kanuri   Amharisch

Maninka   Haussa   Sara   Oromo   Somali

Kru   Twi   Ewe   Ibo   Yoruba   Fulfulde   Sangho   Lingala

Duala   Fang   Kinyaruanda   Kirundi

Kikongo   Kiluba   Kiswahili

Kimbundu   Chibemba   Cishona

Oshivambo   Chichewa

Setswana   Sepedi   Malagasy

Afrikaans   Siswati   Zulu

Xhosa   Englisch   Englisch

ATLANTISCHER OZEAN

INDISCHER

OZEAN

Religionen und Sprachen

Islam (Religion der Muslime)

Christentum (Katholiken, Protestanten, Orthodoxe)

Naturreligionen

Judentum

Arabisch   Arabische Sprache

Haussa   Afrikanische Sprachen*

Urdu   sonstige Sprachen

* über 2000 verschiedene Sprachen in Subsahara-Afrika

1:60 000 000   0   500   1000 km

KLETT-PERTHES

EINFÜHRUNG   DEUTSCHLAND   EUROPA   ASIEN   AFRIKA und ORIENT   AUSTRALIEN und POLE   AMERIKA   WELT   REGISTER

ATLANTISCHER OZEAN

London · Land's End · Amsterdam · Köln · Hamb. · Berlin · Warschau · Kiew · Charkiw · Dnipropetrowsk · Rostow · Wolgograd

Paris · Frankfurt · Prag · EUROPA · Wien · München · Budapest · Bukarest · Odessa · Krim · Kaukasus

Montblanc 4807 · Lyon · Mailand · Apenninen · Belgrad · Sofia · Istanbul · Ankara · Pontisches Gebirge 3937 · Ararat 5165 · Elbrus 5642

Madrid · Barcelona · Marseille · Korsika · Rom · Neapel · Sardinien · Athen · Kreta · İzmir · Anatolien · Taurus 3916 · Adana · Mosul

Lissabon · Pyrenäen 3404 · Ebro · Mittelmeer · Sizilien · Ätna 3340 · Zypern · Beirut · Damaskus · Bagdad

Sevilla 3478 · Straße von Gibraltar · Algier · Tunis · Tripolis · Kleine Syrte · Alexandria · Kairo · Gise · Tel Aviv-Jaffa · Totes Meer · Amman

Rabat · Er-Rif · Fès · Große Syrte · Cyrenaika · Halbinsel Sinai 2637 · 2187

Casablanca · Toubkal 4165 · 3340 · Atlasgebirge · Tripolitanien · Libysches Becken · Katara-senke · Nasser see

Madeira · Kanarische Inseln · Teneriffa 3718 · Gran Canaria · Plateau von Tademaït · S a h a r a · Djebel Uweinat 1934 · Nubien · Jiddah · Mekka

nördlicher Wendekreis · Westsaharisches · Ahaggar 2918 Tahat · Plateau von Djado · Tibesti 3415 · Emi Koussi

Kapverdische Inseln · Becken · 2310 · Aïr 1900 · Tschad- · Ennedi 1450 · Baiyudaschwelle · Khartoum · Ras Dashan 4620

Senegal · Kap Verde · Dakar · Adrar der Iforas · Niger · becken · Tschad · Darfur · Dj. Marra 3024 · Weißer Nil · Blauer Nil · Hochland von Äthiopien · Addis Abeba · Batu 4307

1537 · Oberguineaschwelle · Nigerbecken · N'Djamena · Chari · Darfurschwelle · Ober-nil-becken

Conakry 1948 · Freetown · Josplateau 1781 · Benue · 1400 · Asandeschwelle · Turkanasee

Monrovia · Volta-stausee · Ibadan · Hochland von Adamaoua · Bangui · Ubangu · Elgon 4321 · Mt. Kenia 5199

Abidjan · Accra · Lagos · Port Harcourt · Kamerunberg 4070 · Douala · Bioko · Kongo · Kongo-becken · Ruwenzori 5109 · Kampala · Karisimbi 4507 · Victoriasee · Nairobi

Golf von Guinea · São Tomé · Niederguineaschwelle · 1580 · Kasai · Kilimandscharo 5895 · Mombasa

Äquator · Brazzaville · Kinshasa · Tanganjikasee · Sansibar · Daressalam

ATLANTISCHER OZEAN · Luanda 1535 · Lubumbashi · 2895 · Malawi-see

Hochland von Bié 2610 · Lundaschwelle 1630 · Lusaka 1893

Sambesi · Kariba-see · Harare · Straße von Mosambik

Okavango · Südwestafrikanisches Hochland · Kalahari-becken

südlicher Wendekreis · Brandberg 2606 · Windhuk · 2202 · Pretoria · Johannes-burg · Maputo · Limpopo

Namib · Oranje · 2505 Kompassberg · Drakensberge 3482 · Durban

Kapstadt · Kap der Guten Hoffnung · Port Elizabeth

Lage auf dem Globus

Physische Übersicht
Höhenschichten

	Höhe über dem Meeresspiegel (in m)
über 5000 m	5895
2000 – 5000 m	
1000 – 2000 m	
500 – 1000 m	
200 – 500 m	
100 – 200 m	
0 – 100 m	
unter 0 m	

— geographische Grenze von Afrika

— Kulturraumgrenze des Orients (Kernraum)

• große Städte

1 : 30 000 000   0   500 km

EINFÜHRUNG · DEUTSCHLAND · EUROPA · AFRIKA und ORIENT · AUSTRALIEN und POLE · AMERIKA · WELT · REGISTER

Map 2 – Klimazonen

feucht mit mildem Winter — kalter Winter — trocken mit warmem Sommer

milder feuchter Winter, trockener heißer Sommer — trocken mit heißem Sommer

sehr trocken mit sehr heißem Sommer — sehr trocken

heiß mit feuchtem Sommer

trocken und heiß

feucht und heiß

heiß mit feuchtem Winter

sehr trocken

warm mit feuchtem Winter

ATLANTISCHER OZEAN — INDISCHER OZEAN

Mittelmeer — Schwarzes Meer

Klimazonen
- gemäßigte Zone
- subtropische Zone
- tropische Zone
- klimatische Höhenstufe der Gebirge
- Klimazonengrenze
- Grenze von Afrika

1 : 60 000 000   0   500   1000 km

KLETT-PERTHES

Linke Karte (Zentralasien/Orient)

ZENTRAL-ASIEN
Kasachische Schwelle — Dsungarei — Balchaschsee — Tian Shan — Tarimbecken — Tarim He
Aralsee — Tiefland von Turan — Syr-Darja — Amu-Darja — Pamir — Karakorum
Almaty — Bischkek — Pik Pobeda 7439 — Taschkent — Konur 7719 — Kongur 7719
Aschgabat — Duschanbe — Hindukusch — Kabul — Nanga Parbat 8126 — K2 (Chogori) 8611
Meschhed — Teheran — Hochland von Iran — Lahore — Multan
Isfahan — Sard Kuh 4548 — Shiraz — Becken von Seistan — Industrieland
Abu Dhabi — Karachi — Golf von Oman — Str. v. Hormus
Persischer Golf (Arab. Golf) — Ras al Hadd
Arabisches Meer
Golf von Aden — Sokotra — Kap Guardafui — Somali-Halbinsel
Mogadischu
INDISCHER OZEAN
Seychellen — Amiranten — Mauritius — Réunion — Antananarivo — Madagaskar
Äquator

Map 3 – Landwirtschaft

FRANKREICH — UKRAINE — UNG. — RUMÄNIEN — RUSSLAND — USBEKISTAN
PORTUGAL — SPANIEN — ITALIEN — BULGARIEN — GRIECHENLAND — TÜRKEI — TURKMENISTAN
MAROKKO — TUNESIEN — SYRIEN — IRAK — IRAN — PAKISTAN
ALGERIEN — LIBYEN — ÄGYPTEN — SAUDI-ARABIEN — VEREINIGTE ARAB. EMIRATE — OMAN
SENEGAL — NIGER — SUDAN
BURKINA FASO — NIGERIA
CÔTE D'IVOIRE — GHANA — KAMERUN — ÄTHIOPIEN
GABUN — UGANDA — KENIA
D. R. KONGO — TANSANIA
ANGOLA — MALAWI
SÜDAFRIKA
ATLANTISCHER OZEAN
Mittelmeer — Schwarzes Meer — Kasp. Meer

Landwirtschaft

Die wichtigsten Produktionsländer
- 3 Rangfolge in der Weltproduktion
- Produktionsmenge

Hauptnahrungsmittel
- Weizen
- Mais
- Hirse
- Maniok, Yams

Gemüse und Früchte
- Gemüse
- Obst
- Zitrusfrüchte
- Bananen
- Ananas
- Datteln
- Weintrauben
- Erdnüsse

Tierische Produkte
- Milch, Fleisch
- Fleisch
- Fleisch, Wolle

Zucker-, Ölpflanzen
- Zuckerrüben
- Palmöl
- Oliven
- Sonnenblumen

Genussmittel
- Kaffee
- Tee
- Kakao
- Tabak
- Hopfen

Faserpflanzen
- Baumwolle

Sonstige Produkte
- Gewürze
- Tropenholz
- Kautschuk

1 : 60 000 000   0   500   1000 km

KLETT-PERTHES

Die größten Staaten in Subsahara-Afrika (nach Einwohnern)

10 Mio. Einwohner   1 Mio. Einwohner   Daten: 2010

Nigeria
Ghana
Sambia
Äthiopien
Mosambik
Simbabwe
D. R. Kongo
Madagaskar
Senegal
Südafrika
Côte d'Ivoire
Tschad
Tansania
Kamerun
Ruanda
Kenia
Angola
Guinea
Sudan
Burkina Faso
Somalia
Uganda
Niger
Benin
Mali
Malawi
Burundi
Südsudan

1 : 30 000 000   0   500 km

Staaten

Stand: 01.01.201

Map 1 (Orient/Central Asia)

KASACHSTAN

Aralsee
Balchasch-see

USBEKISTAN

KIRGISISTAN

TURKMENISTAN

TADSCHIKI-STAN

Syr-Darja
Tarim He
Amu-Darja
Indus

•Teheran

AFGHANISTAN
Kabul
Islamabad

IRAN

PAKISTAN

uwait
Persischer Golf (Arab. Golf)
BAHRAIN
anama
KATAR
Doha
ad
Golf von Oman
VEREINIGTE
ARAB. EMIRATE
•Abu Dhabi
Maskat
OMAN

Arabisches Meer

Sokotra (zu Jemen)

olf von Aden
MALIA
ogadischu

Äquator

Victoria
SEYCHELLEN

INDISCHER OZEAN

MADAGASKAR
ntananarivo

Mayotte (franz.)

MAURITIUS
Port Louis

Réunion (franz.)

KLETT-PERTHES

Die größten Staaten im Orient (nach Einwohnern)

👤 10 Mio. Einwohner   👤 1 Mio. Einwohner

Pakistan
Ägypten
Iran
Türkei
Algerien
Marokko
Irak
Afghanistan
Saudi-Arabien
Jemen   Syrien
Tunesien   Aserbaidschan
Vereinigte Arabische Emirate
Israel

Daten: 2010

— Staatsgrenze
--- umstrittene Grenze, Waffenstillstandslinie

MALI Staat
● Hauptstadt
○ Regierungssitz

Map 2 — Wirtschaft

KLETT-PERTHES

Paris, München, Wien, Bukarest, Donbass
Lyon, Mailand/Turin
Marseille/Nizza
Madrid
Lissabon, Rom
Barcelona
Valencia/Alicante
Athen
İstanbul   Ankara
İzmir   Teheran
Tel-Aviv   Ahvaz
Kairo   Kuwait
Ad Dammam   Doha   Abu Dhabi/Dubai

Casablanca/Rabat

Nigerdelta

ATLANTISCHER OZEAN

Johannesburg

1 : 60 000 000

0   500   1000 km

Wirtschaft

Rohstoffe

⚒ Erdöl
⚒ Erdgas
◆ Kohle
◆ Eisenerz
◆ andere Metalle

große Fördermenge
kleine Fördermenge

Wirtschaftszentrum

■ Industrie
○ Dienstleistungen

großes Wirtschaftszentrum
kleines Wirtschaftszentrum

viel Industrie, wenige Dienstleistungen
wenig Industrie, viele Dienstleistungen

Map 3 — Bevölkerungsverteilung

KLETT-PERTHES

Paris

İstanbul   Teheran
Algier   Bagdad
Kairo   Karachi
Khartoum
Abidjan   Lagos
Kinshasa

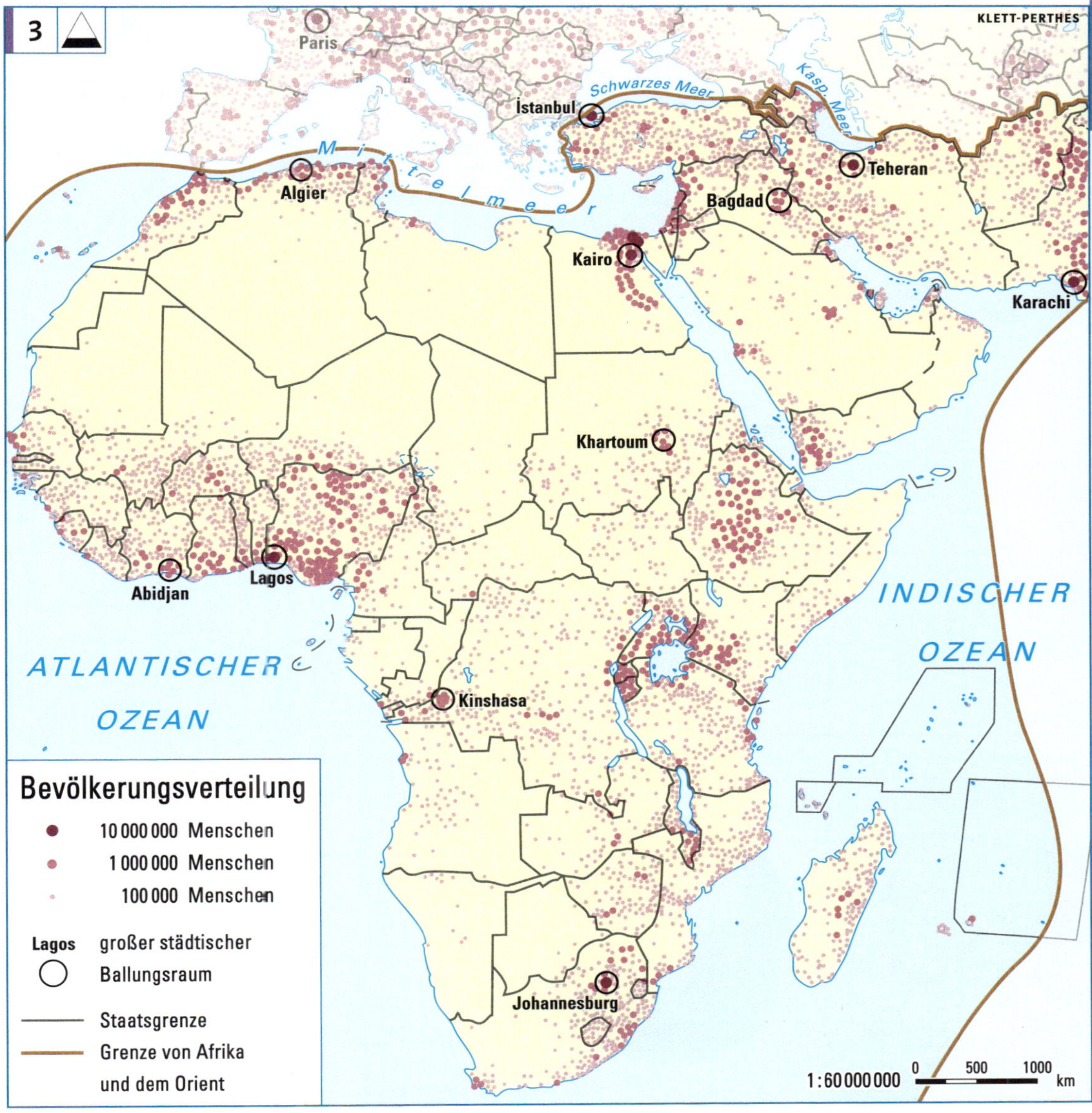

ATLANTISCHER OZEAN

INDISCHER OZEAN

Johannesburg

Bevölkerungsverteilung

● 10 000 000 Menschen
• 1 000 000 Menschen
· 100 000 Menschen

Lagos   großer städtischer
○   Ballungsraum

— Staatsgrenze
— Grenze von Afrika und dem Orient

1 : 60 000 000

0   500   1000 km

EINFÜHRUNG
DEUTSCHLAND
EUROPA
ASIEN
AFRIKA und ORIENT
AUSTRALIEN und POLE
AMERIKA
WELT
REGISTER

Größenvergleich und Lage auf dem Globus

1 : 20 000 000

0   100   200   500 km

westl. Länge 0° östl. Länge v. Greenwich

UKRAINE · RUSSLAND · KASACHSTAN · USBEKISTAN · KIRGISISTAN · CHINA · TADSCHIKISTAN · TURKMENISTAN · GEORGIEN · ARMENIEN · ASERBAIDSCHAN · TÜRKEI · ZYPERN · LIBANON · SYRIEN · ISRAEL · JORDANIEN · IRAK · IRAN · AFGHANISTAN · PAKISTAN · INDIEN · KUWAIT · BAHRAIN · KATAR · VEREINIGTE ARAB. EMIRATE · OMAN · SAUDI-ARABIEN · JEMEN · GYPTEN · SUDAN · SÜDSUDAN · ERITREA · DSCHIBUTI · ÄTHIOPIEN · SOMALIA · UGANDA · KENIA · RUANDA · BURUNDI · TANSANIA · SAMBIA · MALAWI · SEYCHELLEN

Schwarzes Meer · Kaspisches Meer · Bosporus · Pontisches Gebirge · Kaukasus · Elburs · Wüste Kara · Taklamakan · Tarimbecken · Pamir · Hindukusch · Karakorum · Becken von Iran · Wüste Lut · Wüste Kawir · Große Salzwüste · Zagros Geb. · Mesopotamien · Tigris · Euphrat · Arabische Wüste · Hedjas · Rotes Meer · Halbinsel · Große Arabische Wüste · Persischer Golf (Arab. Golf) · Golf von Oman · Arabisches Meer · Golf von Aden · Sokotra (zu Jemen) · Somali-H.I. · Kap Guardafui · Didiolplateau · Danakil-tiefland · Hochland von Äthiopien · Nubie · Nil · Nassersee · Sinai · Becken · Indischer Ozean · Äquator · Amiranten-inseln · Mahé · Victoria · Aldabra-In. · Farquhar-In. · Agalega-In. · Massaisteppe · Victoriasee · Tanganjikasee · Turkanasee (Rudolfsee) · Kilimandscharo · Mt. Kenia · Ruwenzori

Elbrus 5642 · Ararat · Demawend 5604 · Pik Samani 7495 · K2 (Chogori) 8611 · Nanga Parbat 8126 · Kilimandscharo 5895 · Mt. Kenia 5199 · Ras Dashan 4620 · Ruwenzori 5109

KLETT-PERTHES

EINFÜHRUNG · DEUTSCHLAND · EUROPA · ASIEN · AFRIKA und ORIENT · AUSTRALIEN und POLE · AMERIKA · WELT · REGISTER

1

ATLANTISCHER OZEAN

St. Helena (brit.)

Kap Frio

südlicher Wendekreis

Luanda
Uige 1535
Ndalatando
Kuango
D.R. KONGO (ZAIRE) 1889
Saurimo
Kasai
Kamina
Malanje
Kolwezi
Mbala
Mbeya 2895
Diloto
Likasi 1147
Mzuzu
2670
Ngunza
Lobito
Hochland von Bié
Luena
Lundaschwelle
Chingola 1630
Kitwe
Lubumbashi
Kongo 917
Luangwa
MALAWI Schwelle
Benguela
2610
Kuito
Huambo
ANGOLA
Ndola 1893
Luanshya
SAMBIA
Kabwe
Lilongwe
Namibe
Lubango
Menongue
Mongu
Lusaka
Cabora-Bassa-See
Tete
Blantyre
Cunene
Ngiva
Okavango
Sambesi
Livingstone
Kariba-See
Harare Chitungwiza
Beira
Kap Frio
Tsumeb
Grootfontein
1375
Maun
Hwange
Mashona-land
Kadoma 2596
Mutare
Chimoio
Okavangodelta
Francis-town
Bulawayo
SIMBABWE
Queque
Gweru
Simbabwe
Chimanimani
Brandberg 2606
NAMIBIA
Kalahari
BOTSUANA
Simbabwe-Hochland
Save
Swakopmund
Windhuk
Selebi-Phikwe
Beitbridge
Limpopo
Inhambane
Walvis Bay
Rehoboth
Serowe
2046
Musina
Südwestafrikanisches Hochland
Mahalapye
Polokwane
Namib
Keetmans-choop
2202
Karasberg
Gaborone
Kanye
Thabazimbi
2285
Nelspruit
Xai-Xai
Lüderitz
Rustenburg
Mafikeng
Pretoria
Mamelodi
Maputo
Upington
Vryburg
1854
Johannesburg
Soweto
Benoni Ver-eeniging
Mbabane
SWASILAND
Port Nolloth
Oranje
Klerks-dorp
Welkom
Newcastle
Drakensberge
Richards Bay
Springbok
Kimberley
Thabana Ntlenyana 3482
Pietermaritzburg
Bloemfontein
Maseru
LESOTHO
Bitterfontein
2505
Kompassberg
De Aar
Umtata
Durban
SÜDAFRIKA
Queenstown
Saldanha
2077
Kapland
Bisho
East London
Kapstadt
Kap der Guten Hoffnung
Mosselbaai
Uitenhage
Port Elizabeth
Kap Agulhas (Nadelkap)

2

KLETT-PERTHES

▲ Wirtschaftsraum Nordafrika

Mittelmeer

ATLANTISCHER OZEAN

Sevilla
Granada
Serón
SPANIEN
Cartagena
Algier
Tizi Azou
Bejaïa
Skikda
Annaba
Tabarka
Bizerte-Menzel Bourguiba
Tunis
Cádiz
Marbella
Málaga
Almería
Ech Cheliff
Sétif
Constantine
Ouenza
Hammamet
Algeciras
Gibraltar
Torremolinos
Oran
Arzew
Mostaganem
Kairouan
Sousse
Tanger
Ceuta
Tetouan
Al-Hoceima
Beni Saf
Sidi Bel Abbès
Tiaret
Batna
Tébessa
Mahdia
Larache
Nador
Oujda
Tlemcen
Saïda
Biskra
Kasserine
Sfax
Rabat
Kénitra
Sidi Kacem
Fès
Taza
Jerada
Djelfa
TUNESIEN
Gafsa
Casablanca
Mohammedia
Merknès
Laghouat
Gabès
Kleine Syrte
Jorflasfar
Khouribga
Touggourt
Djerba
Safi
Mibladen
Ain Sefra
Hassi R'Mel
Ouargla
Youssofia
Bouârfa
Ghardaïa
El-Borma
Nalut
Essaouira
MAROKKO
Marrakech
Béchar
Hassi Messaoud
Agadir
Douar
Imiter
Erfoud
El Goléa
Wadi El-Tah
Ghadamis
Idikel
Imini
Bou Azzer
Beni Abbès
Rhourde Nousa
El Merk
Timimoun
LIBYEN
Tindouf
ALGERIEN
Wafa
Amassak
Alrar
Adrar
Zarzaïtine
Edjeleh
SAHARA
In Salah
Illizi
Atshan
Reggane
Djanet
MAURETANIEN
Ghat
Elephant
MALI

1 : 10 000 000
0 50 100 200 km

KLETT-PERTHES

EINFÜHRUNG
DEUTSCHLAND
EUROPA
ASIEN
AFRIKA und ORIENT
AUSTRALIEN und POLE
AMERIKA
WELT
REGISTER

Main map (Indian Ocean / Madagascar)

TANSANIA
Lindi
Mtwara
Kap Delgado
Pemba
Nacala
Mosambik
Nampula
MBIK
Quelimane

SEYCHELLEN
Aldabra-In.
Farquhar-In.
Agalega-In.
KOMOREN
Moroni
Njazidja
Nzwani
Mayotte (franz.)
Antseranana
Antalaha

INDISCHER

MAURITIUS

Mahajanga
Tsarafanana
2876
Antananarivo
Antsirabe
Toamasina
Morondava
Fianarantsoa
2658
Manakara
Toliara
MADAGASKAR
Taolanaro
Kap Sainte Marie

Straße von Mosambik

Tromelin-I. (franz.)
Cargados-Carajos-In.

Mauritius
Rodrigues
Saint-Denis
Réunion (franz.)
Port Louis

OZEAN

Diego Garcia (brit.)

Größenvergleich und Lage auf dem Globus

Hamburg
Berlin
Köln
Frankfurt
München
Elbe
Oder
Rhein

1 : 20 000 000
0 100 200 500 km

Map 3: Wirtschaftsraum Persischer Golf

KLETT-PERTHES

IRAN
AFGHANISTAN
IRAK
KUWAIT
BAHRAIN
KATAR
VEREIN. ARAB. EMIRATE
SAUDI-ARABIEN
OMAN
PAK.

Saghand
Isfahan
Yazd
Bafq
Zarand
Deztul
Masjed Soleiman
Ahvaz
Al-Basrah
Abadan
Marun
Agha Jari
Yasuj
Gach Saran
Bibi Hakimeh
Shar-e-Babak
Kerman
Zahedan
Zabol
Helmand
Bandar-e-Mashar
Fao
Rumaila
Rhawdatain
Kuwait
Novruz
Kharg
Sörush
Foruzan
Shiraz
Sirjan
Bam
Yasuj
Mina al Ahmadi
Burgan
Marjan
Zuluf
Safaniya
Manifa
Berri
Persischer
Golf
Kangan
Azaluyeh
Lar
Bandar Abbas
Bandar-Jask
Chabarhar
Abu Hadrija
Al Jubayl
Ras Tanura
Ad Dammam
Manama
Dome
Pars-Süd
Lavan
Pars-Nord
Ras-al-Khaima
Schardscha
Abqaiq
Dukhan
Ras Laffan
Salman
Zakum
Khor Fakan
Dubai
Fujairah
Khurais
Ghawar
Umm Bab
Al Hufuf
Doha
Umm Said
Abu Dhabi
Suhar
Riad
Harmaliyah
Harad
Ruwais
Al Ayn
Matrah
Maskat
Murban
Sahil
Bu Hasa
Asab
Lekhwair
Nazwa
Sur
Shayba
Dhulaima
Fahud
Qara Alam
Golf von Oman

1 : 10 000 000
0 50 100 200 km

Legend

Wirtschaftsräume Nordafrika und Persischer Golf
Legende für die Karten 2 und 3

Industrie

Bergbau und Rohstoffgewinnung
- Steinkohle
- Uran
- Erdöl
- Erdgas
- Eisen
- Stahlveredler: Kobalt, Chrom, Mangan, Nickel
- Buntmetalle: Blei, Zink, Kupfer, Quecksilber
- Edelmetalle: Silber
- Salze: Stein- bzw. Meersalz, Phosphat

Produktionsgruppen
- Verhüttung, Gießerei, Walzwerk
- Maschinen- und Metallbau
- Fahrzeug-, Schiff- und Flugzeugbau
- Elektrotechnik, Elektronik, Optik
- Textilien, Bekleidung
- Chemie, Gummi, Raffinerie
- Holz, Papier, Druck
- Bau, Glas, Keramik
- Lebensmittel

Energieversorgung
- Wasserkraftwerk
- Wärmekraftwerk
- Kernkraftwerk

Dienstleistungen
- Handel, Transport, Tourismus und Information
- Eisenbahn
- Erdölpipeline
- Erdgaspipeline
- im Bau/Planung
- Finanz- und Wirtschaftsdienstleistungen
- Verwaltung, Bildung und Gesundheit
- Wirtschaftszentrum

Die Größe der Signatur entspricht ihrer Bedeutung.

1 ⛰ 1 : 30 000 000

0 100 300 500 km

ATLANTISCHER

OZEAN

Azoren

Madeira

Kanarische Inseln

MAROKKO

SAHARA
(marokkanische
Verwaltung)

nördlicher Wendekreis

El Aaiún

MAURETANIEN

Nouakchott

SENEGAL
Dakar
GAMBIA
GUINEA-
BISSAU

Conakry
Freetown
SIERRA LEONE
Monrovia
LIBERIA

MALI

Bamako

BURKINA FASO
Ouagadougou

GHANA

CÔTE D'IVOIRE
(ELFENBEINKÜSTE)

Volta-
stausee

Abidjan

Accra
Lomé
TOGO
BENIN

Niger

NIGER

Niamey

Kano

NIGERIA

Ibadan
Asaba
Lagos
Owerri
Port
Harcourt

N'Djamena

TSCHAD
Tschad
Chari

ZENTRALAFRIKA

KAMERUN
Douala

Bangui

Libreville
GABUN
ÄQUAT.-
GUINEA

Brazzaville
Pointe-Noire
Cabinda
Kinshasa

KONGO

D. R. KONGO
(ZAIRE)

Kongo (Lualaba)

Kasai

Luanda

Lobito

ANGOLA

Kolwezi
Lubumbashi

SAMBIA
Lusaka

ATLANTISCHER

OZEAN

St. Helena

ALGERIEN

LIBYEN

Tripolis

Gr. Syrte

Banghazi

Kl. Syrte
TUNESIEN
Tunis
Constantine
Algier
Oran

Casablanca/
Rabat

Algeciras
Sevilla

Lissabon
Porto
Madrid
Valencia

Bilbao
Bordeaux
Toulouse
Marseille

Rennes/
Nantes
Paris
Lyon
Bern
Bilbao
Barcelona

Le Havre
Lille
Brüssel
London
Birmingh.

Amst./Rott.
Berlin
R.
Frankfurt
Stuttg.
Zürich
München
Linz
Wien
Graz

Posen
Breslau
Kattowitz
Prag
Pressbg.
Budapest
Klausen-
burg
Hermann-
stadt

Warschau
Krakau

Kiew

Belgorod
Luhansk
Dnipropetrowsk
Saporischja
Donezk
Rostow

Wolgograd

Krasnodar
Noworossisk

Schwarzes Meer

Turin
Mailand
Venedig/
Bologna
Florenz
Rom
Neapel
Palermo
Gioia Tauro

Zagreb
Sarajewo
Belgrad

Sofia
Bukarest
Constanța

Saloniki
Athen
Izmir
Istanbul
Ankara
Antalya
Adana

Donau

Mittelmeer

TÜRKEI

ZYPERN
LIBAN
Beirut
Tel Aviv-
Jaffa
ISRAEL
SYRIEN
Aleppo
Damaskus
Amman
JORDAN.

Tiflis
Eriwan
Täbri

IRAK
Bagdad
Al Basr
KUW

Alexandria
Port
Said
Kairo/Gise

ÄGYPTEN

Nassersee

Nil

Rotes Meer

SAUDI-
AR

Jiddah/
Mekka

SUDAN

Khartoum

ERITREA
Asmara
Sa

DSCHIBUTI
Gonder
Tana-see

SÜDSUDAN

Weißer Nil
Bahr el

ÄTHIOPIEN
Addis Abeba

UGANDA
Kampala
Albert-
see
Kyogasee
RUANDA
BURUNDI

KENIA
Nairobi
Victoria-
see
Turkanasee
(Rudolfsee)

TANSANIA
Mombasa
Pemba
Daressalam
Tanganjika-
see

Cabora-Bassa-
See
Kariba-
see
SIMBABWE
Harare

MALAWI
Malawisee
(Njassa)

MOSAMBIK
Straße von Mosambik

NAMIBIA
Windhuk

BOTSUANA

Sambesi

Oranje

südlicher Wendekreis

Gaborone

SÜDAFRIKA
Johannesburg
Kapstadt

Nelspruit
Maputo
SWASILAND

Richards Bay
Durban
LESOTHO

East London
Port Elizabeth

Okavango
Limpopo

KOMO

ATLANTISCHER OZEAN

Str. v. Gibraltar

Golf von
Guinea

Äquator

R. Ruhrgebiet
L. Ljubljana

Wirtschaftszentren

Industriezentrum

🟥 Bergbau, Produktion,
Energie und Bau

Dienstleistungszentrum

🟡 Handel, Transport, Tourismus
und Information

⊕ Flughafen

⊖ Seehafen

🟠 Finanz- und Wirtschaftsdienstleistungen

🟢 Verwaltung, Bildung
und Gesundheit

Die Größe der Signatur entspricht
ihrer Bedeutung.

⬭ Wirtschaftsraum

Die größten Wirtschaftsmächte Afrikas

Bruttoinlandsprodukt in Mrd. US-$

🟥 Industrie 🟨 Dienstleistungen

	Südafrika	Ägypten	Nigeria
	160	163	158

(Diagramm-Achse: 0, 25, 50, 75, 100, 125, 150, 175, 200)

westl. Länge 0° östl. Länge von Greenwich

EINFÜHRUNG
DEUTSCHLAND
EUROPA
AFRIKA und ORIENT
AUSTRALIEN und POLE
AMERIKA
WELT
REGISTER

2 1:60 000 000 0 500 1000 km

KLETT-PERTHES

Bergbau und Rohstoffgewinnung
Energierohstoffe
◇ Steinkohle
◈ Braunkohle
⊗ Uran
⚒ Erdöl
— Erdölpipeline
⚒ Erdgas
— Erdgaspipeline

Die Größe der Signatur entspricht ihrer Bedeutung.

Erze
■ Eisen
◆ Stahlveredler: Chrom, Kobalt, Mangan, Nickel
◆ Buntmetalle: Kupfer, Zinn
◆ Leichtmetalle: Titan (Ilmenit), Aluminium (Bauxit)
◆ Edelmetalle: Gold, Platin

andere Rohstoffe
◆ Diamanten
◆ Salze: Kali, Phosphat

Map 2 labels (Africa/Middle East/Central Asia)
Balchaschsee, Almaty, Issykkul, Aralsee, Syr-Darja, Taschkent, Fergana, Samarkand, Duschanbe, Amu-Darja, Kabul, Balkanabat, Aschgabat, Meschhed, Faisalabad, Lahore, Teheran, Isfahan, IRAN, Kerman, Yasuj, Shiraz, Buschehr, Bandar Abbas, Pers. Golf (Arab. G.), Ad Dammam, BAHRAIN, KATAR, Manama, Doha, Riad, Dubai, Abu Dhabi, Suhar, Maskat, VER. ARAB. EMIRATE, OMAN, Golf von Oman, Karachi, Rajkot, PAKISTAN, AFGHANISTAN, Arabisches Meer, Salalah, Sokotra, Golf von Aden, JEMEN, MADAGASKAR

Bordeaux, Lissabon, Madrid, Alicante, Almería, Marseille, Genua, Rom, Triest, Rijeka, Donau, Nowo-rossisk, Wolga, Schwarzes Meer, Istanbul, Ankara, TÜRKEI, Kasp. Meer, USB., Taschkent, TURK., Aschgabat, Kabul, AFGHANISTAN, Rabat, MAROKKO, Algier, Skikda, Tunis, Oran, Ceyhan, SYRIEN, Bagdad, IRAK, Teheran, IRAN, PAKIST., Tripolis, Ras Lanuf, Skhira, ISR., Kairo, Yanbu al Bahr, Riad, SAUDI-ARABIEN, Maskat, El Aaiún, SAHARA, ALGERIEN, LIBYEN, ÄGYPTEN, Mittelmeer, Rotes Meer, OMAN, Arabisches Meer, MAURETANIEN, MALI, NIGER, TSCHAD, Khartoum, SUDAN, Addis Abeba, JEMEN, Sanaa, Golf von Aden, SOMALIA, SEN., Bamako, Viamey, BURKINA FASO, N'Djamena, SÜDSUDAN, ÄTHIOPIEN, INDISCHER OZEAN, GUINEA, CÔTE D'IVOIRE, GHANA, NIGERIA, Abuja, ZENTRALAFRIKA, Mogadischu, Monrovia, LIBERIA, Accra, Lomé, Lagos, Jaunde, KAMERUN, Bangui, KENIA, Nairobi, Libreville, GABUN, Kinshasa, D. R. KONGO, Kongo, TANSANIA, Dodoma, Victoriasee, Tanganjika-see, ATLANTISCHER OZEAN, Luanda, ANGOLA, SAMBIA, Lusaka, Malawi-see, Harare, SIMBABWE, MOSAMBIK, Sambesi, NAMIBIA, Windhuk, BOTSUANA, Pretoria, Maputo, Str. v. Mosambik, SÜDAFRIKA, Oranje, Kapstadt

---

3 ## Wirtschaftsraum Südafrika

KLETT-PERTHES

Industrie
Bergbau und Rohstoffgewinnung
◇ Steinkohle   ⚒ Erdöl
⊗ Uran   ⚒ Erdgas
■ Eisen
◆ Stahlveredler: Mangan, Chrom, Nickel, Vandium
◆ Buntmetalle: Antimon, Blei, Zink, Kupfer
◆ Leichtmetalle: Titan (Ilmenit)
◆ Edelmetalle: Gold, Platin
◆ Diamanten
◆ Salze: Phosphat

Produktionsgruppen
⬛ Verhüttung, Gießerei, Walzwerk
⬛ Maschinen- und Metallbau
⬛ Fahrzeug-, Schiff- und Flugzeugbau
⬛ Elektrotechnik, Elektronik, Optik
⬛ Textilien, Bekleidung
⬛ Chemie, Gummi, Raffinerie
⬛ Holz, Papier, Druck
⬛ Bau, Glas, Keramik
⬛ Lebensmittel

Energieversorgung
⚡ Wasserkraftwerk
⚡ Wärmekraftwerk
⚠ Kernkraftwerk

Dienstleistungen
● Handel, Transport, Tourismus und Information
— Eisenbahn
— Erdölpipeline
— Erdgaspipeline
● Finanz- und Wirtschaftsdienstleistungen
● Verwaltung, Bildung und Gesundheit
◯ Wirtschaftszentrum

Joh. Johannesburg
V. Vereeniging-Vanderbijlpark

Die Größe der Signatur entspricht ihrer Bedeutung.

1:10 000 000 0 50 100 200 km

Map 3 labels (South Africa region)
Mogadischu, INDISCHER OZEAN, Amiranten-inseln, SEYCHELLEN, Réunion, Orapa, Francistown, Gwanda, Nandi, SIMBABWE, Gobabis, NAMIBIA, BOTSUANA, Selebi Phikwe, Serowe, Musina, Beitbridge, Mahalapye, Limpopo, Gaborone, Mokopane, Polokwane, Phalaborwa, MOSAMBIK, Kanye, Thabazimbi, Sun City, Steelport, Hazy View, Mafikeng, Rustenburg, Pretoria, Nelspruit, Witbank, Maputo, Joh., Potchefstroom, V., Mbabane, Hotazel, Vryburg, Klerksdorp, Saselburg, Ermelo, SWASILAND, Sishen, Kronstad, Newcastle, Upington, Welkom, Bohlokong, Ladysmith, Oranje, Kimberley, Bloemfontein, Maseru, Tugela, Richards Bay, Postmasburg, LESOTHO, Pietermaritzburg, Durban, Okiep, Pofadder, Vaal, SÜDAFRIKA, De Aar, Umtata, Bitterfontein, Queenstown, INDISCHER OZEAN, Beaufort West, Bisho, East London, Saldanha, Worcester, Oudtshoorn, George, Port Elizabeth, Koeberg, Stellenbosch, Uitenhage, Kapstadt, Mosselbaai

EINFÜHRUNG · DEUTSCHLAND · EUROPA · ASIEN · AFRIKA und ORIENT · AUSTRALIEN und POLE · AMERIKA · WELT · REGISTER

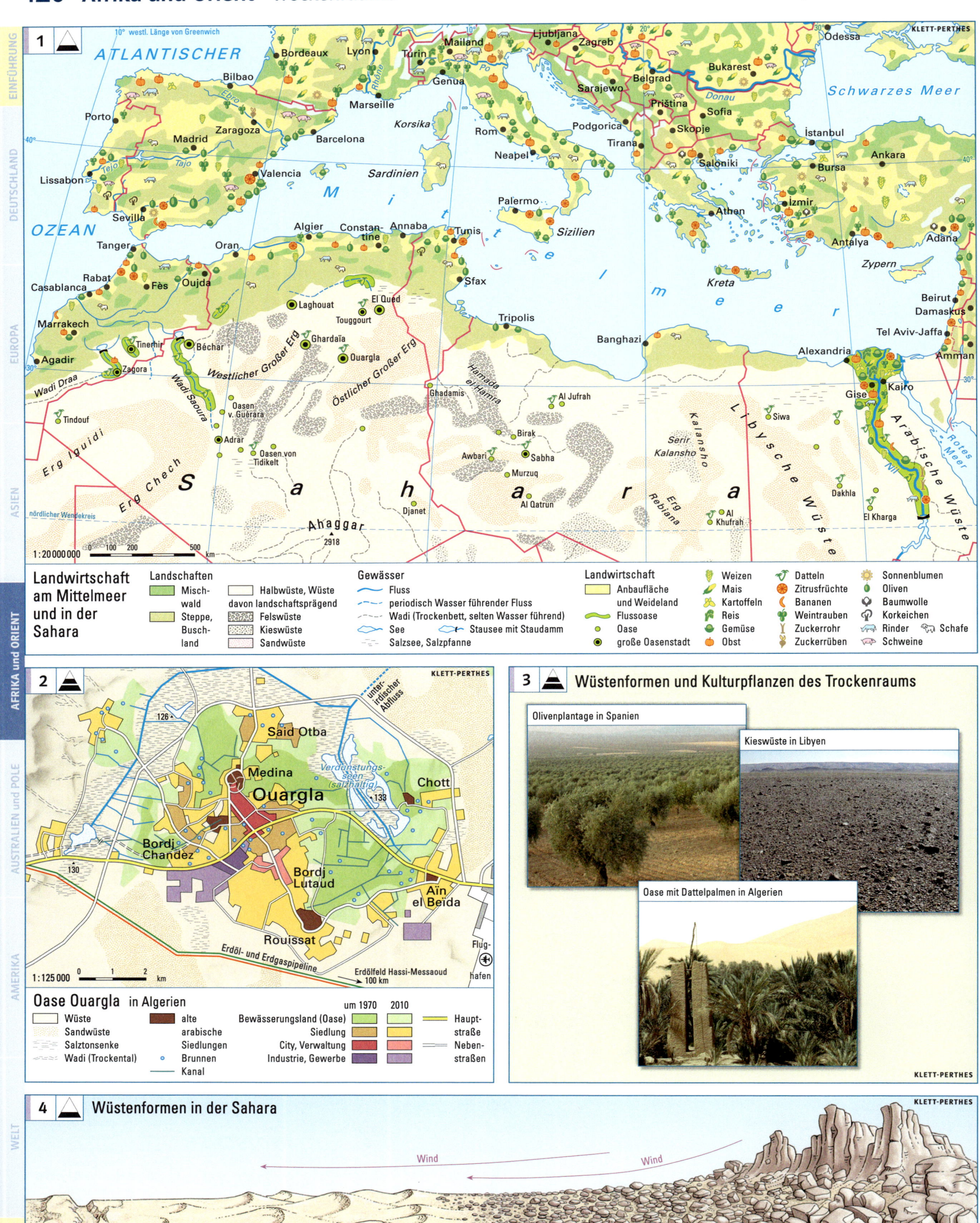

1

ATLANTISCHER OZEAN

Bordeaux · Lyon · Turin · Mailand · Ljubljana · Zagreb · Bukarest · Odessa

Bilbao · Genua · Sarajewo · Belgrad · Sofia · Schwarzes Meer

Porto · Madrid · Zaragoza · Barcelona · Rom · Podgorica · Priština · Skopje · Tirana · İstanbul

Lissabon · Valencia · Sardinien · Neapel · Saloniki · Ankara · Bursa

Sevilla · Palermo · Athen · İzmir · Antalya · Adana

Tanger · Algier · Constantine · Annaba · Tunis · Sizilien · Kreta · Zypern

Oran · Sfax · Beirut · Damaskus

Rabat · Fès · Oujda · Tripolis · Tel Aviv-Jaffa · Amman

Casablanca · Laghouat · El Oued · Banghazi · Alexandria · Kairo

Marrakech · Touggourt · Gise · Rotes Meer

Agadir · Tinerhir · Béchar · Ghardaïa · Ouargla · Ghadamis · Hamada el Hamra · Al Jufrah · Siwa · Arabische Wüste

Zagora · Westlicher Großer Erg · Östlicher Großer Erg · Birak · Serir Kalansho · Libysche Wüste · Dakhla

Wadi Draa · Wadi Saoura · Oasen v. Guérara · Awbari · Sabha · Kalansho · Erg Rebiana

Tindouf · Adrar · Oasen von Tidikelt · Murzuq · Erg Iguidi · Erg Chech · S a h a r a · Al Qatrun · Djanet · Al Khufrah · El Kharga

Ahaggar 2918

1:20 000 000   0 100 200 500 km

KLETT-PERTHES

Landwirtschaft am Mittelmeer und in der Sahara

Landschaften
- Misch-wald
- Steppe, Busch-land
- Halbwüste, Wüste davon landschaftsprägend
- Felswüste
- Kieswüste
- Sandwüste

Gewässer
- Fluss
- periodisch Wasser führender Fluss
- Wadi (Trockenbett, selten Wasser führend)
- See   Stausee mit Staudamm
- Salzsee, Salzpfanne

Landwirtschaft
- Anbaufläche und Weideland
- Flussoase
- Oase
- große Oasenstadt

- Weizen
- Mais
- Kartoffeln
- Reis
- Gemüse
- Obst

- Datteln
- Zitrusfrüchte
- Bananen
- Weintrauben
- Zuckerrohr
- Zuckerrüben

- Sonnenblumen
- Oliven
- Baumwolle
- Korkeichen
- Rinder   Schafe
- Schweine

2   KLETT-PERTHES

Said Otba · Medina · Ouargla · Chott · 126 · unter-irdischer Abfluss · Verdunstungs-seen (salzhaltig) · 133

Bordj Chandez · 130

Bordj Lutaud · Aïn el Beïda

Rouissat · Erdöl- und Erdgaspipeline · Erdölfeld Hassi-Messaoud 100 km · Flug-hafen

1:125 000   0 1 2 km

Oase Ouargla in Algerien

- Wüste
- Sandwüste
- Salztonsenke
- Wadi (Trockental)
- alte arabische Siedlungen
- Brunnen
- Kanal

um 1970 / 2010
- Bewässerungsland (Oase)
- Siedlung
- City, Verwaltung
- Industrie, Gewerbe
- Haupt-straße
- Neben-straßen

3   **Wüstenformen und Kulturpflanzen des Trockenraums**

Olivenplantage in Spanien

Kieswüste in Libyen

Oase mit Dattelpalmen in Algerien

KLETT-PERTHES

4   **Wüstenformen in der Sahara**   KLETT-PERTHES

Wind   Wind

Wadi · Sand · Kies · Fels

EINFÜHRUNG · DEUTSCHLAND · EUROPA · ASIEN · AFRIKA und ORIENT · AUSTRALIEN und POLE · AMERIKA · WELT · REGISTER

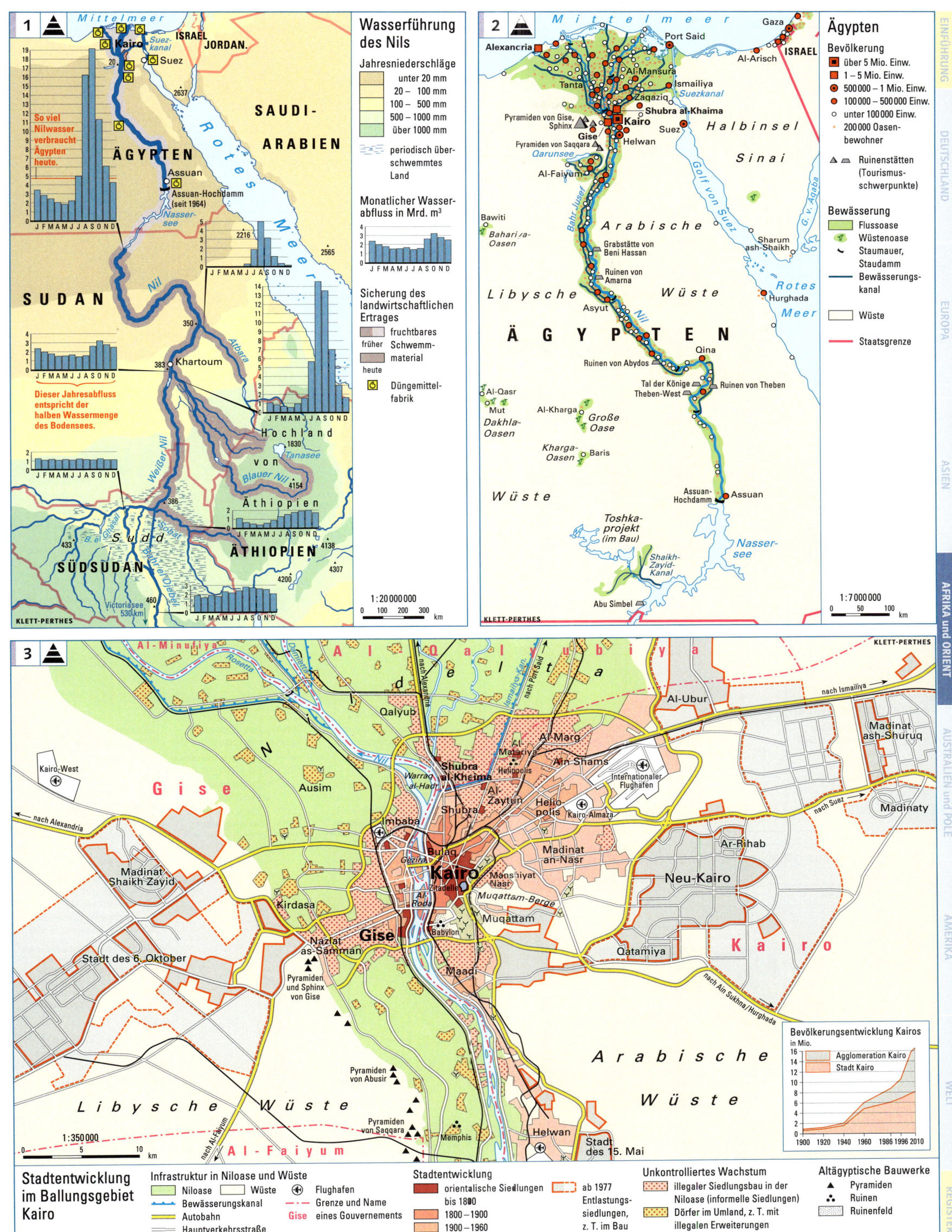

1

Wasserführung des Nils

Jahresniederschläge
- unter 20 mm
- 20 – 100 mm
- 100 – 500 mm
- 500 – 1000 mm
- über 1000 mm
- periodisch überschwemmtes Land

Monatlicher Wasserabfluss in Mrd. m³

Sicherung des landwirtschaftlichen Ertrages
- fruchtbares früher Schwemmmaterial heute
- Düngemittelfabrik

So viel Nilwasser verbraucht Ägypten heute.

Dieser Jahresabfluss entspricht der halben Wassermenge des Bodensees.

1 : 20 000 000
0 100 200 300 km

Mittelmeer
ISRAEL
JORDAN.
Kairo
Suezkanal
Suez
SAUDI-ARABIEN
ÄGYPTEN
Rotes Meer
Assuan
Assuan-Hochdamm (seit 1964)
Nassersee
Nil
SUDAN
Atbara
Khartoum
Weißer Nil
Blauer Nil
Tanasee
Hochland von Äthiopien
Victoriasee
Sudd
B. el Gebel
Sobat
B. el Djebel
SÜDSUDAN
ÄTHIOPIEN

KLETT-PERTHES

2

Ägypten

Bevölkerung
- über 5 Mio. Einw.
- 1 – 5 Mio. Einw.
- 500 000 – 1 Mio. Einw.
- 100 000 – 500 000 Einw.
- unter 100 000 Einw.
- 200 000 Oasenbewohner
- Ruinenstätten (Tourismusschwerpunkte)

Bewässerung
- Flussoase
- Wüstenoase
- Staumauer, Staudamm
- Bewässerungskanal
- Wüste
- Staatsgrenze

Mittelmeer
Gaza
Port Said
Al-Arisch
ISRAEL
Alexandria
Al-Mansura
Ismailiya
Tanta
Zaqaziq
Suezkanal
Pyramiden von Gise, Sphinx
Kairo
Shubra al-Khaima
Gise
Suez
Helwan
Halbinsel Sinai
Pyramiden von Saqqara
Qarunsee
Al-Faiyum
G. v. Aqaba
Golf von Suez
Bawiti
Baharia-Oasen
Arabische Wüste
Sharum ash-Shaikh
Grabstätte von Beni Hassan
Ruinen von Amarna
Libysche
Asyut
Rotes Meer
Hurghada
ÄGYPTEN
Nil
Al-Qasr
Mut
Dakhla-Oasen
Al-Kharga
Große Oase
Kharga-Oasen
Baris
Ruinen von Abydos
Qina
Tal der Könige
Theben-West
Ruinen von Theben
Wüste
Assuan-Hochdamm
Assuan
Toshka-projekt (im Bau)
Nassersee
Sheikh-Zayid-Kanal
Abu Simbel

1 : 7 000 000
0 50 100 km

KLETT-PERTHES

3

KLETT-PERTHES

Al-Minufiya
Al-Qalyubiya
Rosetta
Delta
nach Alexandria
nach Port Said
nach Ismailiya
Al-Ubur
Qalyub
Al-Marg
Madinat ash-Shuruq
Matariya
Heliopolis
Ain Shams
Internationaler Flughafen
Kairo-West
Gise
Ausim
Warraq al-Hadr
Shubra al-Khaima
Al-Zaytun
Heliopolis
Kairo-Almaza
nach Suez
Madinaty
Nil
Shubra
Imbaba
Bulaq
Gezira
Madinat an-Nasr
Ar-Rihab
Madinat Shaikh Zayid
Kairo
Manshiyat Nasr
Neu-Kairo
Kirdasa
Al-Roda
Zitadelle
Muqattam-Berge
Gise
Babylon
Muqattam
Kairo
Nazlat as-Samman
Maadi
Qatamiya
Stadt des 6. Oktober
Pyramiden und Sphinx von Gise
nach Ain Sukhna/Hurghada
Arabische Wüste
Libysche Wüste
Pyramiden von Abusir
Helwan
Pyramiden von Saqqara
Memphis
Stadt des 15. Mai
nach Al-Faiyum
Al-Faiyum

1 : 350 000
0 5 10 km

Bevölkerungsentwicklung Kairos
in Mio.
- Agglomeration Kairo
- Stadt Kairo
16
14
12
10
8
6
4
2
1900 1920 1940 1960 1986 1996 2010

Stadtentwicklung im Ballungsgebiet Kairo

Infrastruktur in Niloase und Wüste
- Niloase
- Wüste
- Flughafen
- Bewässerungskanal
- Grenze und Name eines Gouvernements
- Autobahn
- Gise
- Hauptverkehrsstraße
- Eisenbahn

Stadtentwicklung
- orientalische Siedlungen bis 1800
- 1800 – 1900
- 1900 – 1960
- nach 1960
- ab 1977 Entlastungssiedlungen, z. T. im Bau

Unkontrolliertes Wachstum
- illegaler Siedlungsbau in der Niloase (informelle Siedlungen)
- Dörfer im Umland, z. T. mit illegalen Erweiterungen
- Friedhof, bewohnte "Totenstadt"

Altägyptische Bauwerke
- Pyramiden
- Ruinen
- Ruinenfeld

EINFÜHRUNG
DEUTSCHLAND
EUROPA
ASIEN
AFRIKA und ORIENT
AUSTRALIEN und POLE
AMERIKA
WELT
REGISTER

1 1 : 1 750 000

KLETT-PERTHES

Sidon
Litani
Tyros
Quiryat Shemona
Qunaitra
Golan
Hasbani
Haifa
See Genezareth
Tiberias
Nazareth
Jordan
Yarmuk
Irbid
Jenin
Netanya
WEST-
Tulkarm
Nablus
Qalqilya
JORDAN-
Tel Aviv-Jaffa
Ramla
Ramallah
Jericho
Amman
Ashdod
Jerusalem
Bethlehem
LAND
Ashkelon
Hebron
GAZA-STREIFEN
Gaza
Totes Meer
Khan Junis
Beersheba
Flughafen seit 2001 zerstört
ÄGYPTEN
ISRAEL
LIBANON
SYRIEN
JORDANIEN
Mittel-meer

Libanonkrieg Juli/Aug. 2006

In diesem Abschnitt leben 70 % der israelischen Bevölkerung.

Konfliktherd im Nahen Osten

- – – – Waffenstillstandslinie
- ――― Grenzsperranlage Israels bzw. Ägyptens (Mauer, Zaun)
- ‑‑‑‑‑ im Bau oder geplant
- ――― Stadtgrenze von Jerusalem
- (hatched) Golan: 1967 besetzt, 1981 annektiert
- (green) palästinensisches Autonomiegebiet (ab 1993)
- (yellow) restliches von Israel seit 1967 besetztes Gebiet
- (light) unter UN-Kontrolle
- □ palästin. Flüchtlingslager
- ●● israelische Siedlungen in den besetzten Gebieten
- ○ 2005 geräumt
- ▲▲▲ Reichweite von Raketenangriffen aus dem Gazastreifen (ab 2001)

2 1 : 1 750 000

KLETT-PERTHES

Klimadiagramme
nach H. Walter

16,2°C
590 mm
809 m ü. M.
J F M A M J J A S O N D
Jerusalem 31°47'N 35°13'O

24,5°C
31 mm
2 m ü. M.
J F M A M J J A S O N D
Elat* 29°33'N 34°57'O

* an der Südspitze Israels/der Wüste Negev

Sidon
Litani
Tyros
Hermon
Quiryat Shemona
Qunaitra
Golan
Hasbani
Haifa
See Genezareth
−214
Nazareth
Jordan
Yarmuk
Irbid
Jenin
Netanya
Tulkarm
Nablus
Qalqilya
Tel Aviv-Jaffa
Ramallah
Jericho
König-Abdallah-Kanal
Ashdod
Jerusalem
Bethlehem
Ashkelon
Hebron
Totes Meer
−422 (2010)
Gaza
Khan Junis
Beersheba
−392 (1950)
Negev
Mittel-meer

Jordan
Oberflächenwasser
1300 1200 1100 1000 900 800 700 600 500 400 300 200 100 0
Bergland
Grundwasser
600 500 400 300 200 100 0
Küstengebiet
300 200 100 0
Mio. m³/Jahr

Wasserverteilung

- (orange) Einzugsgebiet des Jordans Grundwasservorkommen
- (blue) Bergland
- (green) Küstengebiet
- Süßwassersee, Salzsee
- Salzgewinnungspfanne
- natürliche Uferlinie 1950
- Wüste oder Halbwüste

Israelisches Wasserversorgungssystem
- ――― Nationale Wasserleitung (Trinkwasser-Pipeline oder Trinkwasser-Kanal, erbaut 1953–1964)
- ――― Trinkwasser-Pipeline
- ▲ Entsalzungsanlage

Süßwasservorräte Daten: 2005
Nutzung durch
- Israel
- Palästinensische Gebiete
- Palästinenser
- israelische Siedler
- Jordanien und Syrien

3 Bilder aus Israel und Palästina

Altstadt von Jerusalem

Mauer bei Qalqilya

Jordanmündung in den See Genezareth

4 1 : 250 000

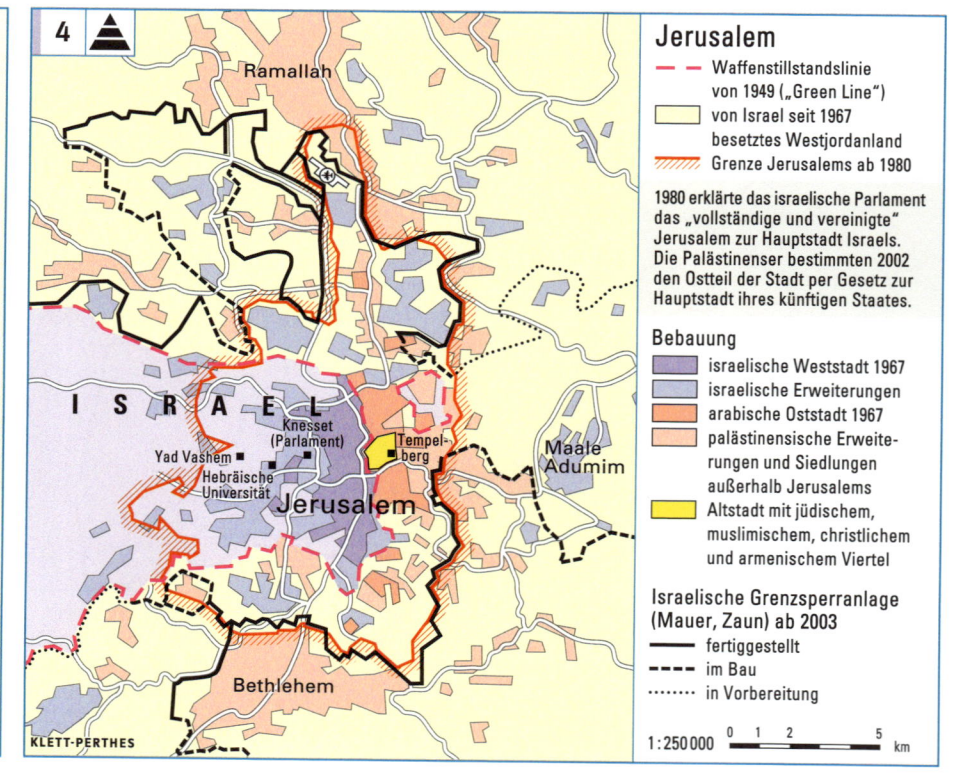

Ramallah
ISRAEL
Yad Vashem
Hebräische Universität
Knesset (Parlament)
Tempelberg
Maale Adumim
Jerusalem
Bethlehem
KLETT-PERTHES

Jerusalem

- – – – Waffenstillstandslinie von 1949 („Green Line")
- (yellow) von Israel seit 1967 besetztes Westjordanland
- (hatched) Grenze Jerusalems ab 1980

1980 erklärte das israelische Parlament das „vollständige und vereinigte" Jerusalem zur Hauptstadt Israels. Die Palästinenser bestimmten 2002 den Ostteil der Stadt per Gesetz zur Hauptstadt ihres künftigen Staates.

Bebauung
- (purple) israelische Weststadt 1967
- (light purple) israelische Erweiterungen
- (red) arabische Oststadt 1967
- (pink) palästinensische Erweiterungen und Siedlungen außerhalb Jerusalems
- (yellow) Altstadt mit jüdischem, muslimischem, christlichem und armenischem Viertel

Israelische Grenzsperranlage (Mauer, Zaun) ab 2003
- ――― fertiggestellt
- – – – im Bau
- ‑‑‑‑‑ in Vorbereitung

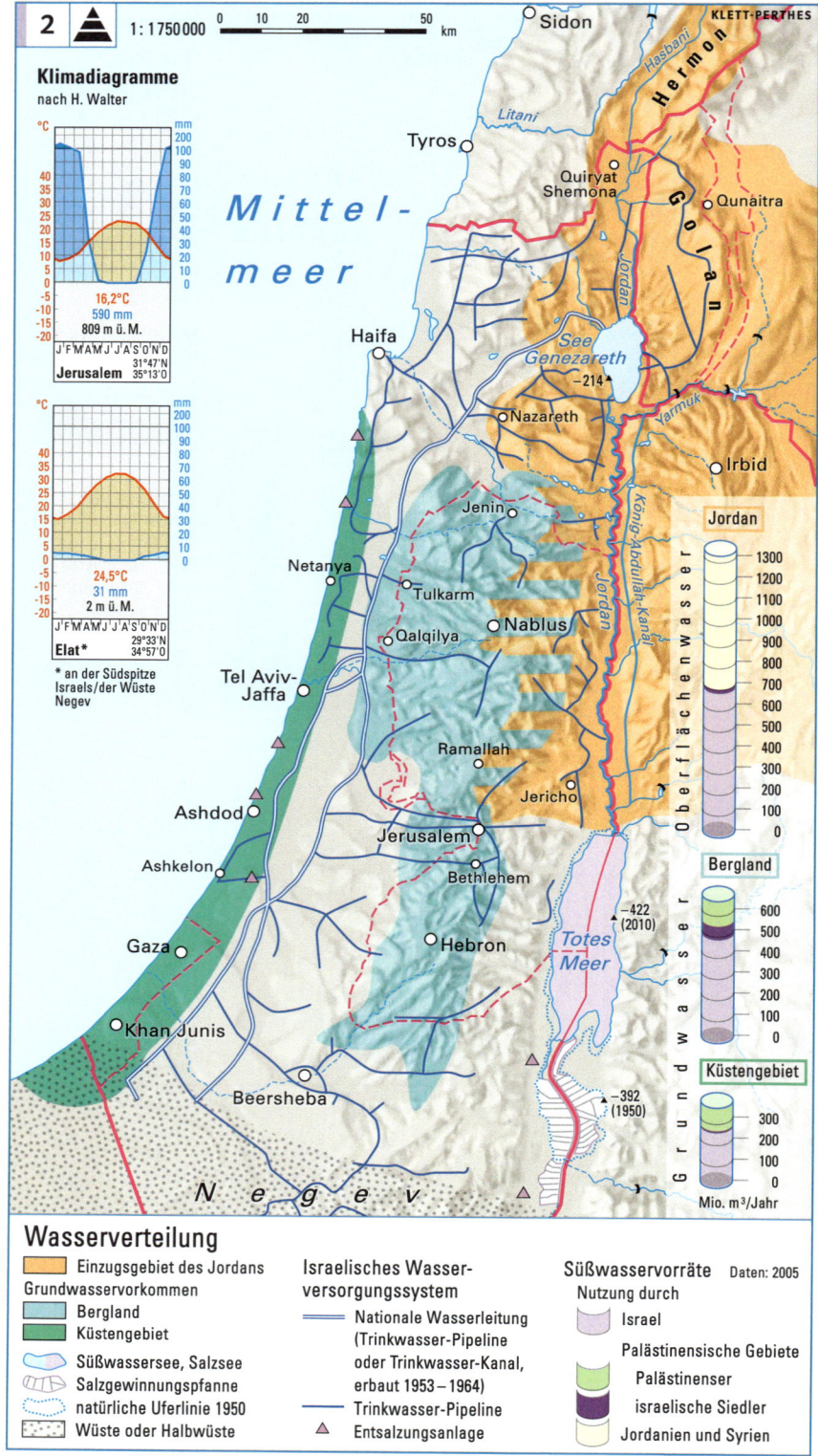

Australien und Pole auf einen Blick Kennst du Australien und die Antarktis?

Interaktive Grafik qj4237
Informationen zur Bilderkarte **123**

1 △ Kennst du Australien?

Erzfrachter

Eisenerz

Fliegender Doktor

Känguru

Barriereriff

Große Sandwüste

Ayers Rock (Uluru)

Bumerang

Aborigine

Edelsteine

Koala

Surfer

Schafe

Sydney

Kiwi

Maori

Schafe

🦘 Wichtiges aus Natur, Kultur und Technik

Landschaften

☐ Hochgebirge	☐ Mischwald
☐ Ackerland	☐ Tropischer Wald
☐ Steppe, Savanne	
☐ Halbwüste, Wüste	

KLETT-PERTHES

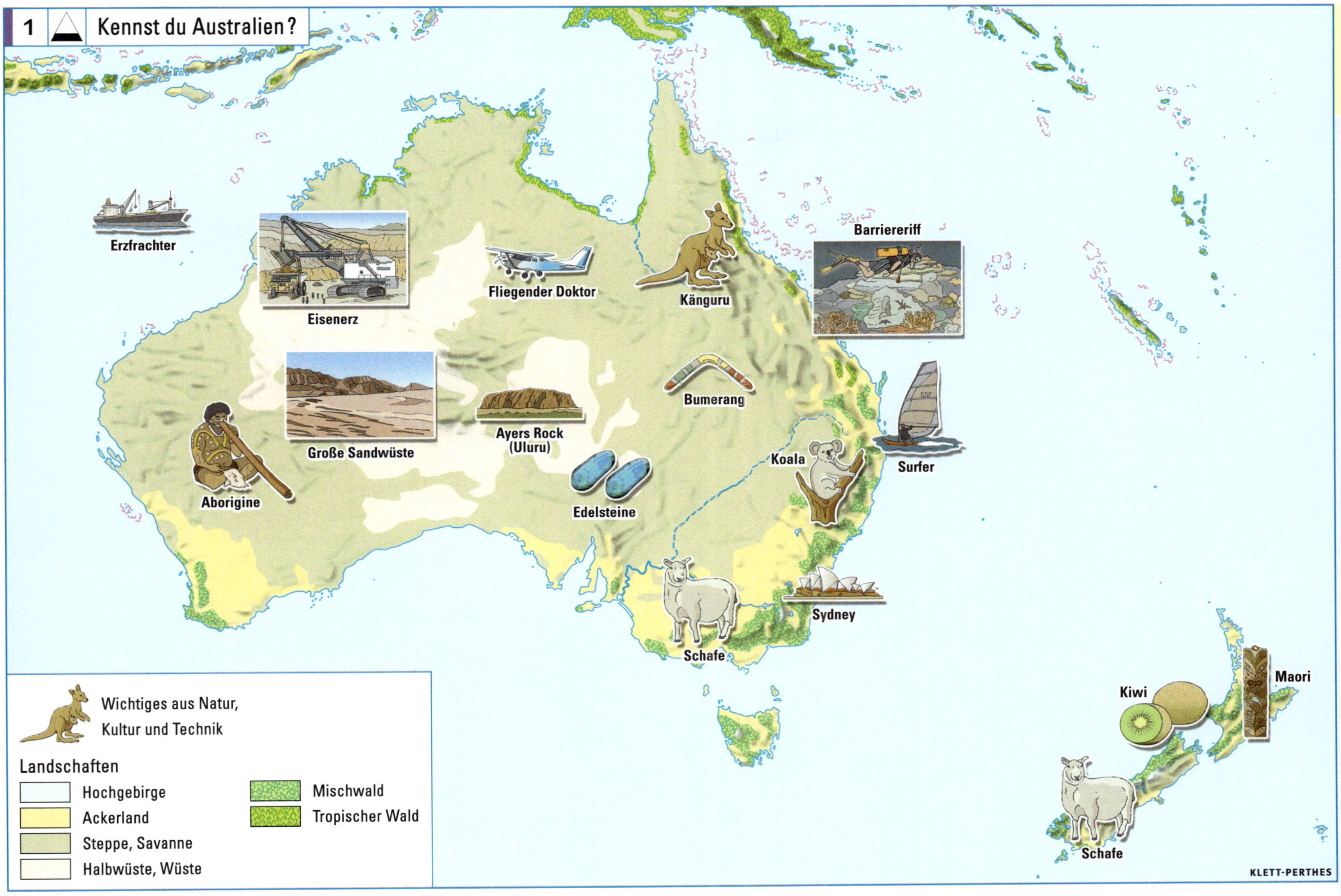

2 ▲ Kennst du die Antarktis?

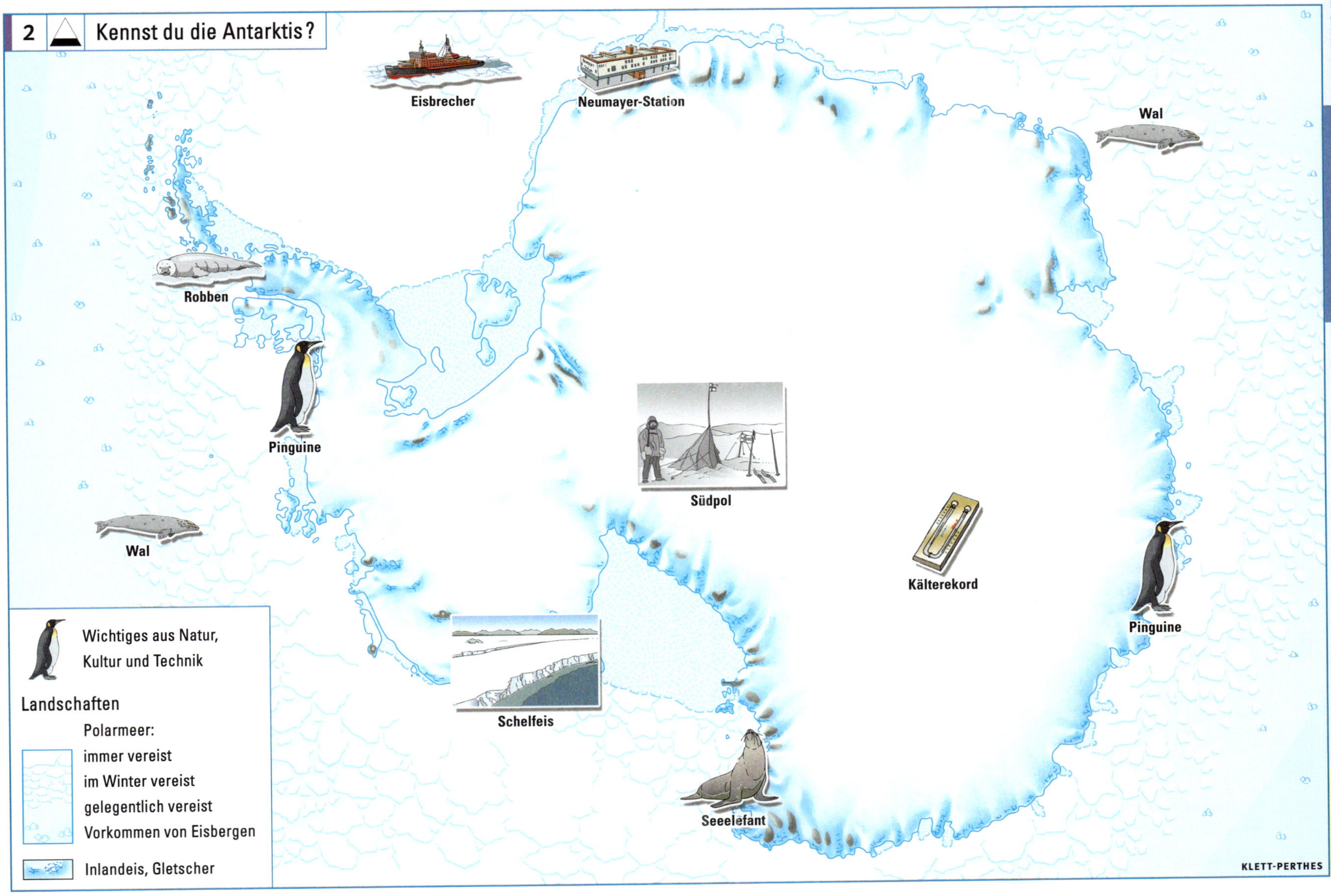

Eisbrecher

Neumayer-Station

Wal

Robben

Pinguine

Südpol

Kälterekord

Wal

Pinguine

Schelfeis

Seeelefant

🐧 Wichtiges aus Natur, Kultur und Technik

Landschaften

Polarmeer:

☐	immer vereist
☐	im Winter vereist
☐	gelegentlich vereist
☐	Vorkommen von Eisbergen
☐	Inlandeis, Gletscher

KLETT-PERTHES

EINFÜHRUNG

DEUTSCHLAND

EUROPA

ASIEN

AFRIKA und ORIENT

AUSTRALIEN und POLE

AMERIKA

WELT

REGISTER

ASIEN

Hanoi
3143
Hainan
Golf von Tonking
Vientiane
Luzon 2928
Manila
Rangun
Bangkok
3280
Phnom Penh
Ho Chi Minh
Spratly-Inseln
Philippinen
Golf von Siam
Südchinesisches Meer
Davao
Apo 2954
Mindanao
Halbinsel Malakka
2190
Kuala Lumpur
Sulusee
Celebessee
Kinabalu 4101
Medan
Singapur
Große Sunda-Inseln
Kalimantan (Borneo)
Sulawesi (Celebes)
3455
3019
Seram
Halmahera
Molukken
Molukkensee
Äquator
Kerinci 3805
Palembang
Kapuas
Bandasee
Jakarta
Surabaya
Javasee
Kleine Sunda-Inseln
Dili
Makassar
Tanimbarinseln
Bandung
Java
Bali
Semeru 3676
Flores
Timor 2920
Sumba

INDISCHER

Christmasinsel
Kokosinseln
Nordwestkap
Mt. Bruce 1226
Hamersleykette

OZEAN

Perth
1109
Kap Leeuwin

Joseph-Bonaparte-Golf
Arnhemland
Melville-Insel
Carpentaria-golf
Kap York Halbinsel
Kap York
Torresstraße
Arafurasee
Timorsee

Kimberley-plateau
Carpentaria Tiefland
Barkley Tafelland
Flinders
1611

Westaustralisches Tafelland
Macdonnellkette
1510
Großes
Great Dividing Range
1018

Musgravekette
1515
Artesisches
535
Becken
-12
Great Dividing Range
1615

Nullarborebene
Flinderskette
Darling
Brisbane

südlicher Wendekreis
Große Australische Bucht
Spencergolf
Adelaide
Murray-Darling Becken
Murray
Sydney

Melbourne
Australische Alpen
Mt. Kosciuszko 2230
Bass-Straße

Tasmanien
1617
Südostkap

Neuguinea
Maokegebirge
Puncak Jaya 5029
Bismarck-Geb. 4509

Marianen
Guam
MIKRO
Karolinen
Truk-inseln
Äquator
MELAN

Bismarck-archipel
Neuirland
2300
Neu-britannien
Bougainville 3123
Salomo

KORALLE

Lord-Howe-Insel

Tasma

Auckland inseln

Macquarie-Inseln

N O W S
N O W S

Physische Übersicht

Höhenschichten

5029
Höhe über dem Meeresspiegel (in m)

	über 5000 m
	2000 – 5000 m
	1000 – 2000 m
	500 – 1000 m
	200 – 500 m
	100 – 200 m
	0 – 100 m
	unter 0 m

geographische Grenze von Australien und Ozeanien

große Städte

1 : 30 000 000

0   500 km

EINFÜHRUNG
DEUTSCHLAND
EUROPA
AFRIKA und ORIENT
ASIEN
AUSTRALIEN und POLE
AMERIKA
WELT
REGISTER

östl. L. v. Greenw.

KLETT-PERTHES

PAZIFISCHER

OZEAN

Wake-Insel

Bikini-Atoll

Ratakgruppe

Ralikgruppe

Gilbertinseln

Howland-insel

Phönixinseln

Linie-Inseln

Christmasinsel (Kiritimati)

Hawaii-Inseln

Hawaii

Johnston-insel

nördlicher Wendekreis

Neue Hebriden

Espiritu Santo

Ellice-Inseln

Tokelau-Inseln

Wallis-insel

Futuna

Samoa-Inseln

Nördliche Cookinseln

Äquator

Fidschi-Inseln

Vanua Levu

Viti Levu 1324

1628

Neu-kaledonien

Tonga-Inseln

Niue

Südliche Cookinseln

Gesellschafts-Inseln

Bora Bora

Tahiti

Marquesasinseln

Tuamotu-Archipel

Australinseln

Norfolkinsel

Kermadec-inseln

Nordkap

Auckland

Nordinsel

Ostkap

Neuseeland

2797

3764

Neuseeländische Alpen

Südinsel

Chatham-inseln

Antipoden-inseln

Campbell-insel

Pitcairn-insel

südlicher Wendekreis

westl. L. v. Gr.

Größenvergleich und Lage auf dem Globus

Hamburg

Berlin

Köln

Frankfurt

München

Elbe

Oder

Alpen

INDIEN
CHINA
MYANMAR (BIRMA)
BANGLA-DESCH
LAOS
THAILAND
VIETNAM
KAMBODSCHA
Golf von Tonking
Hainan
Luzon
PHILIPPINEN
Nördliche Marianen (USA)
Guam (USA)
Mikro
Karolinen
Truk-inseln
Paliki
Melekeok
PALAU
MIKRONESIEN
Äquator
Südchinesisches Meer
Spratly-Inseln
Mindanao
Sulusee
Golf von Siam
Halbinsel Malakka
BRUNEI
Celebessee
Mela
MALAYSIA
Kalimantan (Borneo)
Sulawesi (Celebes)
Molukkensee
Molukken
Neuguinea
PAPUA-NEUGUINEA
Bismarck-archipel
Neuirland
SINGAPUR
Kapuas
Bougain-ville
Neu-britannien
INDONESIEN
Bandasee
Javasee
Salomo
Sumatra
Java
Äquator
TIMOR-LESTE
Timor
Arafurasee
Torresstraße
Port Moresby
Fly
Malakkastraße
Kleine Sunda-Inseln
Timorsee
Carpentaria-golf
Christmas-insel (austr.)
Koral
INDISCHER
Kokosinseln (austr.)
Flinders
AUSTRALIEN
südlicher Wendekreis
Darling
Lord-Howe-Insel (austr.)
Große Australische Bucht
Spencergolf
Canberra
Murray
OZEAN
Tasma
Bass-Straße
Tasmanien
Auckland-inseln (neuseela
Kerguelen-insel (franz.)
Macquarie-Inseln (austr.)
Heardinsel (austr.)

K↓ Wake-Insel (USA)   L↓ 170°   180°   M↓   170°   N↓ 160°   O↓ 150°   P↓ 140°   Q↓   KLETT-PERTHES

EINFÜHRUNG
DEUTSCHLAND
EUROPA
ASIEN
AFRIKA und ORIENT
AUSTRALIEN und POLE
AMERIKA
WELT
REGISTER

MARSHALL-
INSELN

Hawaii-Inseln (USA)

Johnston-
insel
(USA)

Hawaii

nördlicher Wendekreis

30°

P A Z I F I S C H E R

20°

Ratakgruppe

Ralikgruppe

Dalap-Uliga-Darrit

Tarawa

Yaren ●
NAURU

Howland-
insel (USA)

10°

Christmasinsel
(Kiritimati)

Phönixinseln

Äquator 0°

SALOMONEN

Honiara

Neue Hebriden

Gilbertinseln

TUVALU

Ellice-Inseln

Vaiaku
Funafuti

KIRIBATI

Tokelau
(neuseeld.)

VANUATU

Port Vila ●

Wallis
und Futuna
(franz.)

SAMOA
Apia ●

Amerikanisch-
Samoa
(USA)

Nördliche Cookinseln

Neu-
kaledonien
(franz.)

Viti Levu

Vanua
Levu

Suva

FIDSCHI

TONGA

NIUE
(Neuseeld.
assoz.)

Alofi

COOKINSELN
(Neuseeld. assoz.)

Gesellschafts-Inseln

Marquesasinseln

Nuku'alofa

Südliche Cookinseln

Avarua

Tahiti

Tuamotu-Archipel

Französisch-

Norfolkinsel
(austr.)

Kermadec-
inseln
(neuseeld.)

P o l y n e s i e n

Australinseln

O Z E A N

see

Nordinsel

Wellington ●

NEUSEELAND

Südinsel

Chatham-
inseln
(neuseeld.)

Antipoden-
inseln
(neuseeld.)

Campbell-
insel
(neuseeld.)

westl. L. v. Gr. 170°   N↗ 160°   O↗ 150°   P↗ 140°   Q↗ 130°

Die größten Staaten in Australien und Ozeanien (nach Einwohnern)

👤 10 Mio. Einwohner   👤 1 Mio. Einwohner

Australien

Fidschi

Papua-Neuguinea

Salomonen

Neuseeland

Daten: 2010

Staaten

Stand: 01.01.2012

─────	Staatsgrenze
FIDSCHI	Staat
●	Hauptstadt
○	Regierungssitz
Guam	abhängiges Gebiet mit Selbstverwaltung

1 : 30 000 000   0   500 km

KLETT-PERTHES

EINFÜHRUNG
DEUTSCHLAND
EUROPA
ASIEN
AFRIKA und ORIENT
AUSTRALIEN und POLE
AMERIKA
WELT
REGISTER

1:20 000 000
0 100 200 500 km

Größenvergleich und Lage auf dem Globus

1

EINFÜHRUNG
DEUTSCHLAND
EUROPA
ASIEN
AFRIKA und ORIENT
AUSTRALIEN und POLE
AMERIKA
WELT
REGISTER

INDONESIEN
Balikpapan
Makassar
Javasee
Bandasee
Surabaya
Arafurasee
Dill
TIMOR-LESTE
Timorsee
Joseph-Bonaparte-Golf
Darwin
Carpentaria-golf
PAPUA-NEUGUINEA
Port Moresby
NAURU
KIRIBATI
SALOMONEN
Honiara
TUVALU
Äquator
INDISCHER
Korallensee
VANUATU
Port Vila
Neu-kaledonien
Noumea
Port Hedland
Dampier
südlicher Wendekreis
AUSTRALIEN
Flinders
Townsville
Hay Point
PAZIFISCHER
OZEAN
Brisbane
Darling
Newcastle
Sydney
Perth
Große Australische Bucht
Spencergolf
Adelaide
Murray
Canberra
Melbourne
OZEAN
Auckland
Nordinsel
Hobart
Tasmanien
Südinsel
Wellington
NEUSEELAND

1 : 30 000 000 0 200 500 km

KLETT-PERTHES

Wirtschaftszentren

Industriezentrum
- 🟪 Bergbau, Produktion, Energie und Bau

Dienstleistungszentrum
- 🟡 Handel, Transport, Tourismus und Information
- ⊕ Flughafen
- ⚓ Seehafen
- 🟠 Finanz- und Wirtschaftsdienstleistungen
- 🟢 Verwaltung, Bildung und Gesundheit

Die Größe der Signatur entspricht ihrer Bedeutung.

⬭ Wirtschaftsraum

2

KLETT-PERTHES

Makassar
INDONESIEN
Dill
TIMOR-LESTE
Timorsee
Arafurasee
PAPUA NEUGUINEA
Port Moresby
SALOMONEN
Honiara
Korallensee
VANUATU
Port Vila
Neu-kaledonien
INDISCHER OZEAN
AUSTRALIEN
Brisbane
PAZIFISCHER OZEAN
Perth
Große Australische Bucht
Adelaide
Darling
Murray
Sydney
Canberra
Melbourne
Tasmansee
Auckland
Hobart
NEUSEELAND
Wellington

Bergbau und Rohstoffgewinnung

Energierohstoffe
- ◈ Steinkohle
- ◇ Braunkohle
- ◉ Uran
- ⬟ Erdgas
- — Erdgaspipeline

Erze
- 🔶 Eisen
- 🔷 Stahlveredler: Kobalt, Mangan, Nickel
- 🔶 Buntmetalle: Blei, Kupfer, Zink, Zinn
- ◇ Leichtmetalle: Titan (Ilmenit), Aluminium (Bauxit)
- 🔶 Edelmetalle: Gold, Silber

andere Rohstoffe
- 🔷 Diamanten
- 🔷 Meersalz

Die Größe der Signatur entspricht ihrer Bedeutung.

1 : 60 000 000 0 500 1000 km

3

KLETT-PERTHES

Arafurasee
Darwin
Carpentaria-golf
Timorsee
Korallensee
INDISCHER OZEAN
Townsville
Brisbane
PAZIFISCHER OZEAN
Perth
Darling
Große Australische Bucht
Adelaide
Murray
Sydney
Canberra
Melbourne
Auckland
Tasmansee
Hobart
Wellington
Christchurch

1 : 60 000 000 0 500 1000 km

Bevölkerungsdichte

Einwohner / km²
- 🟧 200 – 500
- 🟧 100 – 200
- 🟨 50 – 100
- 🟨 10 – 50
- 🟩 unter 10
- ⬜ nahezu unbewohnt

Ballungsräume
- ☐ 1 – 5 Mio Einw.

130 Polargebiete

1 Arktis

KLETT-PERTHES

ATLANTISCHER OZEAN

Reykjavik
Island
2119

Färöer
Shetland-In.

Jan Mayen

Grönlandsee

Europäisches Nordmeer

Trondheim
2470
Kiruna
2123
Stockholm
Lappland
Ostsee
Karelien
Murmansk
H.-I. Kola
St. Petersburg
343
Archangelsk
Moskau
Weißes Meer

Barentssee

Nordkap
Ny Ålesund
Spitzbergen
1712
Bäreninsel

Franz-Josef-Land
Krenkel-Observatorium
1982

Nowaja Semlja
1590
Kolgujew-I.
Kara-Str.
Karasee

H.-I. Jamal
Obbusen
H.-I. Gydan

Gunnbjørnfjeld
3700
3231
3000
3360
2164
2940

Grönland

Baffin Bay
Devon-I.
Ellesmere-Insel
Königin-Elisabeth-In.
2926
Alert
Peary 1908-09
Lomonossow-Rücken

Nordpol
Peary 6.4.1909

Nordpolarmeer
Rücken

Arktisches Kap
Sewernaja Semlja

Kap Tscheljuskin
Tscheljuskin-Observatorium
H.-I. Taimyr

Laptewsee
Wilkizki-Str.

Nördl. Polarkreis

Sverdrup inseln
Mould-Bay
Parry-In.
2002
2007
1982

Banks-I.
Amundsengolf
Beaufortsee

2002
2007
2007
2002
1982
1982

Neusibirische Inseln
Ostsibirische See
De Long-Inseln
Laptew-Str.
Indigirka
Kolyma

Wrangel-I.
Schmidta-Observatorium
1843
Anadyr-Geb.

Werchojansker Gebirge
Nördl. Polarkreis

Alaskakette
Anchorage
Mt. McKinley 6193
Kodiak
Brooks kette
Alaska
2816
Point Barrow
Kap Pt. of Wales
Kap Deschnew
Beringstraße
Tschuktschen-H.-I.
St.-Lorenz-I.
Nunivak
Beringmeer
Yukon

Korjakengebirge
2562
Kolymagebirge
Schelichow golf
Tscherskigebirge
Magadan
Ochotskisches Meer

Landschaft und Umwelt

Landschaften
- ☐ Tundra
- ☐ nördlicher Nadelwald
- ☐ Mischwald
- ☐ Kulturland

Durchschnittliche jährliche Vereisung

Inlandvereisung
- ☐ Inlandvereisung
- Gletscher
- Schelfeis
- 2396 Höhenangabe
- 2766 und Eisdicke in m

Meeresvereisung
- im Sommer und Winter
- nur im Winter
- nur in kalten Wintern
- Eisberge, Treibeis

Polareis im Sommer

Eisgrenze im Nordpolarmeer
- normales Jahr
- extreme Jahre

auf dem Land (seit 1996)
- ☐ starkes Abschmelzen
- ☐ sehr starkes Abschmelzen
- Schelfeisverlust

Erforschung
- ----- Entdeckerrouten
- ■ Forschungsstation

Tierwelt
- Eisbären
- Pinguinkolonien

1 : 30 000 000   0   500 km

2 Antarktis

KLETT-PERTHES

ATLANTISCHER OZEAN

Signy Orcadas (arg.)
Südorkney-In.
Drakestraße
Südshetland-In.
King-George-I. (Stationen s. unten)
Esperanza (arg.)
Arturo Prat (chil.)
Bern. O'Higgins (chil.)
Palmer
Palmer (USA) archipel
Vernadsky (ukr.)
San Martin (arg.)
Adelaide-I.
Rothera (brit.)
2987
Alexander-I.

Weddellmeer
Antarktische Halbinsel
Grahamland
Larsen-Schelfeis
Mt. Jackson
4190
Palmerland

PAZIFISCHER OZEAN
Bellingshausensee
Peter-I.-Insel
Thurston-I.
Abbot Schelfeis
908
2070

Walgreen küste
Marie-Byrd-Land
Amundsen see
Mt. Sidley
4181
3100
Kap Dart
3498

Kap Norvegia
Neumayer (deutsch)
SANAE IV (südafrik.)
Nowolasarewskaja (russ.)
Maitri (ind.)
Georg Forster (deutsch)
Asuka (jap.)

Prinzessin-Martha-Küste
Neuschwabenland
Königin-Maud-Land
3300
Prinzessin-Astrid-Küste
4300
Prinzessin-Ragnhild-Küste
3630
Sør Rondane

Halley (brit.)
Coatsland
Belgrano II (arg.)
Fitchner-Schelfeis
30
200
Berkner insel
158
1312
2200
3660

Ronne Schelfeis
Edith-Ronne-Land
Ellsworthland
Vinson-massiv
5140
Ellsworth-Mountains

1797
4335
1750

3022
3932
3136
2251
2800
2810
Südpol
Amundsen 14.12.1911
Amundsen / Scott (USA)

Transantarktisches Gebirge
Mt. Kirkpatrick
4528
4351
54
386

Ross Schelfeis
Roosevelt-I.
Eduard VII.-H.-I.
Kap Colbeck
McMurdo (USA)
Scott (neuseeld.)
Mt. Erebus
3794
4025
Kap Adare
Mt. Sabine
3850

Viktorialand

3624
3165
Mt. Menzies
3355
2872

American Highland

3947
2500
3351
3750
Kältepol (-89,2°C)
Wostok (russ.)
3176

Riiser-Larsen-H.-I.
Lützow-Holm-B.
Syowa (jap.)
Molodeschnaja (russ.)
Kap Batterbee
2467
2360
2300
Enderby land
Mawson (austr.)
2300
256
McRobertsonland
Lambert-Gl.
Amery-Schelfeis
Progress (russ.)
Zhongshan (chin.)
Davis (austr.)

West-Schelfeis
Gaußberg
369
Davis-see
Königin-Mary-Küste
Knox-küste
1610
Sabrina küste
Schelfeis

Mirny (russ.)
Drygalski-I.
Shackleton-Schelfeis
3061
3500
Casey (austr.)
Kap Poinsett

INDISCHER OZEAN

PAZIFISCHER OZEAN

Georg V.-Küste
Adélieland
Dumont d'Urville (franz.)

INDISCHER OZEAN

Wilkesland

King-George-Insel (1 : 1 600 000)

Comandante Ferraz (bras.)
Arctowski (poln.)
Artigas (urug.)
Jubany (arg.)
Bellings-hausen (russ.)
King Sejong (korean.)
Escudero (chil.)
Presidente Eduardo Frei (chil.)
Great Wall (chin.)

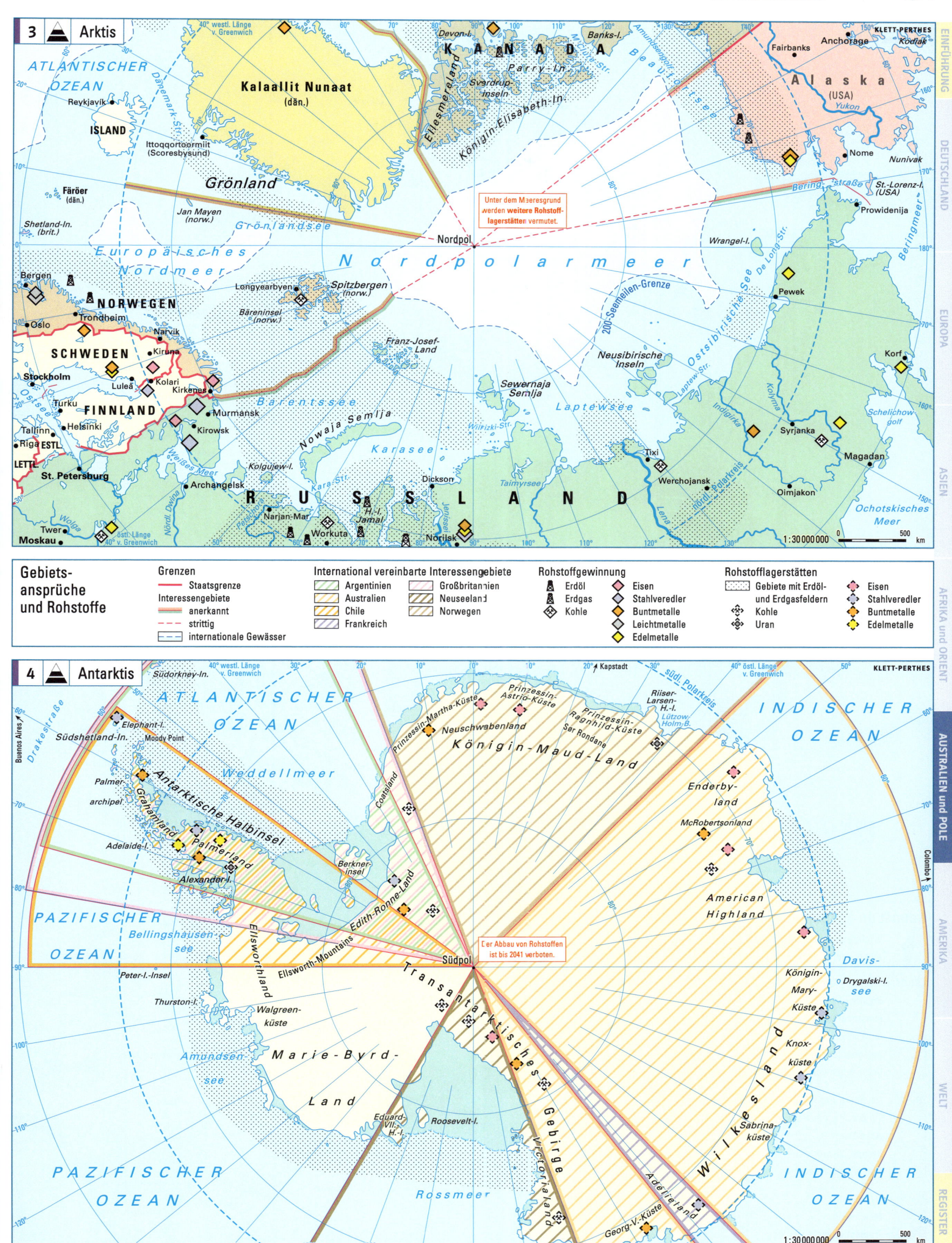

3 ⛰ **Arktis**

KLETT-PERTHES

ATLANTISCHER OZEAN

Reykjavík
ISLAND
Färöer (dän.)
Shetland-In. (brit.)

Kalaallit Nunaat (dän.)

Grönland

Ittoqqortoormiit (Scoresbysund)

Jan Mayen (norw.)

Grönlandsee

Grönlandsee

40° westl. Länge v. Greenwich

Devon-I.

KANADA

Ellesmereland
Sverdrup-Inseln
Parry-In.
Königin-Elisabeth-In.
Banks-I.

Amundsengolf
Beaufortsee

Fairbanks
Anchorage
Kodiak

Alaska (USA)
Yukon

Nome
Nunivak

Bering straße
St.-Lorenz-I. (USA)
Providenija

Nordpol

Unter dem Meeresgrund werden weitere Rohstoff-lagerstätten vermutet.

Wrangel-I.
Beringmeer

Europäisches Nordmeer
Nordpolarmeer

Bergen
NORWEGEN
Oslo
Trondheim
SCHWEDEN
Stockholm
Luleå
Kolari
Kiruna
Narvik
Kirkenes
Murmansk
FINNLAND
Turku
Helsinki
Tallinn
Riga
ESTL
LETTL
St. Petersburg
Twer
Moskau
Wolga
Nördl. Dwina
Archangelsk
Narjan-Mar
Workuta
Weißes Meer

Longyearbyen
Spitzbergen (norw.)
Bäreninsel (norw.)

Franz-Josef-Land

Barentssee

Nowaja Semlja

Kara-Str.
Karasee

Kolgujew-I.
H.-I. Jamal
Dickson
Jenissej

Sewernaja Semlja

Laptewsee

Neusibirische Inseln

De Long-Str.
Ostsibirische See
200-Seemeilen-Grenze

Pewek

Korf

Schelichow-golf

Laptew-Str.
Indigirka
Kolyma
Syrjanka
Magadan

Tixi
Werchojansk
Taimyrsee
Oimjakon

nördl. Polarkreis

Ochotskisches Meer

RUSSLAND

Norilsk

40° östl. Länge v. Greenwich

1:30 000 000
0   500 km

Gebiets-ansprüche und Rohstoffe

Grenzen
— Staatsgrenze
Interessengebiete
— anerkannt
-- strittig
-- internationale Gewässer

International vereinbarte Interessengebiete
▨ Argentinien
▨ Australien
▨ Chile
▨ Frankreich
▨ Großbritannien
▨ Neuseeland
▨ Norwegen

Rohstoffgewinnung
⛏ Erdöl
⛏ Erdgas
◈ Kohle
◆ Eisen
◆ Stahlveredler
◆ Buntmetalle
◆ Leichtmetalle
◆ Edelmetalle

Rohstofflagerstätten
▨ Gebiete mit Erdöl- und Erdgasfeldern
◈ Kohle
◈ Uran
◆ Eisen
◆ Stahlveredler
◆ Buntmetalle
◆ Edelmetalle

4 ⛰ **Antarktis**

KLETT-PERTHES

Südorkney-In.
40° westl. Länge v. Greenwich
Kapstadt
südl. Polarkreis
40° östl. Länge v. Greenwich

ATLANTISCHER OZEAN
INDISCHER OZEAN

Buenos Aires
Drakestraße
Elephant-I.
Südshetland-In.
Moody Point
Palmer-archipel
Antarktische Halbinsel
Grahamland
Palmerland
Adelaide-I.
Alexander-I.

Weddellmeer
Coatsland
Berkner-insel
Edith-Ronne-Land

Prinzessin-Martha-Küste
Neuschwabenland
Prinzessin-Astrid-Küste
Prinzessin-Ragnhild-Küste
Sør Rondane
Königin-Maud-Land
Riiser-Larsen-H.-I.
Lützow-Holm-B.

Enderby-land
McRobertsonland

PAZIFISCHER OZEAN
Bellingshausen-see
Peter-I.-Insel
Thurston-I.

Ellsworthland
Ellsworth-Mountains
Walgreen-küste

Südpol

Der Abbau von Rohstoffen ist bis 2041 verboten.

American Highland

Colombo

Marie-Byrd-Land

Transantarktisches Gebirge
Victorialand

Wilkesland

Königin-Mary-Küste
Drygalski-I.
Davis-see
Knox-küste

Amundsen-see
Eduard-VII.-H.-I.
Roosevelt-I.
Rossmeer
Adélieland
Georg-V.-Küste
Sabrina-küste

PAZIFISCHER OZEAN
Sydney
INDISCHER OZEAN

1:30 000 000
0   500 km

EINFÜHRUNG
DEUTSCHLAND
EUROPA
ASIEN
AFRIKA und ORIENT
AUSTRALIEN und POLE
AMERIKA
WELT
REGISTER

KLETT-PERTHES

1 △

Öl und Gas

Pipeline

Hundeschlitten

Grizzly

Holzgewinnung

Flugzeuge

Computer

Mammutbaum

San Francisco

Spielautomat

Hollywood

Pueblos

Kaktus

Mexiko

Rocky Mountains

Old Faithful

Bison

Farm

Rinder

Kaffee

Wasserflugzeug

Tipi

Baumwolle

Öl und Gas

Chichén Itzá

Kaffee

Kolibri

Bananen

Eisbär

Walross

Grönlandhaus

Grönlandwal

Eisbrecher

Fischfang

Inuit

Eishockey

Niagarafälle

Skyline

Autos

Basketball

Freiheitsstatue

Capitol

Hamburger

Hummer

Mayflower

Frachtschiff

Kap Canaveral

Urlaub

Alligator

Korallen

Urlaub

Santa Maria

Panamakanal

Kennst du Nordamerika?

Wichtiges aus Natur, Kultur und Technik

Landschaften

Polarmeer:
immer vereist
im Winter vereist
gelegentlich vereist
Vorkommen von Eisbergen

Inlandeis, Gletscher
Tundra, Hochgebirge
Ackerland
Steppe, Savanne
Halbwüste, Wüste

Nadelwald
Mischwald
Tropischer Wald

EINFÜHRUNG
DEUTSCHLAND
EUROPA
ASIEN
AFRIKA und ORIENT
AUSTRALIEN und POLE
AMERIKA
WELT
REGISTER

2

KLETT-PERTHES

Öl und Gas

Krokodil

Ariane

Tukan

Anakonda

Bananen

Amazonasindianer

Manaus

Kautschuk

Zuckerrohr

Inkakultur

Regenwaldzerstörung

Eisenerz

Lima

Machu Picchu

Kaffee

Fußball

Atacama

Indio

Rio de Janeiro

Aconcagua

Iguaçufälle

Tango

Fußball

Kupfer

Wein

Rinder

Kennst du Südamerika?

Wichtiges aus Natur,
Kultur und Technik

Landschaften

Inlandeis, Gletscher

Hochgebirge

Ackerland

Steppe, Savanne

Halbwüste, Wüste

Nadelwald

Mischwald

Tropischer Wald

Gletscher

Seelöwe

Pottwal

EINFÜHRUNG

DEUTSCHLAND

EUROPA

ASIEN

AFRIKA und ORIENT

AUSTRALIEN und POLE

AMERIKA

WELT

REGISTER

KLETT-PERTHES

Lage auf dem Globus

Physische Übersicht

Höhenschichten

	Höhe über dem Meeresspiegel (in m)
	über 5000 m
	2000 – 5000 m
	1000 – 2000 m
	500 – 1000 m
	200 – 500 m
	100 – 200 m
	0 – 100 m
	unter 0 m

6959

geographische Grenze von Nord- und Mittelamerika bzw. Südamerika

● ● große Städte

1 : 30 000 000   0   500 km

KLETT-PERTHES

EINFÜHRUNG · DEUTSCHLAND · EUROPA · ASIEN · AFRIKA und ORIENT · AUSTRALIEN und POLE · AMERIKA · WELT · REGISTER

NORD- UND MITTELAMERIKA

Golfküstenebene
Houston
New Orleans
Golf von Mexiko
Miami
Halbinsel Florida
Kap Canaveral
Bahama-Inseln
Havanna
Floridastraße
Straße von Yucatán
Kuba
Große Antillen
Golf von Campeche
Halbinsel Yucatán
Golf von Honduras
Jamaika
Hispaniola
Santo Domingo
Port-au-Prince
Puerto Rico
Guadeloupe
Martinique
Kleine Antillen
Landenge von Tehuantepec
Tajumulco 4217
Guatemala
San Salvador
Managua
Nicaraguasee
Panamakanal
3820
Karibisches Meer
nördlicher Wendekreis

N W O S

PAZIFISCHER OZEAN

Galápagos-inseln

Äquator

Kap Pariñas

Kap Gallinas
Barranquilla
5780
Maracaibo
Maracaibo-see
5007
Pico Bolívar
Valencia
Caracas
2596
Trinidad
Orinocotiefland
Orinoco
4080
Medellín
5493
Cali
Bogotá
5750
Amazonasschwelle
Roraima 28° 0
2579
Bergland von Guayana
Rio Branco
Rio-Branco-Senke
3014
Neblina
Quito
Cotopaxi 5897
Chimborazo 6272
Guayaquil
Östliches Andenvorland
Marañón
Ucayali
Putumayo
Amazonas
Amazonas-tiefland
Manaus
Amazonas
R. Negro
Purus
Madeira
Juruena
Tapajós
Xingu
Tocantins
Araguaia
Belém
Tucuruí-Stausee
Fortaleza
Sobradinho-Stausee
1123
Kap Branco
Recife
6768 Huascarán
Lima
6271
Coropuna 6613
Illampu 6421
Titicacasee
La Paz 6439
Illimani
6520
Sajama
5995
Cordillere
Hochland von Mato Grosso
893
São Francisco-Becken
São Francisco
1850
Salvador
Brasilianisches
Bergland
Brasília
Goiânia
Pico de Itambé 2033
Três-Marias-Stausee
Belo Horizonte
Pico da Bandeira 2890
5970
6720
Pantanal
Paraguay
Santa Cruz
Asunción
La-Plata-
Pto.-Primavera-Stausee
Paraná
São Paulo
Rio de Janeiro
südlicher Wendekreis
Curitiba
6880 Ojos del Salado
6380
Tiefland
1898
Porto Alegre
Pilcomayo
Paraná
Uruguay
Córdoba
Rosario
Montevideo
Rio de la Plata
Santiago
6959 Aconcagua
5323
Buenos Aires
Pampa
ATLANTISCHER OZEAN
Lanín 3776
Rio Negro
San-Matías-Golf
Chiloé
Patagonien
Patagonisches Tafelland
San Valentín 4058
3380
Falkland-inseln
Magellanstraße
Feuerland
2469
Kap San Diego
Kap Hoorn
Südgeorgien

ATLANTISCHER OZEAN

N W O S

Äquator

50°   40°   G↓

Größenvergleich und Lage auf dem Globus

Hamburg
Berlin
Köln
Frankfurt
München
Alpen
Elbe

Die größten Staaten in Nordamerika (nach Einwohnern)

🧍 10 Mio. Einwohner
🧍 1 Mio. Einwohner

Vereinigte Staaten von Amerika

Mexiko

Kanada

Guatemala

Kuba

Dominikanische Republik

Haiti

Honduras

El Salvador

Nicaragua

Daten: 2010   1 : 30 000 000

Staaten

Stand: 01.01.2012

Staatsgrenze
CHILE Staat
● Hauptstadt
○ Regierungssitz

Falkland-inseln abhängiges Gebiet mit Selbstverwaltung

Alaska Bundesstaat bzw. Verwaltungsgebiet

geographische Grenze von Nord- und Mittelamerika bzw. Südamerika

KLETT-PERTHES

VEREINIGTE STAATEN

Golf von Mexiko

Floridastraße

Nassau

BAHAMAS

nördlicher Wendekreis

Havanna

KUBA

Turks- u. Caicos-inseln (brit.)

Golf von Campeche

MEXIKO

Golf von Yucatán

Cayman-inseln (brit.)

Kingston

JAMAIKA

Port-au-Prince

HAITI

DOMINIK. REP.

Santo Domingo

Puerto Rico (USA)

Jungfern-In. (USA) (brit.)

Anguilla (brit.)

Saint-Martin (franz.)

Sint Maarten (ndl.)

ST. KITTS U. NEVIS

ANTIGUA U. BARBUDA

Montserrat (brit.)

Guadeloupe (franz.)

DOMINICA

Martinique (franz.)

BELIZE

Belmopan

GUATEMALA

Guatemala

HONDURAS

Tegucigalpa

Karibisches Meer

San Salvador

EL SALVADOR

NICARAGUA

Managua

Nicaragua-see

San José

COSTA RICA

Panama-kanal

Panama

Golf von Panama

ST. VINCENT U. DIE GRENADINEN

ST. LUCIA

GRENADA

BARBADOS

Curaçao (ndl.)

Aruba

Bonaire (ndl.)

Caracas

TRINIDAD U. TOBAGO

Port-of-Spain

Cocosinsel (cost.)

VENEZUELA

Orinoco

GUYANA

Georgetown

Paramaribo

SURINAME

Franz. Guayana

Maracaibo-see

Magdalena

Bogotá

KOLUMBIEN

Quito

ECUADOR

Äquator

Äquator

Galápagos-inseln (ecuad.)

Amazonas

Marañón

R. Negro

Amazonas

BRASILIEN

Madeira

Xingu

Tocantins

São Francisco

PAZIFISCHER

OZEAN

PERU

Lima

Mamoré

BOLIVIEN

La Paz

Titicaca-see

Sucre

Brasília

ATLANTISCHER

OZEAN

PARAGUAY

Paraguay

Asunción

Pilcomayo

Paraná

Paraná

Uruguay

C H I L E

A R G E N T I N I E N

süd licher Wendekreis

URUGUAY

Santiago de Chile

Buenos Aires

Montevideo

Río de la Plata

Juan-Fernández-Inseln (chil.)

Río Negro

San-Matías-Golf

Chiloé

ATLANTISCHER

OZEAN

Falklandinseln (brit.)

Magellanstraße

Magellanstraße

Feuerland

Südgeorgien (zu Falkland, brit.)

Die größten Staaten in Südamerika
(nach Einwohnern)

👤 10 Mio. Einwohner

† 1 Mio. Einwohner

Brasilien

Kolumbien

Argentinien

Peru

Venezuela

Chile

Ecuador

Bolivien

Paraguay

Uruguay

Daten: 2010

1 : 30 000 000

0   500 km

70° westl. Länge v. Greenwich

1

sehr kalt

sehr kalter Winter

feucht und mild

feucht mit kaltem Winter

feucht und warm

trocken und warm

trockener und heißer Sommer

feucht und heiß

PAZIFISCHER OZEAN

ATLANTISCHER OZEAN

Nordamerika

Klimazonen

- kalte Zone
- gemäßigte Zone
- subtropische Zone
- tropische Zone
- klimatische Höhenstufe der Gebirge
- Klimazonengrenze

2

KANADA

VEREINIGTE STAATEN (USA)

MEXIKO

GUATEMALA

HONDURAS

COSTA RICA

DOMINIKANISCHE REPUBLIK

PAZIFISCHER OZEAN

ATLANTISCHER OZEAN

Nordamerika

Landwirtschaft Die wichtigsten Produktionsländer

3 Rangfolge in der Weltproduktion Produktionsmenge

Hauptnahrungsmittel
- Weizen
- Mais
- Hirse
- Kartoffeln
- Sojabohnen
- Reis
- Maniok, Yams

Gemüse und Früchte
- Gemüse
- Obst
- Zitrusfrüchte
- Bananen
- Ananas
- Weintrauben
- Erdnüsse
- Kokosnüsse

Tierische Produkte
- Milch, Fleisch
- Fleisch

Zucker- und Ölpflanzen
- Zuckerrohr
- Zuckerrüben
- Palmöl
- Sonnenblumen

Genussmittel
- Kaffee
- Kakao
- Tabak

Faserpflanzen
- Baumwolle
- Sisal

Sonstige Produkte
- Gewürze
- Tropenholz

1 (unten links)

feucht und heiß

heiß mit trockenem Sommer

feucht und heiß

mild mit trockenem Sommer

kühl

PAZIFISCHER OZEAN

ATLANTISCHER OZEAN

Südamerika

1:60 000 000 0 500 1000 km

2 (unten rechts)

GUATEMALA

HONDURAS

COSTA RICA

DOMINIKANISCHE REPUBLIK

KOLUMBIEN

ECUADOR

PERU

BRASILIEN

BOLIVIEN

CHILE

ARGENTINIEN

PAZIFISCHER OZEAN

ATLANTISCHER OZEAN

Südamerika

1:60 000 000 0 500 1000 km

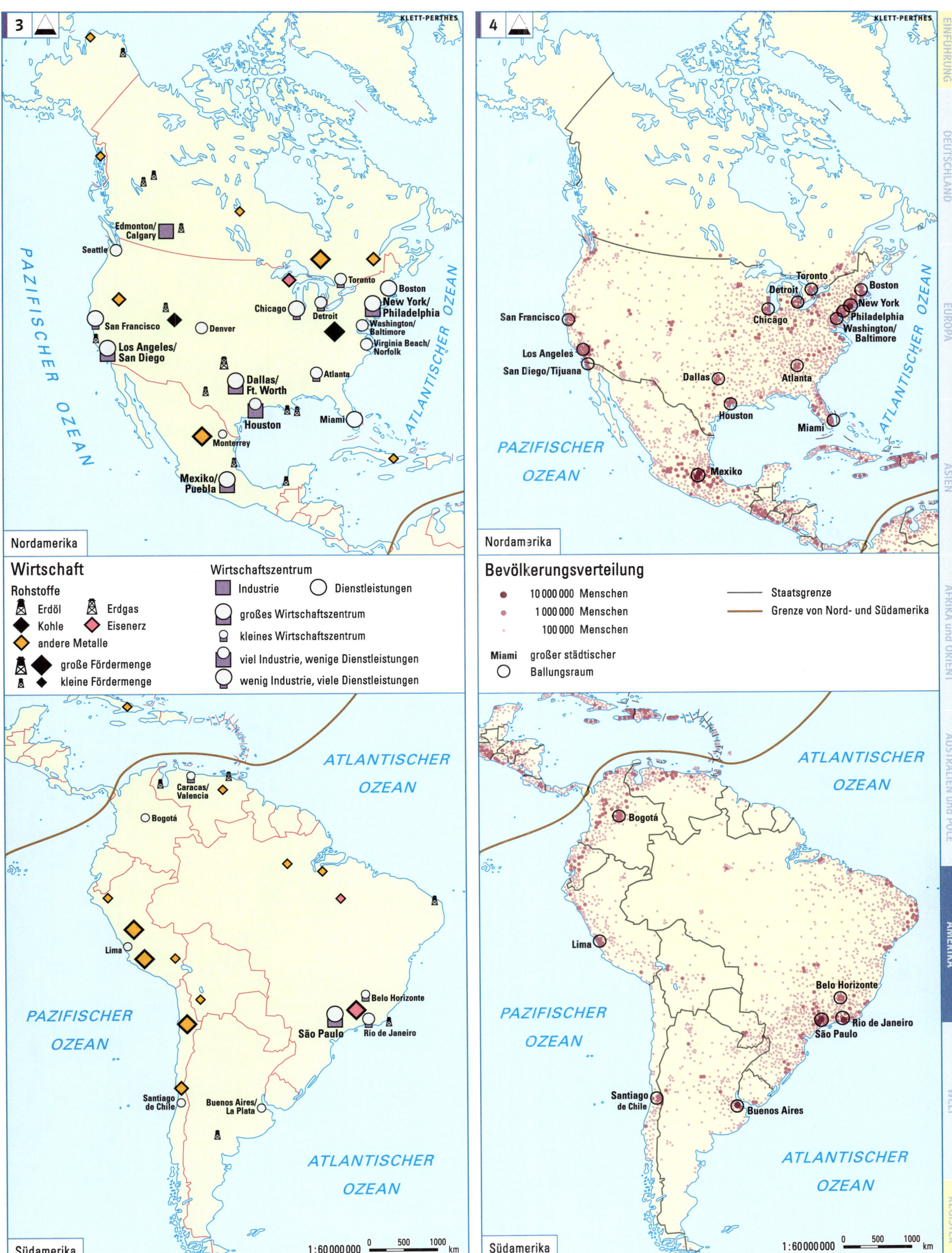

3 Nordamerika

PAZIFISCHER OZEAN

ATLANTISCHER OZEAN

Edmonton/Calgary
Seattle
Chicago
Toronto
Boston
Detroit
New York/Philadelphia
San Francisco
Denver
Washington/Baltimore
Los Angeles/San Diego
Virginia Beach/Norfolk
Dallas/Ft. Worth
Atlanta
Houston
Miami
Monterrey
Mexiko/Puebla

Südamerika

Caracas/Valencia
Bogotá
Lima
Belo Horizonte
São Paulo
Rio de Janeiro
Santiago de Chile
Buenos Aires/La Plata

ATLANTISCHER OZEAN
PAZIFISCHER OZEAN
ATLANTISCHER OZEAN

Wirtschaft

Rohstoffe

⛏ Erdöl   ⛏ Erdgas
◆ Kohle   ◆ Eisenerz
◆ andere Metalle

⛏ ◆ große Fördermenge
⛏ ◆ kleine Fördermenge

Wirtschaftszentrum

▢ Industrie   ○ Dienstleistungen
⬤ großes Wirtschaftszentrum
⬤ kleines Wirtschaftszentrum
▢ viel Industrie, wenige Dienstleistungen
○ wenig Industrie, viele Dienstleistungen

4 Nordamerika

PAZIFISCHER OZEAN

ATLANTISCHER OZEAN

San Francisco
Los Angeles
San Diego/Tijuana
Toronto
Detroit
Chicago
Boston
New York
Philadelphia
Washington/Baltimore
Dallas
Atlanta
Houston
Miami
Mexiko

Südamerika

Bogotá
Lima
Belo Horizonte
São Paulo
Rio de Janeiro
Santiago de Chile
Buenos Aires

ATLANTISCHER OZEAN
PAZIFISCHER OZEAN
ATLANTISCHER OZEAN

Bevölkerungsverteilung

⬤ 10 000 000 Menschen
• 1 000 000 Menschen
· 100 000 Menschen

Miami ○ großer städtischer Ballungsraum

— Staatsgrenze
— Grenze von Nord- und Südamerika

1 : 60 000 000   0   500   1000 km

1 : 60 000 000   0   500   1000 km

KLETT-PERTHES

EINFÜHRUNG
DEUTSCHLAND
EUROPA
ASIEN
AFRIKA und ORIENT
AUSTRALIEN und POLE
AMERIKA
WELT
REGISTER

Größenvergleich und Lage auf dem Globus

EINFÜHRUNG
DEUTSCHLAND
EUROPA
ASIEN
AFRIKA und ORIENT
AUSTRALIEN und POLE
AMERIKA
WELT
REGISTER

VEREINIGTE STAATEN

San Bernardino · Phoenix · Hayden · Carlsbad · Abilene · Fort Worth · Dallas · Shreveport · Jackson · Montgomery · Savannah · Albany
Los Angeles · Yuma · Tucson · El Paso · Odessa · San Angelo · Waco · Natchez · Mobile Pensacola · Tallahassee · Jacksonville
San Diego · Mexicali · Juárez · Austin · Beaumont · Lake Charles · Baton Rouge · New Orleans · Daytona Beach · Kap Canaveral
Tijuana · Ensenada · San Felipe · Chihuahua · Houston · Tampa · Orlando · West Palm Beach
Hermosillo · Camargo · Piedras Negras · Nuevo Laredo · San Antonio · Galveston · St. Petersburg · Fort Lauderdale · Freeport
Guadalupe (mex.) · Guaymas · Hidalgo del Parral · Monclova · Laredo · Corpus Christi · Miami · Nassau
Santa Rosalía · Obregón · Torreón · Saltillo · Monterrey · Reynosa · Matamoros · Brownsville · Havanna · Matanzas · BAHAMAS

Golf von Mexiko

Los Mochis · Durango · Victoria · Pinar del Río · Cienfuegos · Santa Clara · Nuevitas
Culiacán · Mazatlán · Zacatecas · San Luis Potosí · Tampico · Mérida · Cancún · KUBA · Camagüey · Holguín
La Paz · Kap S. Lucas · Aguascalientes · Chichén Itzá · Santiago de Cuba · Guantánamo
Tepic · León · Querétaro · Pachuca · Poza Rica de Hidalgo · Campeche · Yucatán · Chetumal · Cayman-In. (brit.) · Montego Bay
Guadalajara · Salamanca · Teotihuacán · Jalapa Enríquez · Carmen · BELIZE · Belize · JAMAIKA · Kingston
Colima · Morelia · Mexiko · Puebla · Veracruz · Coatzacoalcos · Villahermosa · Belmopan · Golf von Honduras
Manzanillo · Uruapan · Toluca · Cuernavaca · P. de Orizaba · Minatitlán · Tikal · Puerto Barros · Puerto Cortés · La Ceiba · Karibisches Meer
MEXIKO · Acapulco · Oaxaca · Landenge von Tehuantepec · Tuxtla Gutiérrez · GUATEMALA · Quezaltenango · Copán · HONDURAS · San Pedro Sula
Südl. Sierra Madre · Salina Cruz · Tajumulco · Escuintla · Guatemala · Tegucigalpa · Puerto Cabezas · Bonanza
San José · San Salvador · Santa Ana · NICARAGUA · Matagalpa · San Andrés (kol.)
EL SALVADOR · Jinotega · León · Managua · Granada · Bluefields

PAZIFISCHER

Clipperton-I. (franz.)
Cocos-I. (cost.)
Malpelo-I. (kol.)
San José · Limón · Panamakanal · Colón · Golf v. Darién · Sincelejo · Santa Marta
Puntarenas · Chiriquí Grande · Panama · Monteria · Barranquilla · Cartagena · Pico Cristóbal Colón
COSTA RICA · David · PANAMA · Golf v. Panama · Barrancabermeja · Bucaramanga
Medellín · Manizales · Andagoya · Pereira · Ibagué · Villavicencio
Buenaventura · Cali · Neiva · KOLUM...
Tumaco · Popayán · Huila
San Lorenzo · Pasto · Florencia
Esmeraldas · Ibarra
Quito · Cotopaxi
Portoviejo · Ambato · Chimborazo · Riobamba
ECUADOR · Guayaquil
San Cristóbal · La Libertad · Cuenca · Iquitos
Isabela · Puerto Baquerizo Moreno · Machala · Tumbes · Marañón
Galápagos-In. (ecuad.) · Talara · Kap Pariñas · Loja · Moyobamba
Paita · Piura · Sechura
Bayóvar · Chiclayo · Cajamarca · Pucallpa

OZEAN · Chan-Chan · Trujillo · Chimbote · Huascarán · Huaráz · PERU · Paramonga · Cerro de Pasco · La Oroya · Callao · Lima · Huancayo · Chincha Alta · Ayacucho · Pisco · Ica · San Nicolás · Coropu...

Golf von Campeche · **Golf von Honduras**

Str. von Yucatán · HAITI · Port-au-Prince · Karibisches Meer

Hamburg · Berlin · Köln · Frankfurt · München · Elbe · Rhein

1 : 20 000 000   0 100 200   500 km

nördlicher Wendekreis · Äquator · Revilla-Gigedo-In. (mex.)

A T L A N T I S C H E R

O Z E A N

nördlicher Wendekreis

Turks- u. Caicos-In. (brit.)
DOMINIKAN. REP.
Santiago
La Romana
San Juan
Jungfern-In. (USA) (brit.)
Anguilla (brit.)
Saint-Martin/ (franz.)
Sint Maarten (ndl.)
ANTIGUA U. BARBUDA
Santo Domingo
Hispaniola
Puerto Rico (USA)
Ponce
Caguas
Basseterre
ST. KITTS U. NEVIS
Montserrat (brit.)
Antigua
St. John's
Barbuda
Guadeloupe (franz.)
Basse-Terre
Kleine Antillen
DOMINICA
Roseau
Martinique (franz.)
Fort-de-France
ST. LUCIA
Castries
Kingstown
ST. VINCENT U. DIE GRENADINEN
Bridgetown
BARBADOS
GRENADA
St. George's
Aruba (ndl.)
Curaçao (ndl.)
Bonaire (ndl.)
Kap llinas
Punto Fijo
Margarita
Tobago
TRINIDAD U. TOBAGO
Trinidad
Port-of-Spain
Maracaibo
Coro
Cabimas
Valencia
Caracas
Cumaná
2596
Barquisimeto
Maracay
Barcelona
Maturín
Acarigua
Valera
Calabozo
El Tigre
Mérida
5007
San Fernando de Apure
Pico Bolívar
an Cristóbal
Ciudad Guayana
Port Kaituma
Arauca
Ciudad Bolívar
Orinoco tiefland
Georgetown
VENEZUELA
2810
Roraima
GUYANA
Linden
Paramaribo
2260
Bergland von
SURINAME
Afobaka
Albina
2579
Guayana
Kourou
Cayenne
Boa Vista
1280
Franz.-Guayana
Mitú
3014
Neblina
Amapá
Amazonas
Serra do Navio
Macapá
Porto de Santana
Amazonas
Óbidos
Marajó
Bragança
Japura
Rio Negro
14
Belém
Cametá
São Luís
Leticia
São Paulo de Olivença
Manaus
26
Santarém
Altamira
Tucuruí
Parnaíba
Camocim
Tabatinga
82
Tefé
Maués
Itaituba
Bacabal
Sobral
Fortaleza
tiefland
Madeira
Tapajós
Xingu
Marabá
Caxias
Teresina
Rocas (bras.)
Manicoré
Carajás
Carolina
640
Mossoró
Fernando de Noronha
ruzeiro o Sul
Feijó
Lábrea
Purus
B R A S I L I E N
1050
Kap São Roque
Natal
800
Campina Grande
Rio Branco
Porto Velho
São Miguel
Paulistana
João Pessoa
Kap Branco
Olinda
1123
Recife
Riberalta
Guajará-Mirim
860
Araguaia
Sobradinho stausee
Caruaru
Jaboatão
Juazeiro
Maceió
Beni
Príncipe da Beira
Hochland von
Barra
1801
Aracaju
achu cchu
Cuzco
Puerto Maldonado
Trinidad
Mato Grosso
669
Tocantins
São Francisco Becken
Feira de Santana
Illampu
6421
La Paz
6439 Illimani
Cochabamba
4051
San Ignacio
1995
893
Cuiabá
1292
1850
Salvador
Arequipa
6520
Sajama
Oruro
Santa Cruz
1425
Vila Bela
Pantanal
Brasília
Anápolis
Três Marias Stausee
Ilhéus
Tiahuanaco
Tacna
Arica
5995
Sucre
Potosí
Corumbá
Goiânia
Piracicab
Piripora
Montes Claros
Diamantina
2033
Pico de Itambé
Vitória da Conquista
Iquique
Pica
Calama
5970
Camiri
Villa montes
BOLIVIEN
Campo Grande
Uberlândia
Uberaba
Teófilo Otoni
Caravelas
Antofagasta
6723
6720
Tupiza
Tarija
Mariscal Estigarribia
Três Lagoas
Brasilianisches
Belo Horizonte
Governador Valadares
Colatina
CHILE
Embarcación
Campo Durán
Gran Chaco
Ponta Porã
610
Marília
Bauru
Ribeirão Preto
Campinas
Caratinga
Pico da Bandeira 2890
Vitória
Tocopilla
San Salvador de Jujuy
PARAGUAY
Concepción
Maringá
Londrina
Sorocaba
Jundiaí
2787
Nova Iguaçu
Juiz de Fora
Petrópolis
Campos
ARGENTINIEN
Salta
Asunción
Formosa
Ciudad del Este
Guarapuava
Ponta Grossa
1889
São Paulo
Santos
Rio de Janeiro
Niterói
Curitiba
Pilcomayo
südlicher Wendekreis

Größenvergleich und Lage auf dem Globus

1 : 20 000 000

0 100 200 500 km

KLETT-PERTHES

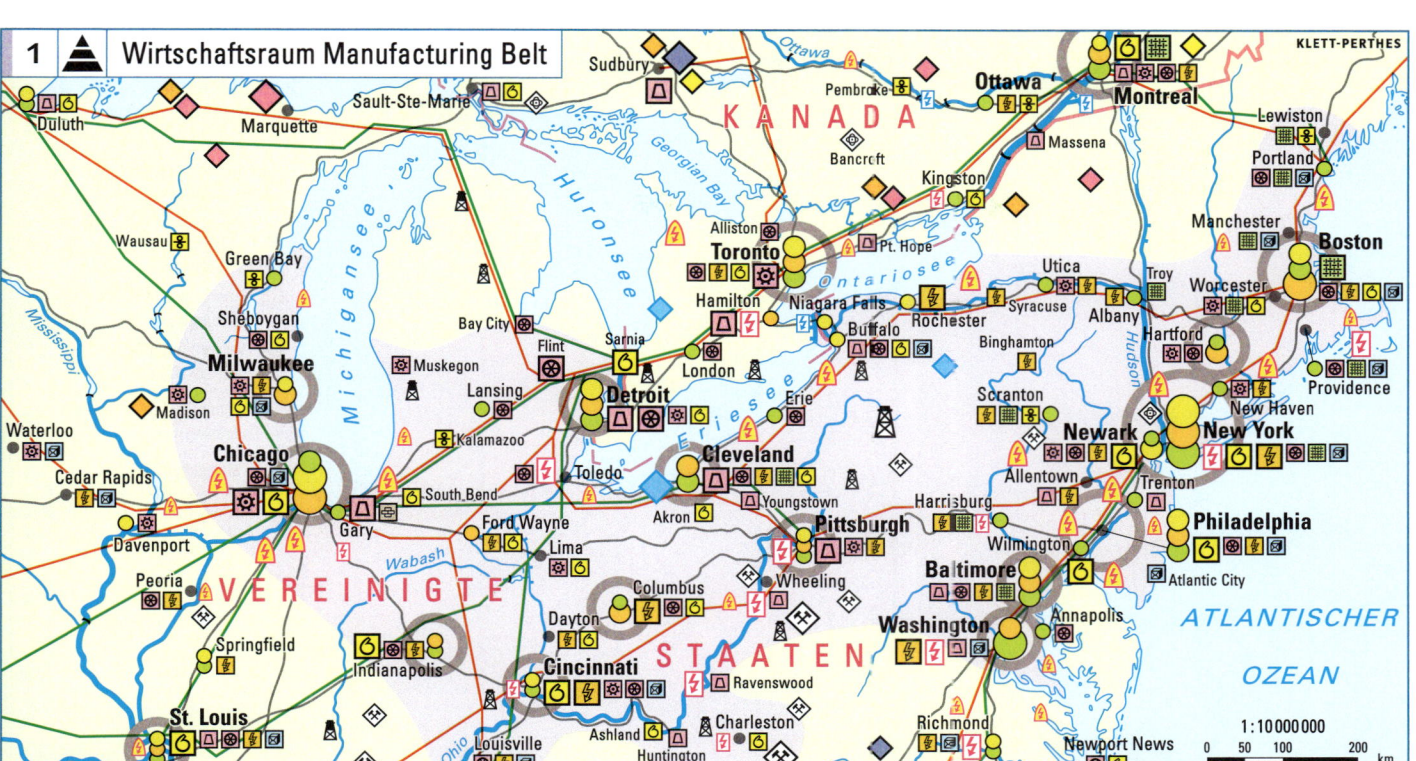

1 ▲ Wirtschaftsraum Manufacturing Belt

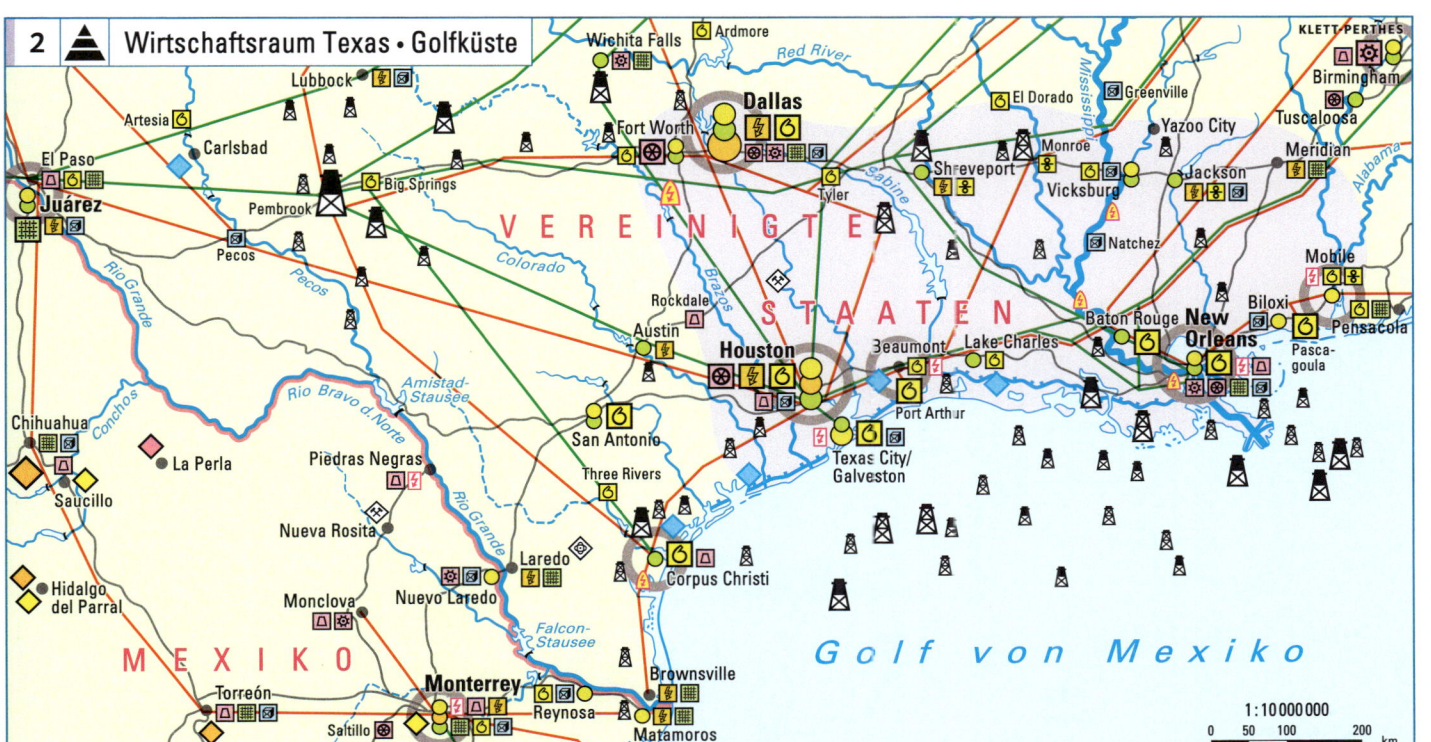

2 ▲ Wirtschaftsraum Texas · Golfküste

3 ▲ Wirtschaftsraum Rio de Janeiro

Wirtschaftsräume Amerika
Legende für die Karten 1–3

Industrie

Bergbau und Rohstoffgewinnung

- ⬖ Steinkohle
- ◇ Uran
- ⚒ Erdöl
- ⚒ Erdgas
- ◆ Eisen
- ◆ Stahlveredler: Chrom, Mangan, Wolfram
- ◆ Buntmetalle: Blei, Zink, Kupfer, Quecksilber
- ◆ Leichtmetalle: Aluminium (Bauxit), Titan (Ilmenit)
- ◆ Edelmetalle: Gold, Silber, Platin
- ◆ Diamanten
- ◆ Salze u. a. Minerale: Stein- bzw. Meersalz, Schwefel

Produktionsgruppen

- ▦ Verhüttung, Gießerei, Walzwerk
- ▦ Maschinen- und Metallbau
- ▦ Fahrzeug-, Schiff- und Flugzeugbau
- ▦ Elektrotechnik, Elektronik, Optik
- ▦ Textilien, Bekleidung
- ▦ Chemie, Gummi, Raffinerie
- ▦ Holz, Papier, Druck
- ▦ Bau, Glas, Keramik
- ▦ Lebensmittel

Energieversorgung

- ▧ Wasserkraftwerk
- ▧ Wärmekraftwerk
- ⚠ Kernkraftwerk

Dienstleistungen

- ● Handel, Transport und Tourismus
- — Eisenbahn
- — Erdölpipeline
- — Erdgaspipeline
- ● Finanz- und Wirtschaftsdienstleistungen
- ● Verwaltung, Bildung und Gesundheit

- ◯ Wirtschaftszentrum
- ▒ Wirtschaftsraum

Die Größe der Signatur entspricht ihrer Bedeutung.

EINFÜHRUNG
DEUTSCHLAND
EUROPA
ASIEN
AFRIKA und ORIENT
AUSTRALIEN und POLE
AMERIKA
WELT
REGISTER

EINFÜHRUNG
DEUTSCHLAND
EUROPA
ASIEN
AFRIKA und ORIENT
AUSTRALIEN und POLE
AMERIKA
WELT
REGISTER

1 1 : 30 000 000

0 100 300 500 km

KLETT-PERTHES

Wirtschaftszentren

Industriezentrum

◼ Bergbau, Produktion, Energie und Bau

Dienstleistungszentrum

● Handel, Transport, Tourismus und Information

⊕ Flughafen

⊕ Seehafen

● Finanz- und Wirtschaftsdienstleistungen

● Verwaltung, Bildung und Gesundheit

Die Größe der Signatur entspricht ihrer Bedeutung.

◯ Wirtschaftsraum

RUSSLAND

Anadyr

PAZIFISCHER OZEAN

Beaufort-see

Alaska (USA)

⊕ Anchorage

nördlicher Polarkreis

Yukon

Mackenzie

Gr. Bärensee

Gr. Sklavensee

Athabasca

KANADA

Edmonton ◼

Calgary ◼

Vancouver ⊕

Seattle

Portland

Columbia

Snake

Winnipeg

Saskatchewan

Churchill

Nelson

Winnipegsee

Hudson Bay

Baffin Bay

Kalaallit Nunaat (dän.)

Labrador-see

Quebec

Montreal

St. Lorenz-Strom

Oberer See

Michigan-see

Huronsee

Toronto

Boston

Hartford

New York/Newark

Detroit

Manu-facturing Belt

Philadelphia

VEREINIGTE

St. Paul/ Minneapolis

Milwaukee

Chicago

Cleveland

Columbus

Washington/ Baltimore

San Francisco

STAATEN (USA)

Indianapolis

St. Louis

Louisville

Ohio

Virginia Beach/ Norfolk

Kalifornien

Las Vegas

Denver

Arkansas

Colorado

Charlotte

Südliche Appalachen

Los Angeles

Memphis

Mississippi

Atlanta

Savannah

San Diego

Phoenix

ATLANTISCHER OZEAN

Juárez

Rio Grande

Hermosillo

Dallas/Ft. Worth

Texas/Golfküste

Houston

New Orleans

Orlando

Tampa

Florida

Miami

Monterrey

Golf von Mexiko

Havanna

BAHAMAS

MEXIKO

León

Cancún

KUBA

DOMINIK. REP.

Puerto Rico (USA)

Guadalajara

Mexiko/Puebla

HAITI

Port-au-Prince

JAMAIKA

Santo Domingo

San Juan

nördlicher Wendekreis

Karibisches Meer

GUATEMALA

BELIZE

HONDURAS

Tegucigalpa

Guatemala

San Salvador

EL SALVADOR

NICARAGUA

Caracas/ Valencia

Barcelona

Barranquilla

Maracaibo

VENEZUELA

San José

COSTA RICA

Panama

PANAMA

Bucaramanga

Medellín

KOLUMBIEN

100° westl. Länge von Greenwich

Die größten Wirtschaftsmächte Nordamerikas

Bruttoinlandsprodukt in Mrd. US-$

◼ Industrie
◼ Dienstleistungen

(Balkendiagramm mit Werten 500–5000)

USA   Mexiko   Kanada

KLETT-PERTHES

Wirtschaftszentren

Industriezentrum
- Bergbau, Produktion, Energie und Bau

Dienstleistungszentrum
- Handel, Transport, Tourismus und Information
  - ⊕ Flughafen
  - ⊥ Seehafen
- Finanz- und Wirtschaftsdienstleistungen
- Verwaltung, Bildung und Gesundheit

Die Größe der Signatur entspricht ihrer Bedeutung.

Wirtschaftsraum

ATLANTISCHER OZEAN

ATLANTISCHER OZEAN

PAZIFISCHER OZEAN

Golf von Mexiko

Karibisches Meer

nördlicher Wendekreis

Äquator

südlicher Wendekreis

VEREINIGTE STAATEN (USA)
Houston
New Orleans
Savannah
Orlando
Tampa
Miami
Havanna
BAHAMAS
Cancún
MEXIKO
KUBA
JAMAIKA
BELIZE
GUATEMALA
Guatemala
HONDURAS
Tegucigalpa
San Salvador
EL SALVADOR
NICARAGUA
Managua
San José
COSTA RICA
Panama
PANAMA
HAITI
Port-au-Prince
DOMINIK. REP.
Santo Domingo
Puerto Rico (USA)
San Juan
TRINIDAD U. TOBAGO
Port of Spain
Barranquilla
Maracaibo
Barcelona
Caracas/Valencia
Maturín
Ciudad Guayana
VENEZUELA
GUYANA
SURINAME
Franz.-Guayana
Bucaramanga
Medellín
Bogotá
KOLUMBIEN
Cali
Quito
ECUADOR
Guayaquil
Orinoco
Rio Negro
Rio Branco
Putumayo
Amazonas
Manaus
Belém
São Luís
BRASILIEN
Marañón
Ucayali
Amazonas
Purus
Madeira
Tapajós
Xingu
Tocantins
Araguaia
Tocantins
São Francisco
Recife
Chimbote
PERU
Lima
Arequipa
BOLIVIEN
Santa Cruz
Salvador
Brasília
Mamoré
Belo Horizonte
Vitória
São Paulo
Santos
Rio de Janeiro
Antofagasta
PARAGUAY
Paraná
Curitiba
Jujuy/Salta
Asunción
Pilcomayo
Florianópolis
CHILE
Santiago de Chile
Mendoza
Cordoba
Rosario
Paraná
URUGUAY
Buenos Aires/La Plata
Montevideo
Pôrto Alegre
Uruguay
Rio Negro
ARGENTINIEN
Concepción
Neuquén
Valdivia
Comodoro Rivadavia
Falkland-In.
Südgeorgien

Die größten Wirtschaftsmächte Südamerikas

Bruttoinlandsprodukt in Mrd. US-$

- Industrie
- Dienstleistungen

	Brasilien	Argentinien	Kolumbien

(Werte von 0 bis 600)

1 : 30 000 000

0 100 300 500 km

1 Nordamerika

KANADA
VEREINIGTE STAATEN
MEXIKO

Alaska (USA)
Valdez
Vancouver
San Francisco
Los Angeles
Ottawa
Toronto
Detroit
Chicago
Boston
New York
Washington
Houston
Miami
Havanna
Mexiko
San José
Managua

BAHAMAS
KUBA
JAMAIKA
HAITI
DOM. REP.
Port-au-Prince
BELIZE
HOND.
GUATEMALA
NICARAGUA
PANAMA
COSTA RICA
KOLUMB.
VEN.
Panama

PAZIFISCHER OZEAN
ATLANTISCHER OZEAN

Kalaallit Nunaat (dän.)

Yukon
Mackenzie
Gr. Bärensee
Missouri
Mississippi
Arkansas
Ohio
Rio Grande

KLETT-PERTHES

Bergbau und Rohstoffgewinnung

Energierohstoffe
- ◇ Steinkohle
- ◇ Braunkohle
- ◇ Uran
- ♦ Erdöl
- 🗼 Erdgas
- — Erdölpipeline
- — Erdgaspipeline

Erze
- ◆ Eisen
- ◆ Stahlveredler: Chrom, Kobalt, Mangan, Nickel
- ◆ Buntmetalle: Blei, Kupfer, Zink, Zinn
- ◆ Leichtmetalle: Titan (Ilmenit), Aluminium (Bauxit), Magnesit
- ◆ Edelmetalle: Gold, Silber, Platin

andere Rohstoffe
- ◆ Diamanten
- ◆ Salze: Kali, Stein- bzw. Meersalz, Phosphat

Die Größe der Signatur entspricht ihrer Bedeutung.

1:60 000 000   0 500 1000 km

Südamerika

MEXIKO
BELIZE
GUATEM.
HOND.
NICARAGUA
COSTA RICA
PANAMA
KUBA
JAMAIKA
HAITI
Port-au-Prince
DOMINIK. REP.
Santo Domingo
San José
Managua
Panama
Caracas
VENEZUELA
KOLUMBIEN
Bogotá
GUYANA
SURINAME
Georgetown
Paramaribo
Cayenne
Quito
ECUADOR
PERU
Lima
La Paz
BOLIVIEN
Sucre
BRASILIEN
Brasília
São Paulo
Rio de Janeiro
PARAGUAY
Asunción
CHILE
Santiago de Chile
ARGENTINIEN
Buenos Aires
Montevideo
URUGUAY

Orinoco
Rio Negro
Amazonas
Madeira
Tocantins
São Francisco
Paraná

PAZIFISCHER OZEAN
ATLANTISCHER OZEAN

2 Nordamerika

Kalaallit Nunaat (dän.)
Reykjavik
Nuuk (Godthåb)

Alaska (USA)
Anchorage
St. John's
KANADA
Vancouver
Edmonton
Seattle
Portland
Winnipeg
Montreal
Halifax
Ottawa
Toronto
Boston
New York/Newark
Philadelphia
Washington/Baltimore
Detroit
Cleveland
Minneapolis/St. Paul
Milwaukee
Chicago
Salt Lake City
San Francisco/Oakland/San José
Denver
Kansas City
St. Louis
Cincinnati
VEREINIGTE STAATEN
Los Angeles
San Diego
Tijuana
Phoenix
Dallas/Fort Worth
Houston
New Orleans
Atlanta
San Antonio
Juárez
Monterrey
MEXIKO
Guadalajara
León
Mexiko
Puebla
Mérida
Miami
Havanna
KUBA
Santo Domingo
Port-au-Prince
HAITI
DOM. REP.
JAMAIKA
BELIZE
GUATEMALA
HONDURAS
EL SALVADOR
NICARAGUA
COSTA RICA
PANAMA
Barranquilla
Maracaibo
VENEZ.
KOLUMBIEN
Managua

PAZIFISCHER OZEAN
ATLANTISCHER OZEAN

KLETT-PERTHES

Bevölkerungsdichte und Ballungsräume

Einwohner / km²
- über 200
- 100 – 200
- 50 – 100
- 10 – 50
- unter 10
- nahezu unbewohnt

Ballungsräume
- ⊡ über 10 Mio Einw.
- ☐ 5 – 10 Mio Einw.
- ☐ 1 – 5 Mio Einw.

1:60 000 000   0 500 1000 km

Südamerika

MEXIKO
BELIZE
HONDURAS
EL SALVADOR
NICARAGUA
COSTA RICA
PANAMA
Port-au-Prince
Santo Domingo
JAMAIKA
HAITI
DOM. REP.
Maracaibo
Barranquilla
Caracas
Valencia
VENEZUELA
GUYANA
SURINAME
Franz.-Guayana
Medellín
Bogotá
Cali
KOLUMBIEN
Quito
ECUADOR
Guayaquil
Belém
Manaus
Fortaleza
PERU
Lima
BRASILIEN
Recife
Salvador
La Paz
BOLIVIEN
Brasília
Goiânia
Belo Horizonte
Campinas
Santos
Rio de Janeiro
São Paulo
PARAGUAY
Asunción
Curitiba
CHILE
Córdoba
Rosario
URUGUAY
Porto Alegre
Santiago de Chile
Buenos Aires
Montevideo
ARGENTINIEN

PAZIFISCHER OZEAN
ATLANTISCHER OZEAN

EINFÜHRUNG
DEUTSCHLAND
EUROPA
ASIEN
AFRIKA und ORIENT
AUSTRALIEN und POLE
AMERIKA
WELT
REGISTER

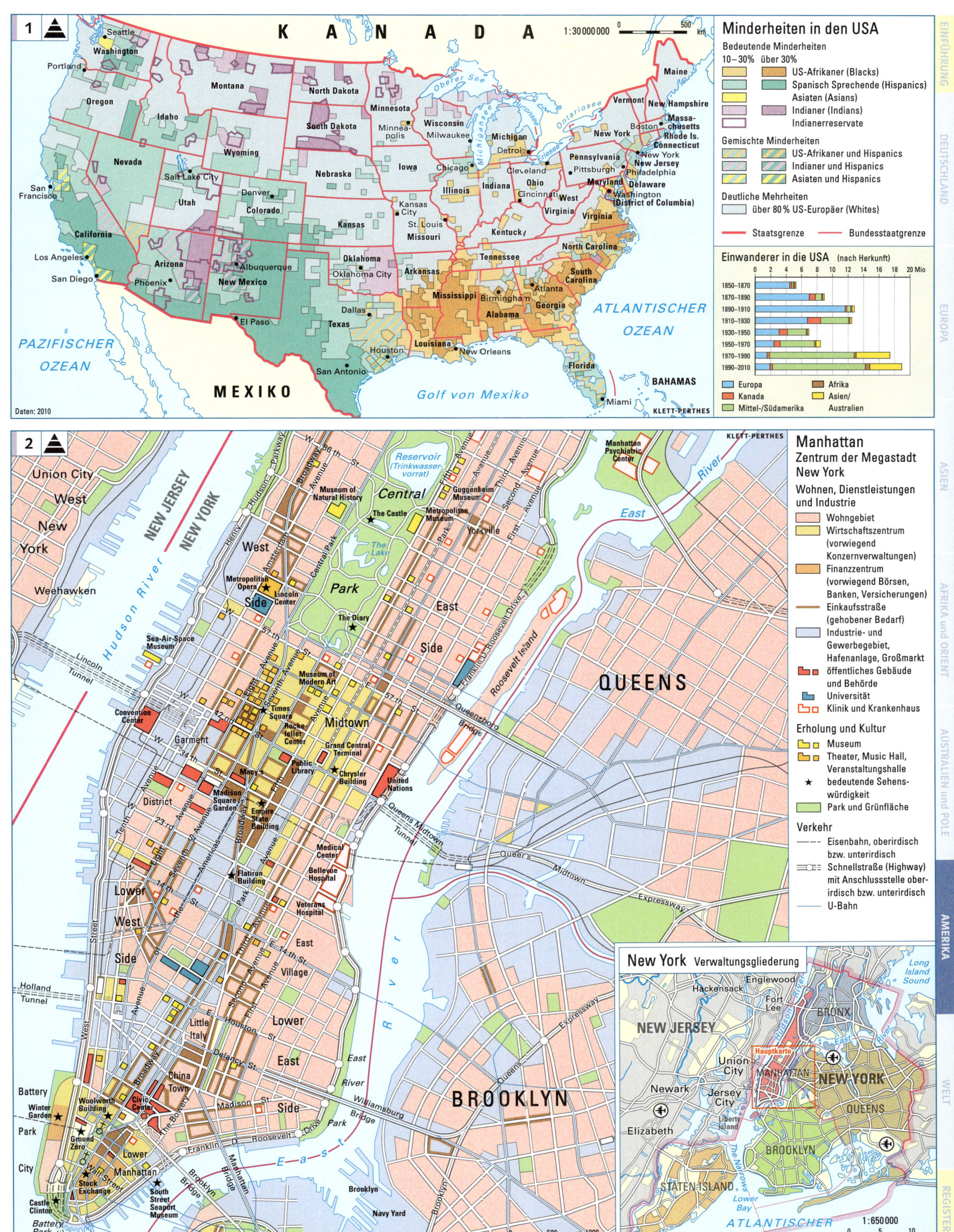

1 1 : 30 000 000

KANADA

PAZIFISCHER OZEAN

Seattle
Washington
Portland
Oregon
Idaho
Montana
North Dakota
Minnesota
Minneapolis
Wisconsin
Milwaukee
Michigan
Detroit
Maine
Vermont
New Hampshire
Massachusetts
Boston
Rhode Is.
Connecticut
New York
San Francisco
Nevada
Salt Lake City
Wyoming
South Dakota
Iowa
Chicago
Cleveland
Pennsylvania
Pittsburgh
New York
New Jersey
Philadelphia
Delaware
Maryland
California
Utah
Colorado
Denver
Nebraska
Kansas City
Indiana
Ohio
Cincinnati
West Virginia
Virginia
Washington (District of Columbia)
Los Angeles
Arizona
Albuquerque
New Mexico
Phoenix
Kansas
St. Louis
Missouri
Kentucky
Tennessee
North Carolina
San Diego
El Paso
Oklahoma
Oklahoma City
Arkansas
Mississippi
Birmingham
Alabama
Atlanta
Georgia
South Carolina
Dallas
Texas
Louisiana
New Orleans
San Antonio
Houston
ATLANTISCHER OZEAN
Florida
Miami
BAHAMAS

MEXIKO
Golf von Mexiko

Daten: 2010
KLETT-PERTHES

Minderheiten in den USA

Bedeutende Minderheiten
10–30 %   über 30 %

- US-Afrikaner (Blacks)
- Spanisch Sprechende (Hispanics)
- Asiaten (Asians)
- Indianer (Indians)
- Indianerreservate

Gemischte Minderheiten
- US-Afrikaner und Hispanics
- Indianer und Hispanics
- Asiaten und Hispanics

Deutliche Mehrheiten
- über 80 % US-Europäer (Whites)

— Staatsgrenze   — Bundesstaatsgrenze

Einwanderer in die USA (nach Herkunft)

0 2 4 6 8 10 12 14 16 18 20 Mio

1850–1870
1870–1890
1890–1910
1910–1930
1930–1950
1950–1970
1970–1990
1990–2010

- Europa
- Kanada
- Mittel-/Südamerika
- Afrika
- Asien/Australien

2

NEW JERSEY / NEW YORK

Union City
West New York
Weehawken
Hudson River
Lincoln Tunnel
Holland Tunnel
Battery
Winter Garden
Park
City
Castle Clinton
Battery Park

Reservoir (Trinkwasservorrat)
Central Park
The Lake
The Castle
Museum of Natural History
Metropolitan Museum
Guggenheim Museum
Yorkville
West Side
Metropolitan Opera
Lincoln Center
Sea-Air-Space Museum
The Diary
East Side
Convention Center
Garment District
Times Square
Rockefeller Center
Museum of Modern Art
Grand Central Terminal
Midtown
Public Library
Macy's
Madison Square Garden
Chrysler Building
Empire State Building
United Nations
Medical Center
Bellevue Hospital
Flatiron Building
Veterans Hospital
Lower West Side
East Village
Little Italy
Lower East Side
China Town
Civic Center
Ground Zero
Wall Street
Stock Exchange
Lower Manhattan
Woolworth Building
South Street Seaport Museum
Brooklyn Bridge
Manhattan Bridge
Williamsburg Bridge
Navy Yard

Manhattan Psychiatric Center

QUEENS
Roosevelt Island
Franklin D. Roosevelt Drive
Queensboro Bridge
Queens Midtown Tunnel
Queens Midtown Expressway

BROOKLYN

KLETT-PERTHES

Manhattan
Zentrum der Megastadt New York

Wohnen, Dienstleistungen und Industrie

- Wohngebiet
- Wirtschaftszentrum (vorwiegend Konzernverwaltungen)
- Finanzzentrum (vorwiegend Börsen, Banken, Versicherungen)
- Einkaufsstraße (gehobener Bedarf)
- Industrie- und Gewerbegebiet, Hafenanlage, Großmarkt
- öffentliches Gebäude und Behörde
- Universität
- Klinik und Krankenhaus

Erholung und Kultur

- Museum
- Theater, Music Hall, Veranstaltungshalle
- ★ bedeutende Sehenswürdigkeit
- Park und Grünfläche

Verkehr

- Eisenbahn, oberirdisch bzw. unterirdisch
- Schnellstraße (Highway) mit Anschlussstelle oberirdisch bzw. unterirdisch
- U-Bahn

New York Verwaltungsgliederung

Englewood
Hackensack
Fort Lee
NEW JERSEY
Newark
Union City
Jersey City
Hauptkarte
MANHATTAN
Liberty Island
Elizabeth
STATEN ISLAND
The Narrows
Lower Bay
ATLANTISCHER OZEAN
BRONX
NEW YORK
QUEENS
BROOKLYN
Long Island Sound

1 : 650 000
0   5   10 km

1 : 50 000
0   500   1000 m

1 Stadtentwicklung von Los Angeles

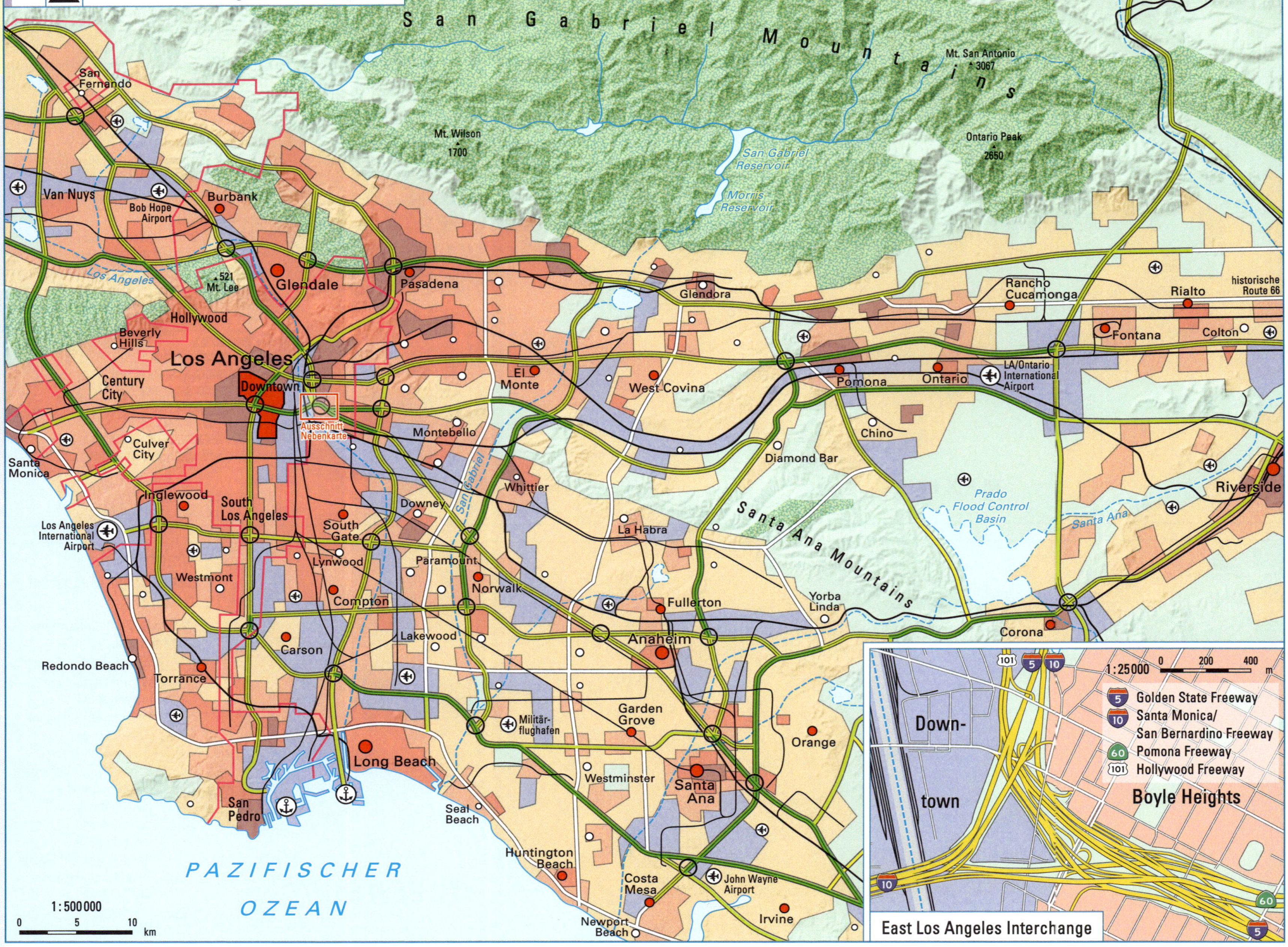

KLETT-PERTHES

San Gabriel Mountains

Mt. San Antonio 3067
Ontario Peak 2650
Mt. Wilson 1700
San Gabriel Reservoir
Morris Reservoir

San Fernando
Van Nuys
Burbank
Bob Hope Airport
Glendale
Mt. Lee 521
Pasadena
Glendora
Rancho Cucamonga
Rialto
historische Route 66
Hollywood
Fontana
Colton
Los Angeles
Beverly Hills
Century City
Downtown
Ausschnitt Nebenkarte
El Monte
West Covina
Pomona
Ontario
LA/Ontario International Airport
Culver City
Montebello
Chino
Santa Monica
Inglewood
Downey
Whittier
Diamond Bar
Riverside
Los Angeles International Airport
South Los Angeles
South Gate
La Habra
Santa Ana Mountains
Prado Flood Control Basin
Westmont
Lynwood
Paramount
Santa Ana
Redondo Beach
Compton
Norwalk
Fullerton
Yorba Linda
Corona
Torrance
Carson
Lakewood
Anaheim
Militär-flughafen
Garden Grove
Orange
Long Beach
Westminster
Santa Ana
San Pedro
Seal Beach
Huntington Beach
Costa Mesa
John Wayne Airport
Irvine
Newport Beach

PAZIFISCHER OZEAN

1 : 500 000
0   5   10 km

East Los Angeles Interchange

Down-town
Boyle Heights
1 : 25 000
0   200   400 m
5 Golden State Freeway
10 Santa Monica/San Bernardino Freeway
60 Pomona Freeway
101 Hollywood Freeway

2 Stadtentwicklung von Lima

KLETT-PERTHES

Ancon
Panamericana Norte
Río Chillón
Carabayllo
Puente Piedra
Ventanilla
1163
426
2171 Colorado Norte
Comas
S. Juan de Lurigancho
Internationaler Flughafen
S. Martín de Porres
756
San Cristóbal 394
Sta. Anita
Ate
Lima
Callao
San Miguel
S. Juan de Miraflores
1006 Colorado Sur
Miraflores
Militär-flughafen
278
Villa El Salvador
Panamericana Sur
Río Lurín

PAZIFISCHER OZEAN

1 : 500 000
0   5   10 km

Stadtentwicklung
Legende für die Karten 1 und 2

Wohnbebauung
- bis 1900
- 1900–1925
- 1925–1950
- ab 1950
- Barriadas in Lima (unkontrolliert gewachsene informelle Siedlung)

Verkehr
Highways/Autobahnen:
- 4-spurig
- 6-spurig
- 8-spurig
- 10-spurig
- bedeutendes Verteilersystem
- sonstige Hauptstraße
- Eisenbahn

Flughäfen:
- international
- national (für Verkehrs-maschinen)
- regional (für Kleinflugzeuge)
- Seehafen

Zentren
Hauptzentren
Stadtgrenze:
Los Angeles (3,9 Mio. Einw. 2010),
Lima (Kernstadt-Bezirke: 7,0 Mio. Einw. 2007)

Central Business District (CBD)/Innenstadt

Regionale und lokale Zentren im Großraum
- über 200 000 Einwohner
- 100 000–200 000 Einwohner
- 50 000–100 000 Einwohner
- unter 50 000 Einwohner

Sonstige Flächen
- Gewerbegebiet
- Bewässerungsland in Lima und Callao
- 1980 offiziell geschütztes Bewässerungsland
- Rückhaltebecken
- Wald
- Halbwüste und Wüste

3 Stadtansichten

KLETT-PERTHES

Die Skyline von Los Angeles

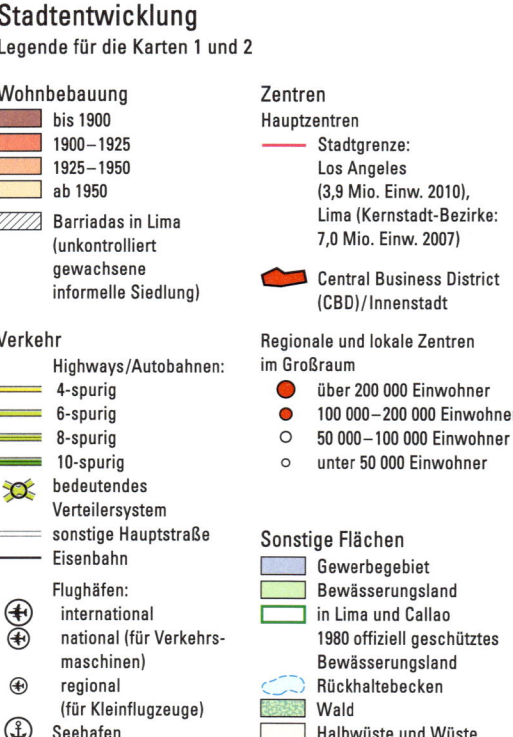

Barriadas in Lima

KLETT-PERTHES

1

VENEZUELA
KOLUMBIEN
Bergland von Guayana
SURINAME
GUYANA
Frz.-Guayana
ATLANTISCHER OZEAN

65° westl. Länge v. Greenwich
Äquator
0°

Orinoco
Boa Vista
Caracaraí
Oiapoque
Amapá
Serra do Navio
Monte Dourado
Macapá
Neblina 3014
Icana
Rio Negro
Pôrto Trombetas
Óbidos
Belém
Bragança
Perimetral Norte
Manaus
Santarém
Itacoatiara
Paragominas
São Luís
Caquetá
Japurá
Tefé
Putumayo
PERU
Leticia
Tabatinga
Benjamin Constant
Carauari
B R A S I L I E N
Juruá
Itaituba
Rurópolis
Medicilândia
Altamira
Tucuruí
Bacabal
Purus
Manicoré
Transamazônica
Jacareacanga
Marabá
Imperatriz
Carajás
Serra Pelada
Tocantinópolis
Humaitá
Lábrea
Porto Velho
Ariquemes
Alta Floresta
Santana
Palmas
Pôrto Nacional
Cruzeiro do Sul
Feijó
Bôca do Acre
Ji-Paraná
Guajará-Mirim
Rondônia
Juara
São Felix
Rio Branco
Brasiléia
Beni
Príncipe da Beira
Vilhena
Sinop
Hochland von Mato Grosso
Guaporé
Mamoré
Ausschnitt Karte 2
BOLIVIEN
Vila Bela 1995
Cuiabá
893
Barra do Garças
Brasília
Parnaíba
Tocantins

1 : 15 000 000
0 100 200 300 km

Diese Fläche tropischer Regenwald (ca. 17 400 km²) ging seit dem Jahr 2000 jährlich durch Rodung oder Abholzung verloren. (Quelle: INPE, 2010)

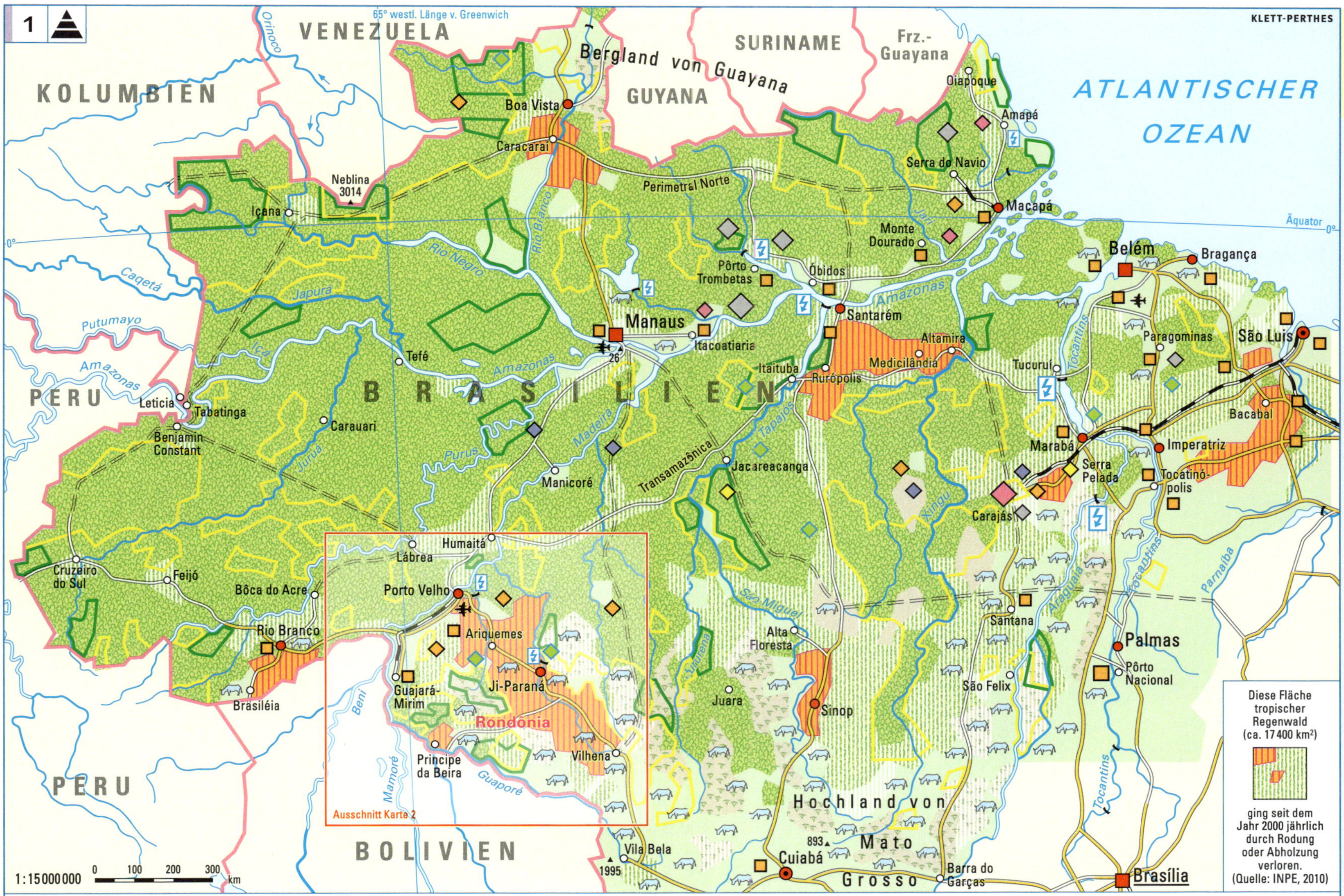

Erschließung Amazoniens

Landschaften und Reservate
- tropischer Regenwald
- Feuchtsavanne, Savannenwald
- Grasland
- Indioschutzgebiet, z. T. in Planung
- Waldreserve (Schutzgebiet, z. T. geplant)

Wirtschaftliche Erschließung
- Hauptkolonisationsgebiet
- sonstige starke Waldrodung
- Rinderhaltung im Großbetrieb (Hazienda)
- neue Industrieansiedlung
- Staudamm mit Wasserkraftwerk

Bodenschätze
- Eisen
- Stahlveredler
- Leichtmetall
- Buntmetall
- Diamanten, Edelsteine
- Edelmetall

Verkehr
- schiffbarer Fluss
- asphaltierte Fernstraße
- unbefestigte Fernstraße
- geplante Fernstraße
- Eisenbahn
- Flughafen

Orte und Grenzen
- über 1 Mio. Einw.
- 500 000 – 1 Mio. Einw.
- 100 000 – 500 000 Einw.
- unter 100 000 Einw.
- Staatsgrenze

2

65° westl. Länge v. Greenwich
KLETT-PERTHES

Amazonas
Porto Velho
Represa de Samuel
Itapuá do Oeste
Jaci-Paraná
Machadinho d'Oeste
Abunã
Alto Paraíso
Ariquemes
Mato Grosso
Campo Novo de Rondônia
Jaru
Guajará-Mirim
Ouro Preto do Oeste
Ji-Paraná
Cacoal
Alvorada d'Oeste
Pimenta Bueno
São Miguel do Guaporé
Rolim de Moura
Alta Floresta d'Oeste
Mamoré
Príncipe da Beira
Costa Marques
Pedras Negras
Vilhena
Corumbiara
Guaporé
Colorado do Oeste
Cabixi
BOLIVIEN

10°
10°

1 : 7 500 000
0 50 100 200 km

Landnahme in Rondônia

Landschaften und Reservate
- tropischer Regenwald
- Savannenwald
- Grasland
- Indioschutzgebiet
- Waldreserve (Waldschutzgebiet)

Landwirtschaftliche Erschließung
- durch Landkauf
- durch illegale Landnahme
- Zentrum der Rinderhaltung

Grenzen
- Staatsgrenze
- Grenze eines Bundesstaates

Verkehrserschließung
- asphaltierte Fernstraße
- unbefestigte Straße
- Eisenbahn
- Flugplatz

3

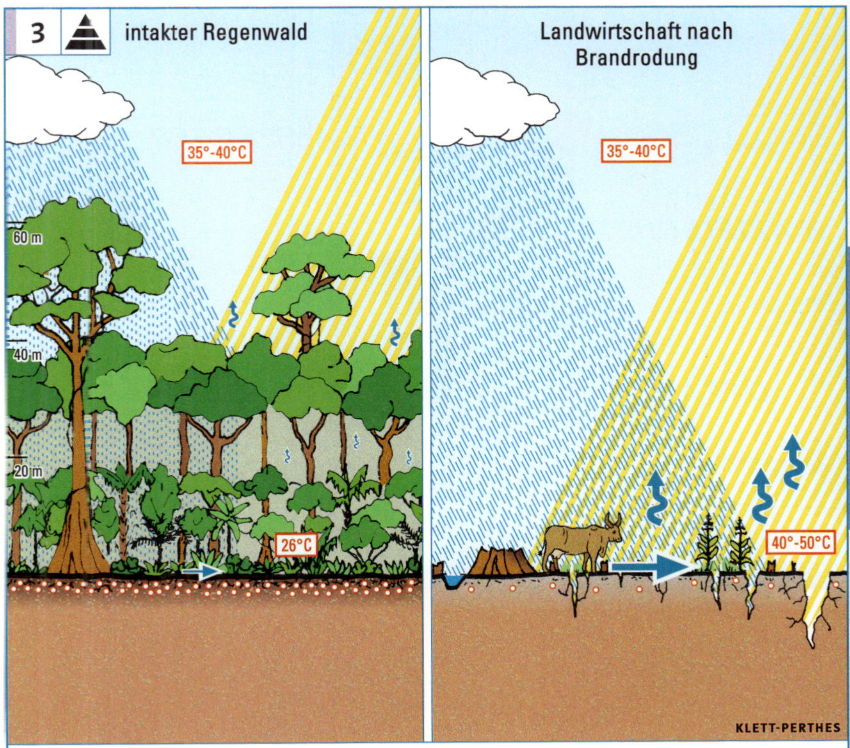

intakter Regenwald
35°–40°C
60 m
40 m
20 m
26°C

Landwirtschaft nach Brandrodung
35°–40°C
40°–50°C

KLETT-PERTHES

Rodung des Regenwaldes

Weg des Wassers
- Starkregen
- abtropfender Regen
- Oberflächenabfluss
- Verdunstung

Wirkung der Sonne
- direkte Einstrahlung
- diffuse Einstrahlung
- 26°C Temperatur
- Nährstoffe
- 20 m Höhe über dem Boden

EINFÜHRUNG
DEUTSCHLAND
EUROPA
ASIEN
AFRIKA und ORIENT
AUSTRALIEN und POLE
AMERIKA
WELT
REGISTER

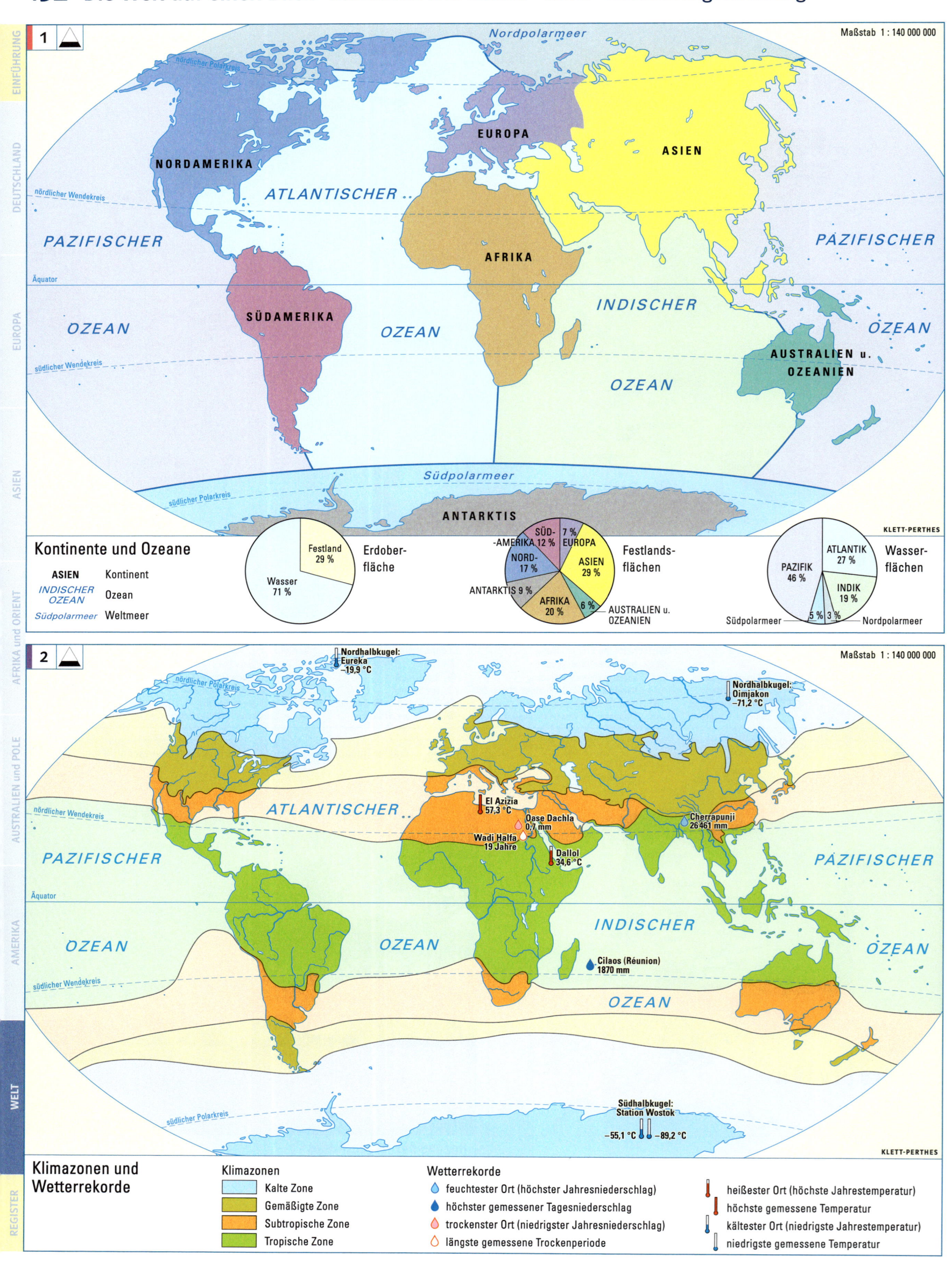

1 Maßstab 1 : 140 000 000

EINFÜHRUNG
DEUTSCHLAND
EUROPA
ASIEN
AFRIKA und ORIENT
AUSTRALIEN und POLE
AMERIKA
WELT
REGISTER

Nordpolarmeer
nördlicher Polarkreis
NORDAMERIKA
EUROPA
ASIEN
ATLANTISCHER ..
PAZIFISCHER
nördlicher Wendekreis
OZEAN
AFRIKA
Äquator
OZEAN
SÜDAMERIKA
OZEAN
INDISCHER
südlicher Wendekreis
OZEAN
PAZIFISCHER
OZEAN
AUSTRALIEN u. OZEANIEN
Südpolarmeer
südlicher Polarkreis
ANTARKTIS

KLETT-PERTHES

Kontinente und Ozeane

ASIEN Kontinent
INDISCHER OZEAN Ozean
Südpolarmeer Weltmeer

Erdoberfläche:
Festland 29 %
Wasser 71 %

Festlandsflächen:
SÜD-AMERIKA 12 %
EUROPA 7 %
NORD- 17 %
ASIEN 29 %
ANTARKTIS 9 %
AFRIKA 20 %
AUSTRALIEN u. OZEANIEN 6 %

Wasserflächen:
ATLANTIK 27 %
PAZIFIK 46 %
INDIK 19 %
Südpolarmeer 5 %
Nordpolarmeer 3 %

2 Maßstab 1 : 140 000 000

Nordhalbkugel: Eureka −19,9 °C
Nordhalbkugel: Oimjakon −71,2 °C
nördlicher Polarkreis
nördlicher Wendekreis
ATLANTISCHER ..
El Azizia 57,3 °C
Oase Dachla 0,7 mm
Cherrapunji 26 461 mm
Wadi Halfa 19 Jahre
Dallol 34,6 °C
PAZIFISCHER
PAZIFISCHER
Äquator
OZEAN
OZEAN
INDISCHER
Cilaos (Réunion) 1870 mm
OZEAN
OZEAN
südlicher Wendekreis
OZEAN
südlicher Polarkreis
Südhalbkugel: Station Wostok
−55,1 °C −89,2 °C

KLETT-PERTHES

Klimazonen und Wetterrekorde

Klimazonen
- Kalte Zone
- Gemäßigte Zone
- Subtropische Zone
- Tropische Zone

Wetterrekorde
- feuchtester Ort (höchster Jahresniederschlag)
- höchster gemessener Tagesniederschlag
- trockenster Ort (niedrigster Jahresniederschlag)
- längste gemessene Trockenperiode
- heißester Ort (höchste Jahrestemperatur)
- höchste gemessene Temperatur
- kältester Ort (niedrigste Jahrestemperatur)
- niedrigste gemessene Temperatur

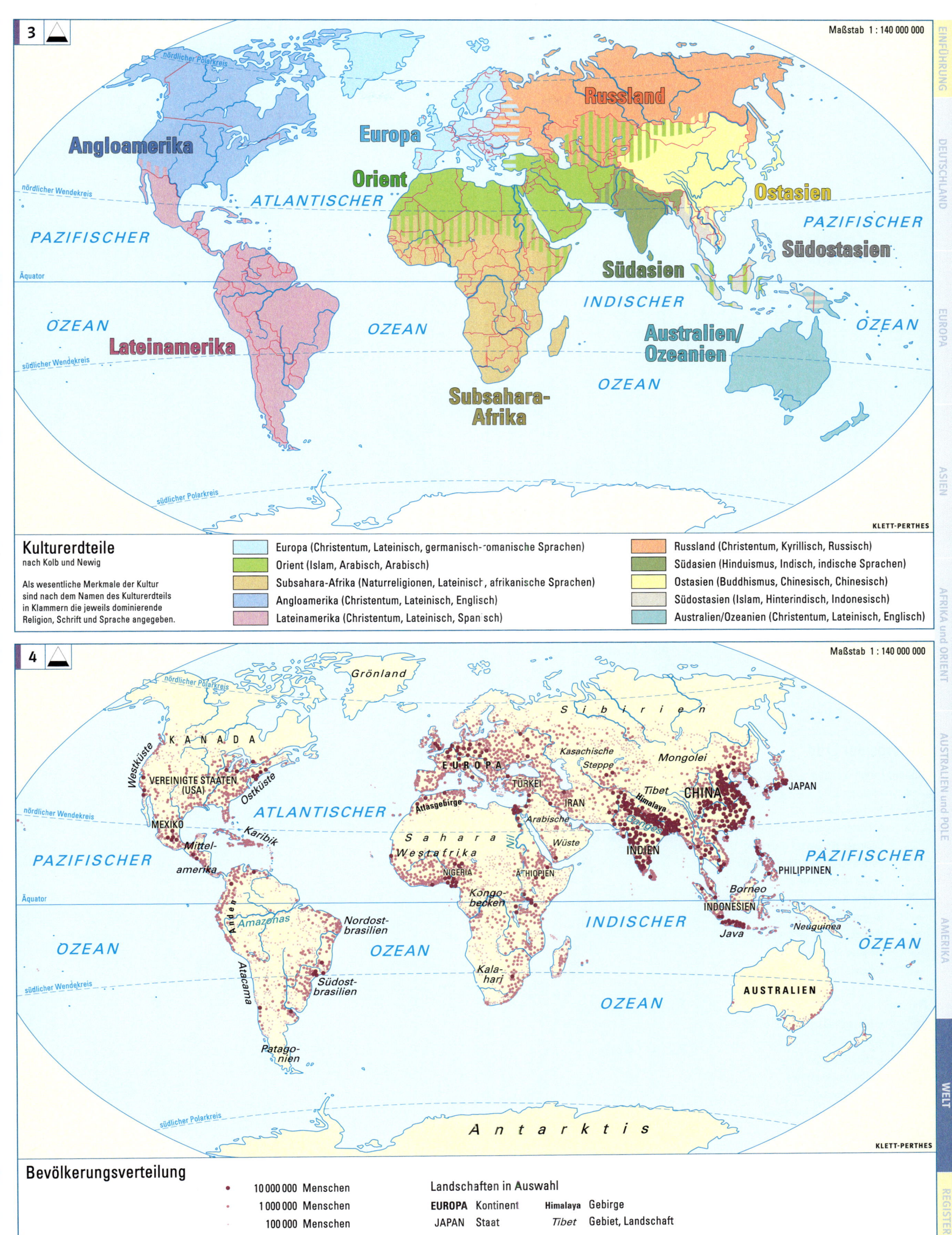

3 Maßstab 1 : 140 000 000

nördlicher Polarkreis

Angloamerika

nördlicher Wendekreis

Europa

Orient

Russland

ATLANTISCHER

PAZIFISCHER

Ostasien

PAZIFISCHER

Äquator

OZEAN

OZEAN

Südasien

INDISCHER

Südostasien

OZEAN

Lateinamerika

**Australien/
Ozeanien**

südlicher Wendekreis

OZEAN

OZEAN

**Subsahara-
Afrika**

südlicher Polarkreis

KLETT-PERTHES

Kulturerdteile
nach Kolb und Newig

Als wesentliche Merkmale der Kultur
sind nach dem Namen des Kulturerdteils
in Klammern die jeweils dominierende
Religion, Schrift und Sprache angegeben.

Europa (Christentum, Lateinisch, germanisch-romanische Sprachen)

Orient (Islam, Arabisch, Arabisch)

Subsahara-Afrika (Naturreligionen, Lateinisch, afrikanische Sprachen)

Angloamerika (Christentum, Lateinisch, Englisch)

Lateinamerika (Christentum, Lateinisch, Spanisch)

Russland (Christentum, Kyrillisch, Russisch)

Südasien (Hinduismus, Indisch, indische Sprachen)

Ostasien (Buddhismus, Chinesisch, Chinesisch)

Südostasien (Islam, Hinterindisch, Indonesisch)

Australien/Ozeanien (Christentum, Lateinisch, Englisch)

4 Maßstab 1 : 140 000 000

nördlicher Polarkreis

Grönland

Sibirien

Westküste

K A N A D A

E U R O P A

*Kasachische
Steppe*

Mongolei

VEREINIGTE STAATEN
(USA)

Ostküste

TÜRKEI

Tibet

CHINA

JAPAN

nördlicher Wendekreis

ATLANTISCHER

IRAN

Himalaya

Atlasgebirge

MEXIKO

Karibik

*Mittel-
amerika*

PAZIFISCHER

S a h a r a

Westafrika

Arabische

Wüste

Ganges

INDIEN

PAZIFISCHER

NIGERIA

ÄTHIOPIEN

PHILIPPINEN

Äquator

Anden

Amazonas

*Nordost-
brasilien*

OZEAN

*Kongo-
becken*

OZEAN

Borneo

INDONESIEN

Neuguinea

OZEAN

INDISCHER

Java

südlicher Wendekreis

Atacama

*Südost-
brasilien*

*Kala-
hari*

OZEAN

AUSTRALIEN

*Patago-
nien*

OZEAN

südlicher Polarkreis

A n t a r k t i s

KLETT-PERTHES

Bevölkerungsverteilung

• 10 000 000 Menschen

• 1 000 000 Menschen

• 100 000 Menschen

Landschaften in Auswahl

EUROPA Kontinent

JAPAN Staat

Himalaya Gebirge

Tibet Gebiet, Landschaft

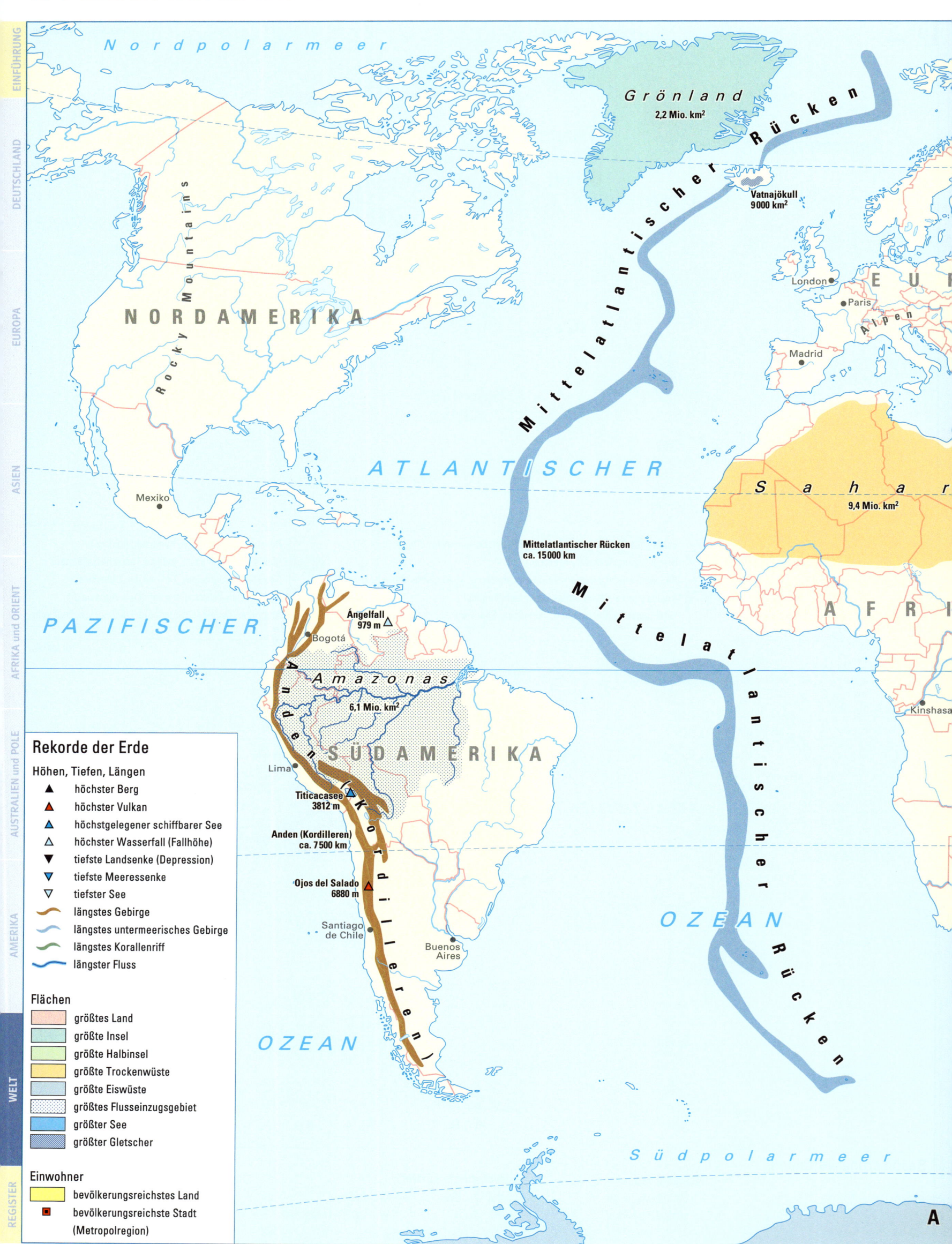

EINFÜHRUNG
DEUTSCHLAND
EUROPA
ASIEN
AFRIKA und ORIENT
AUSTRALIEN und POLE
AMERIKA
WELT
REGISTER

N o r d p o l a r m e e r

Grönland
2,2 Mio. km²

Vatnajökull
9000 km²

Mittelatlantischer Rücken

London
Paris
Alpen
Madrid

E U R

Sahara
9,4 Mio. km²

Mittelatlantischer Rücken
ca. 15000 km

Mittelatlantischer Rücken

A F R I

Kinshasa

NORDAMERIKA

Rocky Mountains

Mexiko

A T L A N T I S C H E R

P A Z I F I S C H E R

Ángelfall
979 m △

Bogotá

A m a z o n a s
6,1 Mio. km²

A n d e n

SÜDAMERIKA

Lima

Titicacasee
3812 m

Anden (Kordilleren)
ca. 7500 km

K o r d i l l e r e n

Ojos del Salado
6880 m △

Santiago
de Chile

Buenos
Aires

O Z E A N

Mittelatlantischer Rücken

O Z E A N

S ü d p o l a r m e e r

A

Rekorde der Erde

Höhen, Tiefen, Längen

- ▲ höchster Berg
- ▲ höchster Vulkan (red)
- △ höchstgelegener schiffbarer See (blue)
- △ höchster Wasserfall (Fallhöhe)
- ▼ tiefste Landsenke (Depression)
- ▼ tiefste Meeressenke (blue)
- ▽ tiefster See
- ∿ längstes Gebirge
- ∿ längstes untermeerisches Gebirge
- ∿ längstes Korallenriff
- ∿ längster Fluss

Flächen

- größtes Land
- größte Insel
- größte Halbinsel
- größte Trockenwüste
- größte Eiswüste
- größtes Flusseinzugsgebiet
- größter See
- größter Gletscher

Einwohner

- bevölkerungsreichstes Land
- ■ bevölkerungsreichste Stadt (Metropolregion)

Nordpolarmeer

nördlicher Polarkreis

R U S S L A N D
17,1 Mio. km²

Uralgebirge

● Moskau

Baikalsee
-1620 m

O P A

A S I E N

Kaspisches Meer
386 000 km²

● Teheran

Bagdad ●

Peking ●

● Seoul

Tokyo
34,4 Mio. Einw.

C H I N A
1,3 Mrd. Einw.

Totes Meer
-422 m

Kairo ●

Himalaya

Mount Everest
8846 m

Arabische
Halbinsel
2,7 Mio. km²

● Dhaka

nördlicher Wendekreis

a

P A Z I F I S C H E R

Nil
6 650 km

K A

Bangkok ●

Witjastief
-11 022 m

O Z E A N

Äquator

I N D I S C H E R

● Jakarta

Großes Barriereriff
ca. 2 600 km

O Z E A N

südlicher Wendekreis

A U S T R A L I E N

Südpolarmeer

N T A R K T I S
13,6 Mio. km²

südlicher Polarkreis

KLETT-PERTHES

EINFÜHRUNG
DEUTSCHLAND
EUROPA
ASIEN
AFRIKA und ORIENT
WELT
REGISTER

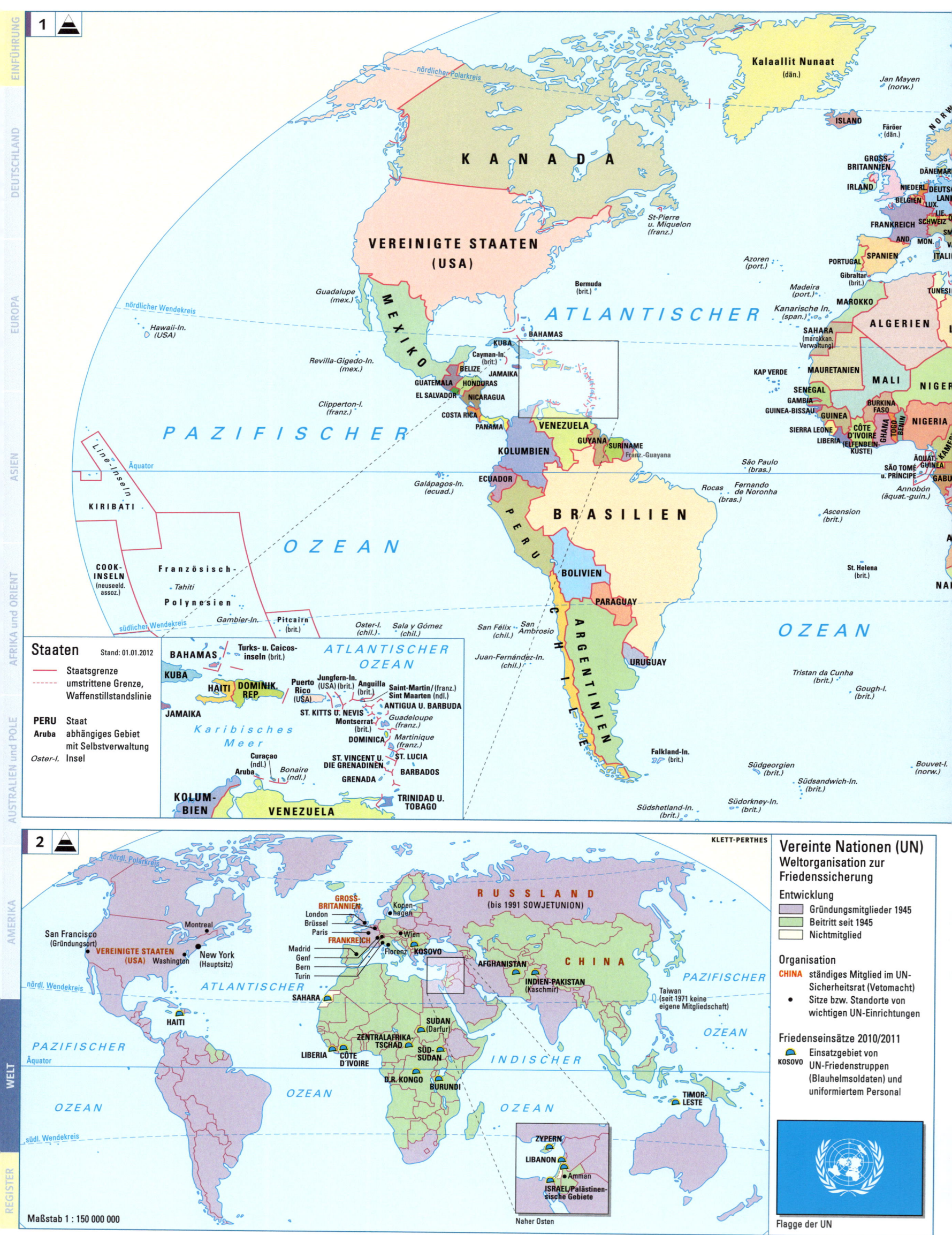

1

Kalaallit Nunaat (dän.)

Jan Mayen (norw.)

nördlicher Polarkreis

ISLAND

Färöer (dän.)

GROSS BRITANNIEN

K A N A D A

IRLAND

DÄNEMAR

NIEDERL. DEUTS

BELGIEN LAN

LUX.

FRANKREICH LIE.

SCHWEIZ

AND. MON.

St-Pierre u. Miquelon (franz.)

Bermuda (brit.)

A T L A N T I S C H E R

Azoren (port.)

PORTUGAL

SPANIEN

ITALI

Gibraltar (brit.)

SM

Madeira (port.)

TUNES

VEREINIGTE STAATEN (USA)

nördlicher Wendekreis

MAROKKO

Hawaii-In. (USA)

M E X I K O

Guadalupe (mex.)

O Z E A N

Kanarische In. (span.)

ALGERIEN

SAHARA (marokkan. Verwaltung)

Revilla-Gigedo-In. (mex.)

KUBA

Cayman-In. (brit.)

BAHAMAS

KAP VERDE

MAURETANIEN

MALI

NIGER

BELIZE

JAMAIKA

GUATEMALA

HONDURAS

SENEGAL

GAMBIA

BURKINA FASO

EL SALVADOR

NICARAGUA

GUINEA-BISSAU

GUINEA

CÔTE D'IVOIRE (ELFENBEIN KÜSTE)

NIGERIA

Clipperton-I. (franz.)

COSTA RICA

PANAMA

VENEZUELA

GUYANA

SURINAME

SIERRA LEONE

LIBERIA

GHANA TOGO BENIN

ÄQUAT. GUINEA

KAME

P A Z I F I S C H E R

KOLUMBIEN

Franz.-Guayana

São Paulo (bras.)

SÃO TOMÉ u. PRÍNCIPE

GABU

Line-Inseln

Äquator

ECUADOR

Galápagos-In. (ecuad.)

Rocas

Fernando de Noronha (bras.)

Annobón (äquat.-guin.)

KIRIBATI

P E R U

B R A S I L I E N

Ascension (brit.)

O Z E A N

COOK-INSELN (neuseeld. assoz.)

Französisch-

Tahiti

BOLIVIEN

St. Helena (brit.)

NA

Polynesien

südlicher Wendekreis

Gambier-In.

Pitcairn (brit.)

Oster-I. (chil.)

Sala y Gómez (chil.)

San Félix (chil.)

San Ambrosio (chil.)

PARAGUAY

C H I L E

O Z E A N

Juan-Fernández-In. (chil.)

URUGUAY

A R G E N T I N I E N

Tristan da Cunha (brit.)

Gough-I. (brit.)

Staaten Stand: 01.01.2012

— Staatsgrenze

--- umstrittene Grenze, Waffenstillstandslinie

PERU Staat

Aruba abhängiges Gebiet mit Selbstverwaltung

Oster-I. Insel

BAHAMAS

Turks- u. Caicos-inseln (brit.)

A T L A N T I S C H E R O Z E A N

Falkland-In. (brit.)

Südgeorgien (brit.)

Bouvet-I. (norw.)

KUBA

HAITI

DOMINIK. REP.

Puerto Rico (USA)

Jungfern-In. (USA) (brit.)

Anguilla (brit.)

Saint-Martin/ (franz.)

Sint Maarten (ndl.)

ANTIGUA U. BARBUDA

JAMAIKA

ST. KITTS U. NEVIS

Montserrat (brit.)

Guadeloupe (franz.)

Südsandwich-In. (brit.)

Karibisches Meer

DOMINICA

Martinique (franz.)

Südshetland-In. (brit.)

Südorkney-In. (brit.)

Curaçao (ndl.)

Bonaire (ndl.)

ST. VINCENT U. DIE GRENADINEN

ST. LUCIA

BARBADOS

Aruba

KOLUM-BIEN

VENEZUELA

GRENADA

TRINIDAD U. TOBAGO

2

KLETT-PERTHES

Nördl. Polarkreis

R U S S L A N D (bis 1991 SOWJETUNION)

GROSS-BRITANNIEN

Kopen-hagen

London

Brüssel

Paris

FRANKREICH

Wien

KOSOVO

CHINA

San Francisco (Gründungsort)

Montreal

VEREINIGTE STAATEN (USA)

Washington

New York (Hauptsitz)

Madrid

Genf

Bern

Turin

Florenz

AFGHANISTAN

P A Z I F I S C H E R

nördl. Wendekreis

A T L A N T I S C H E R

INDIEN-PAKISTAN (Kaschmir)

Taiwan (seit 1971 keine eigene Mitgliedschaft)

O Z E A N

SAHARA

HAITI

LIBERIA

CÔTE D'IVOIRE

ZENTRALAFRIKA

TSCHAD

SUDAN (Darfur)

SÜD-SUDAN

Vereinte Nationen (UN)

Weltorganisation zur Friedenssicherung

Entwicklung

Gründungsmitglieder 1945

Beitritt seit 1945

Nichtmitglied

Organisation

CHINA ständiges Mitglied im UN-Sicherheitsrat (Vetomacht)

● Sitze bzw. Standorte von wichtigen UN-Einrichtungen

Friedenseinsätze 2010/2011

Einsatzgebiet von UN-Friedenstruppen (Blauhelmsoldaten) und uniformiertem Personal

KOSOVO

P A Z I F I S C H E R

Äquator

O Z E A N

D.R. KONGO

BURUNDI

I N D I S C H E R

O Z E A N

TIMOR-LESTE

südl. Wendekreis

ZYPERN

LIBANON

Amman

ISRAEL/Palästinen-sische Gebiete

Naher Osten

Maßstab 1 : 150 000 000

Flagge der UN

Maßstab 1 : 80 000 000

Abkürzungen:

AL.	ALBANIEN
AND.	ANDORRA
BO.	BOSNIEN UND HERZEGOWINA
KO.	KOSOVO
KR.	KROATIEN
LIE.	LIECHTENSTEIN
LUX.	LUXEMBURG
MA.	MAZEDONIEN
MON.	MONACO
MO.	MONTENEGRO
ÖST.	ÖSTERREICH
SER.	SERBIEN
SK. R.	SLOWAKISCHE REPUBLIK
SL.	SLOWENIEN
SM.	SAN MARINO
TS. R.	TSCHECHISCHE REPUBLIK
VAT.	VATIKANSTADT

Spitzbergen (norw.)
Franz-Josef-Land (russ.)
Sewernaja Semlja
Neusibirische Inseln
Bären-I. (norw.)
Nowaja Semlja
St.-Lorenz-I. (USA)
Kommandeur-In. (russ.)
Aleuten (USA)

FINNLAND
ESTLAND
LETTLAND
LITAUEN
WEISSRUSSLAND
UKRAINE
MOLDAU
RUMÄNIEN
BULGARIEN
UNGARN
GEORGIEN
ARMENIEN
ASERBAIDSCHAN
GRIECHENL.
TÜRKEI
ZYPERN
LIBANON
SYRIEN
ISRAEL
IRAK
JORDANIEN
KUWAIT
BAHRAIN
KATAR
VEREINIGTE ARABISCHE EMIRATE
OMAN
ÄGYPTEN
SAUDI-ARABIEN
JEMEN
YEN
SUDAN
ERITREA
DSCHIBUTI
SCHAD
ZENTRAL-AFRIKA
SÜD-SUDAN
ÄTHIOPIEN
SOMALIA
UGANDA
KENIA
RUANDA
BURUNDI
R. KONGO (ZAIRE)
TANSANIA
ANGOLA
SAMBIA
MALAWI
MOSAMBIK
SIMBABWE
BOTSUANA
SÜD-AFRIKA
SWASILAND
LESOTHO

RUSSLAND
KASACHSTAN
MONGOLEI
NORD-KOREA
SÜDKOREA
JAPAN
USBEKISTAN
KIRGISISTAN
TURKMENISTAN
TADSCHIKISTAN
AFGHANISTAN
IRAN
PAKISTAN
NEPAL
BHUTAN
INDIEN
CHINA
BANGLADESCH
MYANMAR (BIRMA)
LAOS
VIETNAM
THAILAND
KAMBODSCHA
PHILIPPINEN
MALAYSIA
BRUNEI
SINGAPUR
INDONESIEN

PAZIFISCHER
Bonin-In. (jap.)
Taiwan
Ryukyu-In. (jap.)
Vulkan-In. (jap.)
Wake-I. (USA)
Nördl. Marianen (USA)
Marianen
Guam (USA)
Yap-I.
Karolinen
Pohnpei
Truk-In.
MARSHALLINSELN
PALAU
MIKRONESIEN
NAURU
KIRIBATI
PAPUA-NEUGUINEA
Bougainville
Salomon-In.
SALOMONEN
TUVALU
Tokelau (neuseeld.)
VANUATU
Wallis u. Futuna (franz.)
SAMOA
Amerikan.-Samoa (USA)
Neukaledonien (franz.)
FIDSCHI
TONGA
NIUE (neuseeld. assoz.)

Sokotra (jem.)
Lakshadweep-In. (ind.)
Andamanen (ind.)
Nikobaren (ind.)
MALEDIVEN
SRI LANKA
Amiranten
SEYCHELLEN
Tschagos-In. (brit.)
Diego Garcia (brit.)
Aldabra-In.
Farquhar-In. (Seych.)
Agalega-In.
KOMOREN
Mayotte (franz.)
Tromelin-I. (franz.)
Cargados-Carajos-In. (franz.)
MADAGASKAR
Réunion (franz.)
MAURITIUS
Bassas da India (franz.)

TIMOR-LESTE

INDISCHER
OZEAN

PAZIFISCHER
OZEAN

AUSTRALIEN

Amsterdam-I. (franz.)
St-Paul
Crozet-In. (franz.)
Prinz-Eduard-In. (südafrikan.)
Kerguelen (franz.)
Heard-I. (austr.)
NEUSEELAND
Chatham-In. (neuseeld.)
Stewart-I.
Auckland-In. (neuseeld.)
Macquarie-In. (austr.)

KLETT-PERTHES

3

KLETT-PERTHES

Politische und militärische Bündnisse

ARABISCHE LIGA	
Austritt geplant	
ASEAN	Association of Southeast Asian Nations
AU	African Union
GUS	Gemeinschaft Unabhängiger Staaten
NATO	North Atlantic Treaty Organization
NATO-Partner für den Frieden	
OAS	Organization of American States
UN	Vereinte Nationen: siehe Karte 2

nördl. Polarkreis
nördl. Wendekreis
Äquator
südl. Wendekreis

ATLANTISCHER
PAZIFISCHER
OZEAN
INDISCHER
OZEAN

Maßstab 1 : 150 000 000

Stand: 2011

EINFÜHRUNG
DEUTSCHLAND
EUROPA
ASIEN
AFRIKA und ORIENT
AUSTRALIEN und POLE
AMERIKA
WELT
REGISTER

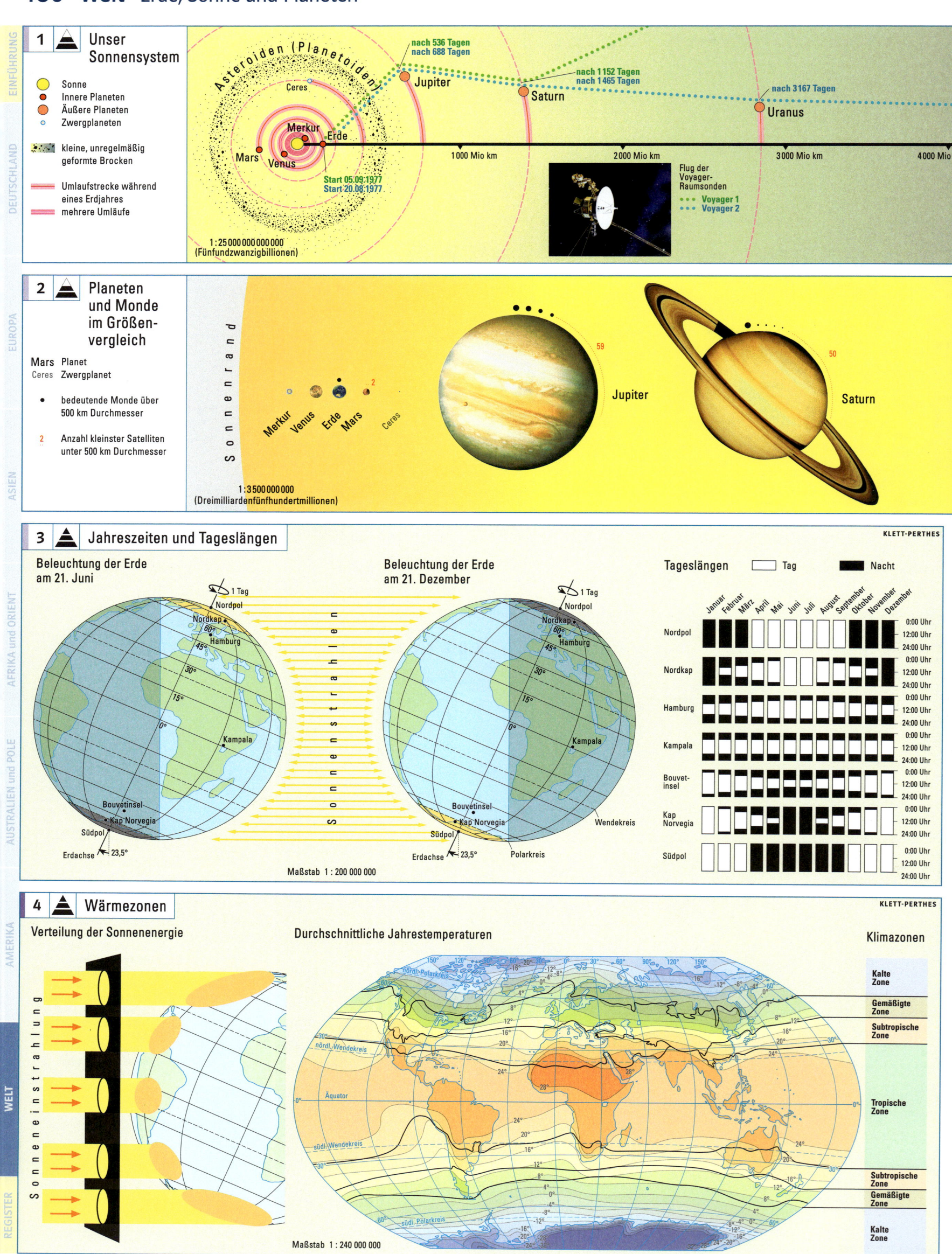

1 △ Unser Sonnensystem

- ● Sonne
- ● Innere Planeten
- ● Äußere Planeten
- ○ Zwergplaneten
- kleine, unregelmäßig geformte Brocken
- Umlaufstrecke während eines Erdjahres
- mehrere Umläufe

Asteroiden (Planetoiden)

Ceres

Merkur
Erde
Mars
Venus

Jupiter

nach 536 Tagen
nach 688 Tagen

Saturn

nach 1152 Tagen
nach 1465 Tagen

Uranus

nach 3167 Tagen

1 000 Mio km   2 000 Mio km   3 000 Mio km   4 000 Mio k

Start 05.09.1977
Start 20.08.1977

1 : 25 000 000 000 000
(Fünfundzwanzigbillionen)

Flug der Voyager-Raumsonden
● ● ● Voyager 1
● ● ● Voyager 2

2 ◭ Planeten und Monde im Größenvergleich

Mars — Planet
Ceres — Zwergplanet

- ● bedeutende Monde über 500 km Durchmesser
- 2 Anzahl kleinster Satelliten unter 500 km Durchmesser

Sonnenrand

Merkur Venus Erde Mars Ceres

Jupiter 59

Saturn 50

1 : 3 500 000 000
(Dreimilliardenfünfhundertmillionen)

3 ◭ Jahreszeiten und Tageslängen

KLETT-PERTHES

Beleuchtung der Erde am 21. Juni

1 Tag
Nordpol
Nordkap
60°
Hamburg
45°
30°
15°
0°
Kampala
Bouvetinsel
Kap Norvegia
Südpol
Erdachse 23,5°

Sonnenstrahlen

Beleuchtung der Erde am 21. Dezember

1 Tag
Nordpol
Nordkap
60°
Hamburg
45°
30°
15°
0°
Kampala
Bouvetinsel
Kap Norvegia
Südpol
Erdachse 23,5°
Wendekreis
Polarkreis

Maßstab 1 : 200 000 000

Tageslängen □ Tag ■ Nacht

Januar Februar März April Mai Juni Juli August September Oktober November Dezember

Nordpol   0:00 Uhr / 12:00 Uhr / 24:00 Uhr
Nordkap   0:00 Uhr / 12:00 Uhr / 24:00 Uhr
Hamburg   0:00 Uhr / 12:00 Uhr / 24:00 Uhr
Kampala   0:00 Uhr / 12:00 Uhr / 24:00 Uhr
Bouvetinsel   0:00 Uhr / 12:00 Uhr / 24:00 Uhr
Kap Norvegia   0:00 Uhr / 12:00 Uhr / 24:00 Uhr
Südpol   0:00 Uhr / 12:00 Uhr / 24:00 Uhr

4 ◭ Wärmezonen

KLETT-PERTHES

Verteilung der Sonnenenergie

Sonneneinstrahlung

Durchschnittliche Jahrestemperaturen

nördl. Polarkreis
nördl. Wendekreis
Äquator
südl. Wendekreis
südl. Polarkreis

Klimazonen

Kalte Zone
Gemäßigte Zone
Subtropische Zone
Tropische Zone
Subtropische Zone
Gemäßigte Zone
Kalte Zone

Maßstab 1 : 240 000 000

EINFÜHRUNG DEUTSCHLAND EUROPA ASIEN AFRIKA und ORIENT AUSTRALIEN und POLE AMERIKA WELT REGISTER

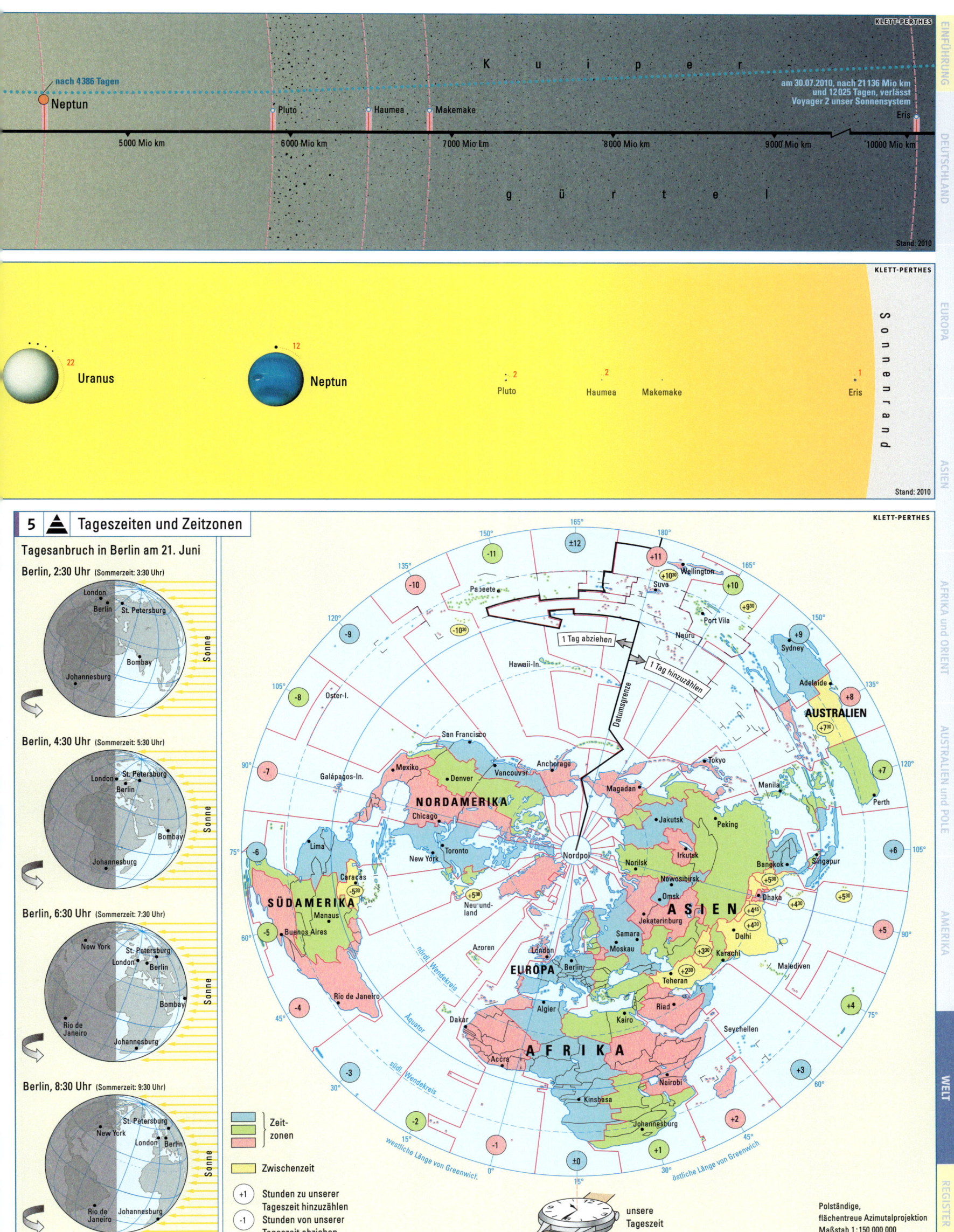

EINFÜHRUNG

DEUTSCHLAND

EUROPA

ASIEN

AFRIKA und ORIENT

AUSTRALIEN und POLE

AMERIKA

WELT

REGISTER

KLETT-PERTHES

Kuiper gürtel

nach 4386 Tagen

Neptun

am 30.07.2010, nach 21 136 Mio km und 12025 Tagen, verlässt Voyager 2 unser Sonnensystem

Pluto   Haumea   Makemake

Eris

5000 Mio km   6000 Mio km   7000 Mio km   8000 Mio km   9000 Mio km   10000 Mio km

Stand: 2010

KLETT-PERTHES

Uranus   22

Neptun   12

Pluto   2   Haumea   2   Makemake   Eris   1

Sonnenrand

Stand: 2010

5 Tageszeiten und Zeitzonen

KLETT-PERTHES

Tagesanbruch in Berlin am 21. Juni

Berlin, 2:30 Uhr (Sommerzeit: 3:30 Uhr)
London, Berlin, St. Petersburg, Bombay, Johannesburg — Sonne

Berlin, 4:30 Uhr (Sommerzeit: 5:30 Uhr)
London, St. Petersburg, Berlin, Bombay, Johannesburg — Sonne

Berlin, 6:30 Uhr (Sommerzeit: 7:30 Uhr)
New York, St. Petersburg, London, Berlin, Bombay, Rio de Janeiro, Johannesburg — Sonne

Berlin, 8:30 Uhr (Sommerzeit: 9:30 Uhr)
New York, St. Petersburg, London, Berlin, Rio de Janeiro, Johannesburg — Sonne

Zeit-zonen
Zwischenzeit

+1 Stunden zu unserer Tageszeit hinzuzählen
-1 Stunden von unserer Tageszeit abziehen

unsere Tageszeit

Polständige, flächentreue Azimutalprojektion
Maßstab 1 : 150 000 000

Datumsgrenze
1 Tag abziehen
1 Tag hinzuzählen

NORDAMERIKA
SÜDAMERIKA
EUROPA
AFRIKA
ASIEN
AUSTRALIEN

Nordpol

nördl. Wendekreis
Äquator
südl. Wendekreis

westliche Länge von Greenwich   östliche Länge von Greenwich

Left margin tabs: EINFÜHRUNG · DEUTSCHLAND · EUROPA · ASIEN · AFRIKA und ORIENT · AUSTRALIEN und POLE · AMERIKA · WELT · REGISTER

Formel-1-Grand Prix – Ein weltweites Sportereignis

1

Sport NEWS — 19:08 — Großer Preis von Australien

> So ein Pech! Ich habe das Rennen in Melbourne verpasst. Warum musste die Live-Übertragung auch schon früh am Morgen um 8:00 Uhr beginnen?

> Das weiß ich auch nicht genau. Morgen fragen wir Herrn May.

2

> Das liegt daran, dass Melbourne zur gleichen Zeit eine andere Uhrzeit hat, als Deutschland.

Lea:
Aber wie ist das möglich?

Herr May:
Die Erde dreht sich einmal in 24 Stunden. Jeder Ort hat in dieser Zeit einmal hellen Mittag auf der Sonnenseite und einmal dunkle Mitternacht auf der Schattenseite. Weil die Erde sich von Westen nach Osten dreht, beginnt der Tag östlich von uns früher. Das seht ihr auch gut auf den Abbildungen zu den Tageszeiten auf Seite 161 im Atlas.

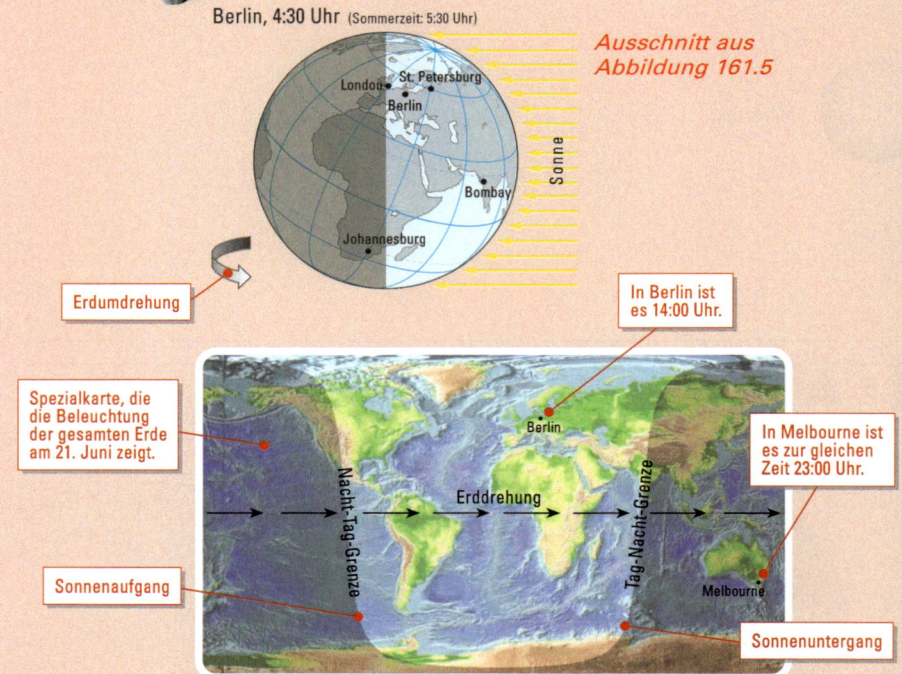

Berlin, 4:30 Uhr (Sommerzeit: 5:30 Uhr)

Ausschnitt aus Abbildung 161.5

London · St. Petersburg · Berlin · Bombay · Johannesburg · Sonne

Erdumdrehung

Spezialkarte, die die Beleuchtung der gesamten Erde am 21. Juni zeigt.

Sonnenaufgang

Nacht-Tag-Grenze · Erddrehung · Tag-Nacht-Grenze

In Berlin ist es 14:00 Uhr.

In Melbourne ist es zur gleichen Zeit 23:00 Uhr.

Sonnenuntergang

3

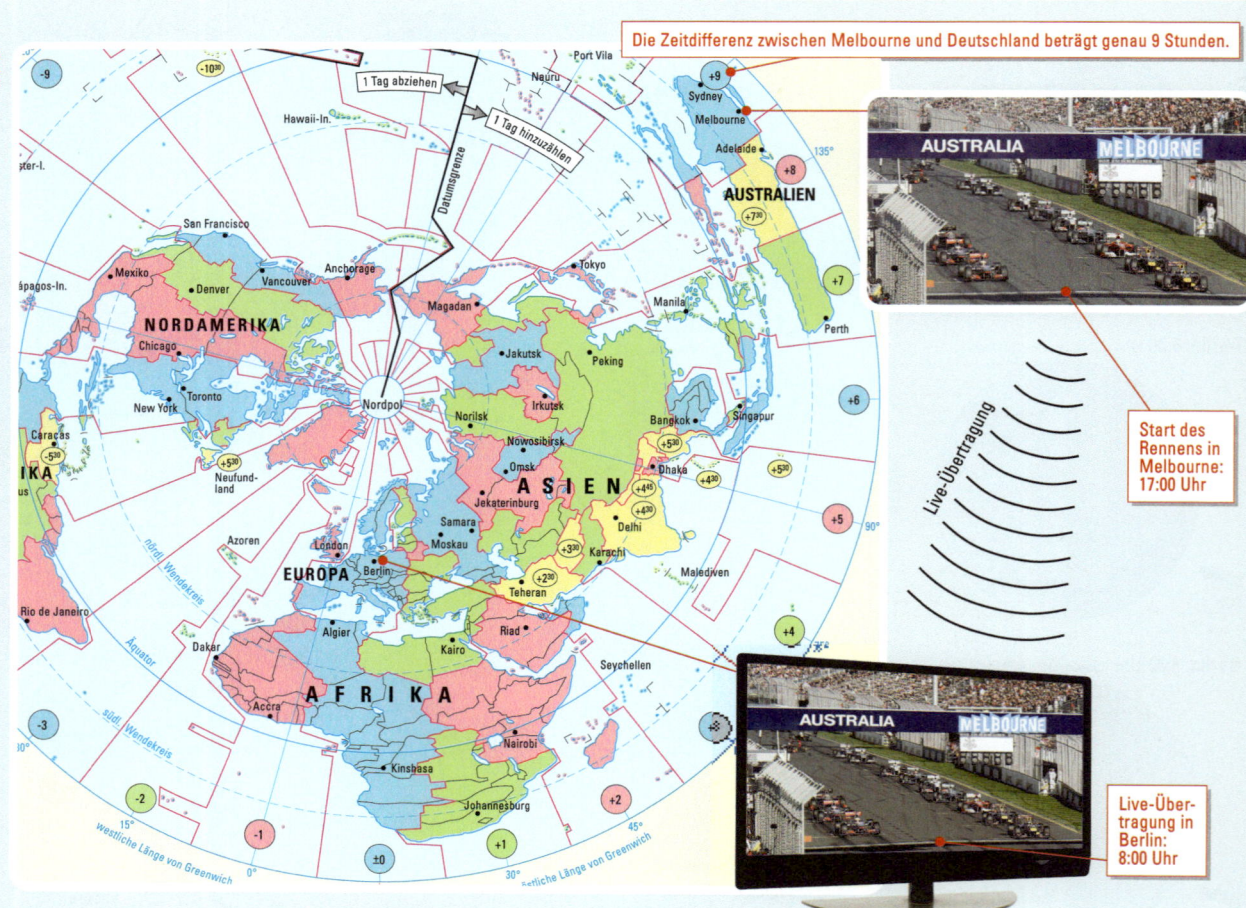

Ausschnitt aus Karte 161.5

Tim:
Na ja, aber das bedeutet doch, dass es an jedem Ort östlich oder westlich von uns immer etwas später oder früher ist. Hätte dann nicht jeder Ort seine eigene Zeit?

Herr May:
Ja, und das sogar bis auf die Minute genau. Stellt euch nur vor, ihr müsstet sogar auf einer Klassenfahrt nach Berlin eure Uhren umstellen? Um das zu vermeiden, haben die Menschen die Zeitzonen eingeführt. In jeder Zone haben alle Orte die gleiche Uhrzeit. Zum Ausgleich gibt es Zeitsprünge von genau 1 Stunde gegenüber den Nachbarzonen. Die Zeitzonen seht ihr in der Karte auf Seite 161 im Atlas.

Die Zeitdifferenz zwischen Melbourne und Deutschland beträgt genau 9 Stunden.

AUSTRALIA MELBOURNE

Live-Übertragung

Start des Rennens in Melbourne: 17:00 Uhr

Live-Übertragung in Berlin: 8:00 Uhr

Map labels: Port Vila · Nauru · 1 Tag abziehen · 1 Tag hinzuzählen · Hawaii-In. · Datumsgrenze · Sydney +9 · Melbourne · Adelaide +8 · AUSTRALIEN +7³⁰ · Perth · San Francisco · Mexiko · Denver · Vancouver · Anchorage · Tokyo +7 · NORDAMERIKA · Chicago · Magadan · Manila · New York · Toronto · Nordpol · Jakutsk · Peking · Caracas · Norilsk · Irkutsk · Bangkok · Singapur +6 · Neufundland · Nowosibirsk · Omsk · Dhaka +5³⁰ · +4³⁰ +5 · AFRIKA · Jekaterinburg · Delhi · ASIEN +4⁰⁰ · Azoren · Samara · Moskau · Karachi +3⁰⁰ · Malediven · EUROPA · Berlin · Teheran +2³⁰ · +4 · Rio de Janeiro · Algier · Riad · Dakar · Kairo · Seychellen · Accra · Nairobi · Kinshasa · Johannesburg +2 · –3 · –2 · –1 · ±0 · +1 · westliche Länge von Greenwich · östliche Länge von Greenwich · Äquator · südl. Wendekreis · nördl. Wendekreis

AUSTRALIA MELBOURNE

4

Haack Ergänzungskarte Länder und Regionen mit Sommerzeit

KLETT-PERTHES

Südlich des Äquators reicht das Sommerhalbjahr von Oktober bis März.

Sommerzeit

▮ Länder und Regionen mit Sommerzeit: Im Sommer werden die Uhren um eine Stunde vorgestellt.

▮ Länder und Regionen ohne Sommerzeit

Polständige, flächentreue Azimutalprojektion
Maßstab 1 : 150 000 000

Karte aus Haack Weltatlas Differenzierende Ausgabe - Online

Lea:
Das ist ja praktisch. Wenn ich also weiß, wann die Formel 1 in einer bestimmten Zeitzone startet, dann könnte ich doch aus der Zeitdifferenz zwischen den Zonen genau den Beginn der Live-Übertragung in Deutschland ausrechnen?

Herr May:
Im Prinzip schon - allerdings müsst ihr noch bedenken, dass in manchen Ländern eine Sommerzeit eingeführt ist. So kann es eine zusätzliche Stunde Zeitverschiebung zwischen Deutschland und diesen Ländern geben. Hierzu habe ich eine Karte bei Haack Weltatlas Online gefunden.

5

In dieser Spalte ist das Ergebnis der Berechnung eingetragen.

Rennkalender der Formel-1-Saison 2011

Austragungsort und -zeit des Formel-1-Grand-Prix

Renntag	Rennstrecke / Land	Startzeit	Zeitdifferenz zu Deutschland (in Stunden)	Zeitdifferenz durch die Sommerzeit (in Stunden)	Beginn der Live-Übertragung in Deutschland
27.03.	Melbourne / Australien	17:00	+9	0	8:00
10.04.	Kuala Lumpur / Malaysia	16:00	+7	-1	10:00
17.04.	Shanghai / China	15:00	+7	-1	9:00
08.05.	Istanbul / Türkei	15:00	+1	0	14:00
22.05.	Catalunya / Spanien	14:00	0	0	14:00
29.05.	Monte Carlo / Monaco	14:00	0	0	14:00
12.06.	Montreal / Kanada	13:00	-6	0	19:00
26.06.	Valencia / Spanien	14:00	0	0	14:00
10.07.	Silverstone / Großbritannien	13:00	-1	0	14:00
24.07.	Nürburgring / Deutschland	14:00	0	0	14:00
31.07.	Budapest / Ungarn	14:00	0	0	14:00
28.08.	Spa-Francorchamps / Belgien	14:00	0	0	14:00
11.09.	Monza / Italien	14:00	0	0	14:00
25.09.	Singapur	20:00	+7	-1	14:00
09.10.	Suzuka / Japan	15:00	+8	-1	3:00
16.10.	Yeongam / Südkorea	15:00	+8	-1	3:00
30.10.	New Delhi / Indien	15:00	+4,5	0	10:30
13.11.	Yas Marina Circuit / Abu Dhabi, V.A.E.	17:00	+3	0	14:00
27.11.	São Paulo / Brasilien	14:00	-4	+1	17:00

Lea:
Wenn wir also die Live-Übertragung nicht verpassen wollen, müssen wir immer rechnen:
Formel-1 -Startzeit
- Zeitzonendifferenz
- Sommerzeitdifferenz
= Zeitpunkt der Live-Übertragung in Deutschland!

Herr May:
Sehr gut Lea. Hier habe ich noch einmal alle Zeiten in einer Liste zusammengefasst.

6

Jetzt wisst ihr, warum ihr manchmal früher aufstehen müsst, um eine Live-Übertragung zu sehen.

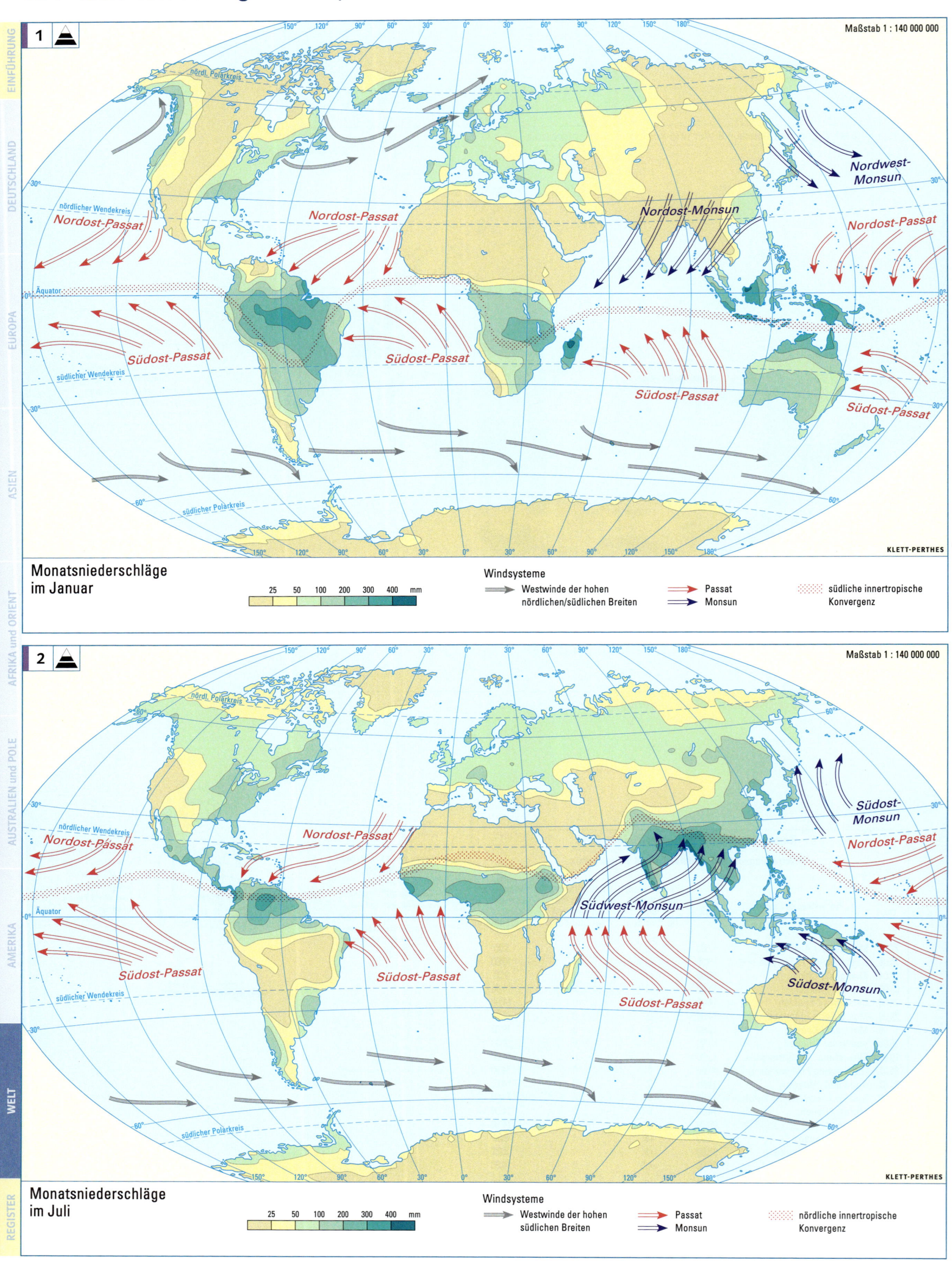

1 Maßstab 1 : 140 000 000

Nordwest-Monsun

Nordost-Monsun

Nordost-Passat

Nordost-Passat

Südost-Passat

Südost-Passat

Südost-Passat

Südost-Passat

Monatsniederschläge im Januar

25 50 100 200 300 400 mm

Windsysteme

→ Westwinde der hohen nördlichen/südlichen Breiten

→ Passat

→ Monsun

südliche innertropische Konvergenz

KLETT-PERTHES

2 Maßstab 1 : 140 000 000

Südost-Monsun

Nordost-Passat

Nordost-Passat

Nordost-Passat

Südwest-Monsun

Südost-Passat

Südost-Passat

Südost-Passat

Südost-Monsun

Monatsniederschläge im Juli

25 50 100 200 300 400 mm

Windsysteme

→ Westwinde der hohen südlichen Breiten

→ Passat

→ Monsun

nördliche innertropische Konvergenz

KLETT-PERTHES

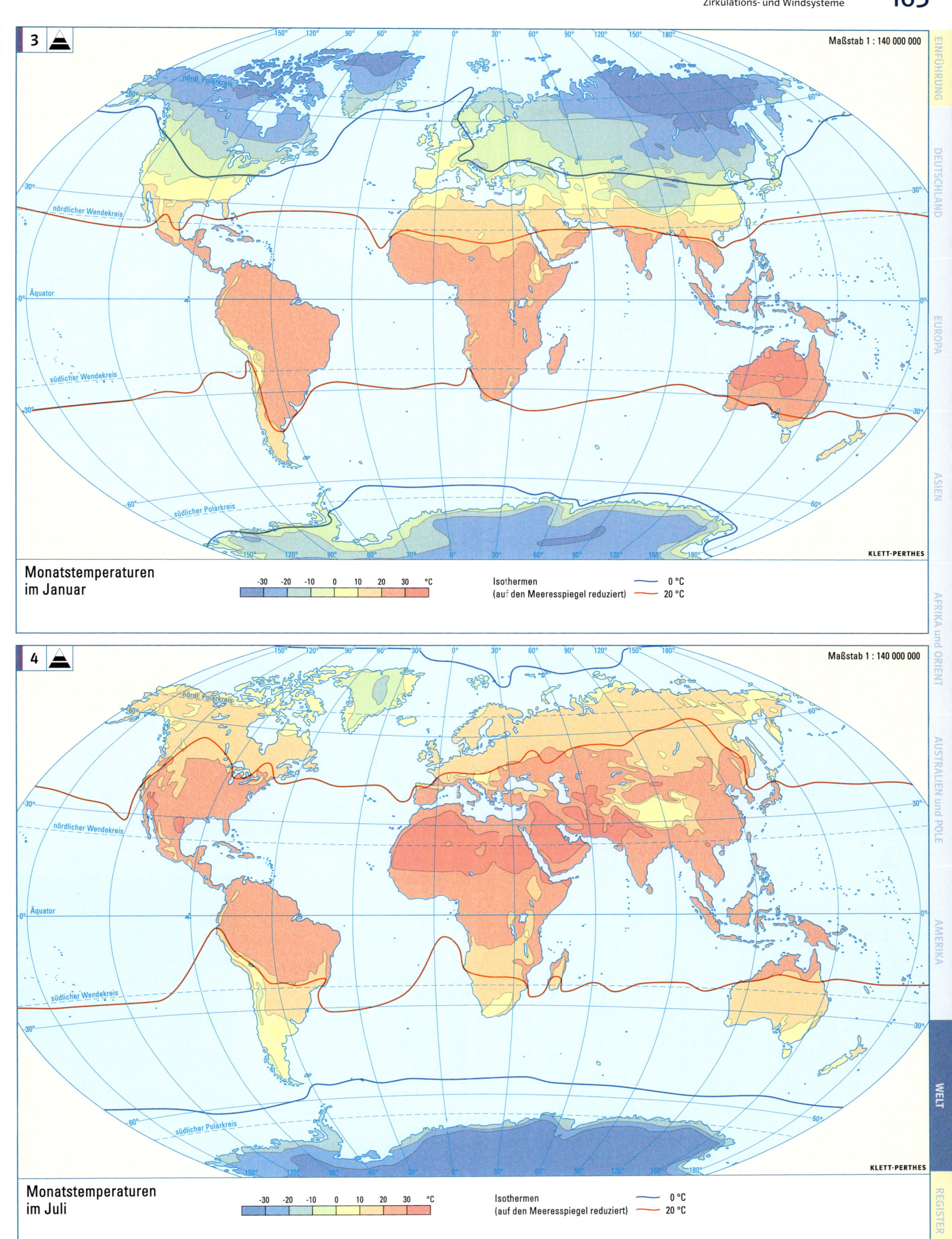

3 ▲

Maßstab 1 : 140 000 000

nördl. Polarkreis

30°

nördlicher Wendekreis

Äquator

südlicher Wendekreis

30°

südlicher Polarkreis

KLETT-PERTHES

Monatstemperaturen
im Januar

-30 -20 -10 0 10 20 30 °C

Isothermen
(auf den Meeresspiegel reduziert)

—— 0 °C
—— 20 °C

4 ▲

Maßstab 1 : 140 000 000

nördl. Polarkreis

30°

nördlicher Wendekreis

Äquator

südlicher Wendekreis

30°

südlicher Polarkreis

KLETT-PERTHES

Monatstemperaturen
im Juli

-30 -20 -10 0 10 20 30 °C

Isothermen
(auf den Meeresspiegel reduziert)

—— 0 °C
—— 20 °C

EINFÜHRUNG
DEUTSCHLAND
EUROPA
ASIEN
AFRIKA und ORIENT
AUSTRALIEN und POLE
AMERIKA
WELT
REGISTER

EINFÜHRUNG
DEUTSCHLAND
EUROPA
ASIEN
AFRIKA und ORIENT
AUSTRALIEN und POLE
AMERIKA
WELT
REGISTER

1

KLETT-PERTHES

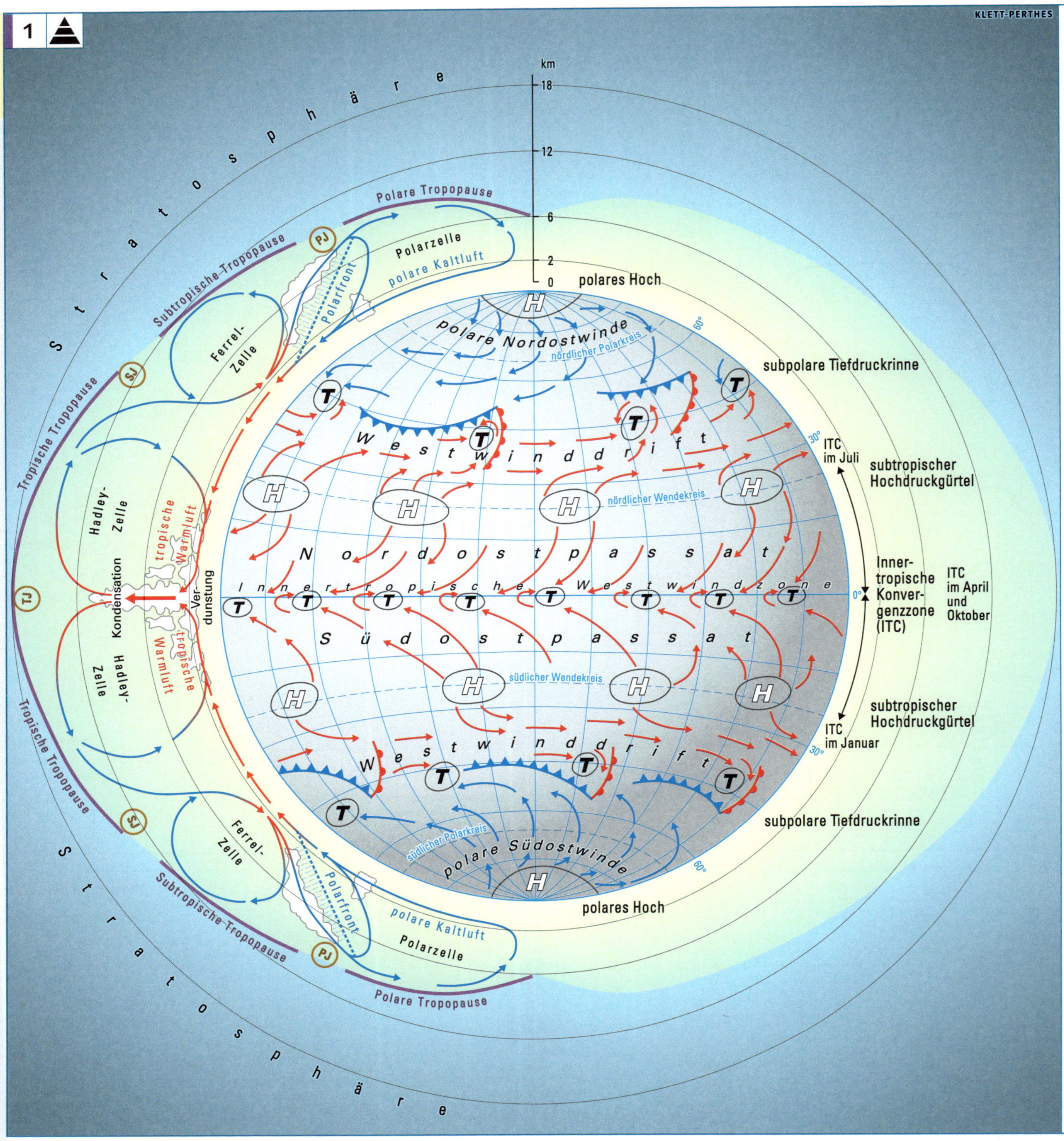

Die Luftbewegungen in der Atmosphäre
Modell der globalen Windsysteme

→ Warmer Wind
→ Kalter Wind

Bodennahe horizontale Windsysteme

Ⓗ Hochdruckgebiet
Ⓣ Tiefdruckgebiet
▬▬ Warmfront
▲▲▲ Kaltfront

Vertikale Windsysteme innerhalb der Troposphäre

PJ Polarer Jetstream
SJ Subtropischer Jetstream
TJ Tropischer Jetstream

━━ Tropopause (Trennfläche zwischen der darüber liegenden, stabilen Stratosphäre und der darunter liegenden, vom Wetter bestimmten Troposphäre)

Die Darstellung der vertikalen Windsysteme ist stark überhöht.

Winde im Hoch- und Tiefdruckgebiet

Nordhalbkugel

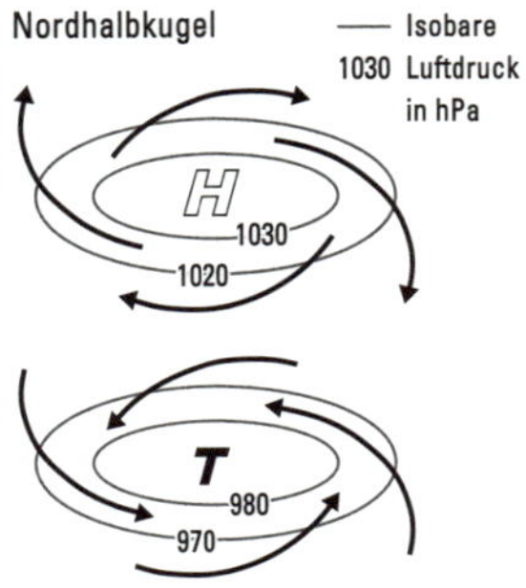

— Isobare
1030 Luftdruck in hPa

Südhalbkugel

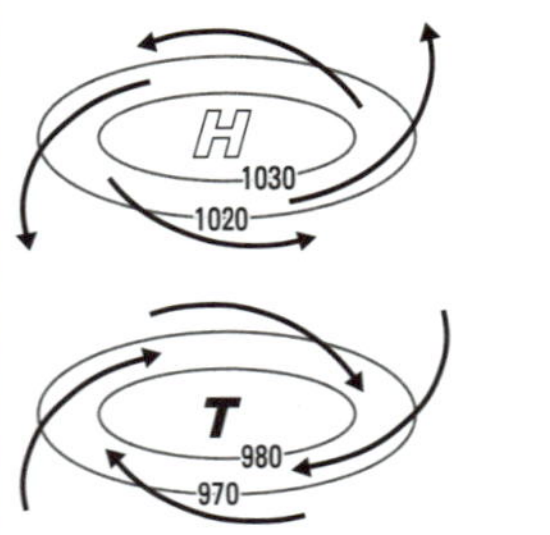

Figur 1 Beschriftungen:

- Stratosphäre
- Subtropische Tropopause
- Polare Tropopause
- Polarzelle / polare Kaltluft
- polares Hoch
- polare Nordostwinde
- nördlicher Polarkreis
- subpolare Tiefdruckrinne
- Ferrel-Zelle
- Polarfront
- Westwinddrift
- nördlicher Wendekreis
- subtropischer Hochdruckgürtel
- ITC im Juli
- Hadley-Zelle
- tropische Warmluft
- Kondensation
- Verdunstung
- Nordostpassat
- Innertropische Westwindzone
- Innertropische Konvergenzzone (ITC)
- ITC im April und Oktober
- Südostpassat
- südlicher Wendekreis
- subtropischer Hochdruckgürtel
- ITC im Januar
- Westwinddrift
- subpolare Tiefdruckrinne
- polare Südostwinde
- südlicher Polarkreis
- polare Kaltluft
- Polarzelle
- Polarfront
- Polare Tropopause
- Subtropische Tropopause
- polares Hoch
- Tropische Tropopause
- Hadley-Zelle

2

KLETT-PERTHES

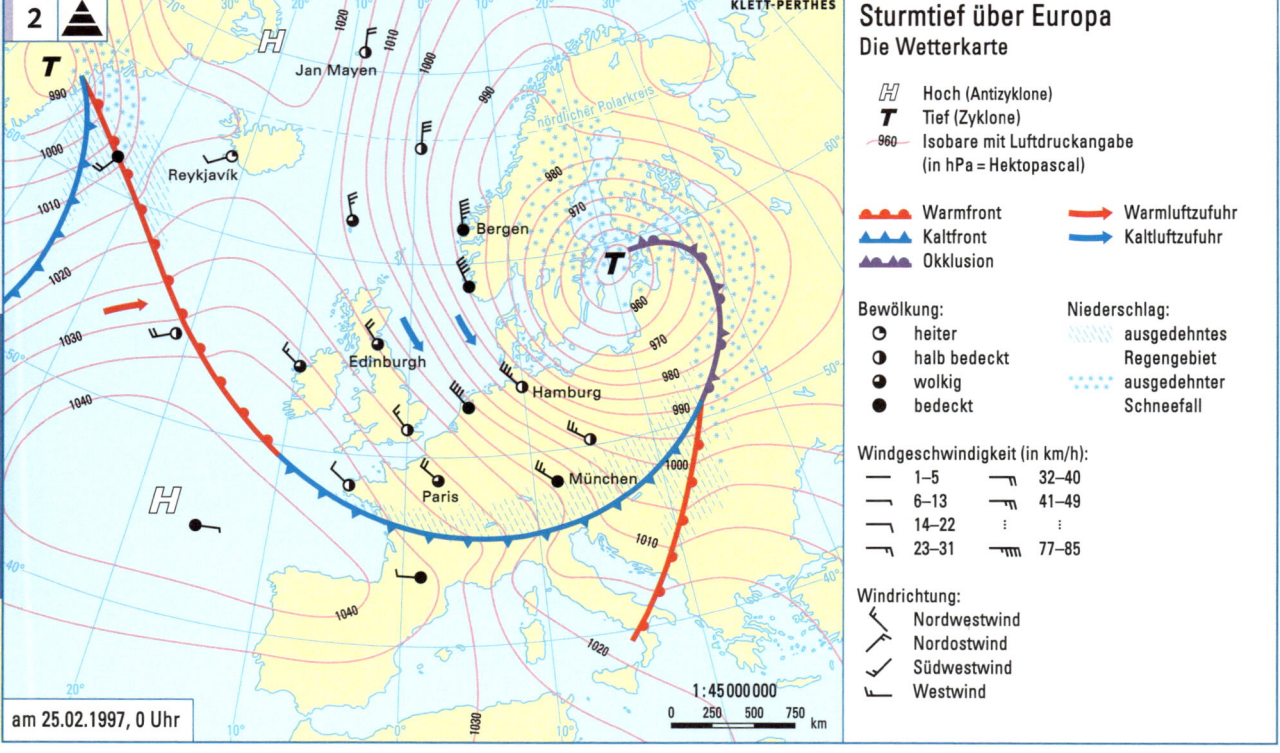

Sturmtief über Europa
Die Wetterkarte

Ⓗ Hoch (Antizyklone)
Ⓣ Tief (Zyklone)
960 Isobare mit Luftdruckangabe (in hPa = Hektopascal)

▬▬ Warmfront
▲▲▲ Kaltfront
♦♦♦ Okklusion

→ Warmluftzufuhr
→ Kaltluftzufuhr

Bewölkung:
◔ heiter
◑ halb bedeckt
◕ wolkig
● bedeckt

Niederschlag:
▨ ausgedehntes Regengebiet
⋮ ausgedehnter Schneefall

Windgeschwindigkeit (in km/h):

— 1–5	32–40
— 6–13	41–49
— 14–22	77–85
— 23–31	

Windrichtung:
Nordwestwind
Nordostwind
Südwestwind
Westwind

am 25.02.1997, 0 Uhr

1 : 45 000 000

0 250 500 750 km

Ortsnamen in Figur 2: Jan Mayen, Reykjavík, Bergen, Edinburgh, Hamburg, München, Paris

3 Untere Atmosphäre

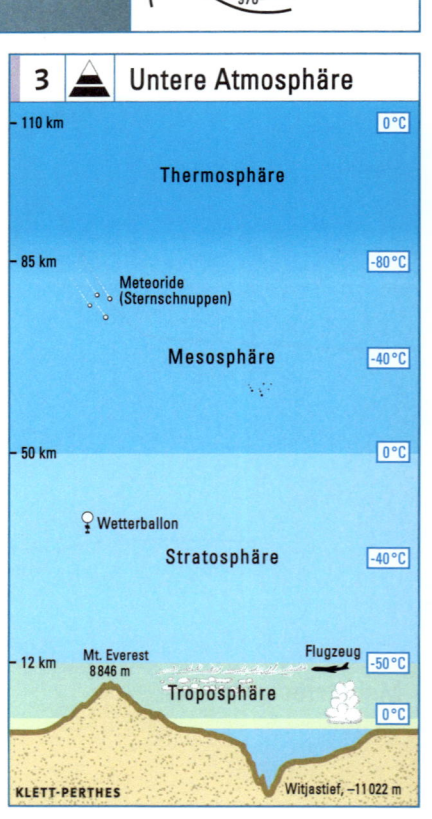

- 110 km — 0°C
Thermosphäre
- 85 km — -80°C
Meteoride (Sternschnuppen)
Mesosphäre — -40°C
- 50 km — 0°C
Wetterballon
Stratosphäre — -40°C
- 12 km — -50°C
Mt. Everest 8846 m
Flugzeug
Troposphäre — 0°C
Witjastief, –11 022 m

KLETT-PERTHES

Welt Klimawandel

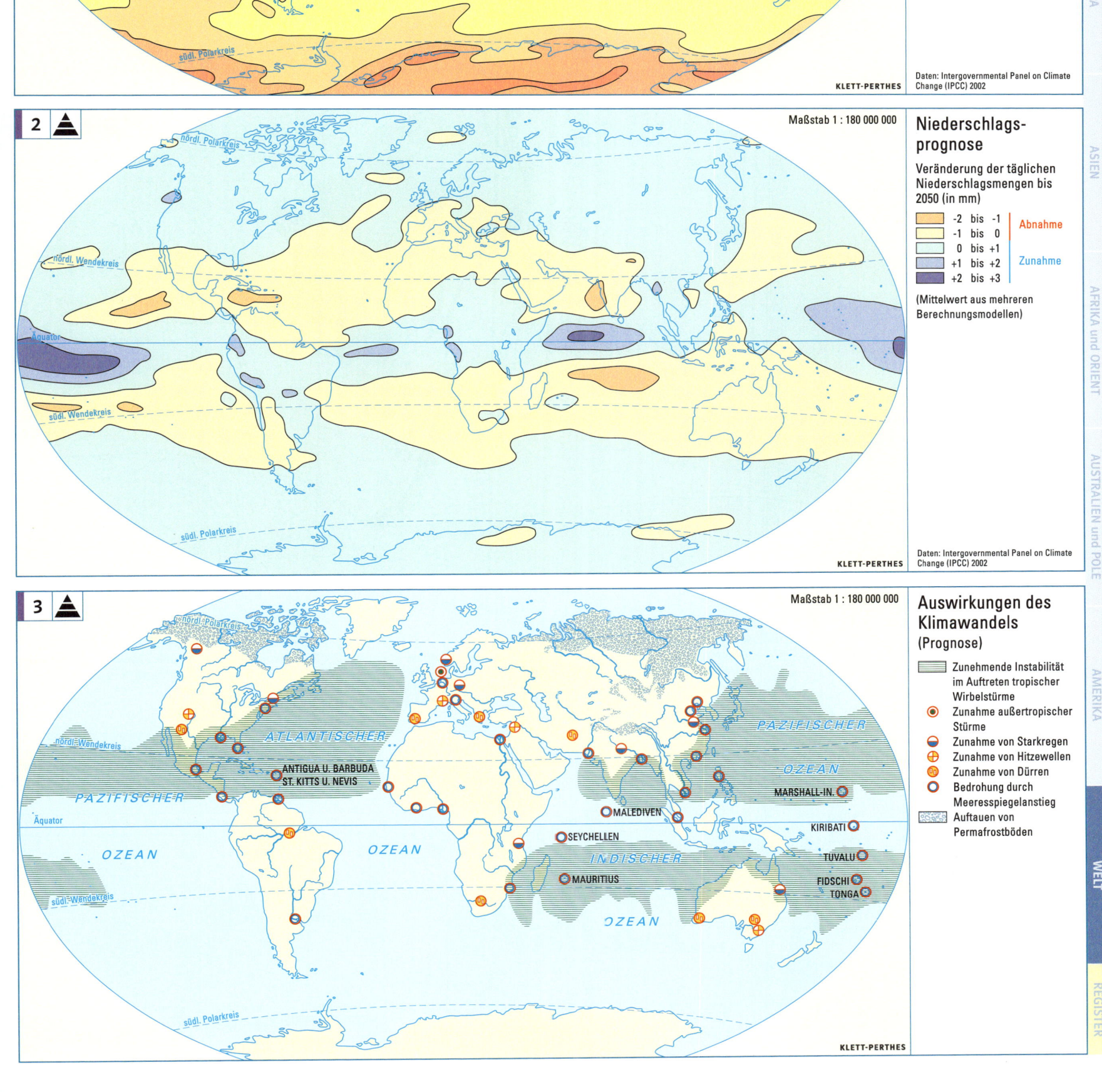

1 Maßstab 1 : 180 000 000

Temperaturprognose

Veränderung der mittleren Jahrestemperatur bis 2050 (in °C)

	−1 bis 0	Abnahme
	0 bis +1	
	+1 bis +2	
	+2 bis +3	Zunahme
	+3 bis +4	
	+4 bis +5	
	+5 bis +6	

(Mittelwert aus mehreren Berechnungsmodellen)

Daten: Intergovernmental Panel on Climate Change (IPCC) 2002

KLETT-PERTHES

2 Maßstab 1 : 180 000 000

Niederschlagsprognose

Veränderung der täglichen Niederschlagsmengen bis 2050 (in mm)

	−2 bis −1	Abnahme
	−1 bis 0	
	0 bis +1	Zunahme
	+1 bis +2	
	+2 bis +3	

(Mittelwert aus mehreren Berechnungsmodellen)

Daten: Intergovernmental Panel on Climate Change (IPCC) 2002

KLETT-PERTHES

3 Maßstab 1 : 180 000 000

Auswirkungen des Klimawandels (Prognose)

- Zunehmende Instabilität im Auftreten tropischer Wirbelstürme
- Zunahme außertropischer Stürme
- Zunahme von Starkregen
- Zunahme von Hitzewellen
- Zunahme von Dürren
- Bedrohung durch Meeresspiegelanstieg
- Auftauen von Permafrostböden

Map 3 labels

ANTIGUA U. BARBUDA
ST. KITTS U. NEVIS
MARSHALL-IN.
MALEDIVEN
KIRIBATI
SEYCHELLEN
TUVALU
MAURITIUS
FIDSCHI
TONGA

ATLANTISCHER OZEAN
PAZIFISCHER OZEAN
INDISCHER OZEAN
OZEAN

KLETT-PERTHES

EINFÜHRUNG
DEUTSCHLAND
EUROPA
ASIEN
AFRIKA und ORIENT
AUSTRALIEN und POLE
AMERIKA
WELT
REGISTER

1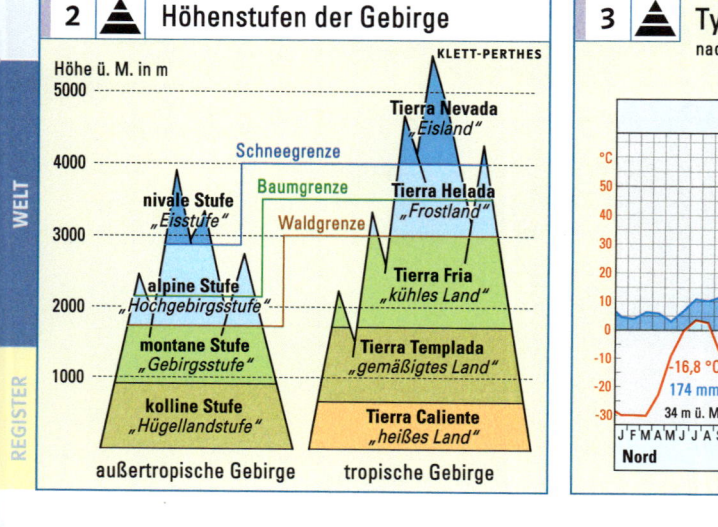

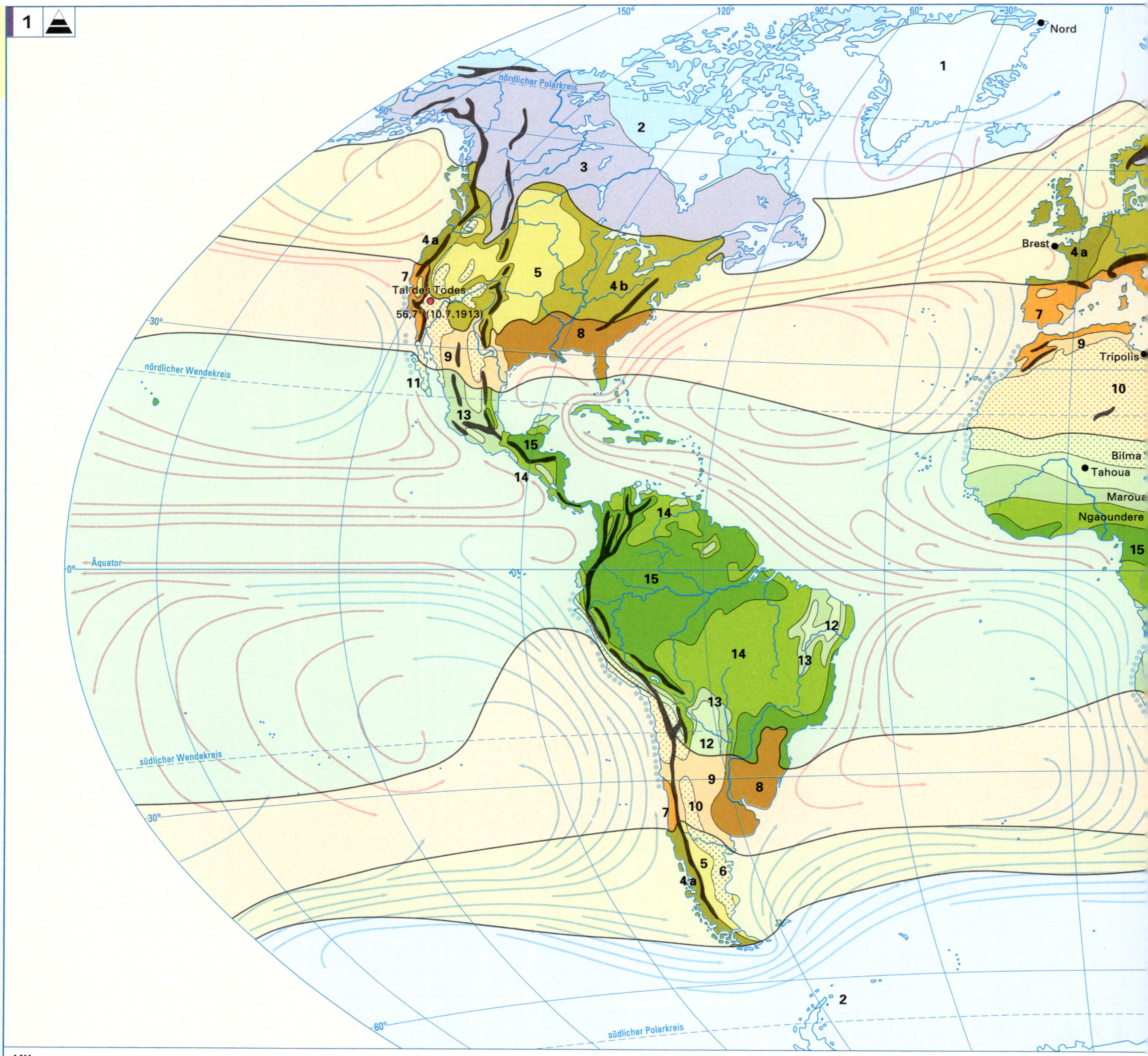

Labels on the map:

Nord
nördlicher Polarkreis
1
2
3
4 a
5
4 b
7
Tal des Todes
56,7° (10.7.1913)
8
9
11
13
15
14
14
15
14
13
13
12
12
10
9
8
7
5
4 a
6
nördlicher Wendekreis
Äquator
südlicher Wendekreis
südlicher Polarkreis
Brest
4 a
7
9
Tripolis
10
Bilma
Tahoua
Maroua
Ngaoundere
15

Klimazonen
Effektive Gliederung nach
C. Troll und KH. Paffen

Kalte Zone
1	hochpolares Eisklima (extrem kalt)
2	polares Tundrenklima (kalt)
3	kaltgemäßigtes boreales Klima

Gemäßigte Zone
4 a	ozeanisches Waldklima
4 b	kontinentales Waldklima
5	winterkaltes Steppenklima
6	winterkaltes Wüstenklima

Subtropische Zone
7	sommertrockenes Mittelmeerklima (Westseiten der Kontinente)
8	sommerfeuchtes Klima (Ostseiten der Kontinente)
9	wintermildes Steppenklima
10	wintermildes Wüstenklima

2 **Höhenstufen der Gebirge**

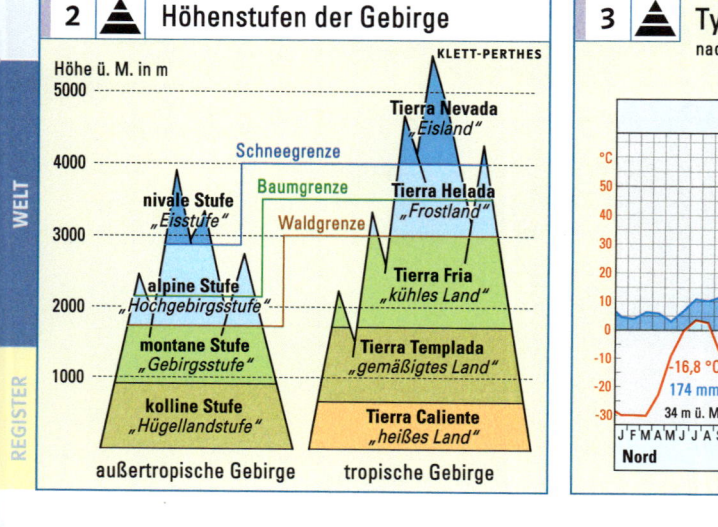

KLETT-PERTHES

Höhe ü. M. in m
5000
4000
3000
2000
1000

Schneegrenze
Baumgrenze
Waldgrenze

nivale Stufe „Eisstufe"
alpine Stufe „Hochgebirgsstufe"
montane Stufe „Gebirgsstufe"
kolline Stufe „Hügellandstufe"

Tierra Nevada „Eisland"
Tierra Helada „Frostland"
Tierra Fria „kühles Land"
Tierra Templada „gemäßigtes Land"
Tierra Caliente „heißes Land"

außertropische Gebirge   tropische Gebirge

3 **Typische Klimadiagramme** (effektive Gliederung)
nach H. Walter

Bilma Klimastation   **26,9°C** Jahrestemperatur
J F M Monate   **16 mm** Jahresniederschlag

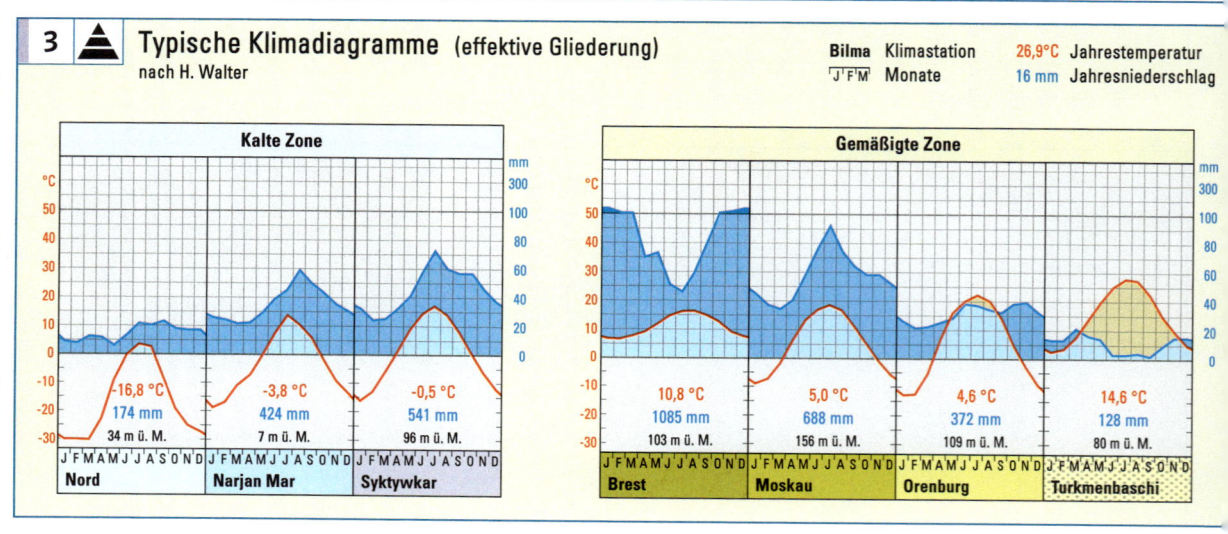

Kalte Zone

Nord -16,8 °C 174 mm 34 m ü. M.
Narjan Mar -3,8 °C 424 mm 7 m ü. M.
Syktywkar -0,5 °C 541 mm 96 m ü. M.

Gemäßigte Zone

Brest 10,8 °C 1085 mm 103 m ü. M.
Moskau 5,0 °C 688 mm 156 m ü. M.
Orenburg 4,6 °C 372 mm 109 m ü. M.
Turkmenbaschi 14,6 °C 128 mm 80 m ü. M.

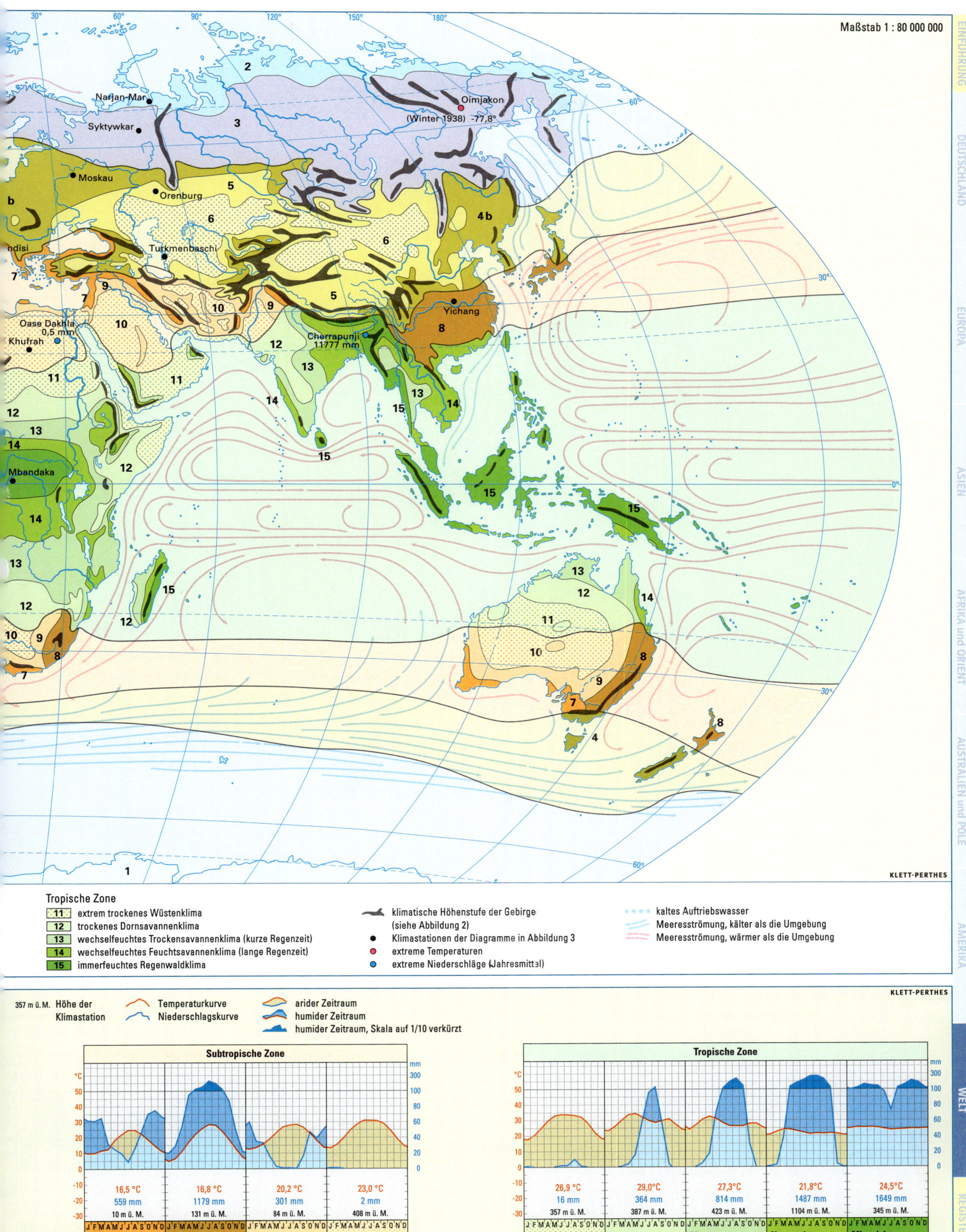

Maßstab 1 : 80 000 000

Tropische Zone

11	extrem trockenes Wüstenklima
12	trockenes Dornsavannenklima
13	wechselfeuchtes Trockensavannenklima (kurze Regenzeit)
14	wechselfeuchtes Feuchtsavannenklima (lange Regenzeit)
15	immerfeuchtes Regenwaldklima

klimatische Höhenstufe der Gebirge (siehe Abbildung 2)
● Klimastationen der Diagramme in Abbildung 3
● extreme Temperaturen
● extreme Niederschläge (Jahresmittel)

kaltes Auftriebswasser
Meeresströmung, kälter als die Umgebung
Meeresströmung, wärmer als die Umgebung

KLETT-PERTHES

357 m ü. M. Höhe der Klimastation
— Temperaturkurve
— Niederschlagskurve
arider Zeitraum
humider Zeitraum
humider Zeitraum, Skala auf 1/10 verkürzt

Subtropische Zone

16,5 °C	16,8 °C	20,2 °C	23,0 °C
559 mm	1179 mm	301 mm	2 mm
10 m ü. M.	131 m ü. M.	84 m ü. M.	408 m ü. M.
Brindisi	Yichang	Tripolis	Al Khufrah

Tropische Zone

26,9 °C	29,0 °C	27,3 °C	21,8 °C	24,5 °C
16 mm	364 mm	814 mm	1487 mm	1649 mm
357 m ü. M.	387 m ü. M.	423 m ü. M.	1104 m ü. M.	345 m ü. M.
Bilma	Tahoua	Maroua	Ngaoundere	Mbandaka

KLETT-PERTHES

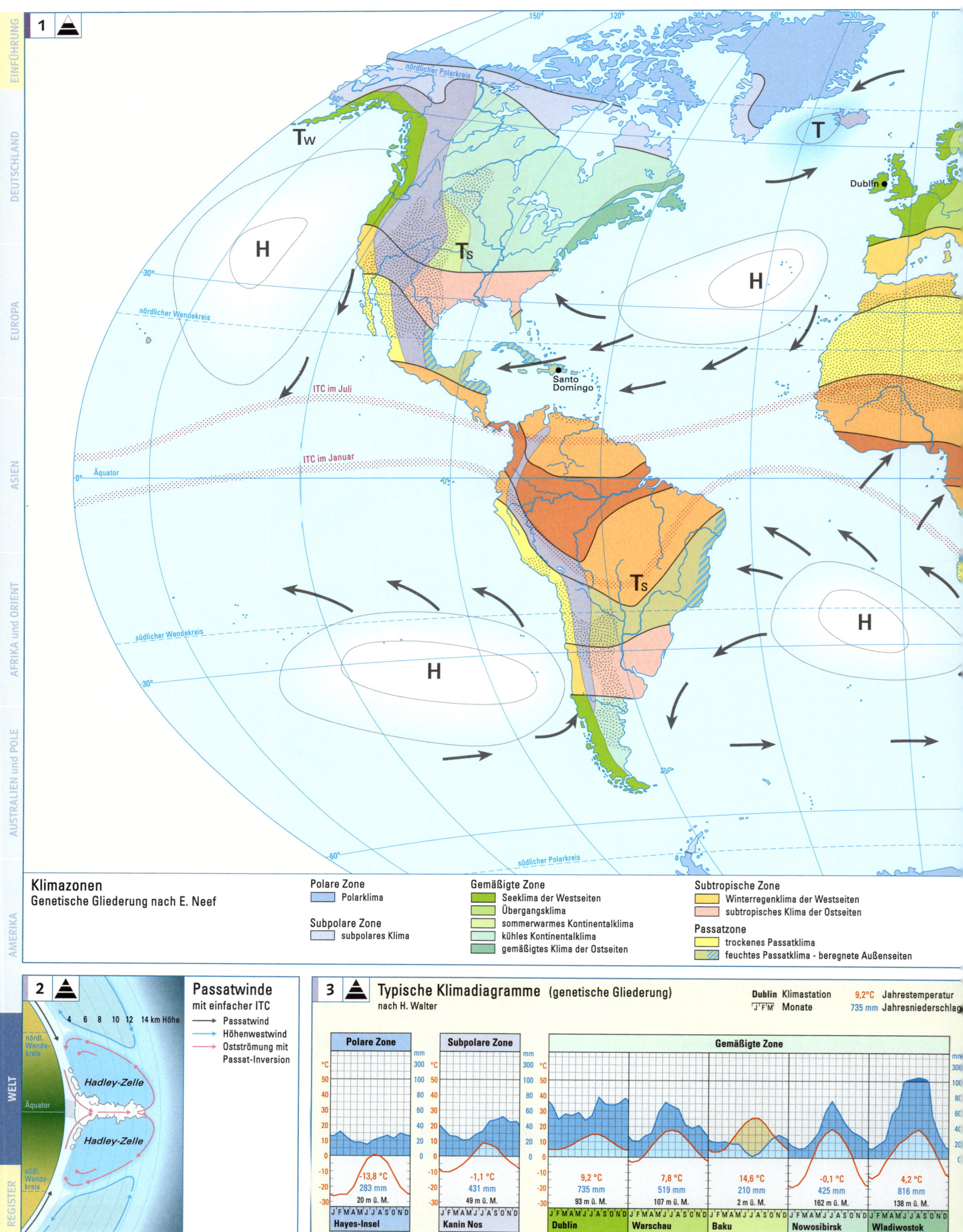

1 ▲

Tw

H

T

Dublin

Ts

nördlicher Polarkreis

60°

30°

nördlicher Wendekreis

ITC im Juli

H

H

Santo Domingo

ITC im Januar

Äquator

Ts

südlicher Wendekreis

H

H

30°

60°

südlicher Polarkreis

Klimazonen
Genetische Gliederung nach E. Neef

Polare Zone
- Polarklima

Subpolare Zone
- subpolares Klima

Gemäßigte Zone
- Seeklima der Westseiten
- Übergangsklima
- sommerwarmes Kontinentalklima
- kühles Kontinentalklima
- gemäßigtes Klima der Ostseiten

Subtropische Zone
- Winterregenklima der Westseiten
- subtropisches Klima der Ostseiten

Passatzone
- trockenes Passatklima
- feuchtes Passatklima - beregnete Außenseiten

2 ▲

Passatwinde
mit einfacher ITC

→ Passatwind
→ Höhenwestwind
→ Ostströmung mit Passat-Inversion

4 6 8 10 12 14 km Höhe

nördl. Wendekreis

Hadley-Zelle

Äquator

Hadley-Zelle

südl. Wendekreis

KLETT-PERTHES

3 ▲ **Typische Klimadiagramme** (genetische Gliederung)
nach H. Walter

Dublin Klimastation   9,2°C Jahrestemperatur
J F M Monate   735 mm Jahresniederschlag

Polare Zone	Subpolare Zone	Gemäßigte Zone				

Polare Zone
-13,8 °C
283 mm
20 m ü. M.
Hayes-Insel

Subpolare Zone
-1,1 °C
431 mm
49 m ü. M.
Kanin Nos

Gemäßigte Zone

9,2 °C
735 mm
93 m ü. M.
Dublin

7,8 °C
519 mm
107 m ü. M.
Warschau

14,6 °C
210 mm
2 m ü. M.
Baku

-0,1 °C
425 mm
162 m ü. M.
Nowosibirsk

4,2 °C
816 mm
138 m ü. M.
Wladiwostok

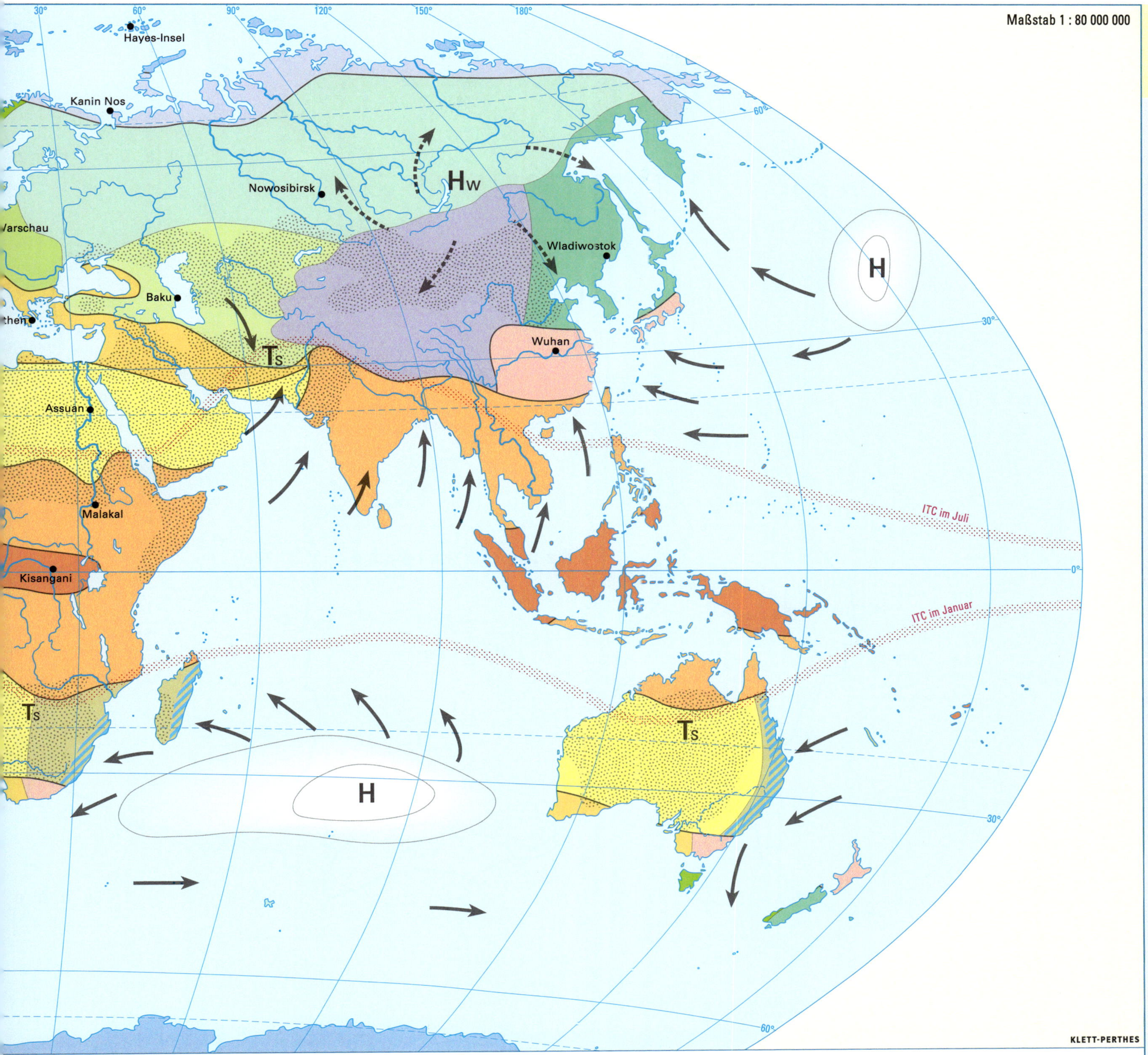

Maßstab 1 : 80 000 000

30° 60° 90° 120° 150° 180°

Hayes-Insel

Kanin Nos

Nowosibirsk

H_w

Wladiwostok

Warschau

Baku

T_s

Wuhan

H

30°

...then

Assuan

ITC im Juli

Malakal

0°

Kisangani

ITC im Januar

T_s

T_s

H

30°

30°

60°

Legend

Zone des tropischen Wechselklimas
- tropisches Wechselklima

Äquatoriale Zone
- Äquatorialklima

Sonderklimate
- Trockengebiete
- Hochgebiete

Luftdruck- und Windverhältnisse
H, T ganzjähriges, beständiges Hoch- bzw. Tiefdruckgebiet (siehe Abb. 4)
H_w T_w Hoch- bzw. Tiefdruckgebiet im jeweiligen Nord- oder Südwinter
T_s Tiefdruckgebiet im jeweiligen Nord- oder Südsommer
→ ganzjährige Winde
⇢ Winde im Nordwinter

- Innertropische Konvergenz (ITC; siehe Abbildung 2)
- Klimastationen der Diagramme in Abbildung 3

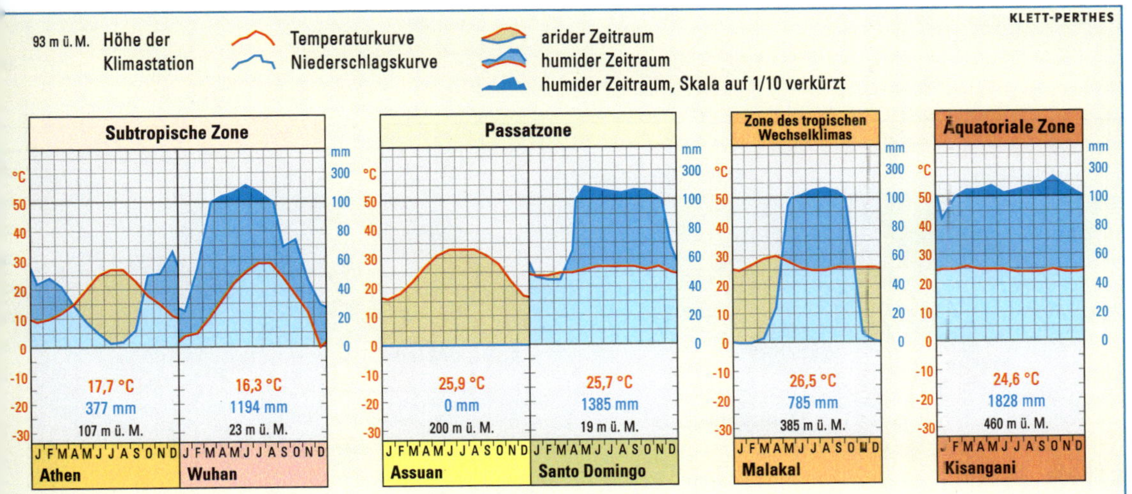

93 m ü. M. Höhe der Klimastation

— Temperaturkurve
— Niederschlagskurve

- arider Zeitraum
- humider Zeitraum
- humider Zeitraum, Skala auf 1/10 verkürzt

Subtropische Zone

°C / mm

17,7 °C
377 mm
107 m ü. M.
Athen

16,3 °C
1194 mm
23 m ü. M.
Wuhan

J F M A M J J A S O N D

Passatzone

25,9 °C
0 mm
200 m ü. M.
Assuan

25,7 °C
1385 mm
19 m ü. M.
Santo Domingo

J F M A M J J A S O N D

Zone des tropischen Wechselklimas

26,5 °C
785 mm
385 m ü. M.
Malakal

J F M A M J J A S O N D

Äquatoriale Zone

24,6 °C
1828 mm
460 m ü. M.
Kisangani

J F M A M J J A S O N D

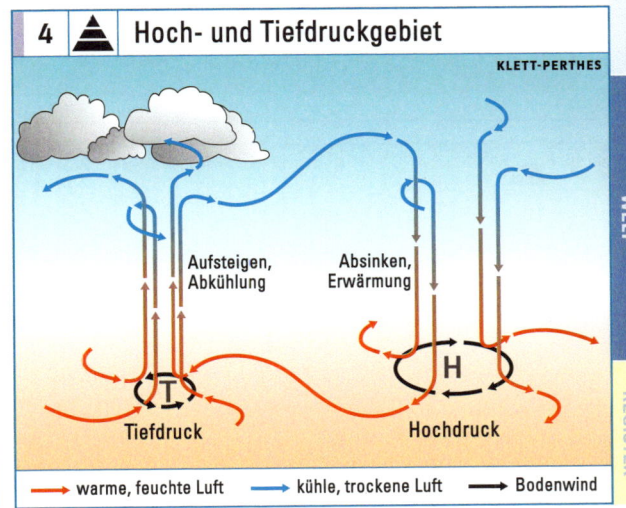

4 🔺 Hoch- und Tiefdruckgebiet

Aufsteigen, Abkühlung

Absinken, Erwärmung

T Tiefdruck

H Hochdruck

→ warme, feuchte Luft
→ kühle, trockene Luft
→ Bodenwind

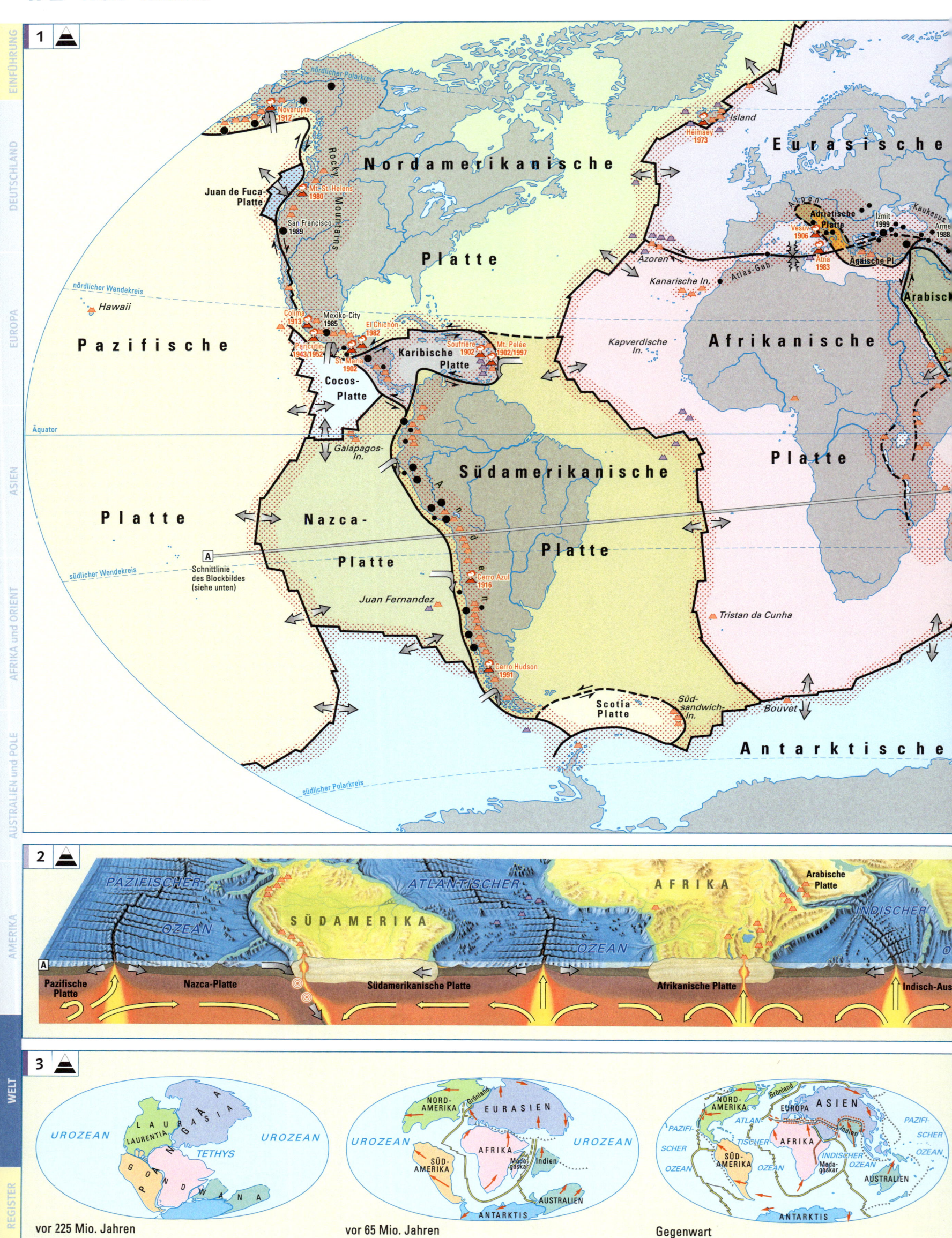

1

Nordamerikanische

Platte

Eurasische

Island
Heimaey
1973

Novarupta
1912

nördlicher Polarkreis

Rocky Mountains

Juan de Fuca
Platte

Mt. St. Helens
1980

San Francisco
1989

Alpen
Adriatische
Platte
Vesuv
1906
Izmit
1999
Kaukasus
Arme
1988
Ätna
1983
Ägäische Pl.

nördlicher Wendekreis

Hawaii

Azoren
Atlas-Geb.

Arabisch

Pazifische

Colima
1913
Mexiko-City
1985
El Chichón
1982
Kanarische In.

Kapverdische
In.

Afrikanische

Paricutin
1943/1952
St. Maria
1902
Karibische
Platte
Soufrière
1902
Mt. Pelée
1902/1997

Cocos-
Platte

Platte

Äquator

Galapagos-
In.

Südamerikanische

Platte

Platte

Nazca-

Platte

Platte

Schnittlinie
des Blockbildes
(siehe unten)

Cerro Azul
1916

Juan Fernandez

Tristan da Cunha

Cerro Hudson
1991

Scotia
Platte

Süd-
sandwich-
In.

Bouvet

Antarktische

südlicher Polarkreis

2

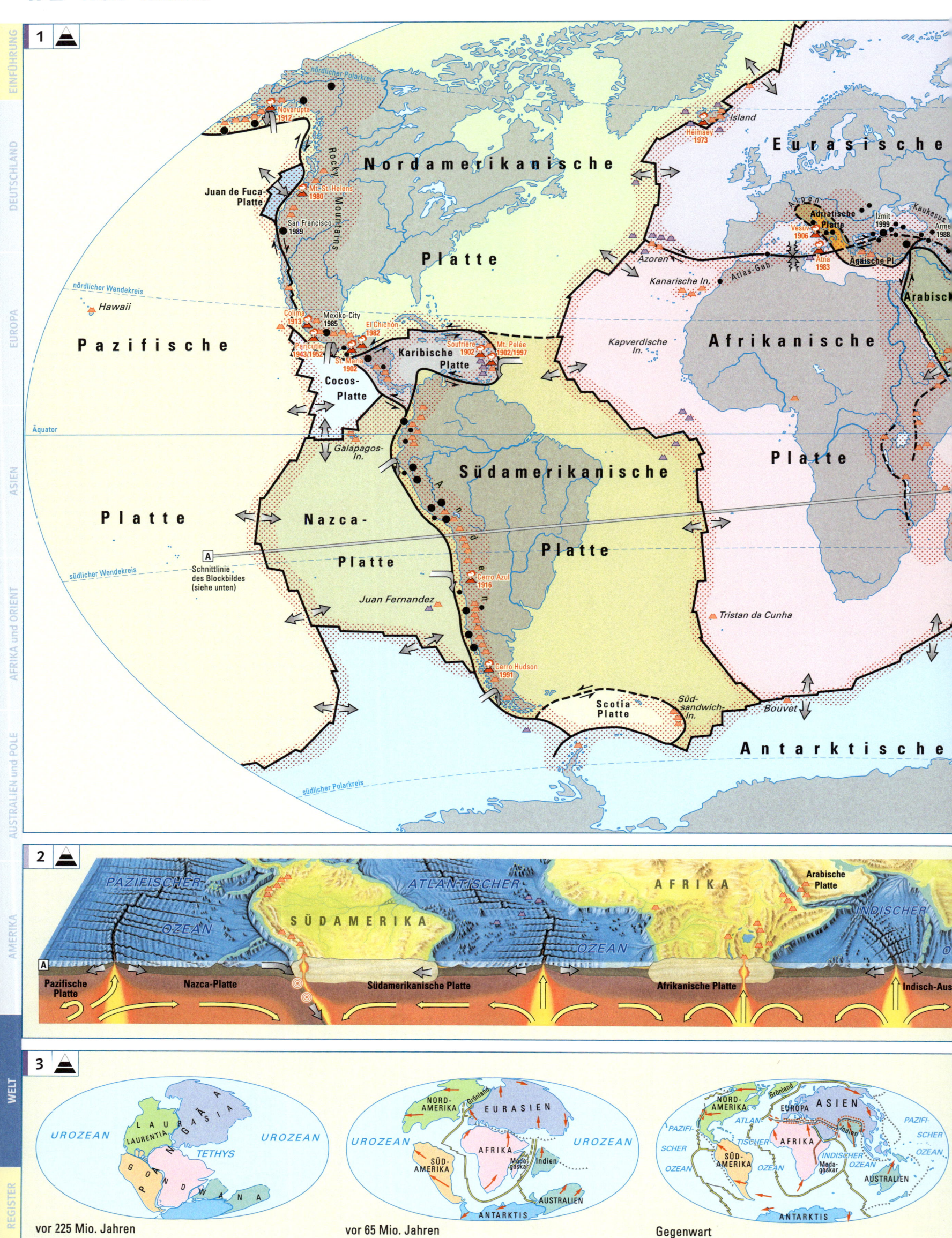

PAZIFISCHER-

OZEAN

SÜDAMERIKA

ATLANTISCHER

OZEAN

AFRIKA

Arabische
Platte

INDISCHER

A

Pazifische
Platte

Nazca-Platte

Südamerikanische Platte

Afrikanische Platte

Indisch-Aus

3

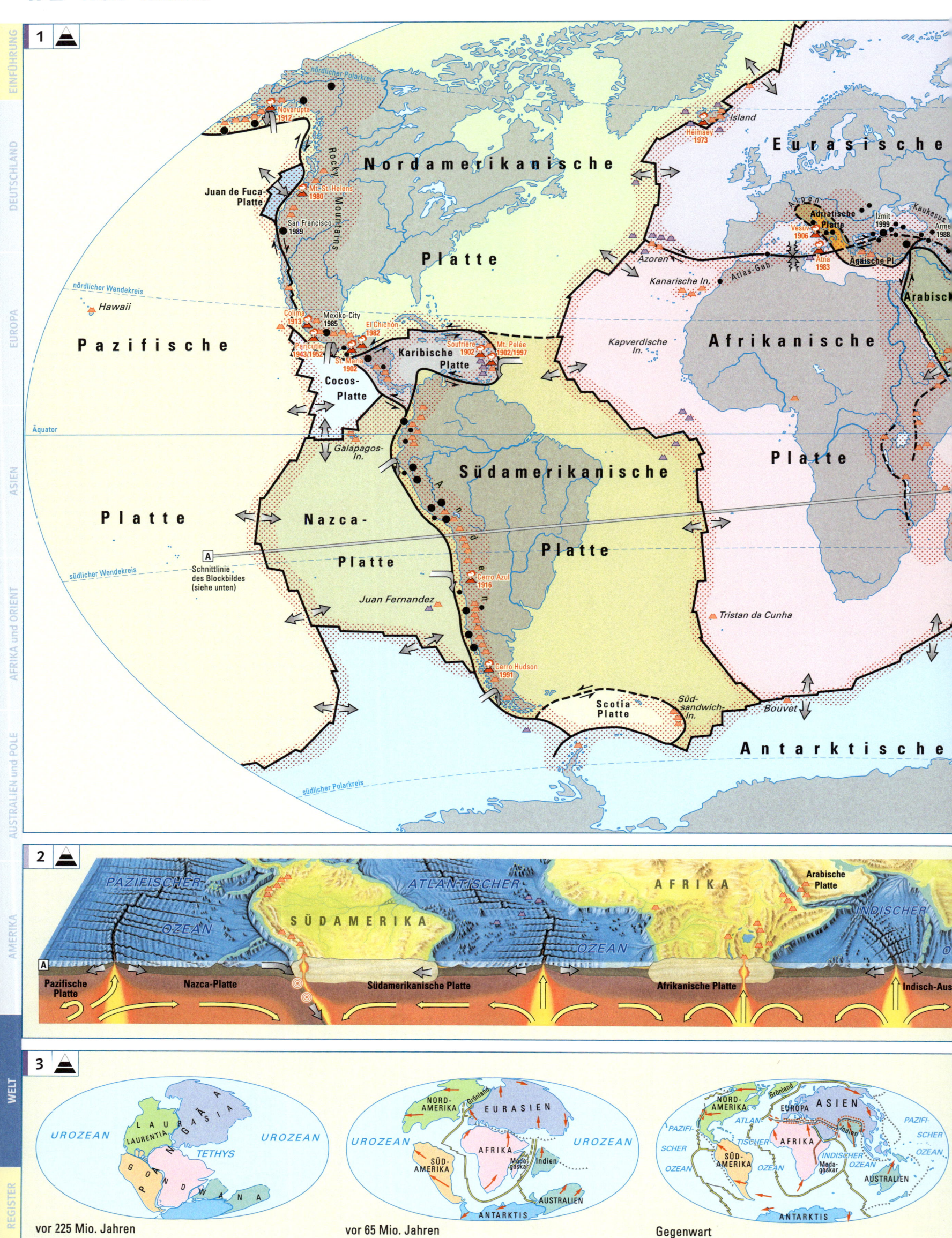

UROZEAN

LAURASIA

LAURENTIA

PANGAEA

TETHYS

GONDWANA

UROZEAN

vor 225 Mio. Jahren

NORD-
AMERIKA
Grönland

EURASIEN

UROZEAN

AFRIKA

Mada-
gaskar
Indien

SÜD-
AMERIKA

UROZEAN

ANTARKTIS

AUSTRALIEN

vor 65 Mio. Jahren

NORD-
AMERIKA
Grönland

EUROPA

ASIEN

PAZIFI-
SCHER
OZEAN

ATLAN-
TISCHER
OZEAN

AFRIKA

Indien

PAZIFI-
SCHER
OZEAN

SÜD-
AMERIKA

INDISCHER
OZEAN

Mada-
gaskar

AUSTRALIEN

ANTARKTIS

Gegenwart

Maßstab 1 : 90 000 000

Plattentektonik
Erdbeben und Vulkanismus

Kontinentalplatte

Eurasische Platte Name

〜 Plattenrand

– – vermuteter Plattenrand

Bewegung der Kontinentalplatten

⤵ Abtauchen

⇄ Auseinanderdriften

✳ Zusammenstoßen

⁄/ Verschiebung gegeneinander

Folgen der Bewegung

Erdbeben

▦ häufig auftretende Erdbeben

• starkes Beben seit 1900

⬤ sehr starkes Beben seit 1900

Vulkanismus

🔺 aktiver Vulkan auf dem Festland

🔺 aktiver Vulkan unter dem Meeresspiegel

🌋 heftiger Vulkanausbruch seit 1900

Pinatubo 1991 mit Name und Jahresangabe

Ⓐ— Querschnitt durch die Erde (siehe Abbildung 2)

Map labels

Nord-amerikanische Platte

Eurasische Platte

Platte

Iranische Platte

latte

Chinesische Platte

Ochotskische Platte

Himalaya

Philippinische Platte

Pazifische

Platte

Platte

Indisch-

Australische Platte

Platte

Réunion

Kerguelen

McDonald

Aleuten

Besýmjanny 1955
Tolbatschik 1976
Sewergin 1933
Kobe 1995
Unzen 1991
Sakurajima 1914
Fukutoku-Okanoba 1914
Iriomote 1924
Pinatubo 1991
Táal 1911/1965
Hibok Hibok 1951
Merapi 1930
Agung 1963
Kelut 1919/1966
Kandla 2001

Ⓑ

KLETT-PERTHES

Der Vulkan Mt. St. Helens vor der Eruption (1979)

Der Vulkan Mt. St. Helens nach der Eruption (1982)

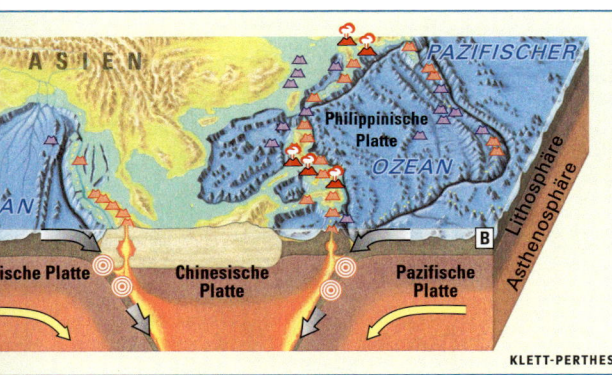

Kräfte der Erde

⇒ Konvergenzströme

⇒ Richtung der Plattenbewegung

◎ Erdbebenherde

▧ aufsteigendes Magma

aktive Vulkane

🔺 auf dem Festland

🔺 untermeerisch

🌋 heftiger Ausbruch seit 1900

Map labels: ASIEN, PAZIFISCHER, Philippinische Platte, OZEAN, Lithosphäre, Asthenosphäre, AN, ...ische Platte, Chinesische Platte, Pazifische Platte, Ⓑ

KLETT-PERTHES

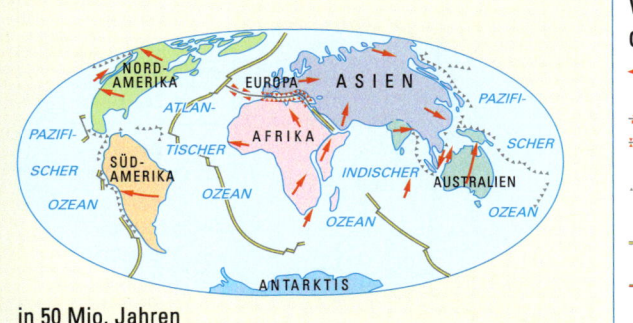

Wanderung der Kontinente

⬅ Bewegungsrichtung der Kontinentalplatten

▦ Horizontalverschiebung

▨ Zusammenstoß mit Auffaltung

⋯ Zusammenstoß mit Abtauchung

⫘ ozeanische Rücken mit Zentralgräben

— Bruchzone

Map labels: NORD-AMERIKA, EUROPA, ASIEN, PAZIFI-SCHER, ATLAN-TISCHER, PAZIFI-SCHER, AFRIKA, SÜD-AMERIKA, INDISCHER, OZEAN, OZEAN, OZEAN, AUSTRALIEN, ANTARKTIS

in 50 Mio. Jahren

KLETT-PERTHES

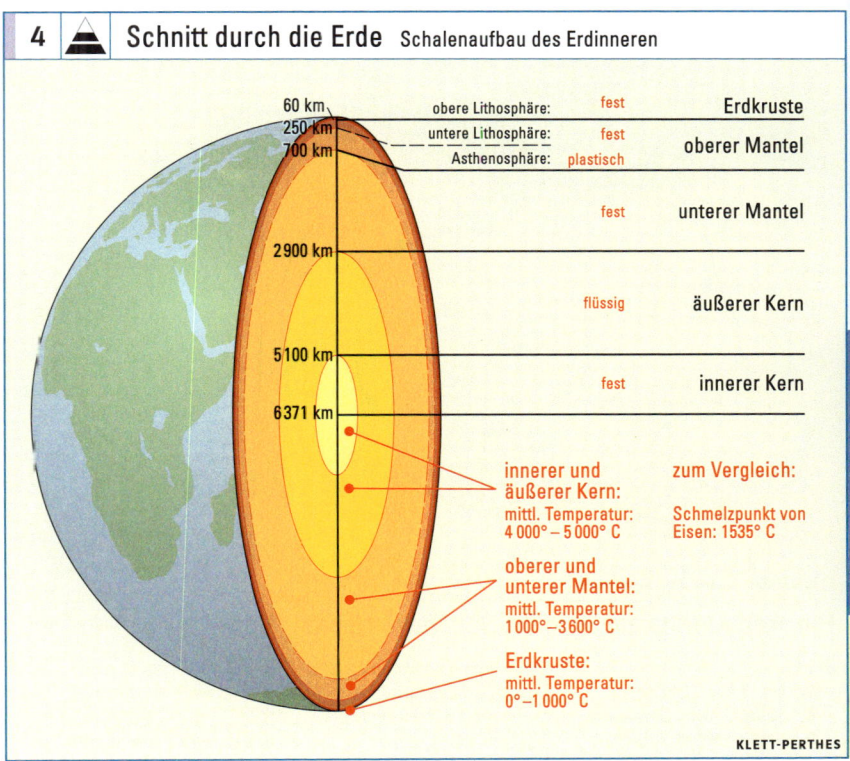

4 🔺 ## Schnitt durch die Erde Schalenaufbau des Erdinneren

Tiefe	Schicht	Zustand	
60 km	obere Lithosphäre:	fest	Erdkruste
250 km	untere Lithosphäre:	fest	oberer Mantel
700 km	Asthenosphäre:	plastisch	oberer Mantel
		fest	unterer Mantel
2900 km		flüssig	äußerer Kern
5100 km		fest	innerer Kern
6371 km			

innerer und äußerer Kern:
mittl. Temperatur:
4 000° – 5 000° C

zum Vergleich:
Schmelzpunkt von Eisen: 1535° C

oberer und unterer Mantel:
mittl. Temperatur:
1 000° – 3 600° C

Erdkruste:
mittl. Temperatur:
0° – 1 000° C

KLETT-PERTHES

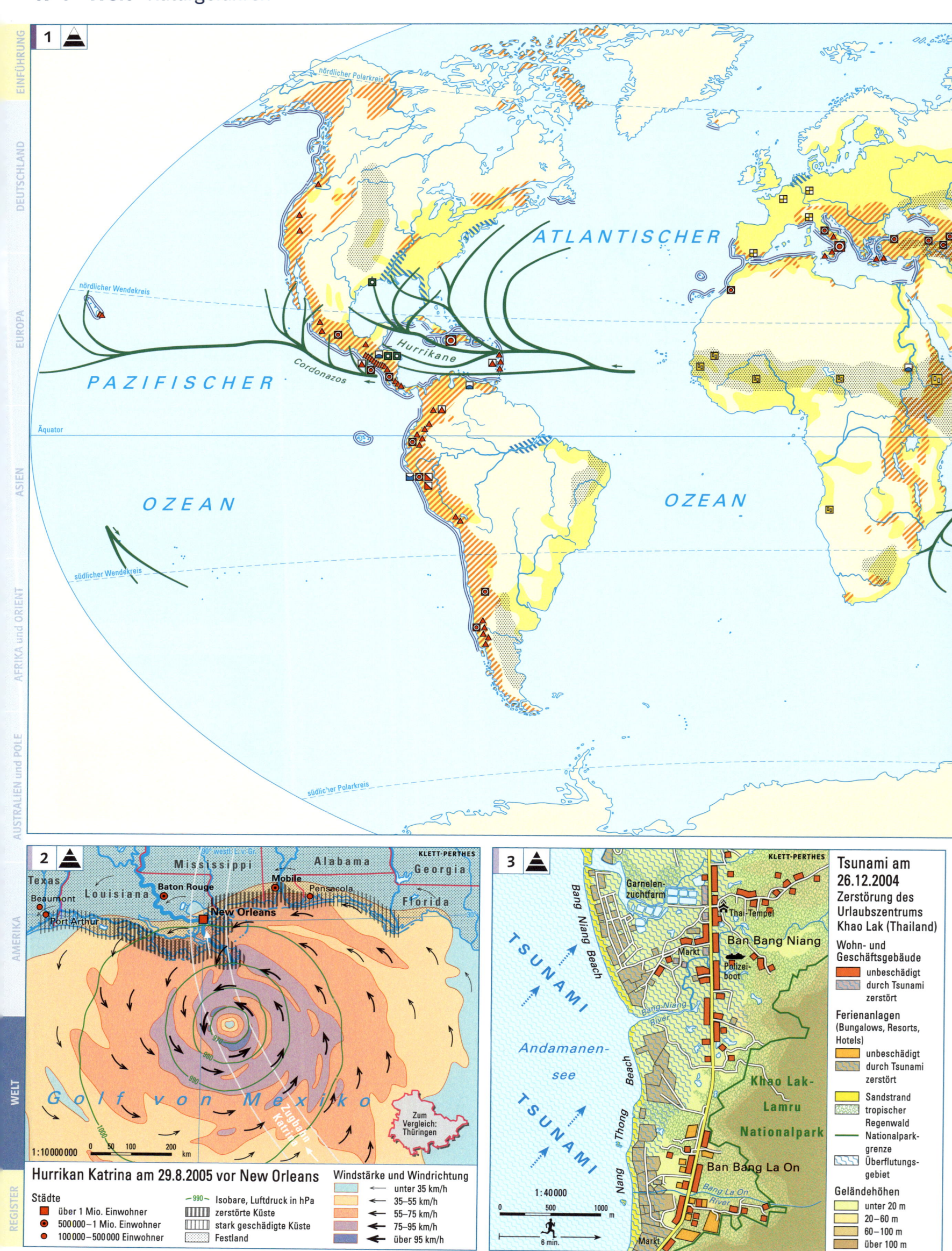

1

ATLANTISCHER

nördlicher Polarkreis

nördlicher Wendekreis

Hurrikane

Cordonazos

Äquator

PAZIFISCHER

OZEAN

OZEAN

südlicher Wendekreis

südlicher Polarkreis

EINFÜHRUNG
DEUTSCHLAND
EUROPA
ASIEN
AFRIKA und ORIENT
AUSTRALIEN und POLE
AMERIKA
WELT
REGISTER

2

KLETT-PERTHES

Mississippi   Alabama   Georgia

Texas   Mobile
Louisiana   Baton Rouge   Pensacola   Florida

Beaumont
Port Arthur   New Orleans

Golf von Mexiko

Zum
Vergleich:
Thüringen

Hurrikan Katrina am 29.8.2005 vor New Orleans

Windstärke und Windrichtung

←	unter 35 km/h
←	35–55 km/h
←	55–75 km/h
←	75–95 km/h
←	über 95 km/h

Städte

■	über 1 Mio. Einwohner
◉	500 000–1 Mio. Einwohner
●	100 000–500 000 Einwohner

990 — Isobare, Luftdruck in hPa
zerstörte Küste
stark geschädigte Küste
Festland

1 : 10 000 000   0 50 100   200 km

3

KLETT-PERTHES

**Tsunami am
26.12.2004**
Zerstörung des
Urlaubszentrums
Khao Lak (Thailand)

Bang Niang Beach
Garnelen-
zuchtfarm
Thai-Tempel
TSUNAMI
Ban Bang Niang
Markt
Polizei-
boot
Andamanen-
see
Bang Niang River
TSUNAMI
Nang Thong Beach
Khao Lak-
Lamru
Nationalpark
Ban Bang La On
Nang Thong
Bang La On River
Markt

1 : 40 000   0 500   1000 m

6 min.

**Wohn- und
Geschäftsgebäude**

■	unbeschädigt
■	durch Tsunami zerstört

Ferienanlagen
(Bungalows, Resorts, Hotels)

■	unbeschädigt
■	durch Tsunami zerstört

■	Sandstrand
■	tropischer Regenwald
—	Nationalpark-grenze
▨	Überflutungs-gebiet

Geländehöhen

■	unter 20 m
■	20–60 m
■	60–100 m
■	über 100 m

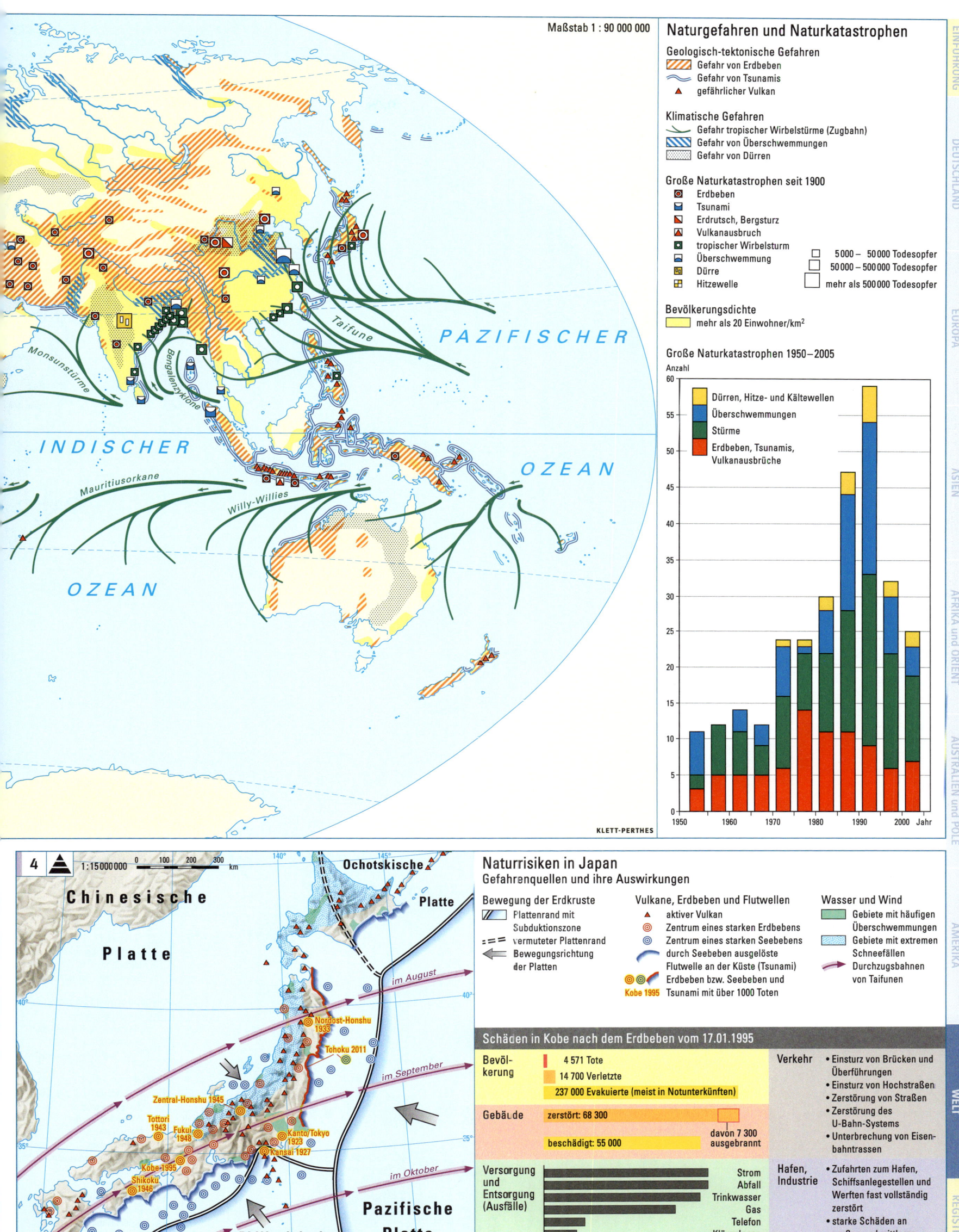

Maßstab 1 : 90 000 000

Naturgefahren und Naturkatastrophen

Geologisch-tektonische Gefahren
- Gefahr von Erdbeben
- Gefahr von Tsunamis
- ▲ gefährlicher Vulkan

Klimatische Gefahren
- Gefahr tropischer Wirbelstürme (Zugbahn)
- Gefahr von Überschwemmungen
- Gefahr von Dürren

Große Naturkatastrophen seit 1900
- Erdbeben
- Tsunami
- Erdrutsch, Bergsturz
- ▲ Vulkanausbruch
- tropischer Wirbelsturm
- Überschwemmung
- Dürre
- Hitzewelle

- 5000 – 50 000 Todesopfer
- 50 000 – 500 000 Todesopfer
- mehr als 500 000 Todesopfer

Bevölkerungsdichte
- mehr als 20 Einwohner/km²

Große Naturkatastrophen 1950–2005
Anzahl

- Dürren, Hitze- und Kältewellen
- Überschwemmungen
- Stürme
- Erdbeben, Tsunamis, Vulkanausbrüche

1950 1960 1970 1980 1990 2000 Jahr

PAZIFISCHER OZEAN

INDISCHER OZEAN

Monsunstürme
Bengalenzyklone
Taifune
Mauritiusorkane
Willy-Willies

KLETT-PERTHES

---

4 1:15 000 000   0 100 200 300 km

Naturrisiken in Japan
Gefahrenquellen und ihre Auswirkungen

Chinesische Platte
Ochotskische Platte
Pazifische Platte
Philippinische Platte

Bewegung der Erdkruste
- Plattenrand mit Subduktionszone
- vermuteter Plattenrand
- ← Bewegungsrichtung der Platten

Vulkane, Erdbeben und Flutwellen
- ▲ aktiver Vulkan
- ◎ Zentrum eines starken Erdbebens
- ◎ Zentrum eines starken Seebebens
- durch Seebeben ausgelöste Flutwelle an der Küste (Tsunami)
- ◎ Erdbeben bzw. Seebeben und
- **Kobe 1995** Tsunami mit über 1000 Toten

Wasser und Wind
- Gebiete mit häufigen Überschwemmungen
- Gebiete mit extremen Schneefällen
- Durchzugsbahnen von Taifunen

im August
im September
im Oktober

Nordost-Honshu 1933
Tohoku 2011
Zentral-Honshu 1945
Tottori 1943
Fukui 1948
Kanto/Tokyo 1923
Kansai 1927
Kobe 1995
Shikoku 1946

Schäden in Kobe nach dem Erdbeben vom 17.01.1995

Bevölkerung
- 4 571 Tote
- 14 700 Verletzte
- 237 000 Evakuierte (meist in Notunterkünften)

Gebäude
- zerstört 68 300
- beschädigt 55 000
- davon 7 300 ausgebrannt

Versorgung und Entsorgung (Ausfälle)
- Strom
- Abfall
- Trinkwasser
- Gas
- Telefon
- Kläranlagen
0 10 20 30 40 50 60 70 80 90 100 (in %)

Verkehr
- Einsturz von Brücken und Überführungen
- Einsturz von Hochstraßen
- Zerstörung von Straßen
- Zerstörung des U-Bahn-Systems
- Unterbrechung von Eisenbahntrassen

Hafen, Industrie
- Zufahrten zum Hafen, Schiffsanlegestellen und Werften fast vollständig zerstört
- starke Schäden an großen und mittleren Industrieanlagen

KLETT-PERTHES

EINFÜHRUNG · DEUTSCHLAND · EUROPA · ASIEN · AFRIKA und ORIENT · AUSTRALIEN und POLE · AMERIKA · WELT · REGISTER

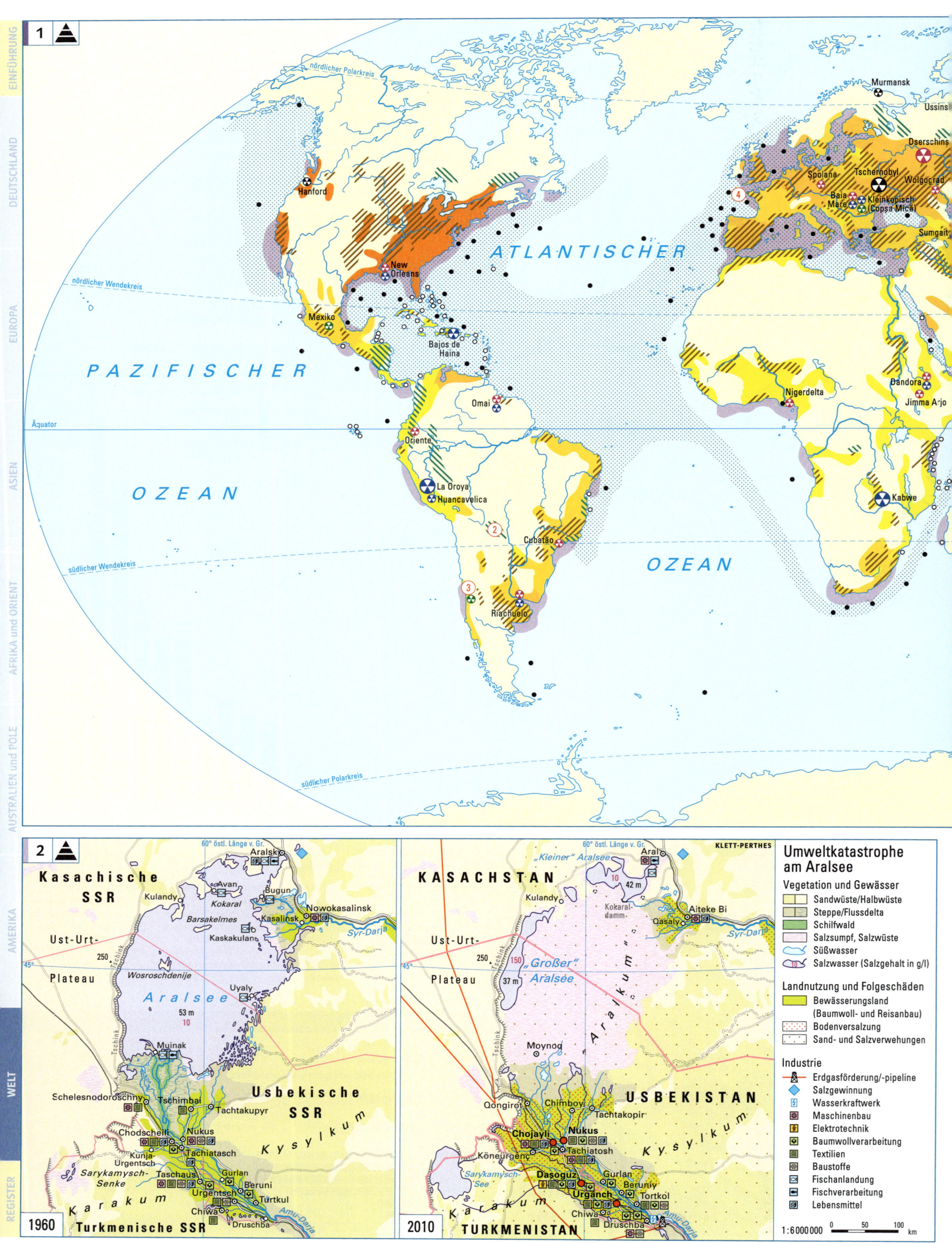

1

nördlicher Polarkreis

Murmansk
Ussins

ATLANTISCHER

Dserschins
Spolana · Tschernobyl
Baia · Wolgograd
Mare · Kleinkopisch
(Copşa Mică)

Hanford

nördlicher Wendekreis

New Orleans

Sumgait

Mexico

Bajos de Haina

PAZIFISCHER

Nigerdelta

Dandora
Jimma Arjo

Omai

Äquator

Oriente

OZEAN

La Oroya
Huancavelica

Kabwe

②

südlicher Wendekreis

Cubatão

OZEAN

③

Riachuelo

südlicher Polarkreis

2

Umweltkatastrophe am Aralsee

Vegetation und Gewässer

- Sandwüste/Halbwüste
- Steppe/Flussdelta
- Schilfwald
- Salzsumpf, Salzwüste
- Süßwasser
- Salzwasser (Salzgehalt in g/l)

Landnutzung und Folgeschäden

- Bewässerungsland (Baumwoll- und Reisanbau)
- Bodenversalzung
- Sand- und Salzverwehungen

Industrie

- Erdgasförderung/-pipeline
- Salzgewinnung
- Wasserkraftwerk
- Maschinenbau
- Elektrotechnik
- Baumwollverarbeitung
- Textilien
- Baustoffe
- Fischanlandung
- Fischverarbeitung
- Lebensmittel

KLETT-PERTHES

1 : 6 000 000   0 50 100 km

1960 (Karte links)

Kasachische SSR · Aralsk · Avan · Kulandy · Kokaral · Bugun · Barsakelmes · Nowokasalinsk · Kasalinsk · Kaskakulan · Syr-Darja · Ust-Urt-Plateau · 250 · Wosroschdenije · Uyaly · Aralsee · 53 m · 10 · Muinak · Schelesnodoroschny · Tschimbai · Tachtakupyr · Usbekische SSR · Chodscheili · Nukus · Kysylkum · Kunja Urgentsch · Tachiatasch · Sarykamysch-Senke · Taschaus · Beruni · Gurlan · Urgentsch · Türtkol · Karakum · Druschba · Turkmenische SSR

2010 (Karte rechts)

"Kleiner" Aralsee · Aral · KASACHSTAN · 10 · 42 m · Kulandy · Kokaral-damm · Aiteke Bi · Qasaly · Syr-Darja · Ust-Urt-Plateau · 250 · 150 · "Großer" Aralsee · 37 m · Aralkum · Moynoq · Qongirot · Chimboy · Tachtakopir · USBEKISTAN · Chojayli · Nukus · Tachiatosh · Kysylkum · Köneürgenç · Dasoguz · Gurlan · Beruniy · Urganch · Tortkol · Chiwa · Druschba · Karakum · Sarykamysch-See · Amu-Darja · TURKMENISTAN

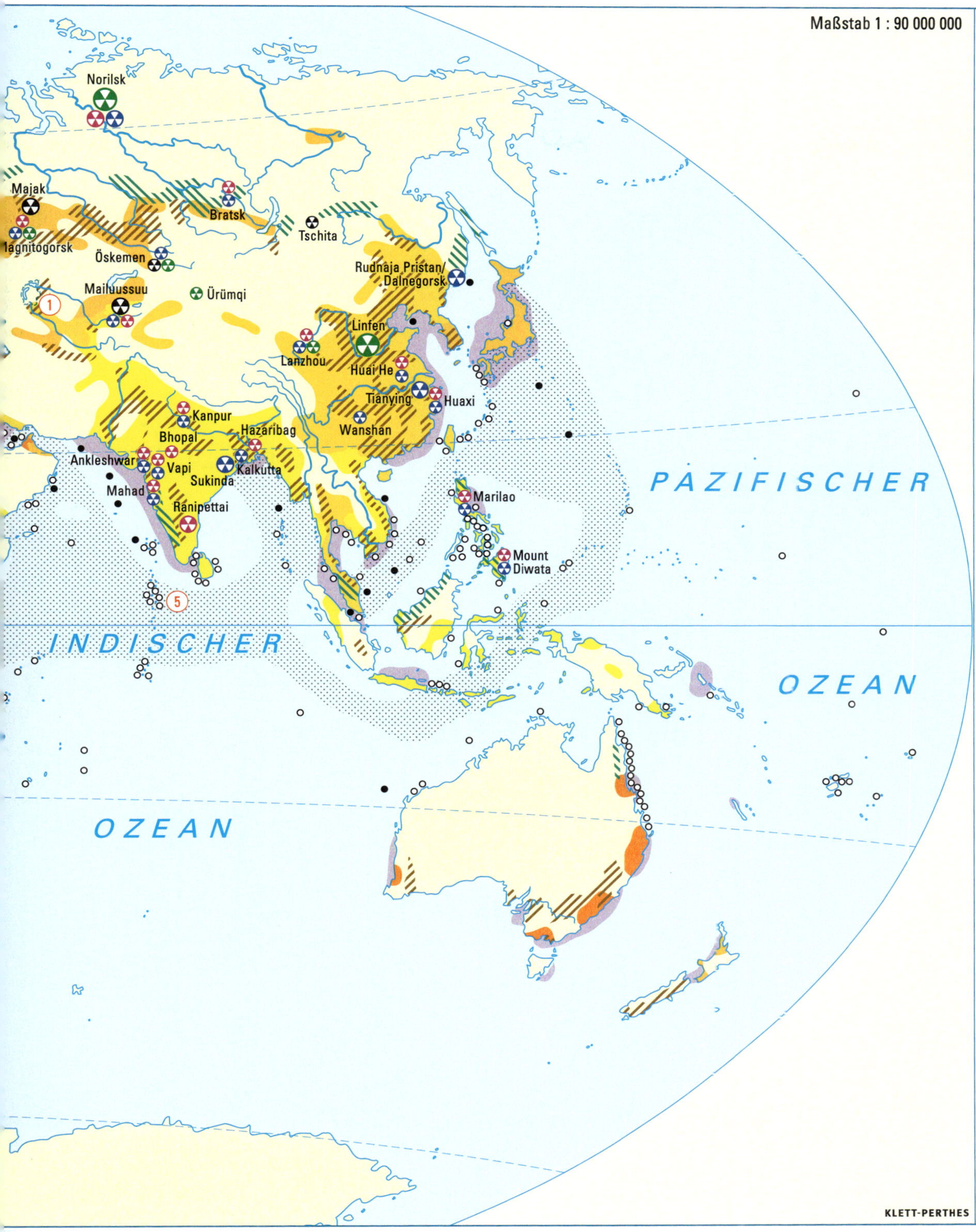

Maßstab 1 : 90 000 000

Umweltbelastungen und Umweltschäden

Belastung der Atmosphäre
durch den Ausstoß von Treibhausgasen
(in Tonnen CO_2-Äquivalent/Einwohner und Jahr)

- mehr als 20
- 10 bis 20
- 5 bis 10
- weniger als 5

Belastung der Meere

- durch Ölförderung und -transport
- durch Siedlungs- und Industrieabwässer
- ● Tankerunfall, Havarie einer Ölbohrinsel (seit 1970)
- ○ Korallensterben (Korallenbleiche)

Schädigung der Böden

- durch unangepasste Landwirtschaft (Bodendegradation)

Schädigung der Wälder

- durch unangepasste Forstwirtschaft
  (destruktive Holzwirtschaft)

Schädigung der menschlichen Gesundheit

- durch Chemikalien (z. B. Industriemüll, Chemiewaffen)
- durch Schwermetalle (z. B. Minen- und Hüttenrückstände)
- durch radioaktive Stoffe (z. B. Atommüll, Reaktorunfälle)
- durch Luftschadstoffe (z. B. Stäube, Abgase)

Die Größe der Signatur entspricht ihrer Bedeutung.

① Foto (siehe Abbildung 3)

Map labels: Norilsk, Majak, Magnitogorsk, Öskemen, Mailuussuu, Bratsk, Tschita, Ürümqi, Rudnaja Pristan/Dalnegorsk, Linfen, Lanzhou, Huai He, Tianying, Huaxi, Wanshan, Kanpur, Hazaribag, Bhopal, Ankleshwar, Vapi, Sukinda, Kalkutta, Mahad, Ranipettai, Marilao, Mount Diwata

PAZIFISCHER OZEAN
INDISCHER OZEAN
OZEAN

KLETT-PERTHES

---

3 ▲ Umweltschäden

KLETT-PERTHES

① Salzwüste Aralsee – Aralkum

② Entwaldung im Gran Chaco

③ Smog (rechts) über Santiago de Chile

④ Ölpest vor der bretonischen Küste

⑤ Korallenbleiche (rechts) vor den Malediven

EINFÜHRUNG
DEUTSCHLAND
EUROPA
ASIEN
AFRIKA und ORIENT
AUSTRALIEN und POLE
AMERIKA
WELT
REGISTER

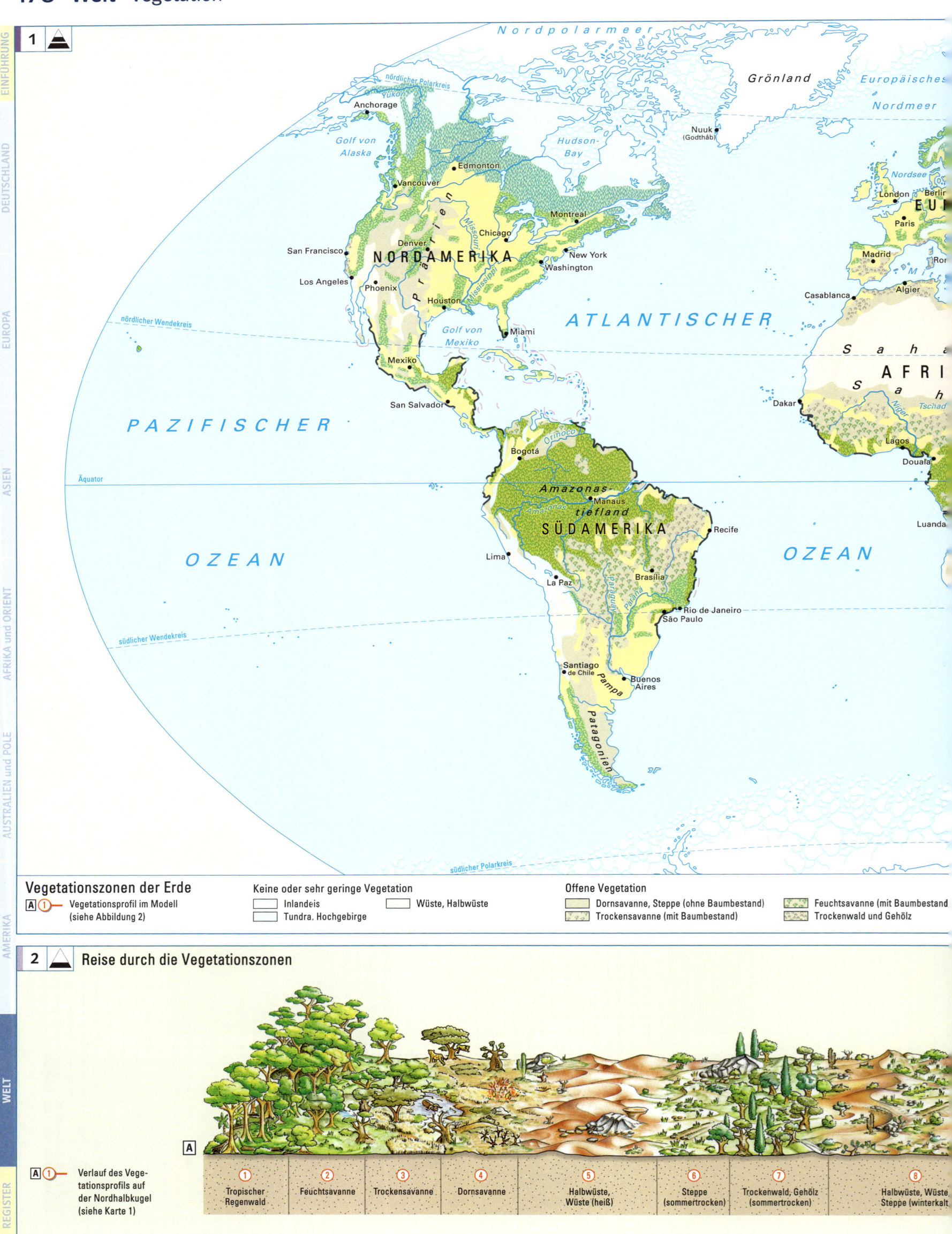

1

Nordpolarmeer

Grönland

Europäisches Nordmeer

nördlicher Polarkreis

Anchorage

Nuuk (Godthåb)

Nordsee

London Berlin EU

Golf von Alaska

Edmonton

Hudson-Bay

Paris

Vancouver

Montreal

Madrid Ro

Mitt

San Francisco

Denver

Chicago

NORDAMERIKA

New York

ATLANTISCHER

Casablanca

Algier

Sah

Los Angeles

Washington

Phoenix

Houston

AFRI

nördlicher Wendekreis

Sah

Mexiko

Golf von Mexiko

Miami

Dakar

Tschad

Niger

San Salvador

Lagos

PAZIFISCHER

Bogotá

Orinoco

Douala

Äquator

Amazonas-

Manaus

tiefland

Amazonas

SÜDAMERIKA

Recife

Luanda

OZEAN

Lima

Brasília

OZEAN

La Paz

Paraguay

Paraná

Rio de Janeiro

São Paulo

südlicher Wendekreis

Santiago de Chile

Pampa

Buenos Aires

Patagonien

südlicher Polarkreis

Vegetationszonen der Erde

A ① Vegetationsprofil im Modell (siehe Abbildung 2)

Keine oder sehr geringe Vegetation

| | Inlandeis |
| | Tundra, Hochgebirge |

| | Wüste, Halbwüste |

Offene Vegetation

| | Dornsavanne, Steppe (ohne Baumbestand) |
| | Trockensavanne (mit Baumbestand) |

| | Feuchtsavanne (mit Baumbestand |
| | Trockenwald und Gehölz |

2 ## Reise durch die Vegetationszonen

A ① Verlauf des Vegetationsprofils auf der Nordhalbkugel (siehe Karte 1)

A

①	②	③	④	⑤	⑥	⑦	⑧
Tropischer Regenwald	Feuchtsavanne	Trockensavanne	Dornsavanne	Halbwüste, Wüste (heiß)	Steppe (sommertrocken)	Trockenwald, Gehölz (sommertrocken)	Halbwüste, Wüste Steppe (winterkalt

Maßstab 1 : 80 000 000

Map labels

Nordpolarmeer

Murmansk
Norilsk
nördlicher Polarkreis
Lena
Untere Tunguska
Jenissej
Ob
S i b i r i e n
Magadan
Beringmeer

tockholm
Irtysch
Nowosibirsk
Irkutsk
Baikal-see
Ochotskisches Meer

Moskau
Kasachensteppe
Wolga
Aralsee
Balchasch-see
Almaty
Taschkent
Ürümqi
Gobi
Qiqihar
Shenyang
Sapporo

Wien
Don
Schw. Meer
Kasp. Meer
Baku
A S I E N
Peking
Tokyo
Osaka

Istanbul
Mittel-meer
Teheran
Kabul
Lahore
Tibet
Lhasa
Jangtsekiang
Chongqing
Shanghai

Rotes Meer
Nil
Riad
Karachi
Delhi
Indus
Ganges
Kalkutta
Dhaka
Brahmaputra
Hanoi
Hongkong
nördlicher Wendekreis

Kairo
Khartoum
Bombay
Hyderabad
Golf v. Bengalen
Mekong
Bangkok
Manila

A F R I K A
Addis Abeba
Madras
Ho Chi Minh
Davao

P A Z I F I S C H E R

inshasa
Nairobi
Kongo
I N D I S C H E R
Medan
Singapur
Jakarta
Äquator

Victoria-see
Malawi-see
O Z E A N
O Z E A N

Lusaka
Sambesi
Korallen-see

Johannes-burg
Oranje
Kalahari
Große Sand-wüste
AUSTRALIEN
Brisbane
südlicher Wendekreis

Kapstadt
Perth
Sydney

Melbourne
Tasmansee
Auckland

südlicher Polarkreis

KLETT-PERTHES

Legend

Dichte Vegetation
- XXX Nördlicher Nadelwald
- Mischwald und Laubwald
- Tropischer Regenwald, Monsunwald

Meere und Küsten
- ständig vereistes Meer
- zeitweise vereistes Meer
- ⌒ Mangrovenwald
- Korallenriff

Erhebliche Veränderung des Vegetationsbilds
- Ackerland und Weideland

KLETT-PERTHES

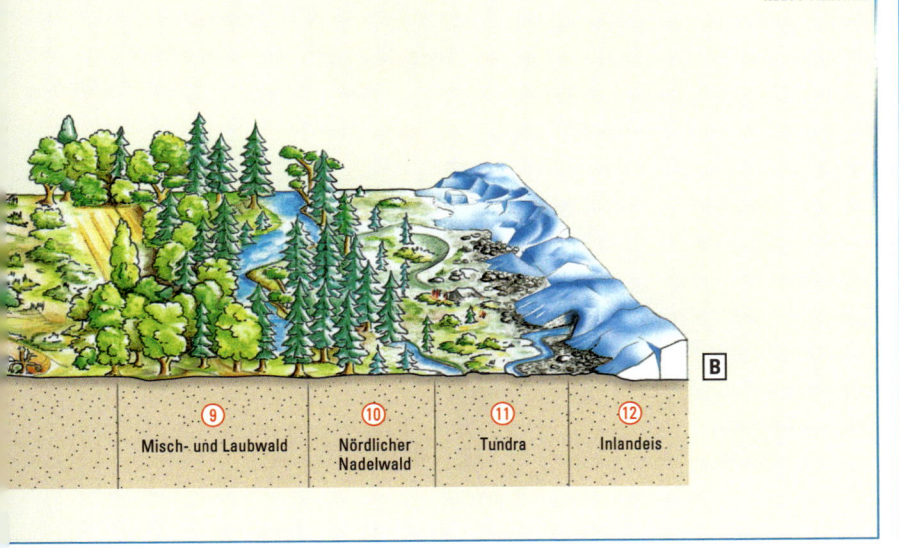

⑨ Misch- und Laubwald ⑩ Nördlicher Nadelwald ⑪ Tundra ⑫ Inlandeis

3 ▲ **Anteile der Vegetationsformen** KLETT-PERTHES

Anteil an der Landfläche
1 cm² = 5 Mio km²

zum Vergleich
☐ Fläche von Deutschland

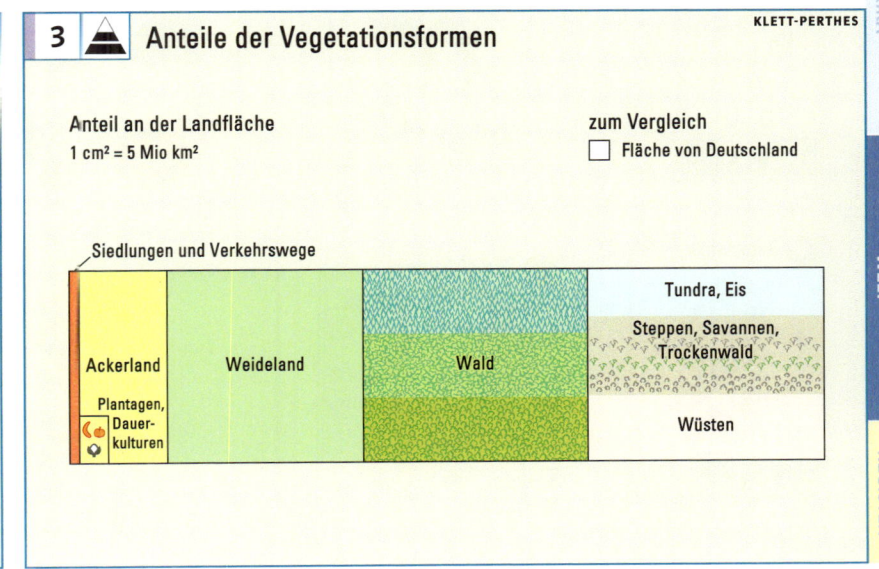

Siedlungen und Verkehrswege

Ackerland | Weideland | Wald | Tundra, Eis / Steppen, Savannen, Trockenwald / Wüsten

Plantagen, Dauer-kulturen

1 Landwirtschaftliche Produkte
Herkunft und Nutzung

Signatur — Sonnenblumen — Produkt
in der
Karte

Nahrungs- | Futter- | Energie- | Produkt-
mittel | mittel | rohstoff | rohstoff

Räume mit Acker- und Weideland
- hochwertig, mit hohen Erträgen
- mittlere Qualität, Erträge teilweise unsicher
- schlechte Qualität, nur teilweise nutzbar

Waldgebiete (Holznutzung)   Nicht nutzbar
- nördlicher Nadelwald   Wüste, Halbwüste
- Mischwald   Tundra
- tropischer Regenwald   Hochgebirge

EINFÜHRUNG · DEUTSCHLAND · EUROPA · ASIEN · AFRIKA und ORIENT · AUSTRALIEN und POLE · AMERIKA · WELT · REGISTER

N o r d p o l a r m e e r
nördlicher Polarkreis
NORDAMERIKA
Rocky Mountains
Kalte Zone
Gemäßigte Zone
EUROPA
Gemäßigte Zone
Subtropische Zone
Alpen
A T L A N T I S C H E R
nördlicher Wendekreis
Subtropische Zone
Tropische Zone
P A Z I F I S C H E R
Äquator
Anden
SÜDAMERIKA
O Z E A N
Kordilleren
südlicher Wendekreis
Tropische Zone
Subtropische Zone
O Z E A N
Subtropische Zone
Gemäßigte Zone
Gemäßigte Zone
Kalte Zone
südlicher Polarkreis

Mais
Pflanze
Frucht

Weizen
Fruchtstand
Getreidekorn

Sonnenblumen
Kern

Milchkühe, Rinder

Tabak
Pflanze
Blatt, getrocknet

Obst (in Auswahl)
Kirsche
Erdbeere
Apfel

Wein
Weintraube

Schweine

Maniok, Yams
Maniok
Yams
Knolle

Schafe

Oliven
Frucht

Gemüse (in Auswahl)
Broccoli
Aubergine
Tomate
Radieschen

Erdnüsse
Pflanze
Frucht

Kaffee
Strauch
Kaffee-kirschen
Bohne

Hirse
Frucht-stand

Baumwolle
Strauch
Kapsel

Zitrusfrüchte (in Auswahl)
Kumquat
Limette
Zitrone

Flachs
Kapsel mit Leinsamen
Pflanzen-fasern

Banane
Frucht

Ölpalme
Pflanze
Fruchtstand

Kakao
Baum
Frucht mit Kakaobohnen

KLETT-PERTHES

Maßstab 1 : 80 000 000

Kartoffeln — Knolle

Reis — Frucht

Zuckerrüben

Zuckerrohr

Kokospalme — Frucht

Tropenholz — Teakbaum

Ananas — Frucht — Pflanze

Jute — Pflanzenfasern

Tee — Teeplantage — Teeblatt

Kautschuk — Stamm — „Milch"

Sojabohnen — Pflanze — Schote mit Sojabohnen

Dattelpalme — Frucht

Sisal — Blatt — Sisalfasern — Agave

Gewürze (in Auswahl) — Sternanis — Nelke — Peperoni — Zimt

N o r d p o l a r m e e r

nördlicher Polarkreis

Ural

A S I E N

Himalaya

nördlicher Wendekreis

P A Z I F I S C H E R

Äquator

AFRIKA

I N D I S C H E R

O Z E A N

O Z E A N

AUSTRALIEN

südlicher Wendekreis

süd icher Polarkreis

2 ▲ Die wichtigsten landwirtschaftlichen Produkte Welt-Produktionsmenge und Warenwert 2007

KLETT-PERTHES

Produktionsmenge ☐ 40 Mio. t ☐ 10 Mio. t

Zuckerrohr — Mais — Reis — Weizen — Milch — Gemüse — Kartoffeln — Zuckerrüben — Maniok — Soja — Obst* — Bananen

Warenwert ☐ 4 Mrd. $ ☐ 1 Mrd. $

Milch — Reis — Gemüse — Weizen — Eier — Soja — Mais — Baumwolle — Kartoffeln — Zuckerrohr — Wein — Obst*

*nur Äpfel und Melonen

Daten: FAO

EINFÜHRUNG · DEUTSCHLAND · EUROPA · ASIEN · AFRIKA und ORIENT · AUSTRALIEN und POLE · AMERIKA · WELT · REGISTER

EINFÜHRUNG
DEUTSCHLAND
EUROPA
ASIEN
AFRIKA und ORIENT
AUSTRALIEN und POLE
AMERIKA
WELT
REGISTER

Ananas und Bananen – Exotische Früchte in unseren Supermärkten

1

Hallo Lea, schau dir mal das an – hier liegen Bananen und Ananas. Die wachsen doch gar nicht bei uns und trotzdem können wir sie das ganze Jahr über kaufen.

Du, Tim, ich habe gehört, dass Ananas und Bananen aus fernen Ländern nach Deutschland kommen. Wir fragen morgen mal Herrn May, unseren Erdkundelehrer.

2

Ananas und Bananen können bei uns nicht wachsen, weil unser Klima dafür nicht geeignet ist. Schaut doch mal im Atlas auf den Landwirtschaftskarten der Kontinente nach, wo Ananas und Bananen angebaut werden.
Aus der FAO-Statistik habe ich euch noch die größten Ausfuhrländer für Ananas und Bananen herausgesucht und zusammen mit ihrer Produktion in Tabellen zusammengestellt.

Karte S. 138.2

Karte S. 111.3

Karte S. 96.2

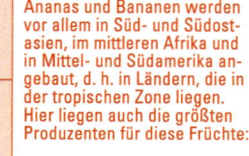

Ananas und Bananen werden vor allem in Süd- und Südostasien, im mittleren Afrika und in Mittel- und Südamerika angebaut, d. h. in Ländern, die in der tropischen Zone liegen. Hier liegen auch die größten Produzenten für diese Früchte:

Ananas
Rang 1: Thailand
Rang 2: Brasilien
Rang 3: Philippinen
Rang 4: Costa Rica

Bananen
Rang 1: Indien
Rang 2: Uganda
Rang 3: China
Rang 4: Philippinen

Ananasproduktion und -export ausgewählter Länder (in Tonnen)
(Durchschnitt 2006–2008)

Land	Produktion	Weltrang	Export	Weltrang
Costa Rica	1.817.043	4	1.335.394	1
Philippinen	2.903.019	3	276.991	2
Ecuador	105.000	26	94.883	5
Côte d'Ivoire	165.455	19	93.788	6

Bananenproduktion und -export ausgewählter Länder (in Tonnen)
(Durchschnitt 2006–2008)

Land	Produktion	Weltrang	Export	Weltrang
Ecuador	6.837.456	6	5.135.564	1
Costa Rica	2.331.070	14	2.179.237	2
Philippinen	7.655.417	4	2.004.083	3
Kolumbien	5.142.247	8	1.632.270	4

3

Herr May:
Aus den Tabellen seht ihr, dass das kleine Land Costa Rica sowohl viel Ananas als auch Bananen anbaut und fast die gesamte Menge auch ausführt. Ich habe euch aus der Statistik Tabellen erstellt, die zeigen, wohin Costa Rica die Früchte liefert.

Ananasexport Costa Ricas (in Tonnen)	
nach	Ø 2006–2008
Europa	694.977
davon in die EU	692.567
Nordamerika	640.249
andere Kontinente	168
Summe	**1.335.394**

Bananenexport Costa Ricas (in Tonnen)	
nach	Ø 2006–2008
Europa	1.123.381
davon in die EU	1.089.696
Nordamerika	1.040.114
andere Kontinente	15.747
Summe	**2.179.237**

4

Lea:
Nun wissen wir zwar, wo Ananas und Bananen angebaut werden und welches Land sehr viel Ananas und Bananen nach Europa liefert. Aber wir wissen noch nicht, wie die Früchte auf unseren Tisch kommen.

Herr May:
Dazu habe ich eine Grafik im Internet gefunden: In den Anbauländern werden reife Ananas und unreife Bananen nach der Ernte verpackt, auf Schiffe verladen und nach Europa transportiert. Die Bananen reifen auf dem Transport nach. In den Häfen werden sie ausgeladen, kurz gelagert und dann mit Lkw in die europäischen Länder in den Großhandel gebracht. Von dort werden sie schnell in die Supermärkte und kleineren Geschäfte geliefert. Bananen kommen in Deutschland in Reifereien, wo ihr Reifegrad genau bestimmt werden kann.

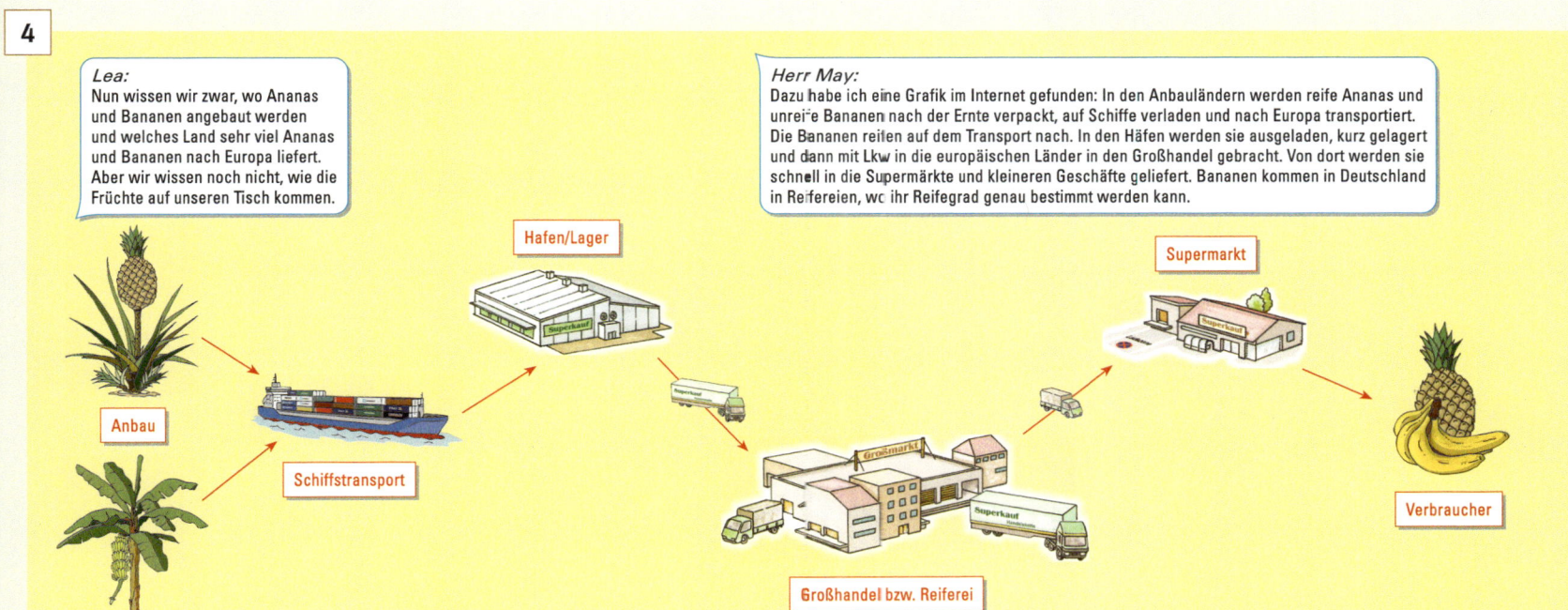

5

6

Tim:
Lass uns mal in einer Kartenskizze darstellen, wie Ananas und Bananen aus Costa Rica zu uns kommen. Die Atlaskarte auf Seite 186/187 wird uns dabei sicherlich helfen.

Ausschnitt aus Karte S. 186/187

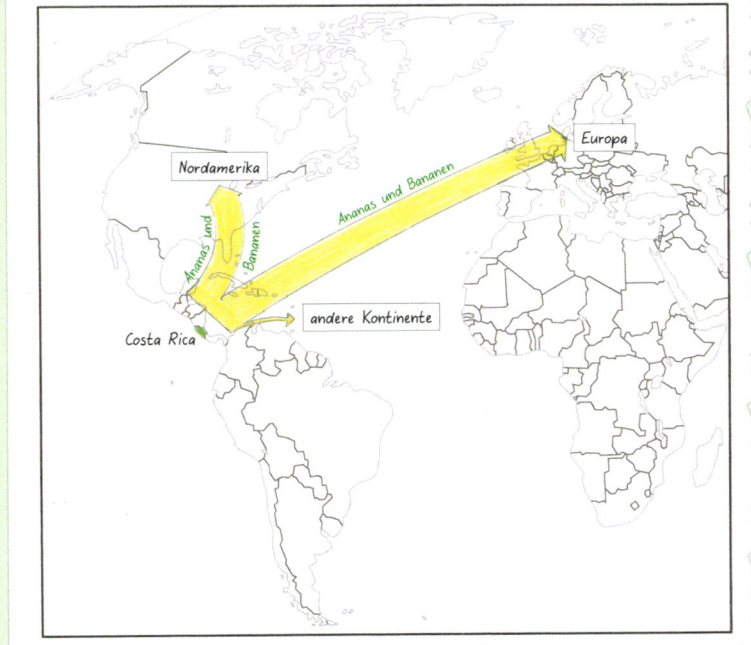

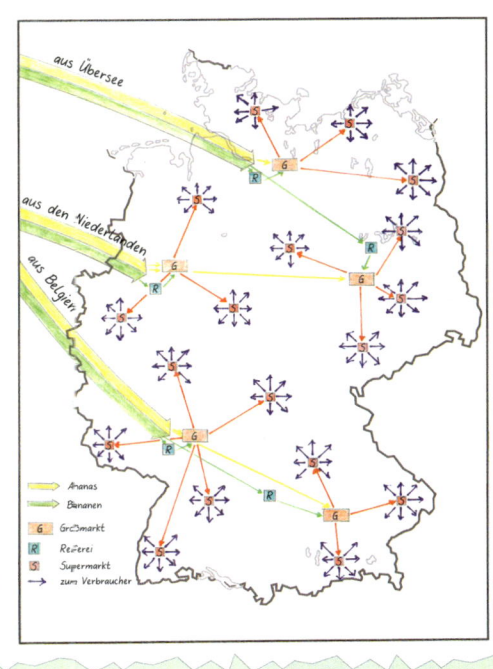

Die Früchte erreichen uns erst nach einer langen Reise mit vielen Stationen.

EINFÜHRUNG
DEUTSCHLAND
EUROPA
ASIEN
AFRIKA und ORIENT
AUSTRALIEN und POLE
AMERIKA
WELT
REGISTER

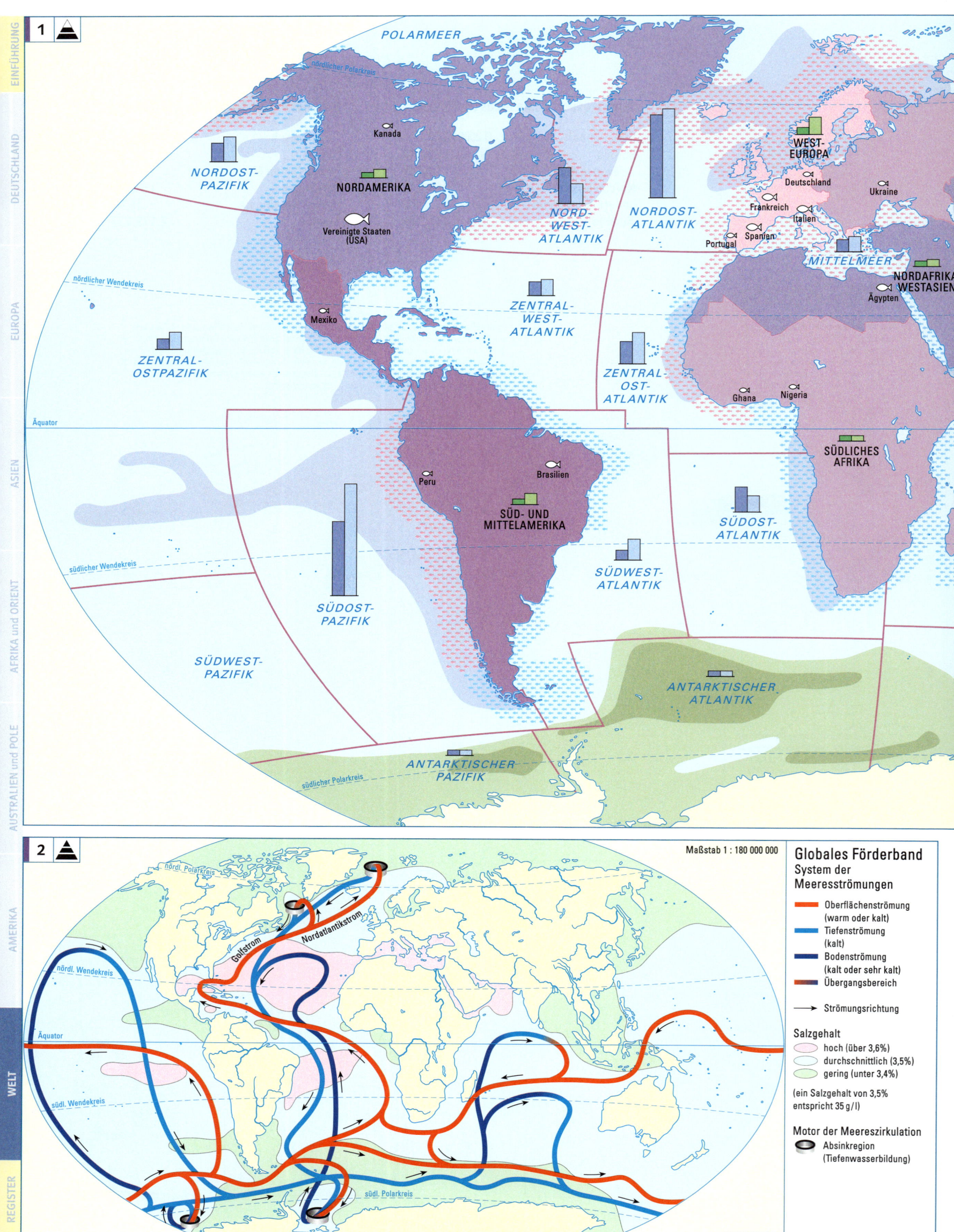

1

POLARMEER

nördlicher Polarkreis

Kanada

NORDOST-
PAZIFIK

NORDAMERIKA

Vereinigte Staaten
(USA)

WEST-
EUROPA

Deutschland

Ukraine

Frankreich

Italien

NORD-
WEST-
ATLANTIK

NORDOST-
ATLANTIK

Portugal Spanien

MITTELMEER

nördlicher Wendekreis

NORDAFRIKA
WESTASIEN

Ägypten

Mexiko

ZENTRAL-
OSTPAZIFIK

ZENTRAL-
WEST-
ATLANTIK

ZENTRAL-
OST-
ATLANTIK

Ghana Nigeria

Äquator

SÜDLICHES
AFRIKA

Peru

Brasilien

SÜD- UND
MITTELAMERIKA

SÜDOST-
ATLANTIK

SÜDOST-
PAZIFIK

südlicher Wendekreis

SÜDWEST-
ATLANTIK

SÜDWEST-
PAZIFIK

ANTARKTISCHER
ATLANTIK

ANTARKTISCHER
PAZIFIK

südlicher Polarkreis

2

Maßstab 1 : 180 000 000

nördl. Polarkreis

Golfstrom

Nordatlantikstrom

nördl. Wendekreis

Äquator

südl. Wendekreis

südl. Polarkreis

Globales Förderband
System der
Meeresströmungen

— Oberflächenströmung
   (warm oder kalt)

— Tiefenströmung
   (kalt)

— Bodenströmung
   (kalt oder sehr kalt)

— Übergangsbereich

→ Strömungsrichtung

Salzgehalt

 hoch (über 3,6%)

 durchschnittlich (3,5%)

 gering (unter 3,4%)

(ein Salzgehalt von 3,5%
entspricht 35 g/l)

Motor der Meereszirkulation

 Absinkregion
 (Tiefenwasserbildung)

KLETT-PERTHES

EINFÜHRUNG DEUTSCHLAND EUROPA ASIEN AFRIKA und ORIENT AUSTRALIEN und POLE AMERIKA WELT REGISTER

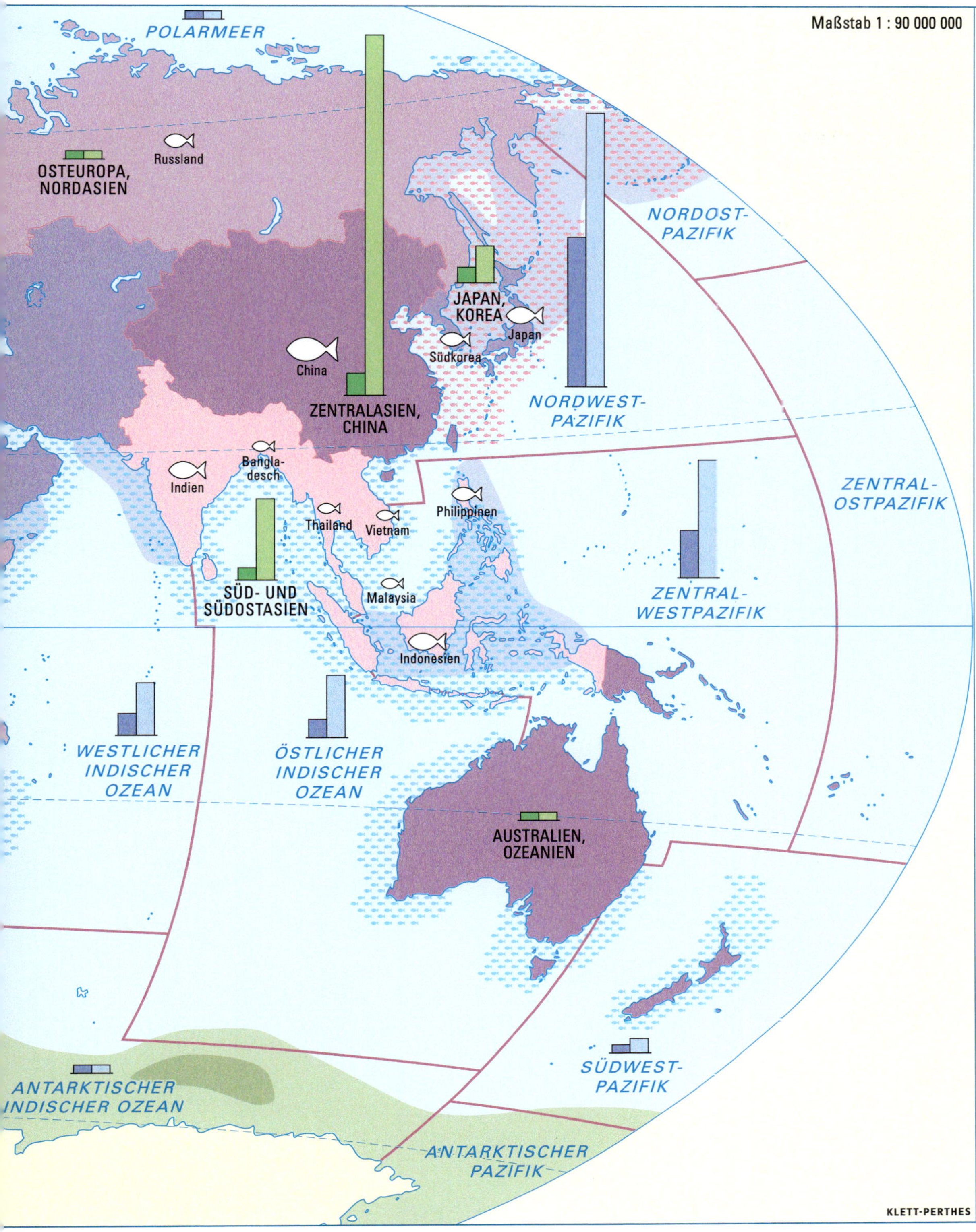

Maßstab 1 : 90 000 000

POLARMEER

OSTEUROPA,
NORDASIEN

Russland

NORDOST-
PAZIFIK

ZENTRALASIEN,
CHINA

JAPAN,
KOREA

Japan

China

Südkorea

NORDWEST-
PAZIFIK

Indien

Bangla-
desch

ZENTRAL-
OSTPAZIFIK

Thailand

Vietnam

Philippinen

SÜD- UND
SÜDOSTASIEN

Malaysia

ZENTRAL-
WESTPAZIFIK

Indonesien

WESTLICHER
INDISCHER
OZEAN

ÖSTLICHER
INDISCHER
OZEAN

AUSTRALIEN,
OZEANIEN

SÜDWEST-
PAZIFIK

ANTARKTISCHER
INDISCHER OZEAN

ANTARKTISCHER
PAZIFIK

KLETT-PERTHES

Fischfang und Fischzucht

Nahrungsgrundlagen

reiches Vorkommen an tierischem Plankton

Vorkommen bzw. vermehrtes Vorkommen von Krill

Fischbestände

relativ stabil

überfischt oder gefährdet

Fangmengen (nach FAO)

Gesamtmenge 1965–1975   Gesamtmenge 1995–2005

Grenze einer Fischereizone

Fischzucht in Aquakulturen der Binnen- und Küstengewässer (nach FAO)

Gesamtmenge 1965–1975   Gesamtmenge 1995–2005

Regionen

Fang- und Zuchtmengen (in Mio t)

310 200 100 50 25 10 5 unter 2

Staaten mit hohem Fischverzehr (Gesamtverbrauch in Mio t / Jahr)

0,5 – 1   4 – 10

1 – 2   32

2 – 4

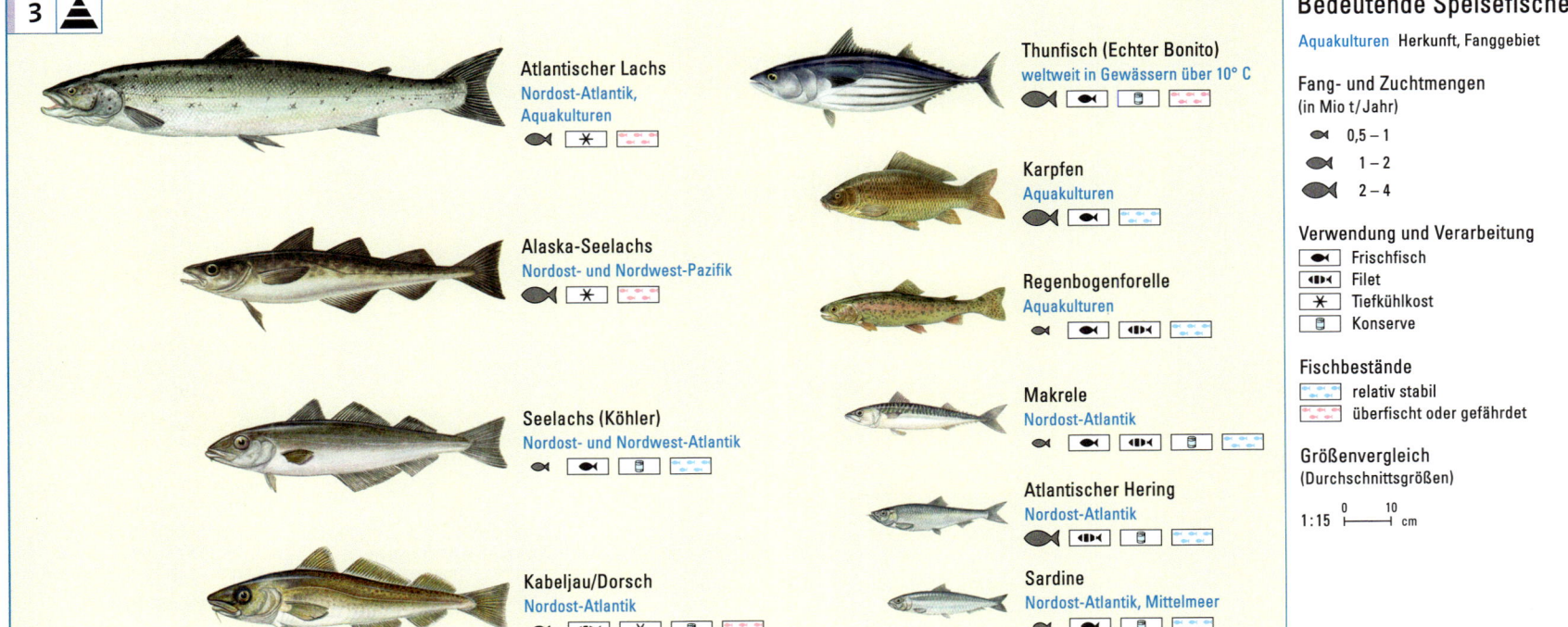

3

Atlantischer Lachs
Nordost-Atlantik,
Aquakulturen

Alaska-Seelachs
Nordost- und Nordwest-Pazifik

Seelachs (Köhler)
Nordost- und Nordwest-Atlantik

Kabeljau/Dorsch
Nordost-Atlantik

Thunfisch (Echter Bonito)
weltweit in Gewässern über 10° C

Karpfen
Aquakulturen

Regenbogenforelle
Aquakulturen

Makrele
Nordost-Atlantik

Atlantischer Hering
Nordost-Atlantik

Sardine
Nordost-Atlantik, Mittelmeer

Bedeutende Speisefische

Aquakulturen Herkunft, Fanggebiet

Fang- und Zuchtmengen (in Mio t / Jahr)

0,5 – 1

1 – 2

2 – 4

Verwendung und Verarbeitung

Frischfisch

Filet

Tiefkühlkost

Konserve

Fischbestände

relativ stabil

überfischt oder gefährdet

Größenvergleich (Durchschnittsgrößen)

1:15   0   10 cm

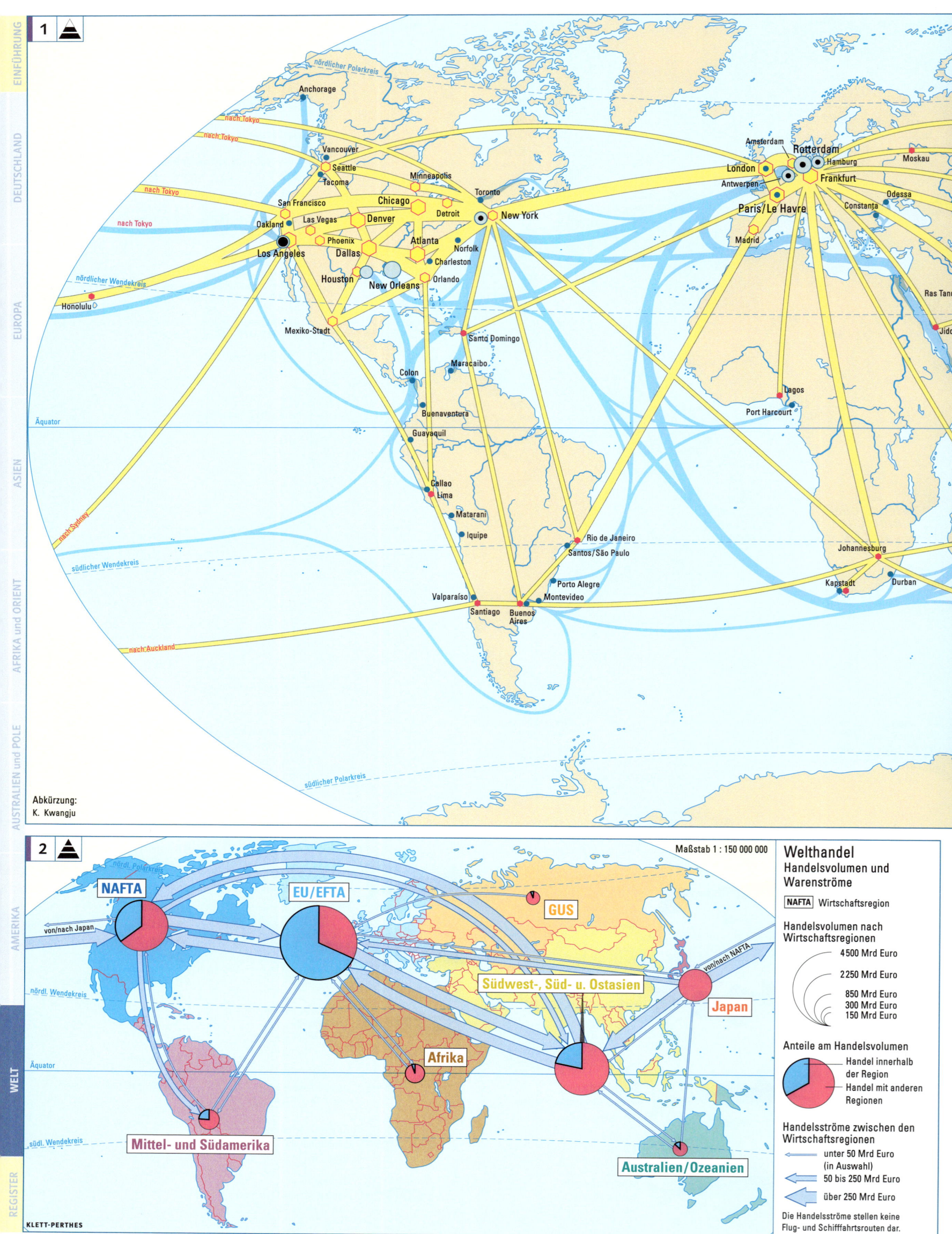

1

nördlicher Polarkreis

Anchorage

nach Tokyo
nach Tokyo
nach Tokyo
nach Tokyo

Vancouver
Seattle
Tacoma
Minneapolis
San Francisco
Chicago
Detroit
Toronto
New York
Oakland
Las Vegas
Denver
Los Angeles
Phoenix
Atlanta
Dallas
Norfolk
Houston
Charleston
New Orleans
Orlando

nördlicher Wendekreis

Honolulu

Mexiko-Stadt

Santo Domingo
Maracaibo
Colon
Buenaventura
Guayaquil

Äquator

Callao
Lima
Matarani
Iquipe
Rio de Janeiro
Santos/São Paulo
Porto Alegre
Valparaíso
Montevideo
Santiago
Buenos Aires

nach Sydney

südlicher Wendekreis

nach Auckland

Amsterdam
Rotterdam
London
Hamburg
Moskau
Antwerpen
Frankfurt
Paris/Le Havre
Odessa
Constanta
Madrid
Ras Tanu
Jidda

Lagos
Port Harcourt

Johannesburg

Kapstadt
Durban

Abkürzung:
K. Kwangju

südlicher Polarkreis

2 Maßstab 1 : 150 000 000

nördl. Polarkreis

NAFTA
EU/EFTA
GUS

von/nach Japan

nördl. Wendekreis

Südwest-, Süd- u. Ostasien

Japan

von/nach NAFTA

Afrika

Äquator

Mittel- und Südamerika

südl. Wendekreis

Australien/Ozeanien

Welthandel
Handelsvolumen und Warenströme

NAFTA Wirtschaftsregion

Handelsvolumen nach Wirtschaftsregionen

4500 Mrd Euro
2250 Mrd Euro
850 Mrd Euro
300 Mrd Euro
150 Mrd Euro

Anteile am Handelsvolumen

Handel innerhalb der Region
Handel mit anderen Regionen

Handelsströme zwischen den Wirtschaftsregionen

unter 50 Mrd Euro (in Auswahl)
50 bis 250 Mrd Euro
über 250 Mrd Euro

Die Handelsströme stellen keine Flug- und Schifffahrtsrouten dar.

KLETT-PERTHES

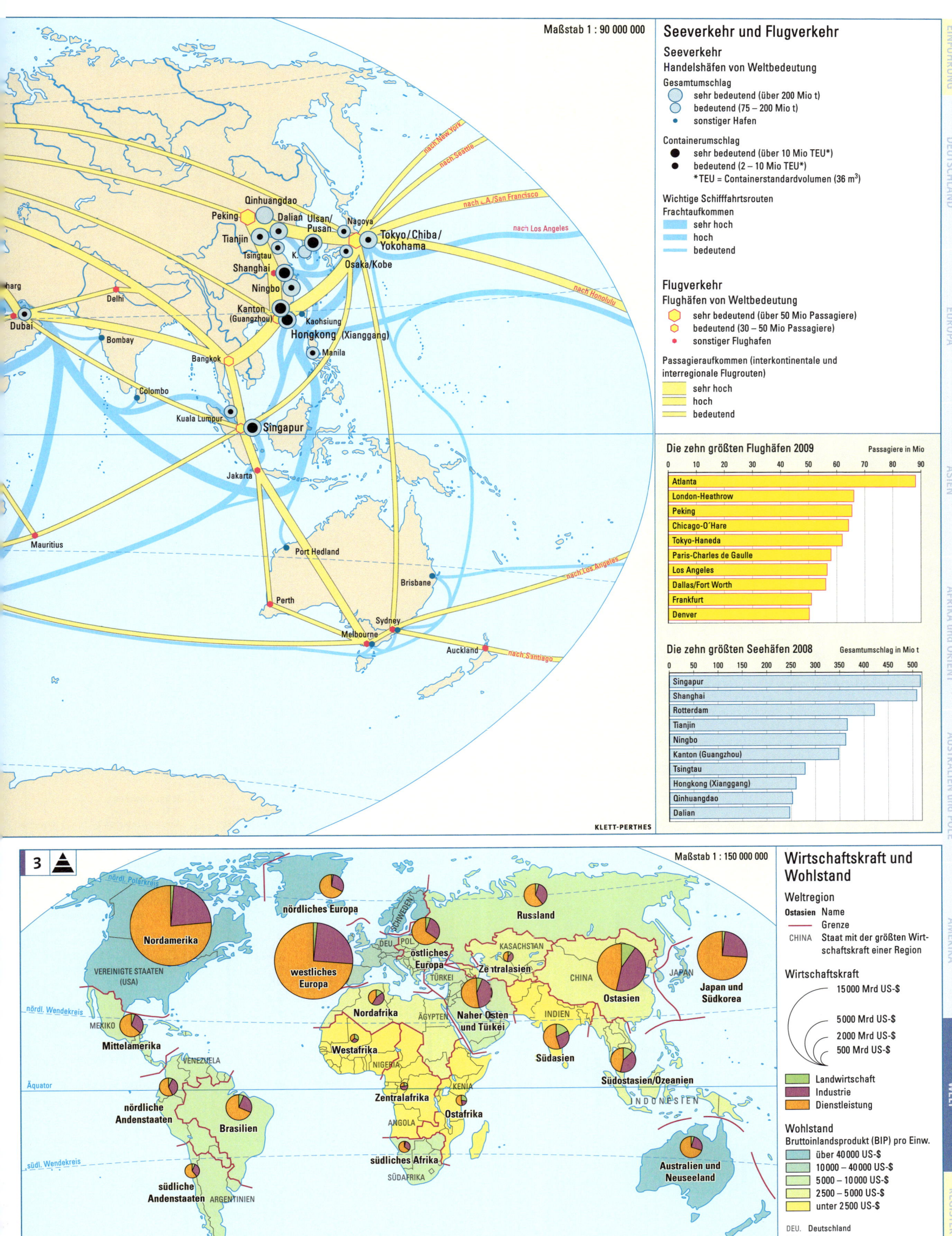

Maßstab 1 : 90 000 000

Seeverkehr und Flugverkehr

Seeverkehr

Handelshäfen von Weltbedeutung

Gesamtumschlag
- sehr bedeutend (über 200 Mio t)
- bedeutend (75 – 200 Mio t)
- sonstiger Hafen

Containerumschlag
- sehr bedeutend (über 10 Mio TEU*)
- bedeutend (2 – 10 Mio TEU*)
- *TEU = Containerstandardvolumen (36 m³)

Wichtige Schifffahrtsrouten
Frachtaufkommen
- sehr hoch
- hoch
- bedeutend

Flugverkehr

Flughäfen von Weltbedeutung
- sehr bedeutend (über 50 Mio Passagiere)
- bedeutend (30 – 50 Mio Passagiere)
- sonstiger Flughafen

Passagieraufkommen (interkontinentale und interregionale Flugrouten)
- sehr hoch
- hoch
- bedeutend

Die zehn größten Flughäfen 2009   Passagiere in Mio

0 10 20 30 40 50 60 70 80 90

- Atlanta
- London-Heathrow
- Peking
- Chicago-O´Hare
- Tokyo-Haneda
- Paris-Charles de Gaulle
- Los Angeles
- Dallas/Fort Worth
- Frankfurt
- Denver

Die zehn größten Seehäfen 2008   Gesamtumschlag in Mio t

0 50 100 150 200 250 300 350 400 450 500

- Singapur
- Shanghai
- Rotterdam
- Tianjin
- Ningbo
- Kanton (Guangzhou)
- Tsingtau
- Hongkong (Xianggang)
- Qinhuangdao
- Dalian

KLETT-PERTHES

Maßstab 1 : 150 000 000

Wirtschaftskraft und Wohlstand

Weltregion
- **Ostasien** Name
- Grenze
- CHINA Staat mit der größten Wirtschaftskraft einer Region

Wirtschaftskraft
- 15000 Mrd US-$
- 5000 Mrd US-$
- 2000 Mrd US-$
- 500 Mrd US-$

- Landwirtschaft
- Industrie
- Dienstleistung

Wohlstand
Bruttoinlandsprodukt (BIP) pro Einw.
- über 40000 US-$
- 10000 – 40000 US-$
- 5000 – 10000 US-$
- 2500 – 5000 US-$
- unter 2500 US-$

DEU. Deutschland
POL. Polen

Daten: 2009

KLETT-PERTHES

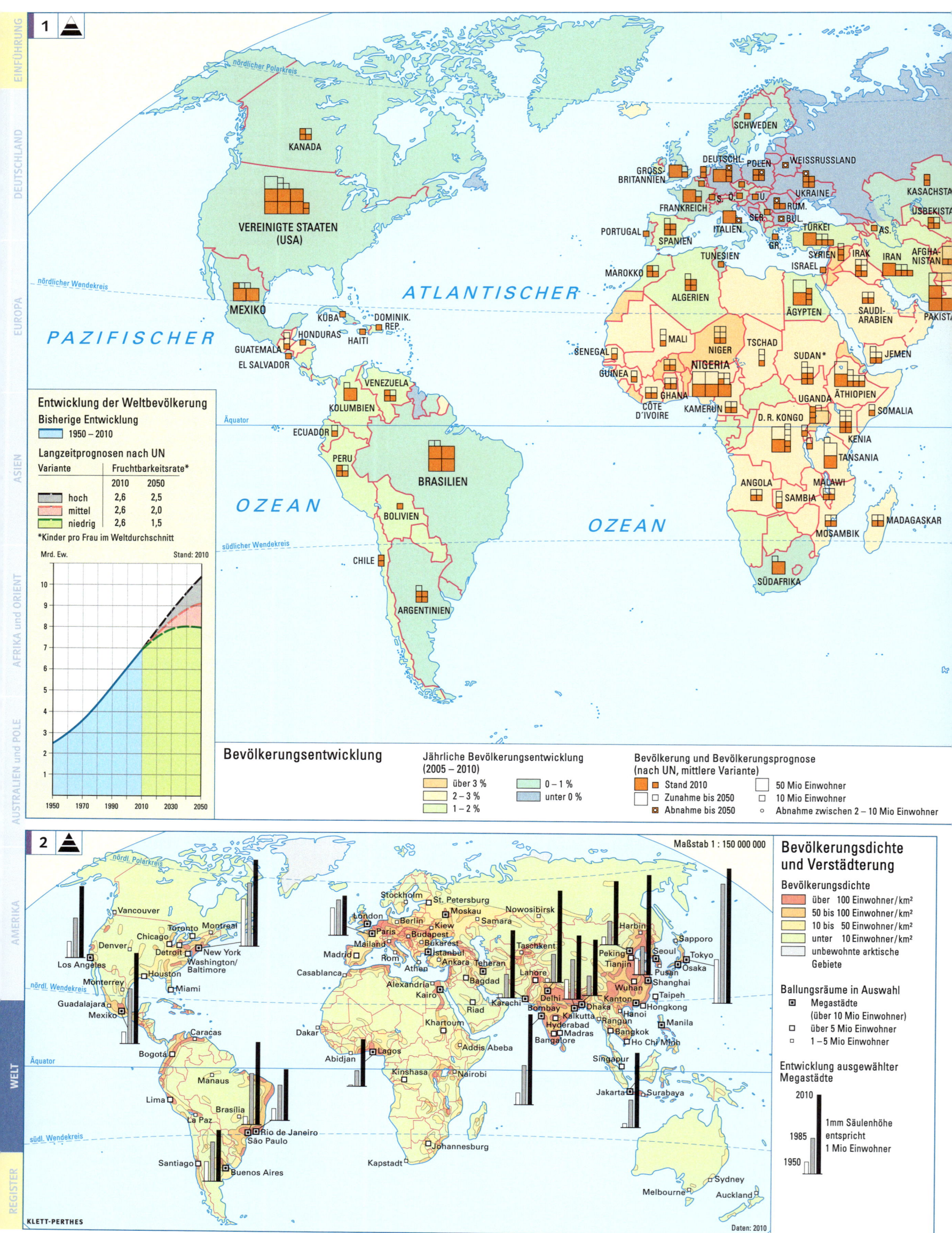

1

Entwicklung der Weltbevölkerung

Bisherige Entwicklung

☐ 1950 – 2010

Langzeitprognosen nach UN

Variante	Fruchtbarkeitsrate*	
	2010	2050
hoch	2,6	2,5
mittel	2,6	2,0
niedrig	2,6	1,5

*Kinder pro Frau im Weltdurchschnitt

Mrd. Ew.   Stand: 2010

10
9
8
7
6
5
4
3
2
1

1950 1970 1990 2010 2030 2050

Bevölkerungsentwicklung

Jährliche Bevölkerungsentwicklung (2005 – 2010)

☐	über 3 %	☐	0 – 1 %
☐	2 – 3 %	☐	unter 0 %
☐	1 – 2 %		

Bevölkerung und Bevölkerungsprognose (nach UN, mittlere Variante)

■ ■	Stand 2010	☐	50 Mio Einwohner
☐	Zunahme bis 2050	☐	10 Mio Einwohner
▨	Abnahme bis 2050	○	Abnahme zwischen 2 – 10 Mio Einwohner

2

Maßstab 1 : 150 000 000

Bevölkerungsdichte und Verstädterung

Bevölkerungsdichte

☐	über 100 Einwohner/km²
☐	50 bis 100 Einwohner/km²
☐	10 bis 50 Einwohner/km²
☐	unter 10 Einwohner/km²
☐	unbewohnte arktische Gebiete

Ballungsräume in Auswahl

▣	Megastädte (über 10 Mio Einwohner)
☐	über 5 Mio Einwohner
▫	1 – 5 Mio Einwohner

Entwicklung ausgewählter Megastädte

2010

1985   1mm Säulenhöhe entspricht 1 Mio Einwohner

1950

KLETT-PERTHES

Daten: 2010

EINFÜHRUNG
DEUTSCHLAND
EUROPA
ASIEN
AFRIKA und ORIENT
AUSTRALIEN und POLE
AMERIKA
WELT
REGISTER

Maßstab 1 : 90 000 000

RUSSLAND
TADSCHIKISTAN
NORD-KOREA
JAPAN
SÜDKOREA
NEPAL
CHINA
BANGLADESCH
MYANMAR
VIETNAM
PHILIPPINEN
THAILAND
KAMBODSCHA
INDIEN
SRI LANKA
MALAYSIA
INDONESIEN
AUSTRALIEN

PAZIFISCHER
OZEAN
INDISCHER
OZEAN

KLETT-PERTHES

Bevölkerungspyramiden ausgewählter Staaten 2010

Altersklassen von je 5 Jahren
- Ruhestand
- Ausbildung und Beruf
- Kindheit und Schulzeit

2% Anteil einer Altersklasse an der Gesamtbevölkerung des Staates

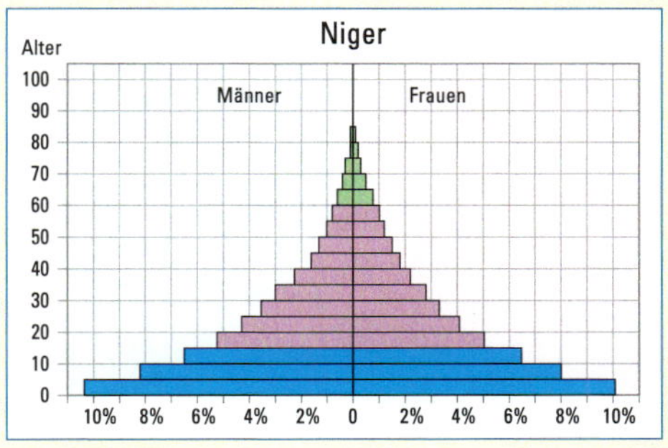

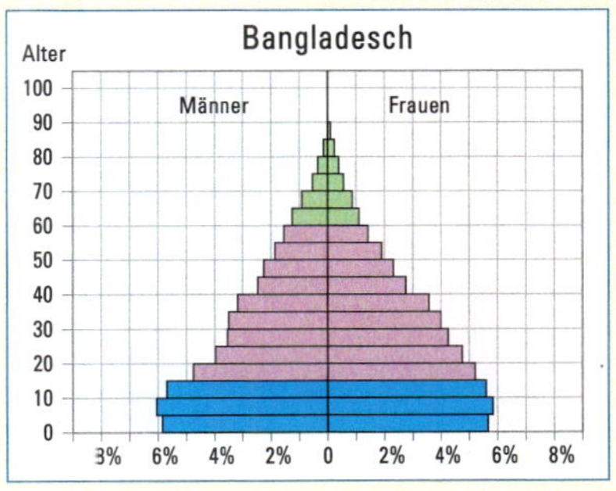

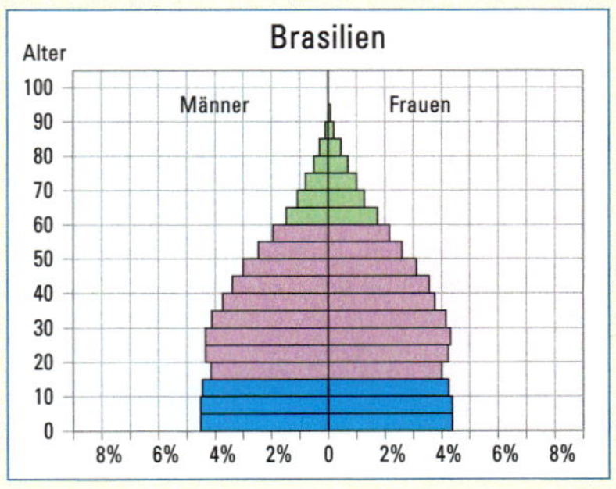

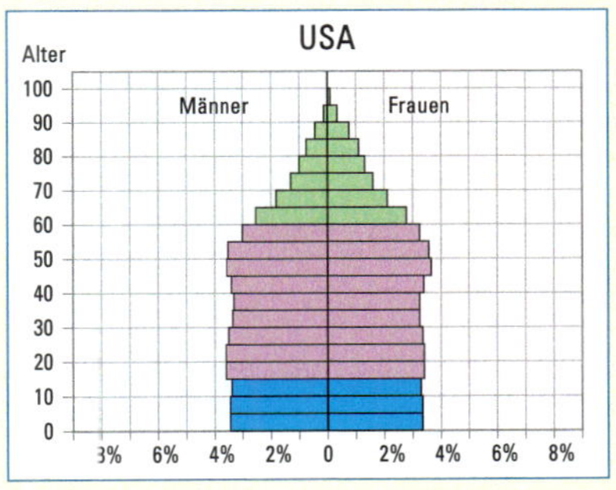

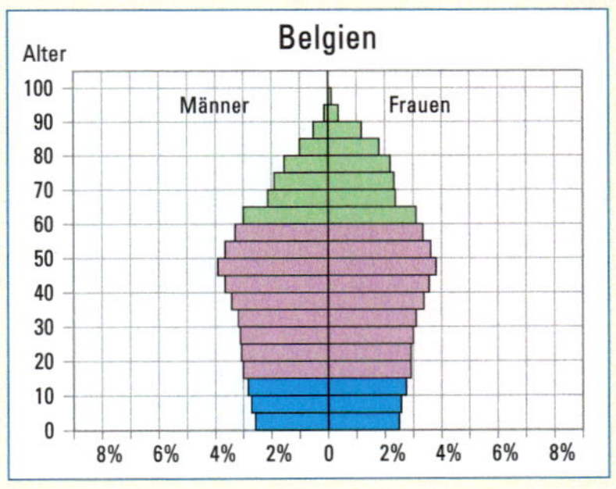

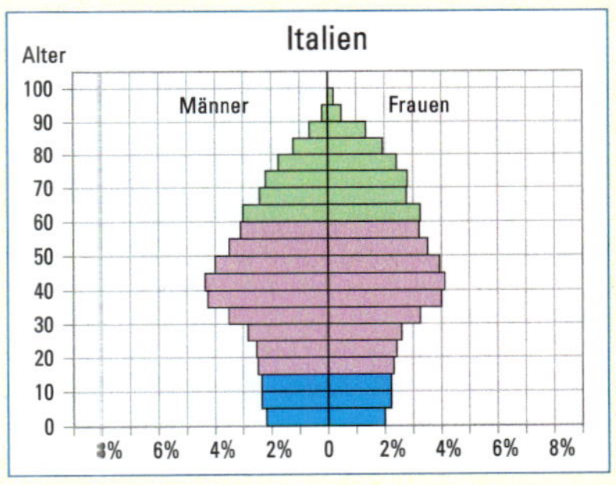

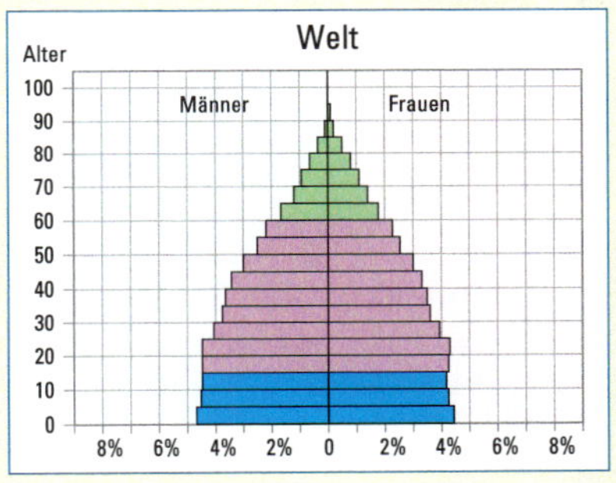

Niger — Alter — Männer — Frauen
Bangladesch — Alter — Männer — Frauen
Brasilien — Alter — Männer — Frauen
USA — Alter — Männer — Frauen
Belgien — Alter — Männer — Frauen
Italien — Alter — Männer — Frauen
Welt — Alter — Männer — Frauen

* inklusive SÜDSUDAN

Abkürzungen:
AS.	ASERBAIDSCHAN	RUM.	RUMÄNIEN
BUL.	BULGARIEN	S.	SCHWEIZ
GR.	GRIECHENLAND	SER.	SERBIEN
Ö.	ÖSTERREICH	U.	UNGARN

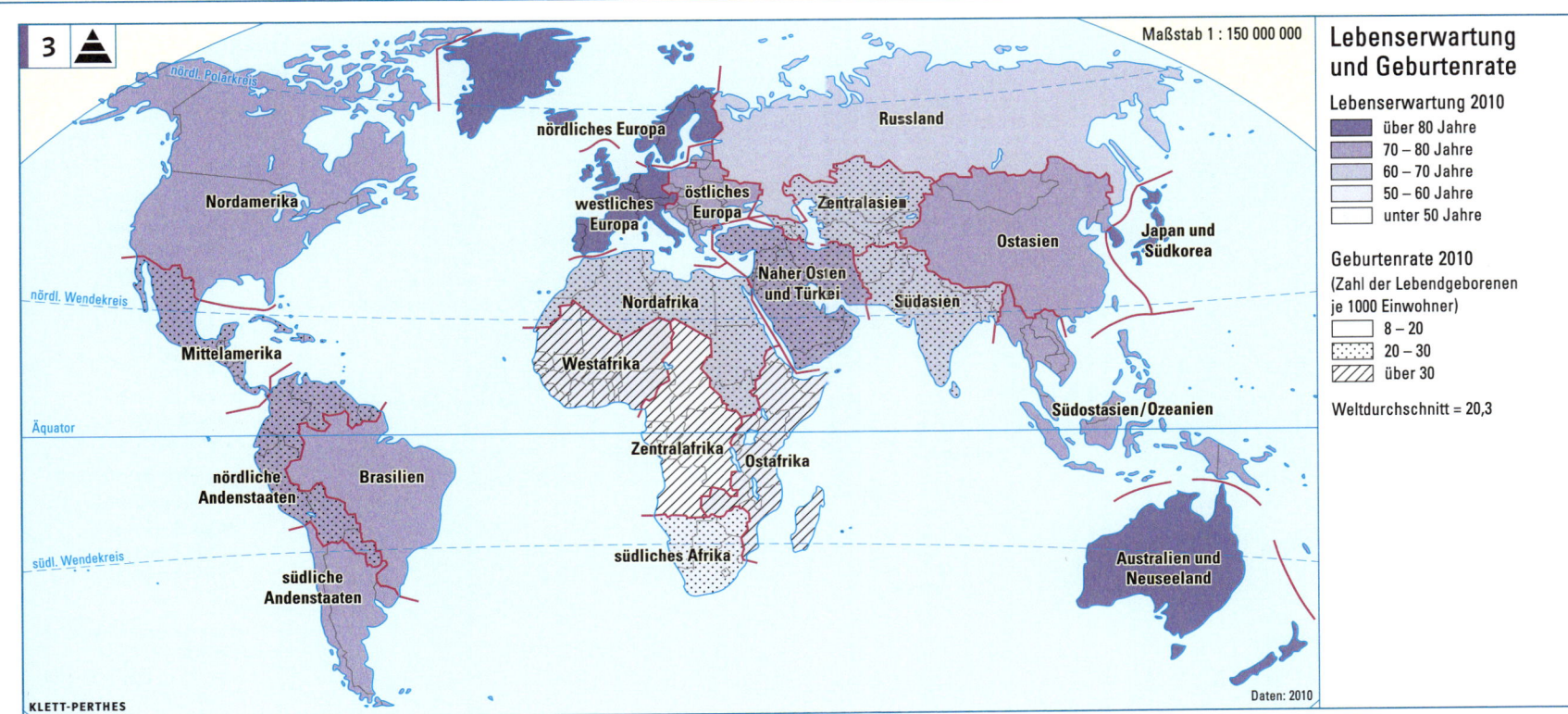

3

Maßstab 1 : 150 000 000

Lebenserwartung und Geburtenrate

Lebenserwartung 2010
- über 80 Jahre
- 70 – 80 Jahre
- 60 – 70 Jahre
- 50 – 60 Jahre
- unter 50 Jahre

Geburtenrate 2010
(Zahl der Lebendgeborenen je 1000 Einwohner)
- 8 – 20
- 20 – 30
- über 30

Weltdurchschnitt = 20,3

nördl. Polarkreis
nördliches Europa
Russland
Nordamerika
westliches Europa
östliches Europa
Zentralasien
Japan und Südkorea
Ostasien
nördl. Wendekreis
Naher Osten und Türkei
Nordafrika
Südasien
Mittelamerika
Westafrika
Äquator
Zentralafrika
Ostafrika
Südostasien/Ozeanien
nördliche Andenstaaten
Brasilien
südl. Wendekreis
südliches Afrika
Australien und Neuseeland
südliche Andenstaaten

Daten: 2010

KLETT-PERTHES

1

Abkürzungen:
AR. ARMENIEN
AS. ASERBAIDSCHAN
BUL. BULGARIEN
DÄN. DÄNEMARK
NL. NIEDERLANDE
ÖST. ÖSTERREICH
RUM. RUMÄNIEN
SCH. SCHWEIZ

Entwicklungsstand in Staaten und Metropolen
Human Development Index (HDI) *

- sehr hoch (über 0,9)
- hoch (0,8 – 0,9)
- gering überdurchschnittlich (0,7 – 0,8)
- gering unterdurchschnittlich (0,6 – 0,7)
- niedrig (0,5 – 0,6)
- sehr niedrig (unter 0,5)
- keine Daten

* Der HDI ist das Maß für die Lebensqualität der Bevölkerung. Er berechnet sich aus: Einkommen, Lebenserwartung und Bildungsgrad.

Wohnqualität in ausgewählten Ballungsräumen
- überwiegend gute Qualität

Schlecht ausgestattete Wohnungen **
- bis 15 %
- 15 – 25 %
- über 25 %
- über 5 Mio. Einw.
- 1 – 5 Mio. Einw.

** Mangel an Wasseranschluss, Toiletten, Bauqualität und Wohnfläche (nach UN-Habitat 2005).

2

Maßstab 1 : 150 000 000

Ernährung und Trinkwasser

Weltregion
Ostasien Name — Grenze

Bevölkerung
- 100 Mio. Einwohner
- 50 Mio. Einwohner
- 10 Mio. Einwohner
- 5 Mio. Einwohner

Nahrungsaufnahme pro Kopf (100 = Optimalwert)
- zu viel (über 120)
- hoch (110 – 120)
- optimal (100 – 110)
- knapp (90 – 100)
- zu wenig (unter 90)

davon hungernde Bevölkerung
- 100 Mio. Einwohner
- 50 Mio. Einwohner
- 10 Mio. Einwohner
- 5 Mio. Einwohner

Trinkwasser
Bevölkerung mit Zugang zu sauberem Trinkwasser in %
- unter 75
- 75 – 95
- 95 – 100

Maßstab 1 : 90 000 000

LAND

MONGOLEI

CHINA

Peking
NORDKOREA
Seoul
SÜDKOREA
Tokyo
Osaka
JAPAN

Shanghai

Hongkong
Taiwan

DSCHIKISTAN
amabad
Delhi
NEPAL BHUTAN
Dhaka
INDIEN
BANGLA-
DESCH
ombay
MYANMAR
(BIRMA)
Hyderabad
LAOS
Pune
VIETNAM
THAI-
LAND
KAMBODSCHA
Phnom
Penh
Ho Chi Minh
BRUNEI
SRI LANKA

MALEDIVEN

MALAYSIA
SINGAPUR
INDONESIEN
Jakarta
TIMOR-LESTE

DISCHER

OZEAN

PAZIFISCHER

Nördliche
Marianen

MIKRONESIEN

PAPUA-
NEUGUINEA
SALOMONEN

VANUATU FIDSCHI

AUSTRALIEN

OZEAN

Sydney

NEUSEE-
LAND

KLETT-PERTHES

Singapur (ca. 5 Mio. Einwohner)

MALAYSIA
Kampung
Tanjung
Langsat
Pasir
Gudang
Johor Baharu
Johor straße
Johor straße
Pulau Ubin
Wood-
lands
Bukit
Panjang
Flug-
platz
Seletar
Serangoon
Tampines
Golf-
platz
Flug-
platz
Jurong
Clementi
Queens-
town
Little
India
Bedok
South
Golf-
platz
Down-
town
New
Downtown
Jurong
Island
Sentosa Island
(Vergnügungs-
park)
Pulau
Sudong
Pulau
Semakal
Pulau
Panai

KLETT-PERTHES

1 : 400 000   0 2 4 km

Karachi (ca. 13 Mio. Einwohner)

Hab River
North
Karachi
Orangi
Qasba
Universität
Baldia
Nazimabad
Malir River
Sind Industrial
Trading Estate
Pakistan Employees
Cooperative Housing
Society
Malir
Lyari River
Malir River
Defence
Housing
Society
Korangi
Landhi Industrial
Trading Estate
Manora
Clifton
Ghizri Creek Korangi Creek

Arabisches Meer

KLETT-PERTHES

1 : 400 000   0 2 4 km

Singapur und Karachi im Vergleich

Wohnqualität

- ● höchste Qualität (Luxusquartiere)
- ▢ durchschnittlich
- ▢ schlecht
- ▢ sehr schlecht (Slums)
- ▢ sehr hoch
- ▢ hoch
- ▦ No-Go-Area (große Gefahr von Überfällen)

Wirtschaft, Erholung und sonstige Nutzung

- ▮ Einkaufs-, Geschäftsviertel
- ▮ Technologie-Parks
- ▮ Industrie
- ⚓✈ Flug- und Seehafen
- ▮ Naherholung, Waldfläche
- ▮ militärisch genutzt

Verkehrswege und Grenze

- — Schnellstraße
- ═ Verbindungsstraße
- — Eisenbahn
- — Staatsgrenze

3 ▲ Maßstab 1 : 150 000 000

nördl. Polarkreis

nördliches Europa
Russland
westliches
Europa
östliches
Europa
Zentralasien
Ostasien
Japan und
Südkorea
Nordamerika
nördl. Wendekreis
Naher Osten
und Türkei
Nordafrika
Mittelamerika
Südasien
Äquator
Westafrika
Südostasien/Ozeanien
nördliche
Andenstaaten
Brasilien
Zentralafrika
Ostafrika
südl. Wendekreis
südliches
Afrika
Australien und
Neuseeland
südliche
Andenstaaten

KLETT-PERTHES

Gesundheit
Arztdichte und Erkrankungen

Weltregion

Ostasien Name — Grenze

Arztdichte
Einwohner pro Arzt

- ▮ unter 400
- ▮ 400 – 800
- ▮ 800 – 3000
- ▢ über 3000

Erkrankungen pro 100 000 Einw.

HIV*		Tuberkulose	
▮	100 – 400	◓	50 – 100
▮	400 – 1000	◓	100 – 300
▮	über 1000	◓	über 300

Todesfälle in Folge von Erkrankungen pro 100 000 Einw.

Herz-Kreislauf		Krebs	
◉	200 – 300	◉	100 – 120
◉	300 – 400	◉	120 – 140
◉	über 400	◉	über 140

* Humanes Immundefizienz-Virus

Daten: 2009, nach WHO

Europa	Fläche in Tsd. km²	Einwohner in Mio. 2010	Einwohner in Mio. 2050	Entwicklungsstand 2010 (HDI)
Albanien	28,7	3,2	3,0	0,737
Andorra	0,5	0,09	0,1	0,838
Belgien	30,5	10,7	11,6	0,885
Bosnien und Herzegowina	51,2	3,8	3,0	0,731
Bulgarien	110,9	7,5	5,5	0,768
Dänemark	43,1	5,6	5,9	0,893
Deutschland	357,1	82,3	74,8	0,903
Estland	45,2	1,3	1,2	0,832
Finnland	336,9	5,4	5,6	0,880
Frankreich	556,8	64,4	74,6	0,883
Griechenland	132,0	11,4	11,6	0,862
Großbritannien (Vereinigtes Königreich)	242,9	62,0	72,8	0,862
Irland	70,3	4,5	6,0	0,907
Island	103,0	0,3	0,4	0,896
Italien	301,3	60,6	59,2	0,873
Kosovo	10,9	1,7	4,5	*
Kroatien	56,6	4,4	3,9	0,794
Lettland	64,6	2,3	1,9	0,802
Liechtenstein	0,2	0,04	0,05	0,904
Litauen	65,3	3,3	2,8	0,805
Luxemburg	2,6	0,5	0,7	0,865
Malta	0,3	0,4	0,4	0,830
Mazedonien	25,7	2,1	1,9	0,726
Moldau	33,8	3,5	2,7	0,644
Monaco	0,002	0,04	0,04	*
Montenegro	13,8	0,6	0,6	0,769
Niederlande	37,4	16,6	17,2	0,909
Norwegen	323,8	4,9	6,1	0,941
Österreich	83,9	8,4	8,4	0,883
Polen	312,7	38,3	34,9	0,811
Portugal	92,2	10,7	9,4	0,808
Rumänien	238,4	21,5	18,5	0,779
Russland, europäischer Teil	ca. 3950,0	ca. 105,0	ca. 93,0	0,751
Russland, asiatischer Teil	ca. 13150,0	ca. 38,0	ca. 34,0	
San Marino	0,06	0,03	0,03	*
Schweden	450,3	9,4	10,9	0,901
Schweiz	41,3	7,7	7,9	0,901
Serbien	88,4	9,9	8,8	0,764
Slowakische Republik	49,0	5,5	5,2	0,832
Slowenien	20,3	2,0	2,0	0,882
Spanien	506,0	46,1	51,4	0,876
Tschechische Republik	78,9	10,5	10,6	0,863
Türkei, europäischer Teil	ca. 24,0	ca. 10,0	ca. 13,0	0,696
Türkei, asiatischer Teil	ca. 760,0	ca. 63,0	ca. 79,0	
Ukraine	603,5	45,4	36,1	0,725
Ungarn	93,0	10,0	9,2	0,814
Vatikanstadt	0,001	0,001	0,001	*
Weißrussland	207,6	9,6	8,0	0,751
Zypern	9,3	1,1	1,3	0,839

Abhängige Gebiete (mit Selbstverwaltung)

	Fläche in Tsd. km²	Einwohner in Mio. 2010	Einwohner in Mio. 2050	Entwicklungsstand 2010 (HDI)
Dänemark:				
Färöer	1,4	0,05	0,06	*
Großbritannien (Vereinigtes Königreich):				
Gibraltar	0,006	0,03	0,03	*
Insel Man	0,6	0,08	0,09	*
Kanalinseln	0,2	0,2	0,2	*

Asien	Fläche in Tsd. km²	Einwohner in Mio. 2010	Einwohner in Mio. 2050	Entwicklungsstand 2010 (HDI)
Afghanistan	652,9	31,4	76,3	0,394
Armenien	29,7	3,1	2,9	0,714
Aserbaidschan	86,6	9,2	11,6	0,699
Bahrain	0,8	1,3	1,8	0,805
Bangladesch	144,0	148,7	194,4	0,496
Bhutan	38,4	0,7	1,0	0,518
Brunei	5,8	0,4	0,6	0,837
China	9562,3	1325,7	1281,1	0,682
Taiwan	35,8	23,2	24,6	
Georgien	69,7	4,4	3,2	0,729
Indien	3287,3	1224,6	1692,0	0,542

Asien	Fläche in Tsd. km²	Einwohner in Mio. 2010	Einwohner in Mio. 2050	Entwicklungsstand 2010 (HDI)
Indonesien	1910,9	239,9	293,5	0,613
Irak	435,2	31,7	83,4	0,567
Iran	1628,8	74,0	85,3	0,707
Israel	22,1	7,4	12,0	0,886
Japan	377,9	126,5	108,5	0,899
Jemen	528,0	24,1	61,6	0,460
Jordanien	89,3	6,2	9,9	0,697
Kambodscha	181,0	14,1	19,0	0,518
Kasachstan	2724,9	16,0	21,2	0,740
Katar	11,6	1,8	2,6	0,825
Kirgisistan	200,0	5,3	7,8	0,611
Kuwait	17,8	2,7	5,2	0,758
Laos	236,8	6,2	8,4	0,520
Libanon	10,5	4,2	4,7	0,737
Malaysia	330,8	28,4	43,5	0,758
Malediven	0,3	0,3	0,4	0,658
Mongolei	1564,1	2,8	4,1	0,647
Myanmar	676,6	48,0	55,3	0,479
Nepal	147,2	30,0	46,5	0,455
Nordkorea (Dem. Volksrep. Korea)	120,5	24,5	26,4	*
Oman	309,5	2,8	3,7	0,704
Pakistan	796,1	173,6	274,9	0,503
Philippinen	300,0	93,3	154,9	0,641
Russland, asiatischer Teil	ca. 13150,0	ca. 38,0	ca. 34,0	0,751
Russland, europäischer Teil	ca. 3950,0	ca. 105,0	ca. 93,0	
Saudi-Arabien	2149,7	27,4	44,9	0,767
Singapur	0,7	5,1	6,1	0,864
Sri Lanka	65,6	20,9	23,2	0,686
Südkorea (Republik Korea)	99,9	48,4	47,1	0,894
Syrien	185,2	20,4	33,1	0,631
Tadschikistan	143,1	6,9	10,7	0,604
Thailand	513,1	69,1	71,0	0,680
Timor-Leste	14,9	1,1	3,0	0,491
Türkei, asiatischer Teil	ca. 760,0	ca. 63,0	ca. 79,0	0,696
Türkei, europäischer Teil	ca. 24,0	ca. 10,0	ca. 13,0	
Turkmenistan	488,1	5,0	6,6	0,681
Usbekistan	447,4	27,4	35,4	0,636
Vereinigte Arabische Emirate	83,6	7,5	12,1	0,845
Vietnam	349,3	87,8	104,0	0,590

Gebiete mit besonderem Status

	Fläche in Tsd. km²	Einwohner in Mio. 2010	Einwohner in Mio. 2050	Entwicklungsstand 2010 (HDI)
Palästinensische Gebiete	6,0	4,0	9,7	*

Afrika	Fläche in Tsd. km²	Einwohner in Mio. 2010	Einwohner in Mio. 2050	Entwicklungsstand 2010 (HDI)
Ägypten	1002,0	81,1	123,5	0,644
Äquatorialguinea	28,1	0,7	1,5	0,534
Äthiopien	1104,3	83,0	145,2	0,358
Algerien	2381,7	35,5	46,5	0,696
Angola	1246,7	19,1	42,3	0,482
Benin	114,8	8,9	21,7	0,425
Botsuana	582,0	2,0	2,5	0,631
Burkina Faso	273,0	16,5	46,7	0,329
Burundi	27,8	8,4	13,7	0,313
Côte d'Ivoire	322,5	19,7	40,7	0,401
Dschibuti	23,2	0,9	1,6	0,427
Eritrea	117,6	5,3	11,6	0,345
Gabun	267,7	1,5	2,8	0,670
Gambia	11,3	1,7	4,0	0,418
Ghana	238,5	24,4	49,1	0,533
Guinea	245,9	10,0	23,0	0,342
Guinea-Bissau	36,1	1,5	3,2	0,351
Kamerun	475,7	19,6	38,5	0,479
Kap Verde	4,0	0,5	0,6	0,566
Kenia	581,3	40,5	96,9	0,505
Komoren	2,2	0,7	1,7	0,431
Kongo (Republik Kongo)	342,0	4,0	8,8	0,528
Kongo (Dem. Rep. Kongo)	2344,9	66,0	148,5	0,282
Lesotho	30,4	2,2	2,8	0,446
Liberia	111,4	4,0	9,7	0,325
Libyen	1759,5	6,4	8,8	0,770
Madagaskar	587,0	20,7	53,6	0,481

* Daten nicht erhoben   ** Schätzung 2011

Afrika	Fläche in Tsd. km²	Einwohner in Mio. 2010	Einwohner in Mio. 2050	Entwicklungs-stand 2010 (HDI)
Malawi	118,5	14,9	49,7	0,395
Mali	1240,2	15,4	42,1	0,356
Marokko	446,6	32,0	39,2	0,579
Mauretanien	1030,7	3,5	7,1	0,451
Mauritius	2,0	1,3	1,4	0,726
Mosambik	801,6	23,4	50,2	0,317
Namibia	824,3	2,3	3,6	0,622
Niger	1267,0	15,5	55,4	0,293
Nigeria	923,8	158,4	389,6	0,454
Ruanda	26,3	10,6	26,0	0,425
Sambia	752,6	13,1	45,0	0,425
São Tomé und Príncipe	1,0	0,2	0,3	0,506
Senegal	196,7	12,4	28,6	0,457
Seychellen	0,5	0,09	0,09	0,771
Sierra Leone	72,3	5,9	11,1	0,334
Simbabwe	390,8	12,6	20,6	0,364
Somalia	637,7	9,3	28,2	*
Südafrika	1221,0	50,1	56,8	0,615
Sudan	1861,5	ca. 35,0**	} 91,0	} 0,406
Südsudan	644,3	ca. 8,0**		
Swasiland	17,4	1,2	1,7	0,520
Tansania	945,1	44,8	138,3	0,461
Togo	56,8	6,0	11,1	0,433
Tschad	1284,0	11,2	27,3	0,326
Tunesien	163,6	10,5	12,6	0,698
Uganda	241,6	33,4	94,3	0,442
Zentralafrika	623,0	4,4	8,4	0,339

Abhängige Gebiete (mit Selbstverwaltung)

Großbritannien (Vereinigtes Königreich):				
St. Helena	0,3	0,004	0,004	*
Von Marokko verwaltet:				
Sahara (Westsahara)	266,0	0,5	0,9	*

Australien und Ozeanien	Fläche in Tsd. km²	Einwohner in Mio. 2010	Einwohner in Mio. 2050	Entwicklungs-stand 2010 (HDI)
Australien	7692,0	22,3	31,4	0,927
Cookinseln	0,2	0,02	0,02	*
Fidschi	18,3	0,9	1,0	0,687
Kiribati	0,9	0,1	0,2	0,621
Marshallinseln	0,2	0,05	0,08	*
Mikronesien	0,7	0,1	0,1	0,635
Nauru	0,02	0,01	0,01	*
Neuseeland	270,5	4,4	5,7	0,908
Niue	0,3	0,001	0,001	*
Palau	0,5	0,02	0,03	0,779
Papua-Neuguinea	462,8	6,9	13,5	0,462
Salomonen	28,9	0,5	1,2	0,507
Samoa	2,8	0,2	0,2	0,686
Tonga	0,7	0,1	0,1	0,703
Tuvalu	0,03	0,01	0,01	*
Vanuatu	12,2	0,2	0,5	0,615

Abhängige Gebiete (mit Selbstverwaltung)

Großbritannien (Vereinigtes Königreich):				
Pitcairn	0,005	0,0001	*	*
Frankreich:				
Neukaledonien	18,575	0,3	0,3	*
Französisch-Polynesien	4,0	0,3	0,3	*
Wallis und Futuna	0,1	0,01	0,01	*
Neuseeland:				
Tokelau	0,01	0,001	0,001	*
Vereinigte Staaten:				
Guam	0,5	0,2	0,2	*
Amerikanisch-Samoa	0,2	0,07	0,1	*
Nördliche Marianen	0,5	0,06	0,07	*

Nord- und Mittelamerika	Fläche in Tsd. km²	Einwohner in Mio. 2010	Einwohner in Mio. 2050	Entwicklungs-stand 2010 (HDI)
Antigua und Barbuda	0,4	0,09	0,1	0,763
Bahamas	13,9	0,3	0,4	0,770

Nord- und Mittelamerika	Fläche in Tsd. km²	Einwohner in Mio. 2010	Einwohner in Mio. 2050	Entwicklungs-stand 2010 (HDI)
Barbados	0,4	0,3	0,3	0,791
Belize	23,0	0,3	0,5	0,698
Costa Rica	51,1	4,7	6,0	0,742
Dominica	0,8	0,07	0,07	0,723
Dominikanische Republik	48,7	9,9	12,9	0,686
El Salvador	21,0	6,2	7,6	0,672
Grenada	0,3	0,1	0,1	0,746
Guatemala	108,9	14,4	31,6	0,573
Haiti	27,8	10,0	14,2	0,449
Honduras	112,5	7,6	12,9	0,623
Jamaika	11,0	2,7	2,6	0,726
Kanada	9984,7	34,0	43,6	0,907
Kuba	109,9	11,3	9,9	0,773
Mexiko	1964,4	113,4	143,9	0,767
Nicaragua	130,4	5,8	7,8	0,587
Panama	75,4	3,5	5,1	0,765
St. Kitts und Nevis	0,3	0,05	0,07	0,735
St. Lucia	0,5	0,2	0,2	0,720
St. Vincent und die Grenadinen	0,4	0,1	0,1	0,715
Vereinigte Staaten von Amerika	9629,1	310,4	403,1	0,908

Abhängige Gebiete (mit Selbstverwaltung)

Dänemark:				
Kalaallit Nunaat	2166,1	0,06	0,05	*
Frankreich:				
Saint-Martin	0,05	0,07	*	*
Großbritannien (Vereinigtes Königreich):				
Anguilla	0,1	0,02	0,02	*
Bermuda	0,05	0,07	0,07	*
Caymaninseln	0,3	0,06	0,06	*
Jungferninseln	0,2	0,02	0,03	*
Montserrat	0,1	0,01	0,01	*
Turks- und Caicosinseln	0,9	0,04	0,05	*
Niederlande:				
Sint Maarten	0,03	0,04	*	*
Vereinigte Staaten:				
Jungferninseln	0,3	0,1	0,1	*
Puerto Rico	8,9	3,7	3,7	*

Südamerika	Fläche in Tsd. km²	Einwohner in Mio. 2010	Einwohner in Mio. 2050	Entwicklungs-stand 2010 (HDI)
Argentinien	2780,4	40,4	50,6	0,794
Bolivien	1098,6	9,9	16,8	0,660
Brasilien	8514,9	194,9	222,8	0,715
Chile	756,1	17,1	20,1	0,802
Ecuador	256,4	14,5	19,5	0,718
Guyana	215,0	0,8	0,8	0,629
Kolumbien	1141,7	46,3	61,8	0,707
Paraguay	406,8	6,5	10,3	0,662
Peru	1285,2	29,1	38,8	0,721
Suriname	163,8	0,5	0,6	0,677
Trinidad und Tobago	5,1	1,3	1,3	0,758
Uruguay	176,2	3,4	3,7	0,780
Venezuela	912,1	29,0	41,8	0,734

Abhängige Gebiete (mit Selbstverwaltung)

Großbritannien (Vereinigtes Königreich):				
Falklandinseln	0,01	0,003	0,003	*
Niederlande:				
Aruba	0,2	0,2	0,2	*
Curaçao	0,4	0,1	0,1	*

Antarktis	Fläche in Tsd. km²
	13 200,0

Welt	Fläche in Tsd. km²	Einwohner in Mio. 2010	Einwohner in Mio. 2050
	149 124,2	6 876,0	9 292,6

Europa

Ballungsraum*	Einwohner in Mio.	weitere beteiligte Städte	Staat
Moskau	16,1	Khimki, Krasnogorsk	Russland
İstanbul	13,2	Kadıköy, Bağcılar	Türkei
London	12,6	Barnet, Sutton, Slough	Großbritannien
Rhein-Ruhr	11,0	Köln, Düsseldorf, Essen	Deutschland
Paris	10,5		Frankreich
Madrid	6,6	Getafe, Leganés	Spanien
St. Petersburg	5,1		Russland
Mailand	4,6	Monza	Italien
Barcelona	4,5	Badalona, L'Hospitalet	Spanien
Berlin	4,3	Potsdam	Deutschland
Neapel	4,2	Caserta	Italien
Athen	3,5	Piräus	Griechenland
Kiew	3,3		Ukraine
Rom	3,3		Italien
Rotterdam	2,8	Den Haag	Niederlande
Birmingham	2,7	Wolverhampton, Walsall	Großbritannien
Lissabon	2,6	Setúbal	Portugal
Budapest	2,5		Ungarn
Warschau	2,3		Polen
Hamburg	2,2		Deutschland
Bukarest	2,1		Rumänien
Stockholm	2,1		Schweden

Asien

Ballungsraum*	Einwohner in Mio.	weitere beteiligte Städte	Staat
Tokyo	34,4	Yokohama, Kawasaki, Saitama	Japan
Kanton	25,4	Dongguan, Zhongshan, Foshan	China
Seoul	25,2	Incheon, Suwon, Seongnam	Südkorea
Shanghai	24,9	Suzhou, Wuxi, Changzhou	China
Delhi	23,5	New Delhi, Faridabad	Indien
Bombay	23,2	Kalyan, Bhiwandi, Thane	Indien
Manila	20,4	Quezon City, Kalookan	Philippinen
Jakarta	19,0	Bogor, Bekasi, Tangerang	Indonesien
Karachi	17,1		Pakistan
Osaka	16,8	Kyoto, Kobe	Japan
Kalkutta	16,4	Haora	Indien
Peking	16,1		China
Dhaka	13,8	Narayanganj, Tongi	Bangladesch
Teheran	13,3	Karaj	Iran
Tianjin	9,8		China
Shenzhen	9,7		China
Bangkok	9,6		Thailand
Bangalore	9,0		Indien
Lahore	9,0		Indien
Wuhan	9,0		China
Taipeh	8,9	Hsintschu, Kilung, Jhongli	Taiwan
Madras	8,7		Indien
Nagoya	8,4	Aichi	Japan
Hyderabad	7,8		Indien
Ho Chi Minh	7,7	Bien Hòa	Vietnam
Hongkong	7,1	Kowloon, Victoria	China
Shenyang	7,1	Fushun	China
Bagdad	6,6		Irak
Kuala Lumpur	6,4	Kelang	Malaysia
Ahmadabad	6,2		Indien
Chengdu	6,2		China
Chongqing	6,2		China
Xi'an	6,0	Xianyang	China
Riad	5,7		Saudi-Arabien
Nanjing	5,3		China
Pune	5,2	Pimpri Chinchwad	Indien
Singapur	5,1		Singapur
Rangun	4,9		Myanmar
Chittagong	4,8		Bangladesch
Harbin	4,6		China
Ankara	4,3		Türkei
Surat	4,3		Indien
Jiddah	3,7		Saudi-Arabien
Kuwait	3,7	Al Jahra	Kuwait
Pusan	3,7		Südkorea
Faisalabad	3,5		Pakistan
Damaskus	3,4		Syrien
Amman	3,1	Az Zarqa	Jordanien
Kabul	3,1		Afghanistan
İzmir	2,9		Türkei
Aleppo	2,8		Syrien
Meschhed	2,8		Iran
Colombo	2,7		Sri Lanka
Hanoi	2,7		Vietnam
Medan	2,7	Pelabuhan Belawan	Indonesien
Pjöngjang	2,7		Nordkorea
Sanaa	2,3		Jemen
Dubai	1,7	Ash Shariqah	V. A. Emirate
Beirut	1,3		Libanon

Afrika

Ballungsraum*	Einwohner in Mio.	weitere beteiligte Städte	Staat
Kairo	15,5	Gise, Shubra el-Kheima, Helwan	Ägypten
Lagos	12,4		Nigeria
Kinshasa	9,4		D. R. Kongo
Johannesburg	7,9	Soweto, Benoni, Vereeniging	Südafrika
Khartoum	5,1	North Khartoum, Omdurman	Sudan
Luanda	5,0		Angola
Alexandria	4,7		Ägypten
Casablanca	4,1	Mohammedia	Marokko
Kapstadt	4,0		Südafrika
Accra	3,8	Tema	Ghana
Durban	3,8		Südafrika
Nairobi	3,7	Ruiru	Kenia
Kano	3,6		Nigeria
Ibadan	3,5		Nigeria
Daressalam	3,4		Tansania
Algier	3,3		Algerien
Addis Abeba	3,2		Äthiopien
Harare	3,0	Chitungwiza	Simbabwe
Dakar	2,8	Thiès	Senegal
Pretoria	2,7	Mamelodi, Centurion	Südafrika
Douala	2,5		Kamerun
Jaunde	2,4		Kamerun
Tunis	2,4	Karthago	Tunesien
Brazzaville	1,7		Kongo

Australien und Ozeanien

Ballungsraum*	Einwohner in Mio.	weitere beteiligte Städte	Staat
Sydney	4,7		Australien
Melbourne	4,2	Geelong	Australien
Brisbane	2,1	Gold Coast, Ipswich	Australien
Auckland	1,4		Neuseeland
Honolulu	0,8	Pearl City	USA

Nord- und Mittelamerika

Ballungsraum*	Einwohner in Mio.	weitere beteiligte Städte	Staat
Mexiko	23,0	Nezahualcóyotl, Ecatepec	Mexiko
New York	22,0	Newark, Paterson	USA
Los Angeles	18,1	Riverside, Anaheim	USA
Chicago	9,8	Hammond	USA
Washington	8,6	Baltimore, Annapolis	USA
San Francisco	7,5	Oakland, San José	USA
Boston	7,4	Providence, Lawrence	USA
Dallas	6,7	Fort Worth	USA
Philadelphia	6,6	Trenton, Wilmington	USA
Houston	6,2	Galveston, Pasadena	USA
Toronto	5,9	Hamilton, Oshawa	Kanada
Atlanta	5,7	Marietta, Sandy Springs	USA
Miami	5,7	Fort Lauderdale	USA
Detroit	5,5	Windsor	USA
Guadalajara	4,8	Zapopan, Tlaquepaque	Mexiko
Monterrey	4,4	Apodaca	Mexiko
Phoenix	4,4	Scottsdale	USA
Seattle	4,1	Tacoma	USA
Montreal	3,9	Terrebonne	Kanada
Santo Domingo	3,4	La Caleta	Dominikan. Rep.
Denver	3,2	Aurora	USA
San Diego	3,2	Oceanside	USA
Puebla	2,9	Tlaxcala	Mexiko
Guatemala	2,8	Mixco	Guatemala
Port-au-Prince	2,6		Haiti
San Antonio	2,2		USA

Südamerika

Ballungsraum*	Einwohner in Mio.	weitere beteiligte Städte	Staat
São Paulo	21,0	Guarulhos, São Bernardo	Brasilien
Buenos Aires	14,2	La Plata, San Justo	Argentinien
Rio de Janeiro	12,6	Nova Iguaçu, São Gonçalo	Brasilien
Lima	9,3	Callao, San Juan	Peru
Bogotá	8,8	Soacha	Kolumbien
Santiago de Chile	6,1		Chile
Belo Horizonte	5,8	Betim	Brasilien
Caracas	4,5	Maiquetia, Guarenas	Venezuela
Porto Alegre	4,2	Canoas, Novo Hamburgo	Brasilien
Brasília	4,0		Brasilien
Recife	4,0	Jaboatão, Olinda, Paulista	Brasilien
Fortaleza	3,8	Maracanaú, Caucaia	Brasilien
Salvador	3,7	Camaçari	Brasilien
Medellín	3,6	Rionegro, Bello	Kolumbien
Curitiba	3,4	São José, Pinhais	Brasilien
Cali	2,8	Palmira	Kolumbien
Guayaquil	2,6		Ecuador
Asunción	2,3		Paraguay
La Paz	2,0	El Alto	Bolivien
Montevideo	1,8		Uruguay
Santa Cruz	1,8		Bolivien
Quito	1,7		Ecuador

* zusammenhängend überbautes Siedlungsgebiet

EINFÜHRUNG · DEUTSCHLAND · EUROPA · ASIEN · AFRIKA und ORIENT · AUSTRALIEN und POLE · AMERIKA · WELT · REGISTER

Fluss	Länge in km	Mittl. Abfluss in m³/s
Europa		
Wolga	3 530	8 364
Donau	2 850	6 499
Ural	2 428	298
Dnipro	2 200	1 428
Don	1 870	811
Petschora	1 809	4 272
Kama	1 805	1 754
Rhein	1 230	2 291
Elbe	1 165	784
Weichsel	1 047	1 055
Loire	1 020	837
Tajo	1 007	371
Po	652	1 515
Themse	330	82
Asien		
Jangtsekiang	6 300	28 811
Huang He **	5 464	1 479
Amur/Ergun He	4 424	9 719
Lena	4 400	16 971
Mekong	4 350	10 805
Irtysch	4 248	2 113
Jenissei	4 090	18 311
Ob	3 650	12 759
Euphrat/Murat **	3 380	937
Syr-Darja/Naryn **	3 019	365
Untere Tunguska	2 989	3 404
Indus **	ca. 2 900	3 417
Brahmaputra	2 900	19 331
Amu-Darja/Wachandarja	2 540	1 397
Ganges	2 510	11 460
Saluën	2 414	ca. 5 800
Aldan	2 273	5 246
Kolyma	2 129	3 254
Tarim He	2 030	ca. 900
Tigris **	1 900	1 210
Afrika		
Nil/Kagera **	6 650	2 758
Kongo	4 374	40 098
Niger	ca. 4 200	ca. 5 500
Sambesi	3 540	3 337
Oubangui/Uele	2 250	4 067
Oranje	ca. 2 200	219
Kasai	2 153	ca. 9 900
Okavango	ca. 1 700	317
Djuba	1 650	193
Senegal/Bafing **	1 641	761
Gambia **	1 120	153
Australien		
Darling **	2 739	25
Murray **	2 530	207
Nord- und Mittelamerika		
Mississippi/Missouri	5 971	18 566
Mackenzie/Peace/Sklavenfluss	4 241	9 119
Yukon	3 190	6 394
Rio Grande **	3 060	113
Nelson/Saskatchewan	2 575	3 486
Arkansas	2 350	1 058
Colorado **	2 330	473
Ohio/Alleghany	2 095	7 483
Columbia	ca. 2 000	5 491
Snake	1 670	1 388
Churchill	1 609	1 861
Tennessee/French Broad	1 426	1 844
Südamerika		
Amazonas/Marañón	ca. 6 400	192 918
Paraná	3 998	16 492
Madeira/Mamoré/Río Grande	3 352	17 010
Purus	3 211	10 435
São Francisco	2 914	2 808
Japurá/Caquetá	2 820	13 915
Orinoco	2 740	32 102
Tocantins	2 699	11 454
Paraguay	2 550	2 009
Rio Negro	2 253	ca. 28 000
Xingu	ca. 2 100	8 610
Tapajós/Teles Pires	1 992	8 342
Uruguay	1 593	5 361
Magdalena	1 497	7 243

** hohe Wasserentnahme durch die Landwirtschaft

See (ständig Wasser führend)	Fläche in km²
Europa	
Ladogasee	18 135
Onegasee	9 720
Vänersee	5 650
Peipussee	3 550
Balaton	598
Bodensee	536
Asien	
Kaspisches Meer	386 400
Baikalsee	31 499
Balchaschsee	18 428
Issykkul	6 280
Aralsee, nördlicher Teil	3 300
Tonle Sap	2 700 – 10 360
Totes Meer	810
Afrika	
Victoriasee	69 484
Tanganjikasee	32 893
Malawisee	29 604
Turkanasee	6 405
Albertsee	5 374
Australien, Ozeanien und Antarktis	
Tauposee (Neuseeland, Nordinsel)	606
Nord- und Mittelamerika	
Oberer See	82 141
Huronsee	59 570
Michigansee	57 757
Großer Bärensee	31 328
Großer Sklavensee	28 568
Großer Salzsee	4 662
Südamerika	
Maracaibosee	13 010
Titicacasee	8 288
Poopósee	2 530

Insel	Fläche in km²
Europa	
Großbritannien	216 777
Island	103 082
Irland	84 426
Spitzbergen	39 044
Sizilien	25 426
Rügen	930
Asien	
Borneo	744 108
Sumatra	443 066
Honshu	227 898
Celebes	189 218
Java	132 189
Ceylon	64 491
Taiwan	36 008
Afrika	
Madagaskar	587 941
Australien, Ozeanien und Antarktis	
Neuguinea	800 311
Neuseeland, Südinsel	151 215
Neuseeland, Nordinsel	115 778
Tasmanien	67 858
Hawaii, Big Island	10 430
Nord- und Mittelamerika	
Grönland	2 175 597
Baffininsel	507 451
Victoria-Insel	217 291
Kuba	110 860
Neufundland	108 860
Hispaniola	75 887
Südamerika	
Feuerland	48 187
Chiloé	8 394
Falkland, Ostinsel	6 605

Berg	Höhe in m
Europa	
Montblanc	4 807
Monte Rosa (ca. 25 km östl. Matterhorn)	4 634
Dom (ca. 30 km nordöstl. Matterhorn)	4 545
Weisshorn (ca. 25 km nördl. Matterhorn)	4 505
Matterhorn	4 478
Finsteraarhorn	4 274
Barre des Écrins	4 102
Gran Paradiso	4 061
Ortler	3 899
Großglockner	3 797
Pico de Aneto	3 404
Ätna	3 340
Zugspitze	2 962
Olymp	2 911
Ben Nevis	1 343
Asien	
Mt. Everest	8 846
K2	8 611
Kanchenjunga (ca. 120 km östl. Mt. Everest)	8 586
Lhotse (ca. 5 km südl. Mt. Everest)	8 516
Makalu (ca. 25 km südöstl. Mt. Everest)	8 463
Cho Oyu (ca. 30 km nordwestl. Mt. Everest)	8 201
Dhaulagiri (ca. 35 km östl. Annapurna)	8 167
Nanga Parbat	8 126
Annapurna	8 078
Nanda Devi	7 816
Namcha Barwa	7 756
Kongur	7 719
Gongga	7 590
Pik Pobeda	7 439
Elbrus	5 642
Demawend	5 604
Ararat	5 165
Kljutschewskaja Sopka	4 750
Belucha	4 506
Fudschijama	3 776
Afrika	
Kilimandscharo (Kibo)	5 895
Mt. Kenia	5 199
Ruwenzori (Mt. Stanley)	5 109
Ras Dashan	4 620
Meru	4 567
Elgon	4 321
Toubkal	4 165
Kamerunberg	4 070
Pico de Teide	3 718
Australien, Ozeanien und Antarktis	
Vinsonmassiv (Mt. Vinson)	5 140
Puncak Jaya	5 029
Mt. Kirkpatrick	4 528
Mt. Wilhelm	4 509
Mauna Kea	4 205
Mt. Victoria	4 072
Mt. Cook	3 764
Mt. Kosciuszko	2 230
Nord- und Mittelamerika	
Mt. McKinley	6 193
Mt. Logan	6 050
Pico de Orizaba	5 700
Mt. St. Elias (ca. 50 km südwestl. Mt. Logan)	5 488
Popocatépetl	5 452
Mt. Whitney	4 418
Mt. Rainier	4 392
Tajumulco	4 217
Gunnbjörnfjeld	3 700
Südamerika	
Aconcagua	6 959
Ojos del Salado	6 880
Bonete (ca. 20 km nördl. Aconcagua)	6 872
Tupungato (ca. 50 km südl. Aconcagua)	6 860
Huascarán	6 768
Sajama	6 520
Illimani	6 439
Chimborazo	6 272
Cotopaxi	5 897
Huila	5 750
Pico Bolívar	5 007
San Valentín	4 058

EINFÜHRUNG
DEUTSCHLAND
EUROPA
ASIEN
AFRIKA und ORIENT
AUSTRALIEN und POLE
AMERIKA
WELT
REGISTER

Sachwort	Deutschland	Europa	Asien	Afrika und Orient	Amerika Australien Pole	Welt
Abendländische Kultur		88				153.3
Abholzung						176.1, 176.3
Ablagerung	36, 37.2-3					
Abraumhalden	47.5					
Abschmelzendes Eis	37.2			130		
Abwanderungsgebiete	56.3					
Ackerbau	30.2			120.1		180.1
Agglomeration	46, 52.2, 56.1			121.7	149.2, 150.1-2	188.2
Agrarprodukte	30.2	58, 64.2	90, 96.2	108.1, 111.3, 120.1	123.1, 132.1, 133.2, 138.2	180-183
AIDS (HIV)						191.3
Alternative Energien	49.2					
Altersaufbau	56.2	86.2				188.1
Alterspyramide	56.2					188.1
Altindustrialisierter Raum	46					
Altmoränenlandschaft	36.1, 37.2					
Altstadt				120.2		
Amerikanische Stadt					149.2, 150.1	
Anbauzonen	30.2	64.2				180.1
Angloamerika					132.1, 134.1, 136.1, 140	153.3
Aquakulturen						184.1
Äquator	Atlaseinführung 10.2					
Arbeitslosigkeit	57.4	86.2				
Arbeitsplatzangebot	44.1	80.1				
Aride Räume		73.6, 73.7	106.1	120		164-165
ASEAN-Staaten						159.3
Astenosphäre						173.4
Atlantisches Klima		72, 73.6				168-171
Atmoshärische Zirkulation						166.1
Ausländer	57.4, 57.5	88				
Außenhandelsstruktur						186.2
Badetourismus	40.1, 41.2	58, 78	90	108	123.1, 132.1	
Ballungsraum	31.4, 46, 52.2, 56.1	86.1, 87.3	97.4		129.3, 139.4, 149.2, 151.1-2	188.2
Ballungszentrum	31.4, 46, 52.2, 56.1	86.1, 87.3	97.4		129.3, 139.4, 149.2, 151.1-2	188.2
Baumgrenze					130.1	178.1
Bauwerke		58	90	108	123.1, 132.1, 133.2	
Belastungsgebiet			106.1			176.1
Beleuchtungszone						160.4
Bergbau	46, 47.5	81.3	104.1	116.2, 117.3, 119.2-3	129.2, 131.1, 148.1	
Bergwind	38.4					
Beschäftigungsquote		86.2				
Bevölkerungsdichte	31.4, 56.1	86.1		113.3	129.3, 139.4, 148.2	188.2
Bevölkerungsdynamik	56.3			121.7		188.1-2
Bevölkerungsentwicklung	56.3			121.7		188.1-2
Bevölkerungsstruktur	57.5	86.2			149.1	188.1
Bevölkerungsverteilung	31.4, 56.1	65.4, 86.1	97.4	113.3	139.4	153.4, 188.1-2

Sachwort	Deutschland	Europa	Asien	Afrika und Orient	Amerika Australien Pole	Welt
Bevölkerungswachstum	56.3					188.1-2
Bevölkerungswanderung	56.3					
Bewässerungprojekte			122.2			
Bewässerungswirtschaft			106.1, 122.2	120.1, 120.2		
Bildung	52.1					
Binnenmarkt						186.2
Binnenschifffahrt	45.2, 46	66-71	98-101	114-117	128, 140-144	
Binnenstaat		62	94	112.1	137.2	158.1
Biosphärenreservat	41.3					
Bodenbelastung			106.1			176.1
Bodenschätze	31.3, 46, 47.2, 47.5, 48.1	65.3, 81.3	104.1	116.2, 117.3, 119.2-3	129.2, 131.3-4, 145, 148.1	
Bodenversalzung				176.2		176.2
Bodenzerstörung					151.3	176.1
Borealer Nadelwald			106.1		130.1	178.1-2
Brandrodung					151	
Braunkohlentagebau	47.5, 48.1					
Breitenkreis	Atlaseinführung 10.2					
Bruchschollenland	37.3					
Bruchtektonik	37.3	77.1				
Bruttoinlandsprodukt (BIP)		80.1, 82	102	118.1	146.1, 147.2	187.3
Bundesland	29.2					
Bundesstaatliche Gliederung	29.2					
Bündnissysteme		83				158.1, 159.3
City	52.1	87.3		121.7	149.2, 150.1	
CO_2						176.1
Datumsgrenze						161.5, 162.3
Dauerfrostboden			106.1		130.1	
Delta			106.2	121.5-6		
Desertifikation			106.1			174.1, 176.1
Diagramme	Atlaseinführung 12.1, 12.3					
Dichtezentren	31.4, 52.2, 56.1	53.4, 86-87	97.4	113.3	129.3, 148.2	153.4, 188.2
Dienstleistungen	31.3, 44.1, 46, 47.2-4	65.3, 80.1	97.3, 102, 104-105	113.2, 118.1	129.1, 139.3, 145-147	187.3
Dienstleistungsbereich	Atlaseinführung 14.1, 15					
Diluviallandschaft	36.1					
Dornsavanne				108.1		178.1-2
Dritte Welt						190.1
Dürrerisiko			106.1			174.1
Ebbe	42.1					
Einwohner (Bundesländer, Staaten)	29.2	62	94	112.1	126, 136-137	188.1
Eisenbahn	45.2	66-71	98-101	114-117	128, 140-144	
Eisenverarbeitende Industrie	44.1, 46	81.2	104-105	118.1, 119.2-3	129.2, 145-147	
Eisstromnetz	36.1					
Eisvorstoß	36.1					
Eiszeit	36.1, 37.2	76				
Eiszeitalter	37.2	76				

Sachwort	Deutschland	Europa	Asien	Afrika und Orient	Amerika Australien Pole	Welt
Hochgebirgsvorland	36.1	77.3				
Hochgeschwindigkeitsnetz	43.2, 45.2					
Hochseefischerei						184.1
Hochwassergefahr	42.1		106.1			174.1
Höhenfarben	Atlaseinführung 10.1					
Höhenklima		73	96.1	111.2	138.1	168-171
Höhenlinie	Atlaseinführung 10.1					
Höhenstufe	Atlaseinführung 10.1					
Holzwirtschaft						180.1
Horizontalluftbild	Atlaseinführung 8.1					
Human Development Index (HDI)						190.1
Humidität	30.1, 36.1-2	72.1, 72.3, 72.5				164-165
Hunger						190.2
Hurrikan					174.2	174.1
Individualverkehr	45.2					
Industrialisierung	46				129.1, 146-147	
Industrie	31.3, 44.1, 46, 47.2-4	59.3, 80-81	97.3, 104-105	113.2, 116-119	129.2, 131.3, 139.2, 145-147, 148.1	
Industrieentwicklung	46					
Industriegebiet	31.3, 44.1, 46, 47.2-4	81.2	104-105	118.1	129.1, 146-147	
Industrieland						190.1
Industrieprodukte	44.1, 47.2-4	58	90, 104-105	108.1, 118.1	132-133	
Industrieraum	44.1, 46, 47.2-4	80.1, 81.2	102, 104-105	118.1	129.1, 145-147	
Industrieregion	44.1, 46, 47.2-4	80.1, 81.2			129.1, 145-147	
Industriezweig	Atlaseinführung 14.1, 14.2					
Inlandvereisung	37.2				130	
Innertropische Konvergenz (ITC)						164, 166.1, 168-171
Integration	57.5	88				
Interessengebiete					131	
Islamischer Kulturkreis (Islam)		88	90	108.1, 109.3, 120.2		153.3
Jahreszeiten						160.3
Jahreszeitenklima						168.1, 168.3, 164-165
Kalte Klimazone		64.1, 72.5, 73.6	96.1		130, 138.1	152.2, 168-171
Kältegrenze			106.1		130	
Kanal	45.2, 46	66-71				
Kernenergie	48.1		104-105	116.2, 117.3, 119.2-3	145	
Kieswüste			120.1, 120.4			
Klima	30.1	64.1, 72-75	96.1	111.1	138.1	166.2, 168-171
Klimadiagramm	38.2	72.5, 75.3				168.3, 170.3
Klimadiagramm (Interpretation)	Atlaseinführung 12.2					
Klimaelement	38.1, 38.4, 39.3	72				164-165
Klimafaktor		73.6				
Klimaregion	30.1	73.6	96.1			168-171
Klimaschutz						176-177
Klimatypen		73.6, 75.5	96.1		138.1	168-171
Klimawandel	39.5					167, 174.1

Sachwort	Deutschland	Europa	Asien	Afrika und Orient	Amerika Australien Pole	Welt
Klimazonen	30.1	64.1, 73.6, 75.5	96.1	111.1	138.1	168-171
Kohle- und Stahlkrise	46					
Kohlendioxausstoß						176.1
Kontinentaldrift						172.3
Kontinentales Klima		73.6				168-171
Kontinentalverschiebung		77.1, 77.3				172.1, 172.3
Kontinente						152.1
Konvektionsstrom						172.2
Koordinaten	Atlaseinführung 10.2					
Krankheiten						191.3
Krillbestände						184.1
Krustenbewegungen		77.1				172-173
Kulturangebot	52.1				149.2	
Kulturelle Differenzierung		58, 88	90	108.1	123.1, 132.1, 133.2	153.3
Kulturerdteile			90	109.2	123.1, 132.1, 133.2	153.3
Kulturkreise		88	90	109.2	123.1, 132.1, 133.2	153.3
Kulturlandschaft						180.1
Kulturraum		88				153.3
Künstliche Freizeitwelten	40.1	78.2				
Kurorte	40.1					
Küstenlandschaft	36.1, 42.1					
Küstenschutz	42.1					
Küstenveränderung	42.1					
Küstenwüsten						178.1
Lagerstätten	46, 48.1	81.3	97.3, 104-105	116.2, 117.3, 119.2-3	129.2, 131.3, 139.2, 145-147, 148.1	
Ländlicher Raum	57.4					
Landnutzung	30.2	58, 64.2, 77.2	90, 106.1	108.1	123.1, 132.1, 133.2, 151	178.1, 180.1
Landschaftschutzgebiet	41.3, 42.1					
Landschaftsgefährdung	42.1		106.1			176-177
Landschaftpflege	41.3					
Landschaftsschaden	41.3					176-177
Landschaftsschutz	41.3					
Landschaftszonen	36.1	58	90	122, 120.1	123.1, 132.1, 133.2	178.1-2
Landwirtschaft	30.2	64.2, 77.2	96.2, 106.1	111.3	138.2	180.1
Längenkreis	Atlaseinführung 10.2					
Lateinamerika					133.2, 135.2, 137.2	153.3
Lava		77.2				
Lebenserwartung						189.3
Lithosphärenplatte		77.1				172.1-2
Lössablagerung		76.1				
Luftbelastung						176.1
Luftbild	Atlaseinführung 8.1					
Luftfeuchtigkeit	38.4					
Luv- und Leeseite	38.4					
Manufacturing Belt					145.1	

Sachwort	Deutschland	Europa	Asien	Afrika und Orient	Amerika Australien Pole	Welt
Maritimes Klima		73.6				168-171
Marsch	34.1, 42.1					
Maschinenbau	44.1, 46, 47.2-4	81.2	104-105	118.1	145	
Massentourismus		78.2, 79.3				
Maßstab	Atlaseinführung 8.2					
Materialtransport	37.2, 37.3	77.3		120.4		
Mediterranes Klima		72.5, 73.6				168-171
Meeresspiegelanstieg						167.3
Meeresströmungen		73.6				168.1, 184.2
Meeresvereisung		76.1			130	
Meeresverschmutzung						176.1
Megalopolis		87.3			149.2	188.2
Megastadt			97.4			188.2
Melting pot					149.1	
Metropolen	52.2	58, 87.3	90, 97.4	108.1	123.1, 132.1, 133.2, 149.2, 150.1-2	188.2
Metropolisierung					150.1	188.2
Migrationen					149.1	
Mineralische Rohstoffe		81.3	104-105	116.2, 117.3, 119.2-3	129.2, 131.3, 139.2, 145-147, 148.1	
Mischwald		58	90	108.1	123.1, 132.1, 133.2	178.1-2
Mittelgebirge	41.2, 42.2					
Mittelmeerklima		72.5, 73.6		138.1		168-171
Mittelozeanischer Rücken					154-155, 156-157, 172.1-2	
Mitternachtssonne						160.3
Mobilität	57.4					
Moderne Wirtschaftsbereiche	44.1, 47.2-4	81.2, 81.3, 82.2	102, 104-105	118.1	129.1, 145-147	187.3
Mond						160.2
Monsunklima						164
Moräne	36.1, 37.2	76.1				
Multikulturelle Gesellschaft	57.5	88				
Nadelwaldzone		58	90		123.1, 130.1, 132.1, 133.2	178.1-2
NAFTA-Staaten						186.1
Naherholung	52.2, 53.3	87.3				
Nahostkonflikt				122		
Nationalitäten	57.5	88				
Nationalpark	41.3, 42.1					
Nationalparktourismus	42.1					
NATO						159.3
Naturgefahr			106.1			174-175
Naturgewalten		76.1			174.2	174-175
Naturkatastrophen		77.1			174.2	174-175
Naturlandschaft		58, 76.1	90	108.1, 120.1	123.1, 130.1, 132.1, 133.2	178-179
Natürliche Vegetation		76.1				178.1-2
Naturpark	41.3					
Naturraum	41.3		106.1	120.1		179.3
Naturrisiko						174-175

Sachwort	Deutschland	Europa	Asien	Afrika und Orient	Amerika Australien Pole	Welt
Naturschaden						174-175
Naturschutzgebiet	41.3					
Niederschlag	38.1, 39.5	72.1, 72.3, 72.5				164
Nordhalbkugel	Atlaseinführung 10.2					
Nord-Süd-Gegensatz						190-191
Nullmeridian	Atlaseinführung 10.2					
Nutzholz						180.1
Nutzpflanzen				120.3		180.1
Nutzungsgrenzen	42.1		106.1	120.1		
Nutzungskonflikte	41.3, 42.1					
Oasenwirtschaft				120.1, 120.2		
Oberflächenform	36.1, 37.2-3					
Ökosystem	42.1		106.1		130.1	
Ölverschmutzung						176.1
Osterweiterung		83.3				
Ozeane						152.1, 154-155
Ozeanische Zirkulation						184.2
Ozeanisches Klima		72.5, 73.6				168-171
Pacific Rim						172.1
Packeis			76.1		130.1	
Palästinenserfrage				122		
Parlamentarische Demokratie	52.1					
Passatzirkulation						166.1, 168.2
Pendlerströme	52.2					
Perglazialbereich	36.1, 37.2					
Permafrostbereich			106.1		130	
Physische Karte	Atlaseinführung 6.1, 6.4, 8.2, 8.3					
Physische Übersicht	28.1	60	92	110.1	124-125, 134-135	156-157
Physischer Raum	32-35	66-71	98-101	114-117	128, 140-144	156-157
Phytoplankton						184.1
Pipelines		81.3	104-105	116.2, 117.3, 119.2-3	145, 148.1	
Planeten						160.1-2
Plattentektonik		77.1				172-173
Pol	Atlaseinführung 10.2					
Polarkreis						160.3
Polarregionen					130-131	
Polartag, Polarnacht						160.3
Politische Institutionen	52.1	83				
Politische Karte	Atlaseinführung 6.1					
Primärer Sektor	30.2, 31.3, 46, 47.5, 48	64.2, 82.2				180-181
Projektion	Atlaseinführung 10.3					
Radioaktive Verseuchung						176.1
Raubbau						176.1
Regenfeldbau			106.1	120.1		
Regenwald			106.1			178.1-2

Registerregeln

Bei Schreibweise, Anordnung und Alphabetisierung der Eintragungen
wurden folgende Regeln angewendet:

1. Der dem Namen folgende Kartenverweis nennt die Kartenseite und das
Gradnetzfeld der Karte im Heimatteil Brandenburg.
2. Das Namenregister ist der deutschen Buchstabenfolge entsprechend
alphabetisch geordnet. Die Umlaute ä, ö, ü werden wie
a, o, u und ß wie ss behandelt.
3. Einem Namen vorangestellte Zusätze (wie Bad oder Sankt) gelten
als fester Bestandteil des Namens und sind bei der Alphabetisierung
entsprechend berücksichtigt.
4. In den Karten abgekürzte Namen sind im Register grundsätzlich
ausgeschrieben.

5. Gleich lautende Namen werden durch näher kennzeichnende Erklärungen
oder Landschaften unterschieden, z.B. **Arendsee; Stadt** oder **Neustadt
(Dosse)**.
6. Ortsteilen ist der Stadt- bzw. Gemeindename in runden Klammern
hinzugefügt, z.B. **Bindow (Heidesee-)**.
7. Ergänzende Namensformen, ob in deutscher, landesüblicher oder
regionaler Schreibweise sind in eckigen Klammern angegeben, z.B.
Greifenhagen [Gryfino], **Gryfino [Greifenhagen]**

A

Ahlbeck 18/19 G 1
Ahrensfelde 18/19 F 3
Aland 18/19 B 3
Altdöbern [Stara Darbnja] 20/21 F 3
Altdöberner See 20/21 EF 3
Alte Elde 18/19 A 2
Alte Jäglitz 18/19 C 3
Altentreptow 18/19 E 1
Alte Oder 18/19 G 3
Alter Rhin 18/19 D 3
Altlandsberg 18/19 F 3
Altmark 18/19 AB 3
Altmärkische Höhe 18/19 B 3
Altreetz (Oderaue-) 18/19 G 3
Alt Ruppin (Neuruppin-) 18/19 D 3
Alt Zeschdorf (Zeschdorf-) 20/21 F 2
Am Mellensee 20/21 D 2
Angermünde 18/19 FG 2
Annaburg 20/21 D 3
Annaburger Heide 20/21 CD 3
Annahütte (Schipkau-) [Serchiń
(Šejkow-)] 20/21 E 3
Arendsee; See 18/19 AB 3
Arendsee; Stadt 18/19 A 3
Arensberg 18/19 BC 3
Arneburg 18/19 C 3
Arzberg 20/21 D 3

B

Babelsberg (Potsdam-) 20/21 D 2
Bad Belzig 20/21 C 2
Bad Freienwalde 18/19 G 3
Bad Liebenwerda 20/21 D 3
Bad Muskau [Mésto Mužakow]
20/21 G 3
Bad Saarow 20/21 F 2
Bad Schmiedeberg 20/21 C 3
Bad Schönfließ [Trzcińsko-Zdrój]
18/19 H 3
Bad Wilsnack 18/19 B 3
Baek (Groß Pankow-) 18/19 B 2
Bahn [Banie] 18/19 H 2
Banie [Bahn] 18/19 H 2
Barleben 20/21 A 2
Barnim; Landkreis 18/19 F 3
Barnim; Landschaft 18/19 F 3
Baruth 20/21 E 2
Baruther Urstromtal 20/21 C 2-E 2
Bärwalde [Mieszkowice] 18/19 GH 3
Bärwalder See 20/21 G 4
Basdorf (Wandlitz-) 18/19 E 3
Bauhaus 20/21 B 3
Beelitz [Bielice]; Stadt in Polen
18/19 H 2
Beelitz; Stadt in Brandenburg
20/21 C 2
Beeskow 20/21 F 2
Beetz (Kremmen-) 18/19 E 3
Beetzsee; Gemeinde 20/21 C 2
Beetzsee; See 20/21 C 2
Běła Woda [Weißwasser] 20/21 G 3/4
Belgern 20/21 D 4
Belzig, Bad 20/21 C 2

Bensdorf 20/21 B 2
Berg, Kappaun- 20/21 A 2
Berge 18/19 B 2
Bergholz-Rehbrücke (Nuthetal-)
20/21 D 2
Bergwitzsee 20/21 C 3
Berkholz-Meyenburg 18/19 G 2
Berlin 18/19 E 3, 20/21 D 1
Bernau 18/19 F 3
Bernsdorf [Njedźichow] 20/21 F 4
Berste 20/21 E 3
Bestensee 20/21 E 2
Biederitz 20/21 A 2
Bielice [Beelitz] 18/19 H 2
Biese 18/19 B 3
Biesenthal 18/19 F 3
Bindow (Heidesee-) 20/21 E 2
Birkenwerder 18/19 E 3
Bittkau (Tangerhütte-) 20/21 A 2
Blankenfelde-Mahlow 20/21 D 2
Blankensee; Gemeinde 18/19 E 2
Blankensee; See 20/21 D 2
Blankensee (Trebbin-) 20/21 D 2
Blönsdorf (Niedergörsdorf-) 20/21 C 3
Błota [Spreewald] 20/21 EF 2/3
Blumberg (Ahrensfelde-) 18/19 F 3
Blumenthal (Heiligengrabe-) 18/19 C 2
Boitzenburg (Boitzenburger Land-)
18/19 F 2
Boitzenburger Land 18/19 F 2
Boleszkowice [Fürstenfelde] 18/19 H 3
Booßen (Frankfurt-) 20/21 F 2
Borgsdorf (Hohen Neuendorf-)
18/19 E 3
Borkheide 20/21 C 2
Borkowy [Burg] 20/21 F 3
Borkwalde 20/21 C 2
Bötzow (Oberkrämer-) 18/19 E 3
Bötzsee 18/19 F 3
Boxberg [Hamor] 20/21 G 4
Brandenburg; Stadt 20/21 C 2
Brandenburg; Landkreis 20/21 BC 2
Brandenburger Tor 18/19 E 3
Brandis 20/21 C 4
Branitz 20/21 F 3
Breddin 18/19 C 3
Bredereiche (Fürstenberg-) 18/19 E 2
Breese 18/19 B 2
Breiter Luzin 18/19 E 2
Breitlingsee 20/21 BC 2
Brettin (Jerichow-) 20/21 B 2
Brielow (Beetzsee-) 20/21 C 2
Briese 18/19 E 3
Brieselang 18/19 D 3
Briesen (Spreewald) [Brjazyna]
20/21 F 3
Briesen (Mark) 20/21 F 2
Briesensee 18/19 F 2
Brieske (Senftenberg-) 20/21 E 4
Brieskow-Finkenheerd 20/21 G 2
Britz 18/19 F 3
Brjazyna [Briesen (Spreewald)]
20/21 F 3
Brody [Pförten] 20/21 G 3
Brohmer Berge 18/19 F 1
Brück 20/21 C 2
Brunn 18/19 E 1

Brunow (Heckelberg-Brunow-)
18/19 F 3
Brüssow 18/19 G 2
Buchberg 18/19 C 2
Buchheide 18/19 H 2
Buchholz (Beelitz-) 20/21 C 2
Buckau 20/21 B 2
Buckow 18/19 G 3
Bugk (Storkow-) 20/21 E 2
Bukow [Hohenbocka] 20/21 F 4
Burg [Borkowy] 20/21 F 3
Burg 20/21 A 2
Burg Stargard 18/19 E 2
Buschow (Märkisch Luch-) 18/19 D 3
Butterberg 18/19 C 2
Bützsee 18/19 D 3

C

Calau [Kalawa] 20/21 E 3
Caputh (Schwielowsee-) 20/21 C 2
Carmzow (Carmzow-Wallmow-)
18/19 G 2
Carmzow-Wallmow 18/19 G 2
Carna Plumpa (Grodk-) [Schwarze
Pumpe (Spremberg-)] 20/21 F 3
Carwitzer See 18/19 EF 2
Casekow 18/19 G 2
Cedynia [Zehden] 18/19 G 3
Charlottenburg (Berlin-) 18/19 E 3
Chojna [Königsberg] 18/19 G 3
Chorin 18/19 F 3
Chóśebuz [Cottbus] 20/21 F 3
Colbitz 20/21 A 2
Collmberg 20/21 D 4
Čorny Halštrow [Schwarze Elster]
20/21 D 4
Coswig 20/21 B 3
Cottbus [Chóśebuz] 20/21 F 3
Crinitz 20/21 E 3
Cumlosen 18/19 B 2
Cybinka [Ziebingen] 20/21 G 2

D

Dabendorf (Zossen-) 20/21 D 2
Dachsberge 18/19 G 1
Dahlen 20/21 CD 4
Dahlener Heide 20/21 CD 4
Dahlewitz (Blankenfelde-Mahlow-)
20/21 D 2
Dahme 20/21 E 2
Dahme/Mark 20/21 D 3
Dahme-Spreewald 20/21 E 2/3
Dallgow-Döberitz 18/19 E 3
Dallmin (Karstädt-) 18/19 B 2
Dammsee 18/19 F 2
Dammvorstadt [Słubice] 20/21 G 2
Damsdorf (Kloster Lehnin-) 20/21 C 2
Datze 18/19 E 1
Datzetal 18/19 E 1
Dehmsee 20/21 F 2
Demerthin (Gumtow-) 18/19 C 3

Denkmal für die Schlacht bei
Fehrbellin 18/19 D 3
Derbno [Döbern] 20/21 G 3
Derbno (Schenkendöbern) 20/21 G 3
Dessau-Roßlau 20/21 B 3
Dippmannsdorf (Bad Belzig-)
20/21 C 2
Döberitz, Dallgow- 18/19 E 3
Doberlug (Doberlug-Kirchhain-)
20/21 E 3
Doberlug-Kirchhain 20/21 E 3
Döbern [Derbno] 20/21 G 3
Dobra 20/21 E 3
Dolgelin (Lindendorf-) 20/21 F 2
Döllnitz 20/21 D 4
Dolna Łužyca [Niederlausitz]
20/21 E 3-G 3
Dömitz 18/19 A 2
Dömnitz 18/19 C 2
Dosse 18/19 C 3
Dossow (Wittstock-) 18/19 D 2
Drahnsdorf 20/21 E 3
Dranse (Wittstock-) 18/19 D 2
Dranser See 18/19 D 2
Drebkau [Drjowk] 20/21 F 3
Dreetz 18/19 C 3
Drjowk [Drebkau] 20/21 F 3
Drossen [Ośno Lubuskie] 20/21 G 2
Dübener Heide 20/21 C 3

E

Eberswalde 18/19 F 3
Eggesin 18/19 G 1
Ehle 20/21 A 2
Eichberg 20/21 E 2
Eichstädt (Oberkrämer-) 18/19 E 3
Eichwalde 20/21 E 2
Eilang [Ilanka] 20/21 G 2
Eisenhüttenstadt 20/21 G 2
Elbe 18/19 B 3, 20/21 A 2
Elbe-Elster 20/21 D 3
Elbe-Havel-Kanal 20/21 AB 2
Elbe-Parey 20/21 A 2
Elb-Havel-Winkel 18/19 C 3
Elde 18/19 A 2
Eldena 18/19 A 2
Elde-Seitenkanal 18/19 A 2
Elstal (Wustermark-) 18/19 E 3
Elster, Kleine 20/21 DE 3
Elster, Schwarze 20/21 D 4
Elster (Zahna-Elster-) 20/21 C 3
Elsterwerda 20/21 E 4
Erkner 20/21 E 2

F

Fahrland (Potsdam-) 20/21 D 2
Fährsee 18/19 F 2
Falkenberg/Elster 20/21 D 3
Falkenberg (Mark) 18/19 F 3
Falkensee 18/19 E 3
Fehrbellin 18/19 D 3

Feldberg (Feldberger
Seenlandschaft-) 18/19 E 2
Feldberger Seenlandschaft 18/19 E 2
Feliksowy jazor [Felixsee] 20/21 G 3
Felixsee [Feliksowy jazor] 20/21 G 3
Ferch (Schwielowsee-) 20/21 C 2
Ferdinandshof 18/19 F 1
Fichtenwalde (Beelitz-) 20/21 C 2
Fiddichow [Widuchowa] 18/19 G 2
Fiener Bruch 20/21 B 2
Filmpark Babelsberg 20/21 D 2
Finkenheerd, Brieskow- 20/21 G 2
Finow (Eberswalde-) 18/19 F 3
Finowfurt (Schorfheide-) 18/19 F 3
Finowkanal 18/19 F 3
Finsterwalde [Grabin] 20/21 E 3
Fläming 20/21 B 2-D 3
Fläming, Hoher 20/21 BC 2
Flecken Zechlin (Rheinsberg-)
18/19 D 2
Fließ 20/21 FG 3
Flösse 20/21 E 3
Floßgraben 20/21 D 4
Flughafen Berlin Brandenburg
20/21 E 2
Flughafen Berlin-Tegel 18/19 E 3
Flughafen Schwerin-Parchim
18/19 B 2
Fohrde (Havelsee-) 20/21 B 2
Forst 20/21 G 3
Frankfurt (Oder) 20/21 G 2
Fredersdorf-Vogelsdorf 18/19 F 3
Freienwalde, Bad 18/19 G 3
Freilandmuseum Lehde 20/21 E 3
Freilichtmuseum Altranft 18/19 G 3
Freyenstein (Wittstock-) 18/19 C 2
Friedersdorf (Heidesee-) 20/21 E 2
Friedersdorf (Vierlinden-) 18/19 G 3
Friedland; Stadt in Brandenburg
20/21 F 2
Friedland; Stadt in Mecklenburg-
Vorpommern 18/19 F 1
Friedrichshain (Felixsee-) [Frycowy
Gaj (Feliksowy jazor-)] 20/21 G 3
Friedrichsthal (Oranienburg-)
18/19 E 3
Friedrichswalde 18/19 F 2
Friesack 18/19 D 3
Frycowy Gaj (Feliksowy jazor-)
[Friedrichshain (Felixsee-)]
20/21 G 3
Fuchsberge 18/19 F 3
Fünfeichen (Schlaubetal-) 20/21 G 2
Fünfseen 18/19 C 2
Fürstenberg 18/19 E 2
Fürstenberg (Eisenhüttenstadt-)
20/21 G 2
Fürstenfelde [Boleszkowice] 18/19 H 3
Fürstenwalde 20/21 F 2
Fürstenwerder (Nordwestuckermark-)
18/19 F 2
Fürstlich Drehna 20/21 E 3

G

Galenbeck 18/19 F 1

Registerregeln

Bei Schreibweise, Anordnung und Alphabetisierung der Eintragungen wurden folgende Regeln angewendet:

1. Ergänzende Namensformen, ob in gebräuchlicher deutscher Schreibweise (deutsches Exonym) oder in landesüblicher Schreibweise (Originalschreibung) sind in eckigen Klammern angegeben, wobei jeweils beide Namensformen berücksichtigt sind, z.B. Mailand [Milano] bzw. Milano [Mailand].

2. Der dem Namen folgende Kartenverweis nennt die Kartenseite bzw. Kartendoppelseite bzw. die Kartennummer und das Gradnetzfeld der Karte.

3. Es wird auf die Karte verwiesen, in der das Objekt im größtmöglichen Maßstab abgebildet ist. Bei Flüssen, Gebirgen, Landschaften und Staaten kann zusätzlich auf eine Übersichtskarte kleineren Maßstabs verwiesen werden.

4. Einem Namen vorangestellte Zusätze (wie Sankt, Saint, Fort, Mont, Mount, Pic, Kap usw.) gelten als fester Bestandteil des Namens und sind bei der Alphabetisierung entsprechend berücksichtigt.

5. Bei Namen, die auch ohne Artikel oder Zusatz gebräuchlich sind, erfolgt ein Doppelverweis (wie z. B. Bad Wörishofen und Wörishofen, Bad bzw. Golf von Biscaya und Biscaya, Golf von).

6. In den Karten abgekürzte Namen sind im Register grundsätzlich ausgeschrieben.

7. Gleich lautende Namen werden durch näher kennzeichnende Erklärungen unterschieden, z. B. Falkenstein; Burg und Falkenstein; Stadt.

8. Ortsteilen ist der Stadtname in runden Klammern hinzugefügt, z. B. Bergedorf (Hamburg-).

A

Aachen 32/33 B 5
Aachquelle 34/35 D 5
Aalen 34/35 F 4
Aarau 34/35 D 5
Aare 68/69 J 6
Aasiaat [Egedesminde] 140/141 N 3
Aba 114/115 D 5
Abadan 114/115 H 2
Abakan 98/99 K 4
Abasa 98/99 JK 4
Abbot-Schelfeis 130.2 B 33
Abéché 114/115 F 4
Abensberg 34/35 G 4
Abeokuta 114/115 D 5
Aberdeen; Stadt in den USA 140/141 J 5
Aberdeen; Stadt in Großbritannien 66/67 C 3
Abha 114/115 H 4
Abidjan 114/115 C 5
Abilene 140/141 J 6
Åbo [Turku] 66/67 F 2
Aborrebjerg 32/33 H 1
Abu Dhabi 114/115 I 3, 112/113.1 J 4
Abu Hamed 114/115 G 4
Abuja 114/115 D 5, 112/113.1 E 6
Abu Simbel 114/115 G 3
Acapulco 142/143 C 3
Acarigua 142/143 F 4
Accra 114/115 C 5, 112/113.1 D 6
Achensee 34/35 G 5
Achern 34/35 D 4
Achill Head 68/69 A 3
Achillinsel 68/69 A 3
Achim 32/33 E 2
Aconcagua 144 C 3
Adamaoua, Hochland von 114/115 DE 5
Adana 114/115 G 2
Adapazarı 70/71 F 2
Ad Dakhla 114/115 B 2
Ad Dammam 114/115 H 3
Addis Abeba 114/115 G 5, 112/113.1 H 6
Adelaide 128 C 5
Adelaide-Insel 144 BC 6
Adélieland 130.2 B 21-C 20
Adelsberger Grotten 68/69 N 7
Adelsheim 34/35 E 3
Aden 114/115 H 4
Adenau 34/35 B 2
Adige 68/69 L 7

Admiralitätsinseln 128 D 2
Admont 34/35 J 5
Adour 68/69 F 8
Adrar 114/115 C 3
Adrar des Iforas 114/115 D 4
Adriatisches Meer 70/71 D 2
Ærø 32/33 F 1
Afghanistan 114/115 J 2, 112/113.1 K 3
Afobaka 142/143 G 4
Afrika 156/157 L 5-N 6
Afyonkarahisar 70/71 F 3
Agadez 114/115 D 4
Agadir 114/115 C 2
Ägäisches Meer 70/71 E 3
Agalega-Inseln 116/117.1 G 2
Agra 100/101 C 4
Aguascalientes 142/143 B 2
Agulhasbecken 156/157 MN 9/10
Ägypten 114/115 FG 3, 112/113.1 GH 4
Ahaggar 114/115 D 3
Ahaus 32/33 C 3
Ahlen 32/33 C 4
Ahlbeck (Heringsdorf-) 32/33 J 2
Ahmadabad 100/101 C 4
Ahr 34/35 B 2
Ahrensburg 32/33 F 2
Ahrenshoop 32/33 H 1
Ahrweiler, Bad Neuenahr- 34/35 C 2
Ahvaz 114/115 H 2
Aibling, Bad 34/35 H 5
Aichach 34/35 G 4
Aichal 98/99 M 3
Aichfeld 34/35 J 5
Aigen 34/35 I 4
Aïr 114/115 D 4
Aisch 34/35 F 3
Aitape 128 D 2
Aiteke Bi 98/99 H 5
Aix-en-Provence 68/69 I 8
Ajjer, Tassili n' 114/115 DE 3
Ajka 68/69 O 6
Ajmer 100/101 C 4
Aketi 114/115 F 5
Akita 98/99 P 6
Akjoujt 114/115 B 4
Akko 70/71 F 3
Akola 100/101 C 4
Akron 140/141 K 5
Aksu 100/101 D 2
Aktau 98/99 G 5
Aktöbe 98/99 G 4

Akureyri 140/141 R 3
Alamagan 100/101 J 5
Al Amarah 114/115 H 2
Aland 32/33 G 3
Åland 66/67 F 2/3, 62/63 G 2
Alaska; Bundesstaat 140/141 DE 3, 136.1 GH 3
Alaska; Landschaft 134.1 GH 3
Alaskakette 140/141 DE 3
Al Ayn 114/115 I 3
Albacete 70/71 B 3
Albanien 70/71 D 2, 62/63 FG 4
Albany; Stadt in Australien 128 A 5
Albany; Stadt in Georgia, USA 140/141 K 6
Albany; Stadt in New York, USA 140/141 L 5
Al Basrah 114/115 H 2
Albatrossplateau 156/157 EF 6
Al Bayda 114/115 F 2
Albertsee 114/115 FG 5
Albina 142/143 G 4
Ålborg 68/69 K 1
Albstadt 34/35 E 4
Albuquerque 140/141 I 6
Al Burayqah 114/115 E 2
Albury 128 D 5
Aldabra-Inseln 116/117.1 F 1
Aldan; Stadt 98/99 N 4
Aldan; Fluss 98/99 O 3
Aleppo 114/115 G 2
Alert 130.1 A 4
Alessandria 68/69 K 7
Aleüten 140/141 A 4-C 4
Aleütengraben 156/157 X 3-Z 3
Alexanderarchipel 140/141 F 4
Alexanderinsel 144 BC 6
Alexander-Selkirk-Insel 144 A 3
Alexandria 114/115 F 2
Alexandrowsk-Sachalinski 98/99 P 4
Alfeld 32/33 E 4
Alföld 68/69 P 6-R 5
Algeciras 70/71 B 3
Algerien 114/115 CD 3, 112/113.1 DE 4
Algier 114/115 D 2, 112/113.1 E 3
Alhambra 70/71 B 3
Ålholm 32/33 G 1
Al Hudaydah 114/115 H 4
Al Hufuf 114/115 H 3
Alicante 70/71 B 3
Alice Springs 128 C 4
Al Jawf 114/115 G 3
Al Jubayl 114/115 H 3
Al-Kharj 114/115 H 3
Al Kut 114/115 H 2
Al Ladhiqiya 114/115 G 2
Allahabad 100/101 D 4
Allenstein [Olsztyn] 68/69 Q 3
Allentown 140/141 L 5
Aller 32/33 E 3
Allgäu 34/35 EF 5
Allgäuer Alpen 28.1 D 5, 34/35 F 5
Allier 68/69 H 6
Alma Ata [Almaty] 98/99 I 5
Almaty [Alma Ata] 98/99 I 5
Almelo 32/33 B 3
Almería 70/71 B 3
Al Mukalla 114/115 H 4
Alofi 126/127 MN 5
Alorinseln 100/101 H 7
Alotau 128 E 3
Alpen 68/69 J 7-K 6
Alpenvorland 68/69 K 5-N 6
Al Qamishli 114/115 H 2
Alsdorf 32/33 B 5
Alsen 32/33 EF 1
Alsfeld 34/35 E 2
Altai; Stadt 100/101 E 2
Altai; Gebirge 98/99 J 4
Altai-Gobi 100/101 EF 2
Altamira; Stadt 142/143 G 5
Altamira; Höhle 68/69 D 8
Altdorf b. Nürnberg 34/35 G 3
Alte IJssel 32/33 B 4
Altena 32/33 C 4
Altenburg 34/35 H 1/2
Altenkirchen 34/35 C 2

Altensteig 34/35 D 4
Altentreptow 32/33 I 2
Altertheim 34/35 E 3
Altes Land 32/33 E 2
Altiplano 142/143 F 6
Altkirch 34/35 C 5
Altmark 32/33 G 3
Altmühl 34/35 G 4/5
Altötting 34/35 H 4
Altschewsk 98/99 E 5
Altun Shan 100/101 D 3
Alur Setar 100/101 F 6
Al Wajh 114/115 G 3
Alz 34/35 H 4/5
Alzette 34/35 B 3
Alzey 34/35 D 3
Amalyk 98/99 H 5
Amami-Inseln 98/99 NO 7
Amapá 142/143 G 4
Amarillo 140/141 I 6
Amazonas 142/143 G 5
Amazonasschwelle 142/143 EF 4
Amazonastiefland 142/143 FG 5
Ambartschik 98/99 R 3
Ambato 142/143 E 5
Amberg 34/35 G 3
Ambon 100/101 H 7
Amderma 98/99 H 3
Ameland 32/33 A 2
American Highland 130.2 B 14
Amery-Schelfeis 130.2 BC 13/14
Amiens 68/69 H 5
Amirantengraben 156/157 P 7
Amiranteninseln 114/115 I 6
Amman 114/115 G 2, 112/113.1 H 3
Ammassalik [Tasiilaq] 140/141 P 3
Ammer 34/35 G 5
Ammergebirge 34/35 FG 5
Ammerland 32/33 CD 2
Ammersee 34/35 G 4/5
Amorbach 34/35 E 3
Amper 34/35 G 4
Amravati 100/101 C 4
Amritsar 100/101 C 3
Amrum 32/33 D 1
Amselfeld 68/69 Q 8
Amsterdam 68/69 I 3, 62/63 E 3
Amsterdaminsel 156/157 QR 9
Amstetten 34/35 J 4
Am Timan 114/115 F 4
Amu-Darja 98/99 H 5/6
Amundsengolf 140/141 GH 2
Amundsen-Scott 130.2 A
Amundsensee 130.2 C 32-B 31
Amur 98/99 O 4
Amursk 98/99 O 4
Anadyr 98/99 S 3
Anadyrgebirge 98/99 ST 3
Anadyrgolf 98/99 T 3
Anambas-Inseln 100/101 F 6
Anamudi 92/93 I 8
Anápolis 142/143 H 6
Anatahan 100/101 J 5
Anatolien 110/111.1 H 3
Anchorage 140/141 E 3
Ancona 68/69 M 8
Andagoya 142/143 E 4
Andalgalá 144 C 2
Andalusien 70/71 B 3
Andamanen 100/101 E 5
Andamanensee 100/101 E 5/6
Andechs 34/35 G 5
Anden [Kordilleren] 142/143 E 4/5, 144 BC 1/2, 135.2 C 4-6
Andernach 34/35 C 2
Andorra 68/69 G 8, 62/63 E 4
Andorra la Vella 68/69 G 8, 62/63 E 4
Andreanofinseln 140/141 B 4
Angara 98/99 K 4
Angarsk 98/99 L 4
Angel 34/35 I 3
Angeln 32/33 E 1
Ångermanälv 66/67 E 2
Angermünde 32/33 I 2
Angers 68/69 F 6
Angkor 100/101 F 5

Anglesey 68/69 D 3
Angola 116/117.1 CD 2, 112/113.1 FG 8
Angolabecken 156/157 LM 7/8
Angoulême 68/69 G 7
Angren 98/99 I 5
Anguilla 142/143 F 3, 137.2 D 3
Anholt 68/69 L 1
Ankara 114/115 G 2, 112/113.1 H 2/3
Anklam 32/33 I 2
Ankober 114/115 G 5
Annaba 114/115 D 2
Annaberg-Buchholz 34/35 HI 2
An Najaf 114/115 H 2
Annam 100/101 F 4/5
Annapolis 140/141 L 6
Annapurna 100/101 D 4
An Nasiriyah 114/115 H 2
Annecy 68/69 J 7
Annobón 114/115 D 6
Anqing 100/101 G 3
Ansbach 34/35 F 3
Anschero-Sudschensk 98/99 J 4
Anshan 100/101 H 2
Anshun 100/101 F 4
Antalaha 116/117.1 G 2
Antalya 114/115 G 2
Antananarivo 116/117.1 F 2, 112/113.1 I 8
Antarktis 130.2
Antarktische Halbinsel 144 D 6
Antiatlas 114/115 C 3-C 2
Anticosti-Insel 140/141 M 5
Antigua 142/143 F 3
Antigua und Barbuda 142/143 FG 3, 137.2 DE 3
Antillen, Große 142/143 D 2-F 3
Antillen, Kleine 142/143 F 3
Antipodeninseln 124/125 LM 8
Antofagasta 144 B 2
Antseranana 116/117.1 F 2
Antsirabe 116/117.1 F 2
Antwerpen 68/69 I 4
Aomen [Macao] 100/101 G 4
Aomori 98/99 P 5
Aoraki [Mount Cook] 128 G 6
Aparri 100/101 H 5
Apeldoorn 32/33 A 3
Apenninen 70/71 CD 2
Apenninenhalbinsel 70/71 D 2
Apia 126/127 M 5
Apo 100/101 H 6
Apolda 34/35 G 1
Appalachen 140/141 K 6-M 5
Appenin 68/69 K 7-N 9
Appenzell 34/35 E 5
Apusenigebirge 68/69 R 6
Aqaba 114/115 G 3
Äquatorialguinea 114/115 DE 5, 112/113.1 EF 6
Arabien 110/111.1 H 4-J 5
Arabische Halbinsel 114/115 G 3-I 3
Arabischer Golf [Persischer Golf] 114/115 HI 3
Arabisches Becken 156/157 Q 6
Arabisches Meer 114/115 IJ 4
Arabische Wüste 114/115 G 3
Arabisch-Indischer-Rücken 156/157 PQ 6/7
Aracaju 142/143 I 6
Arad 68/69 Q 6
Arafurasee 124/125 H 4/5
Araguaia 142/143 H 5
Arak 114/115 H 2
Arakangebirge 100/101 E 4
Aral 98/99 H 5
Aralsee 98/99 G 5
Araninseln 68/69 AB 3
Ararat 114/115 H 2
Arauca 142/143 E 4
Aravalligebirge 100/101 C 4
Arawa 128 E 2
Arax 60/61 I 5
Arazzo 68/69 L 8
Arbil 114/115 H 2
Arbon 34/35 E 5
Arcachon 68/69 F 7
Archangelsk 66/67 H 2
Arctowsky 130.2 C 1